民间历史文献整理与研究丛刊

王振忠 著

晚清徽州一个市镇的商业与社会生活

《新旧碎锦杂录》校订本二种

中西書局

图书在版编目（CIP）数据

晚清徽州一个市镇的商业与社会生活：《新旧碎锦杂录》校订本二种 / 王振忠著. — 上海：中西书局，2024

（民间历史文献整理与研究丛刊）

ISBN 978-7-5475-2220-2

Ⅰ. ①晚… Ⅱ. ①王… Ⅲ. ①社会生活－历史－徽州地区－清后期②商业史－徽州地区－清后期 Ⅳ. ①D691.9②F729.52

中国国家版本馆CIP数据核字(2024)第005662号

晚清徽州一个市镇的商业与社会生活

——《新旧碎锦杂录》校订本二种

王振忠 著

责任编辑	伍珺涵
装帧设计	梁业礼
责任印製	朱人杰
出版发行	上海世纪出版集团 中西書局 (www.zxpress.com.cn)
地　址	上海市闵行区号景路一五九弄B座（邮政编码：二〇一一〇一）
印　刷	常熟市人民印刷有限公司
开　本	七八七毫米×一〇九二毫米　十六开
印　张	二三・五　插页一八
字　数	二七一千字
版　次	二〇二四年三月第一版　二〇二四年三月第一次印刷
书　号	ISBN 978-7-5475-2220-2 / F・044
定　价	二二八元

薛坑口

薛坑口的渡船（林敌智摄*）

*书中凡未另行注明拍摄者的照片，皆系作者本人拍摄。

薛坑口附近的传统建筑

江湖十二則

一爲船不可無埠頭車夫不可無脚頭倘悭小希省牙用船無埠頭小人乘奸爲盜夫無脚頭脚子棄貨中途或至財劫命休此皆因小而失其大宜戒之

一出外收拾行李若有銅鉄錫鉛石硯一切重物不可收入箱籠及裹于包袱之内倘付脚夫船户挑載裝艙疑是財帛遂起歹心不可不戒如此有物宜顯露外面爲是

一外出爲客務宜朴素若到口津肆店服飾整艷小人必生窺

清代徽州商业书《江湖十二则》，歙县芳坑江氏文书

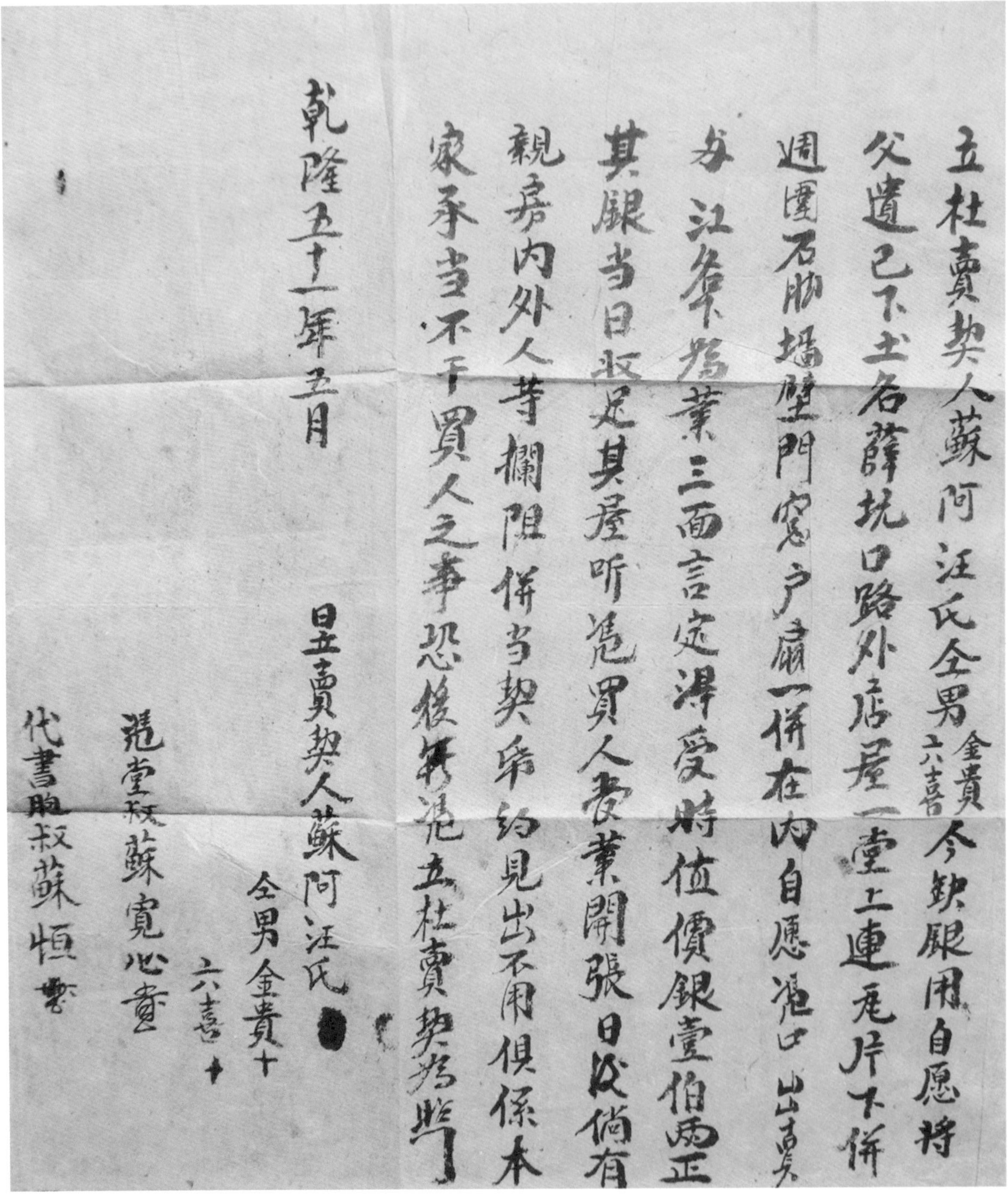

立杜賣契人蘇阿汪氏仝男金貴 六十喜 今缺銀用自愿将
父遺己下土名薛坑口路外店屋一堂上連瓦片下併
週圍石脚墙壁門窓户扇一併在内自愿憑中出賣
与江条為業三面言定得受時值價銀壹伯兩正
其銀当日收足其屋听憑買人管業開張日後倘有
親房内外人等攔阻併当契係约見出不明俱係本
家承当不干買人之事恐後無憑立杜賣契為照

乾隆五十一年五月 日立賣契人蘇阿汪氏
仝男金貴十
六十喜十
憑堂叔蘇寬心書
代書胞叔蘇恒書

1786年薛坑口的店屋卖契

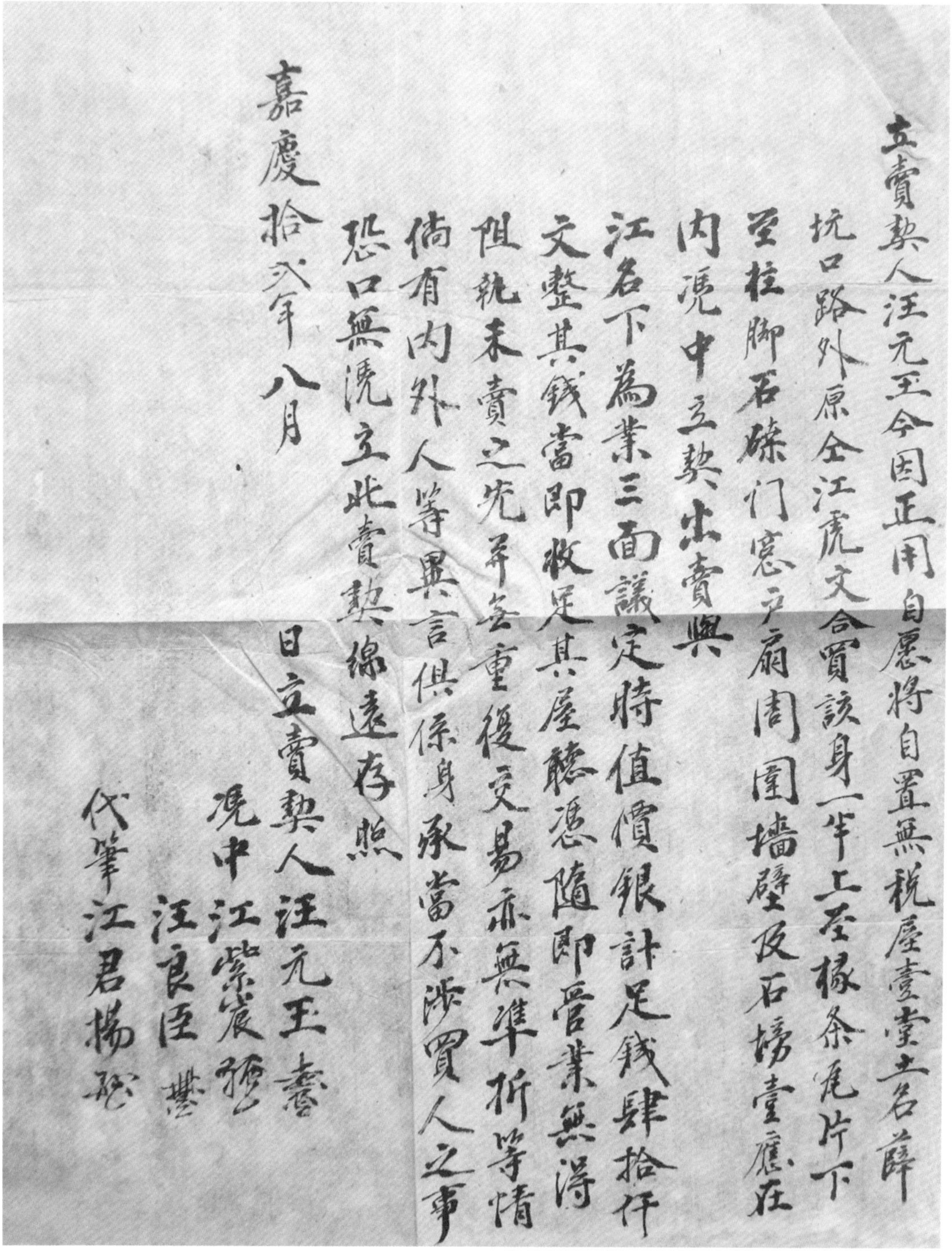
立賣契人汪元王今因正用自愿将自置無税屋壹堂土名薛
坑口路外原仝江虎文合買該身一半上至椽条瓦片下
至柱脚石磉门窓户扇周圍墙壁及石塝壹應在
内凴中立契出賣與
江名下為業三面議定時值價銀計足錢肆拾仟
文整其錢當即收足其屋聽憑隨即管業無得
阻執未賣之先并無重複交易亦無準折等情
倘有内外人等異言俱係身承當不涉買人之事
恐口無凴立此賣契綿遠存照
嘉慶拾弍年八月　日立賣契人汪元王
凴中江紫宸
汪良臣
代筆江君揚

1807年薛坑口的房屋卖契

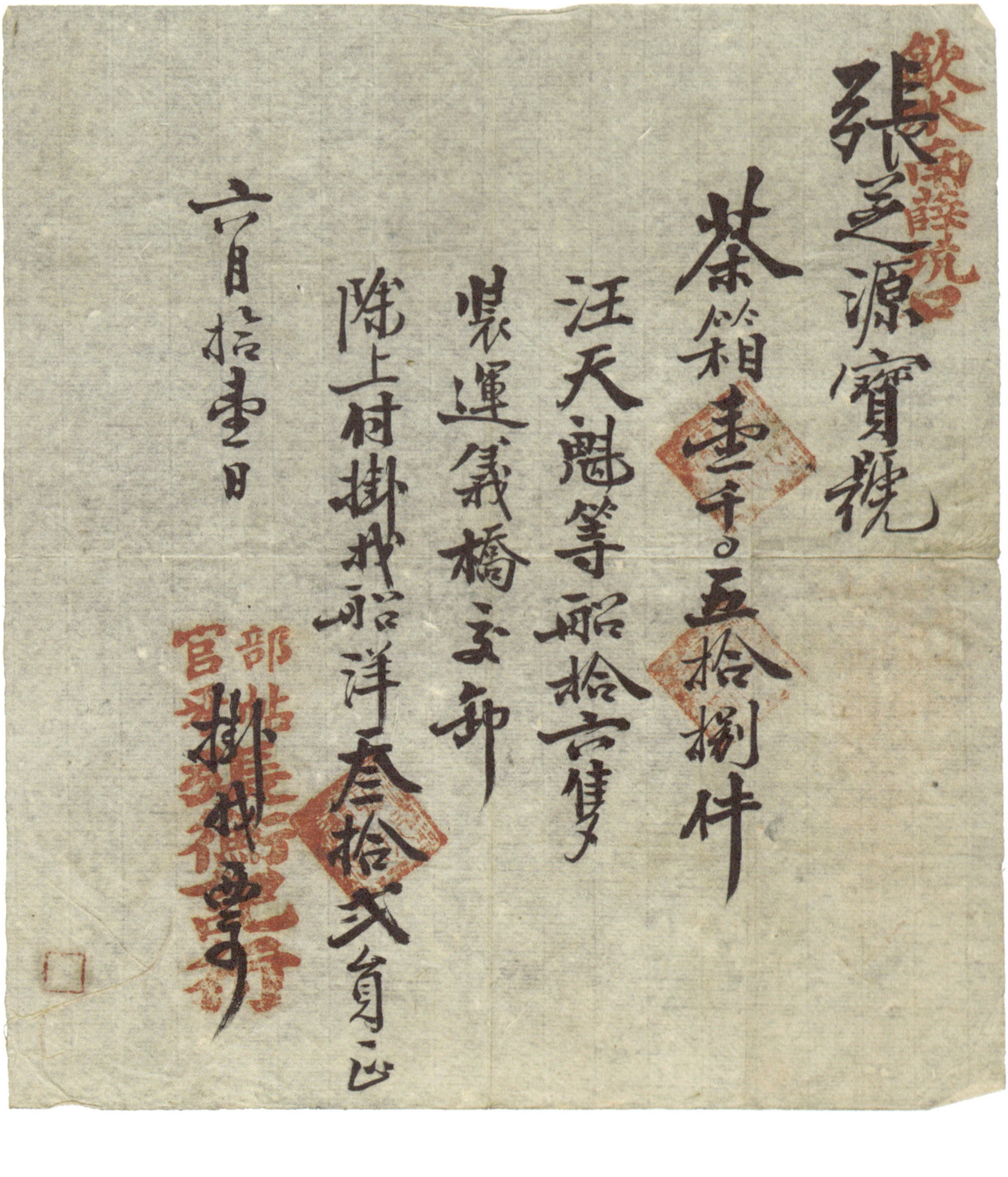

歙南薛坑口
張芝源寶號
茶箱壹千〇五拾捌件
汪天魁等船拾六隻
裝運義橋交卸
除上付掛找船洋叁拾弍角正
六月拾壹日
掛找票

晚清薛坑口牙行出具的挂找票

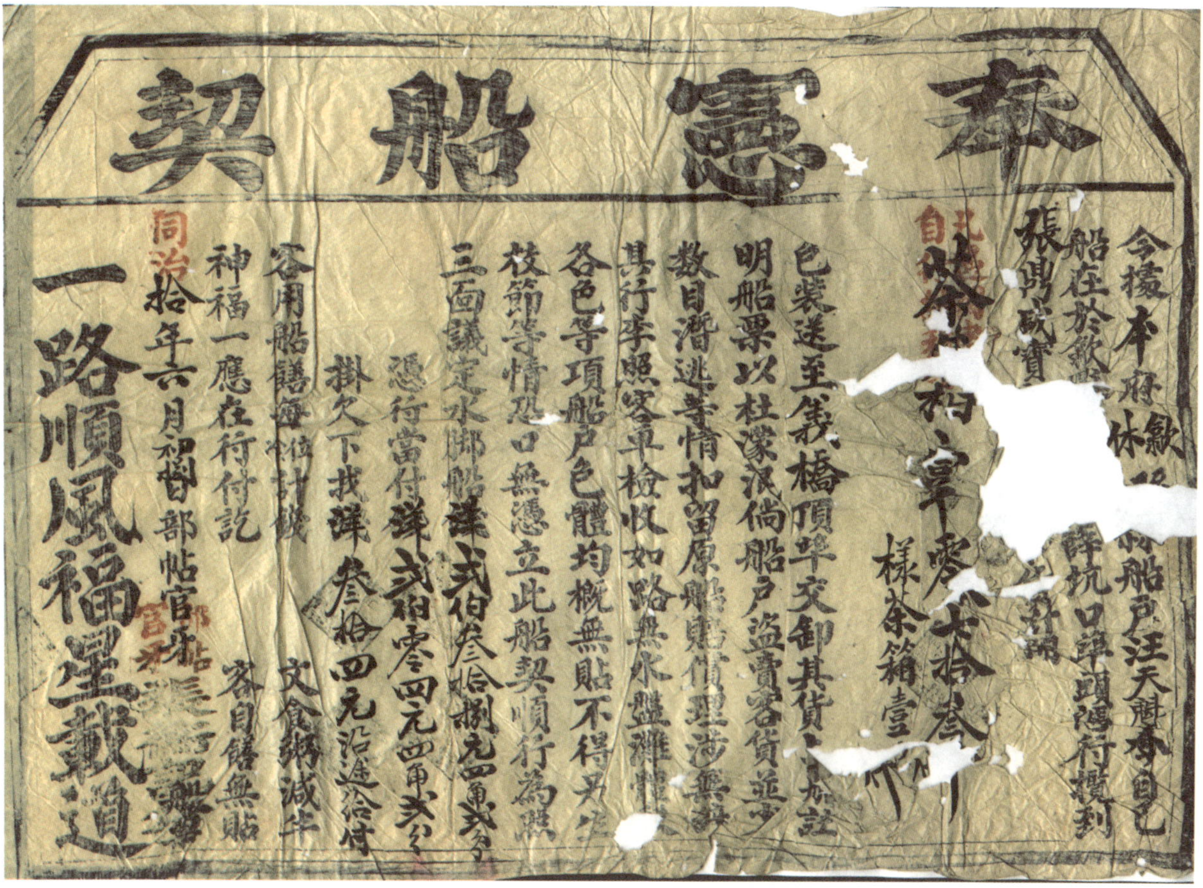

奉憲船契

今據本府歙[illegible]休[illegible]船戶汪天[illegible]本自己
船在於歙[illegible]薛坑口埠頭[illegible]行攬到
張興成寶[illegible]
[illegible]茶[illegible]柏[illegible]字[illegible]零七拾叁[illegible]
樣茶箱壹[illegible]
色裝送至義橋頂埠交卸其貨[illegible]途註
明船票以杜濛混倘船戶盜賣客貨並[illegible]
数目潛逃等情扣留原船賠償理涉無[illegible]
其行李照客單檢收如路無水盤灘[illegible]
各色等項船戶包體均概無貼不得另生
枝節等情恐口無憑立此船契順行為照
三面議定水腳船洋弍伯叁拾捌元四角弍分
憑行當付洋弍伯零四元四角弍分
掛欠下找洋叁拾四元沿途給付
客用船鑄每位[illegible]錢
文食錦減半
神福一應在行付訖
客自饍無貼
同治拾年六月初四日部帖官行[illegible]
一路順風福星載道

1871年与薛坑口相关的『奉宪船契』

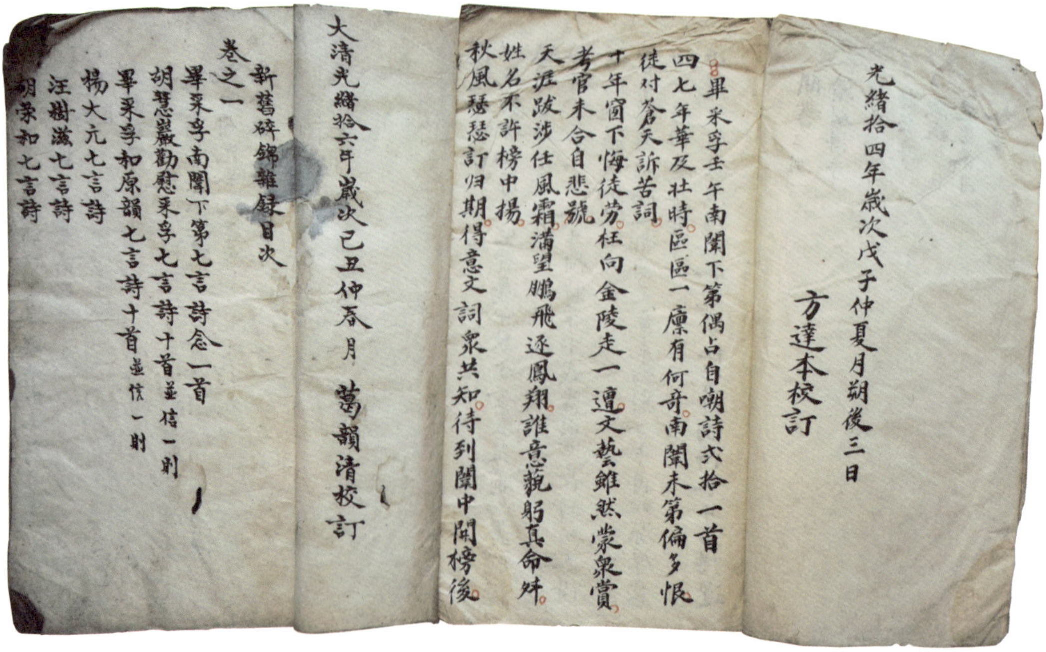

《新旧碎锦杂录》抄本二种书影

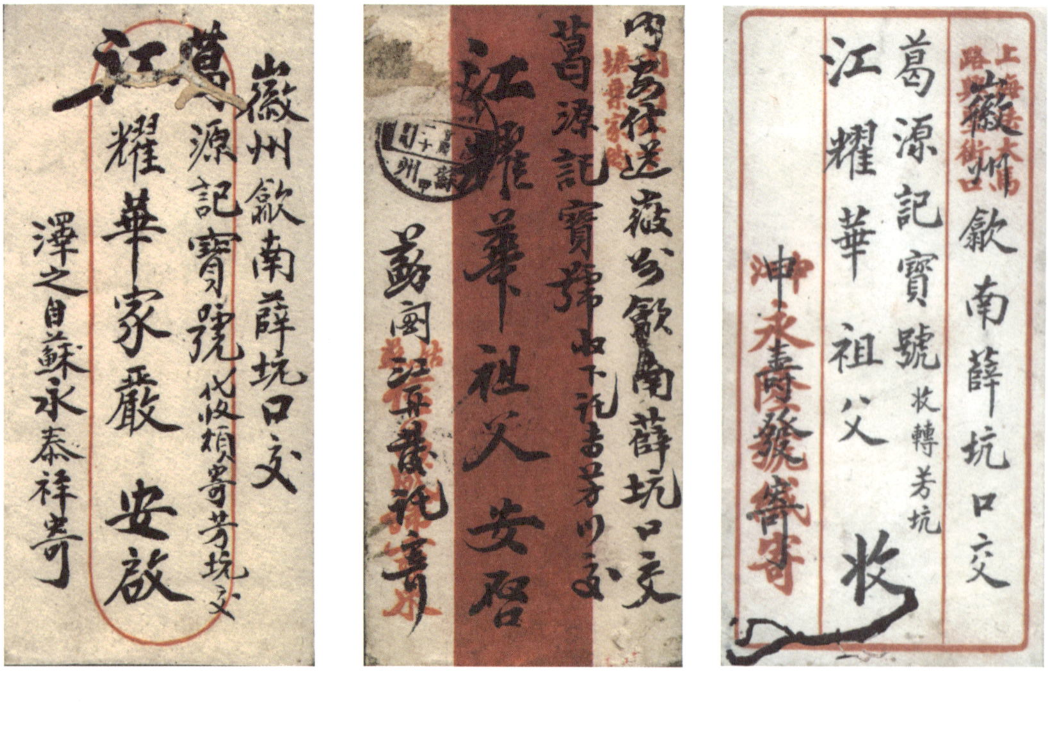

反映薛坑口葛源记商号的信封

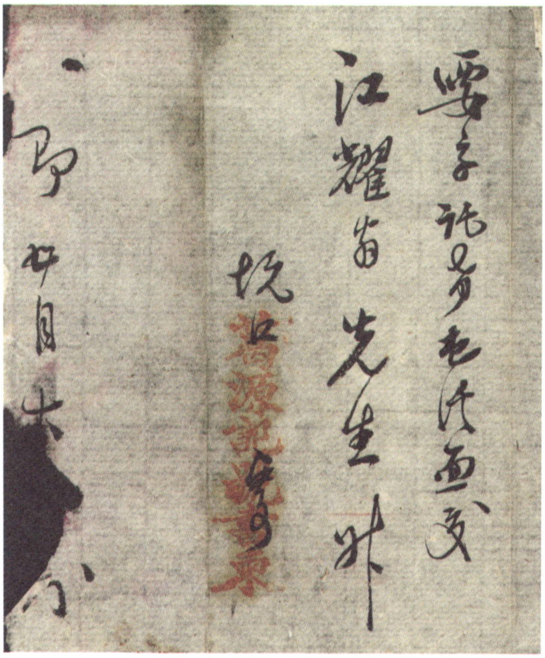

葛源记号书柬

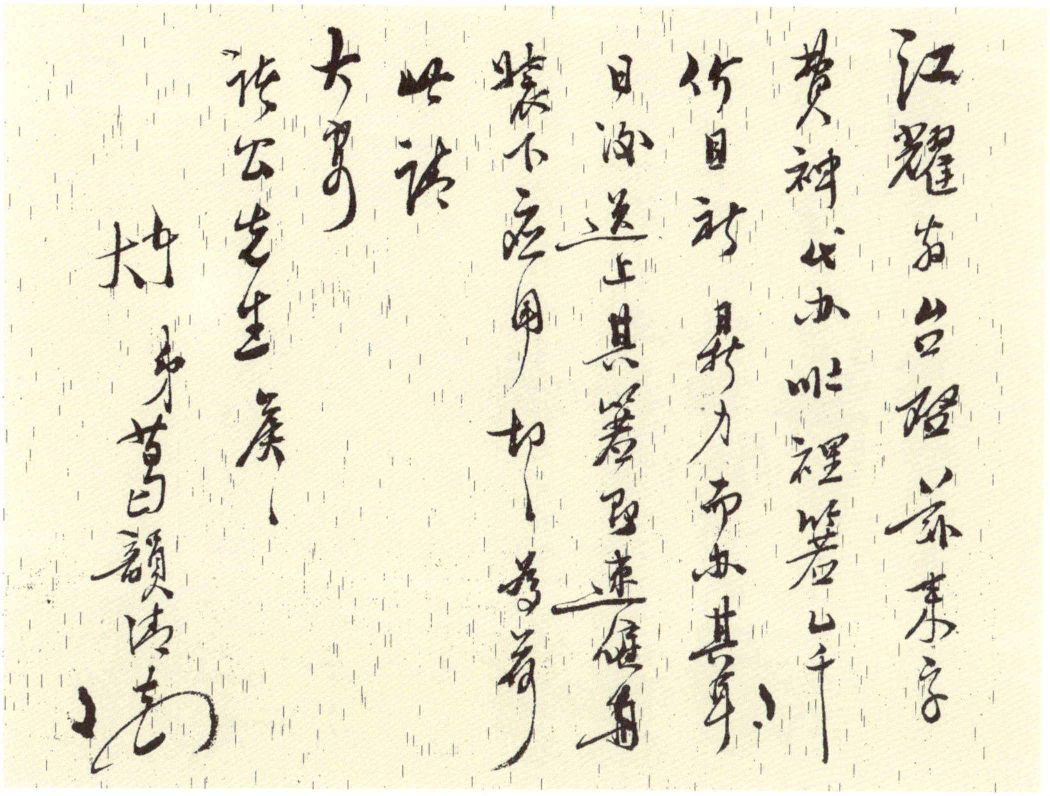

葛韵清致江耀华信函（之一）

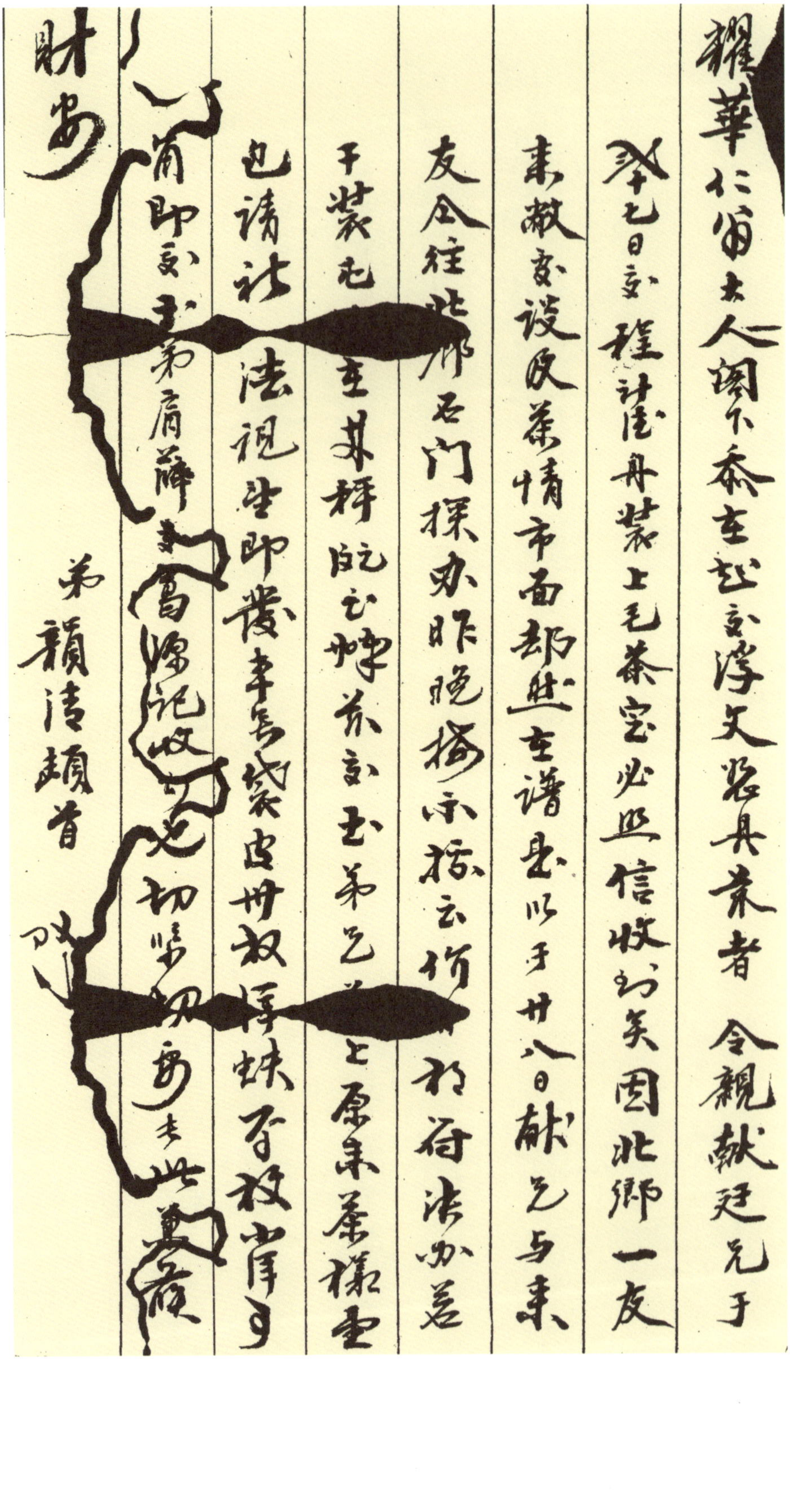

耀華仁翁大人閣下：奉查拙諭，諒文路具肅者。令親獻廷兄于
本十七日諭程計隆舟裝上毛茶，寶必照信收訖矣。因北鄉一友
來敝處談及茶情，市面卻照查譜，是以于廿八日獻兄與來
友仝往北[illegible]石门採办，昨晚接示，據云[illegible]荷洽办甚
于裝毛[illegible]查其樣，既已收到，茶諭玉弟已[illegible]上原來茶樣壹
包，請祈[illegible]法視，坐即發來。袋皮、册叔[illegible]妹否，叔岸寄
前即到[illegible]弟肩辭[illegible]切[illegible]此[illegible]
財安
弟 韻清頓首

葛韵清致江耀华信函（之二）

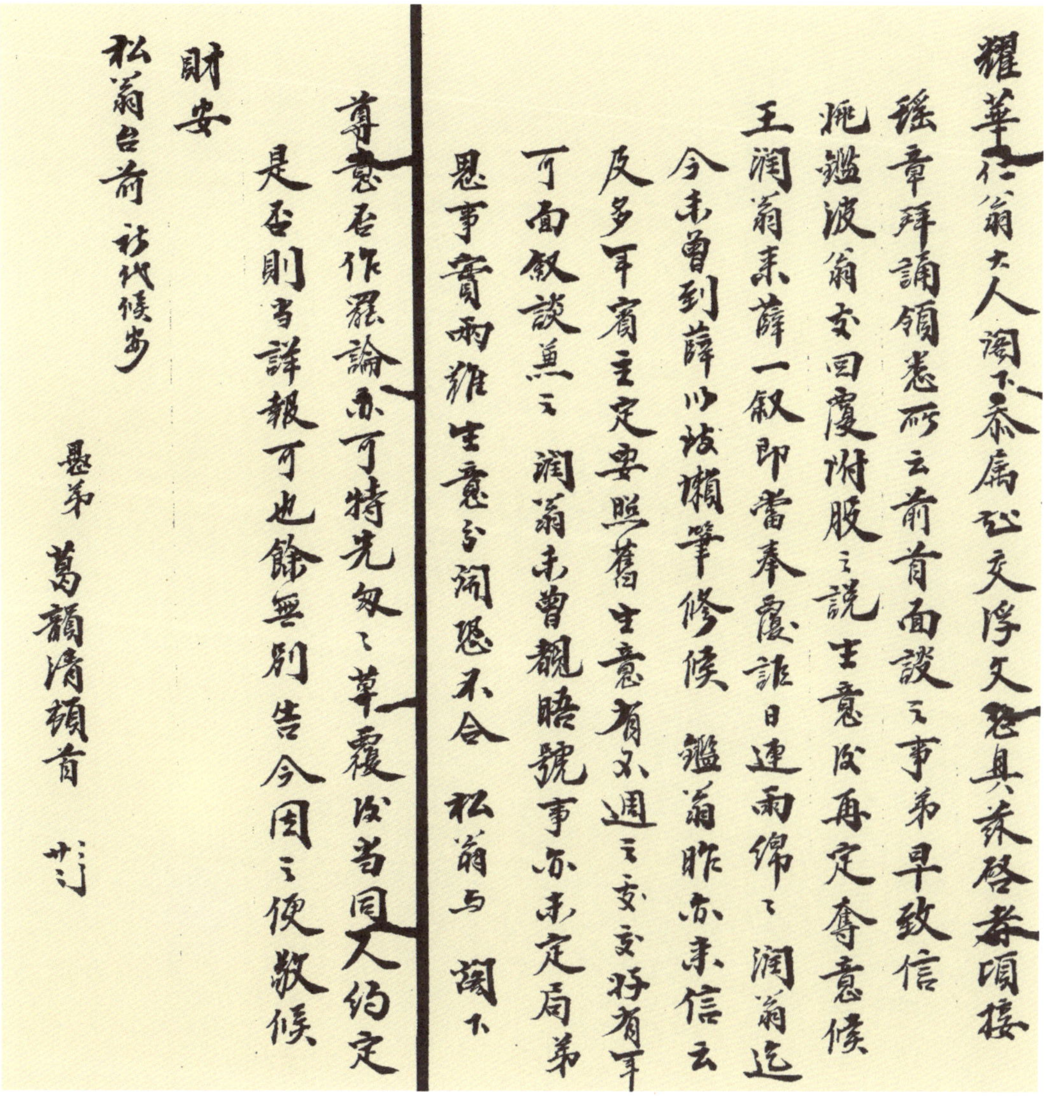

耀華仁翁大人閣下：忝屬至交浮文悉具蠲啓者頃接
瑤章拜誦領悉所云前首面談之事弟早致信
滬鑑波翁交回復附股之說生意俟再定奪意候
王潤翁來薛一敘即當奉覆詎日連雨綿綿潤翁迄
今未曾到薛以彼懶筆修候鑑翁昨亦來信云
及多年賓主定要照舊生意有不週之處處將有年
可面敘談焉之　潤翁未曾覿晤號事亦未定局弟
愚事實兩難生意分潤恐不合　松翁與　閣下
尊意否作罷論亦可特先匆匆草覆俟當同人約定
是否則當詳報可也餘無別告今因之便敬候
財安
松翁台前祈代候安
愚弟　葛韻清頓首　卅

葛韵清致江耀华信函（之三）

耀華仁翁大人閣下久未通候因無要啓可陳慵筆候安抱歉
之至 請祈寬宥是幸昨接承
惠函一切領悉欣知
福祉康寧
財祺迪吉起居安泰定符所意欣如所頌 亦者前承我兄稍箸切
有船至叁百丈之已支出候日自當再云所後不予之函
敢不從命實因向中有一曲情 然係承印舊賓主兼之
摳鑑翁與吏擬有股分又推不情 知寄翁多年同事則過不去
三次分只將二部分與錢莊託 該棧代法衷中先談而已稍大如願
閣下美意理應分立一切 請祈原諒後當補情也錢莊則詳與因
之便特此奉復 敬請
暑安
諸公先生 均候大安

知名不具
葛韻清

葛韵清致江耀华信函（之四）

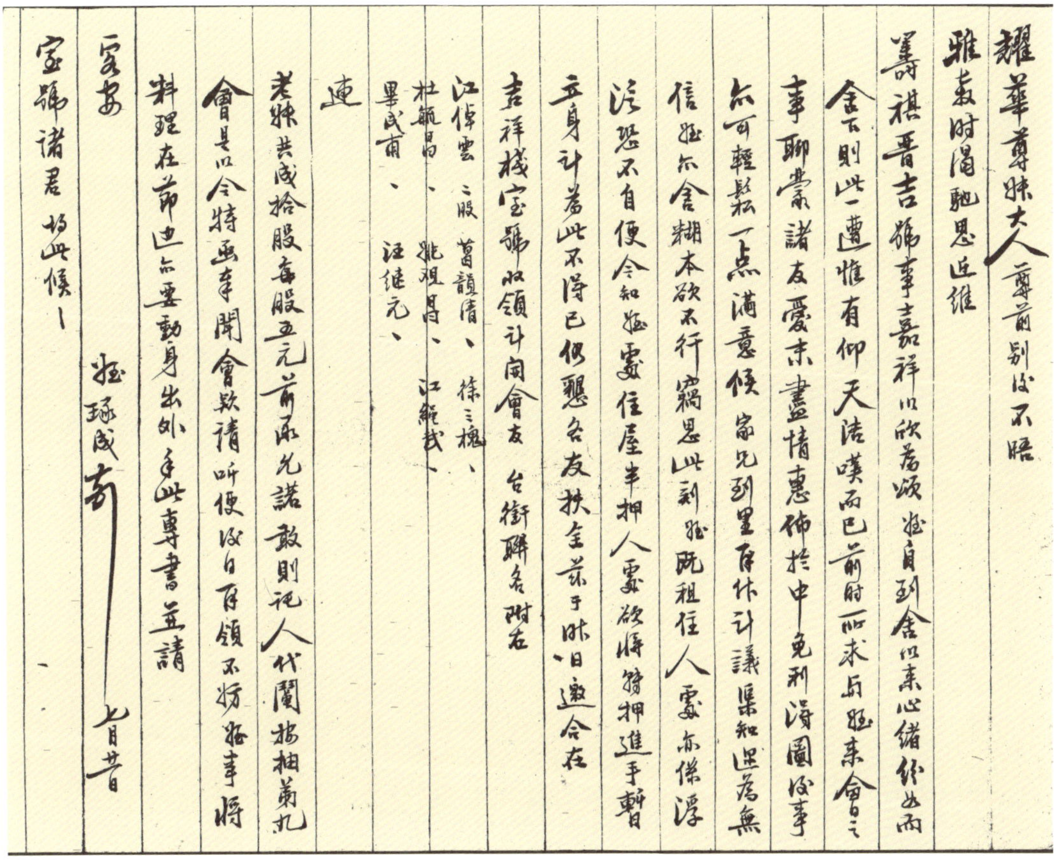
耀華尊兄大人尊前 別後不晤
雅教 時渴馳思 近維
壽祺晋吉 錦事嘉祥 以欣為頌 弟自到舍以來心緒紛亂 而
舍下則此一遭 惟有仰天浩嘆而已 前時所求[illegible]弟來舍之
事 聊蒙諸友愛來 盡情惠佈於中 免[illegible]得圖後事
亦可輕鬆一点 滿意候家兄到里 [illegible]作計議 渠知遲為無
信 弟亦舍糊本欲不行 竊思此刻弟既租住人處 亦係浮
泊 恐不自便 今知弟處住屋半押人處 欲將贖押進手 暫
立身計 為此不得已 仍懇各友扶全 [illegible]于昨日邀合在
吉祥棧宝號 收領計開會友 台銜聯名附右
江偉雲 二股 葛韻清、徐三槐、杜毓昌、[illegible]观昌、江耀武、畢成甫、汪繼元、
連
老弟共成拾股 每股五元 前承允諾 敢則託人代[illegible]拔抽[illegible]
會 是以今特函告 開會款請 听便 後日存領不妨 拔會將
料理在節邊 亦要動身出外 手此專書 並請
家安
宝號諸君均此候
弟 璐成 頓首 七月廿

反映江耀华、葛韵清等人联会的书信

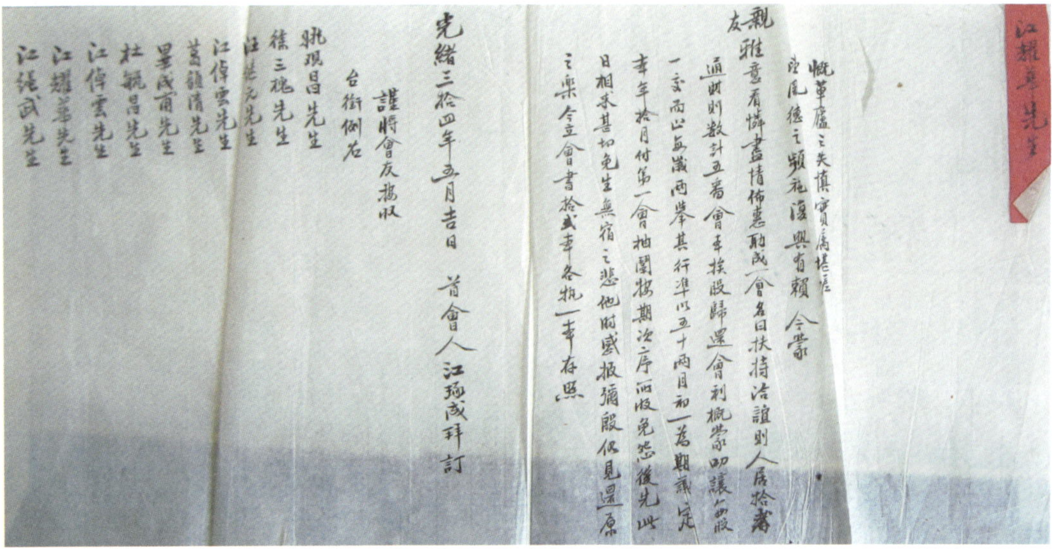
江耀華先生
慨華廬之失慎 實屬堪
憐 風雅之頻施 深與有賴 今蒙
親友雅意 看憐盡情佈惠 聯成一會 名曰扶持 洽誼則人居拾[illegible]
通此則數計五為 會本按股歸還 會利概蒙叩讓 每股
一金而已 每歲兩舉 其行准以五十兩 目初一為期 議定
本年拾月付第一會 抽闡拔期 次序而收 免爭後先 此
日相求甚切 感生無宿之悲 他時感[illegible]殷 仍見還原
之樂 今立會書拾貳本 各執一本存照
光緒三拾四年五月吉日 首會人 江璐成 拜訂
謹將會友[illegible]收
台銜列右
姚观昌先生
汪繼元先生
徐三槐先生
江偉雲先生
葛韻清先生
畢成甫先生
杜毓昌先生
江偉雲先生
江耀華先生
江繼武先生

1908年会书

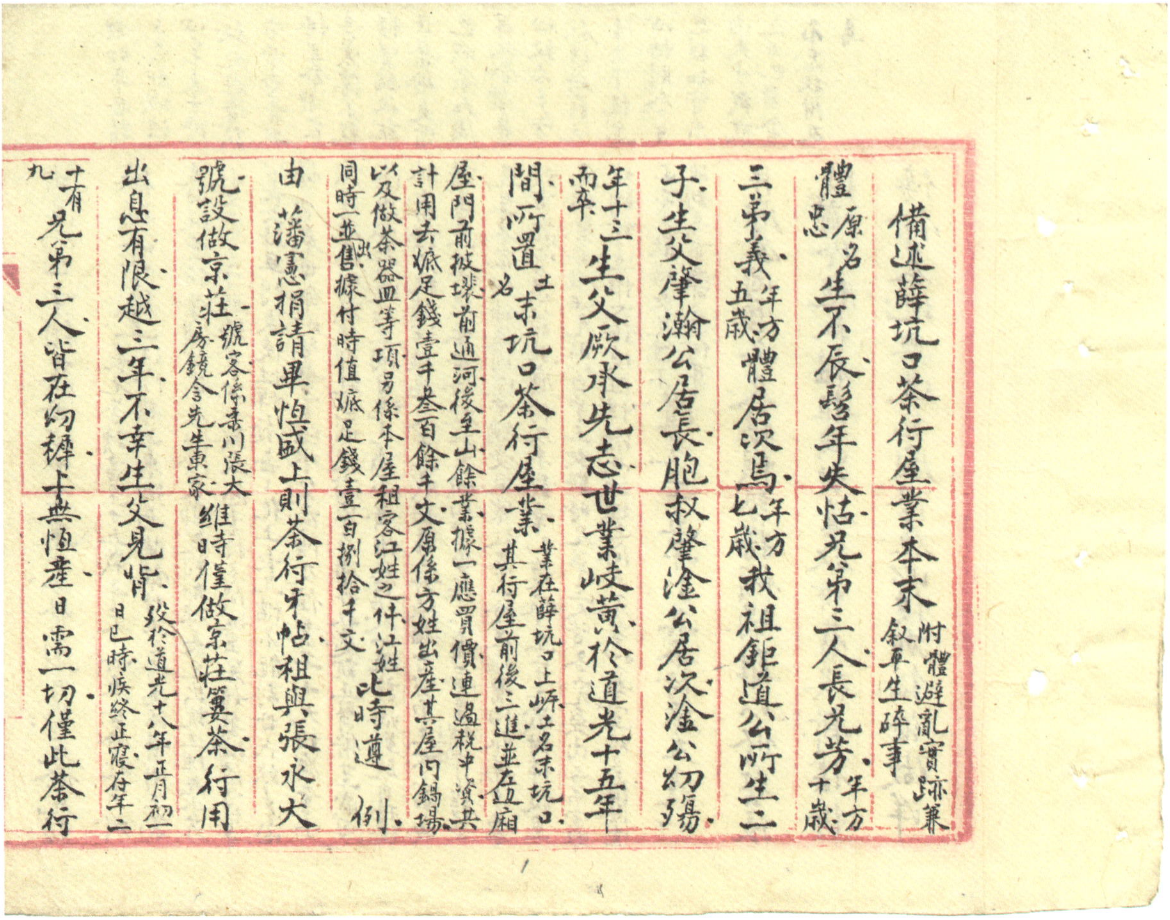
備述薛坑口茶行屋業本末 附體避亂實跡兼敘平生碎事
體忠 原名生不辰髫年失怙兄弟三人長先芳年方十歲
三弟義年方五歲 體居次焉年方七歲我祖鉅道公所生二
子生父肇瀚公居長胞叔肇淦公居次淦公幼殤
年十三生父歐承先志世業岐黃於道光十五年乙未
間所置土名未坑口茶行屋業 業在薛坑口上峤土名未坑口其行屋前後二進並左廂
屋門前被壞前通河後至山餘業據一應買價連過稅中資共
計用去紋足錢壹千叁百餘千文原係方姓出產其屋内鍋場
以及做茶器皿等項另係本屋租客江姓之件江姓此時遵例
同時一並售據付時值紋足錢壹百捌拾千文
由藩憲捐請畢悅國上則茶行牙帖祖與張永大
號設做京莊 號客係婺川張大房鏡含先生東家 維時僅做京莊箕茶行用
出息有限越三年不幸生父見背 殁於道光十八年正月初日巳時疾終正寢存年二
十有九 兄弟三人皆在幼稚十無恆產日需一切僅此茶行

毕体仁《备述薛坑口茶行屋业本末（附体避乱实迹，兼叙平生碎事）》抄本

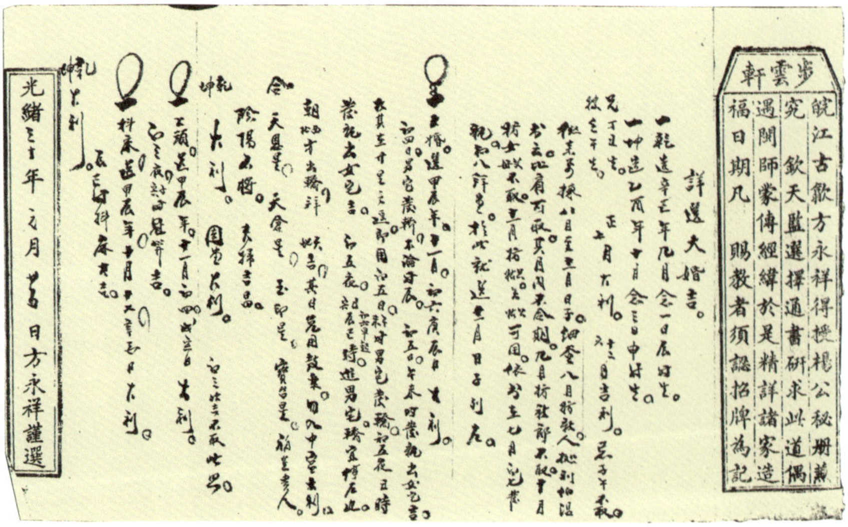
步雲軒
皖江古歙方永祥得授楊公秘册兼究欽天監選擇通書研求此道偶遇閱師蒙傳經緯於是精詳諸家選福日期凡賜教者須認招牌為記

光緒三十年 月 日方永祥謹選

1904年薛坑口方永祥选单

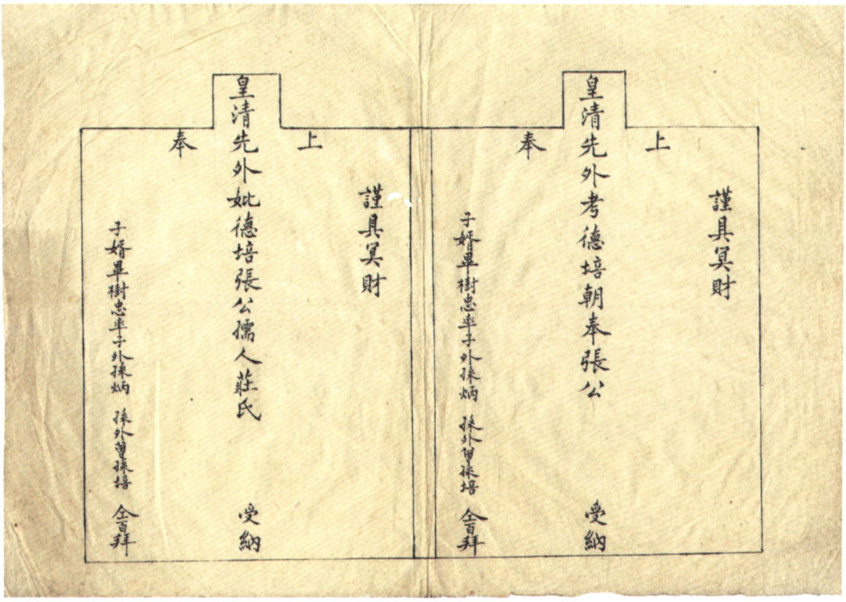

金银袋簿

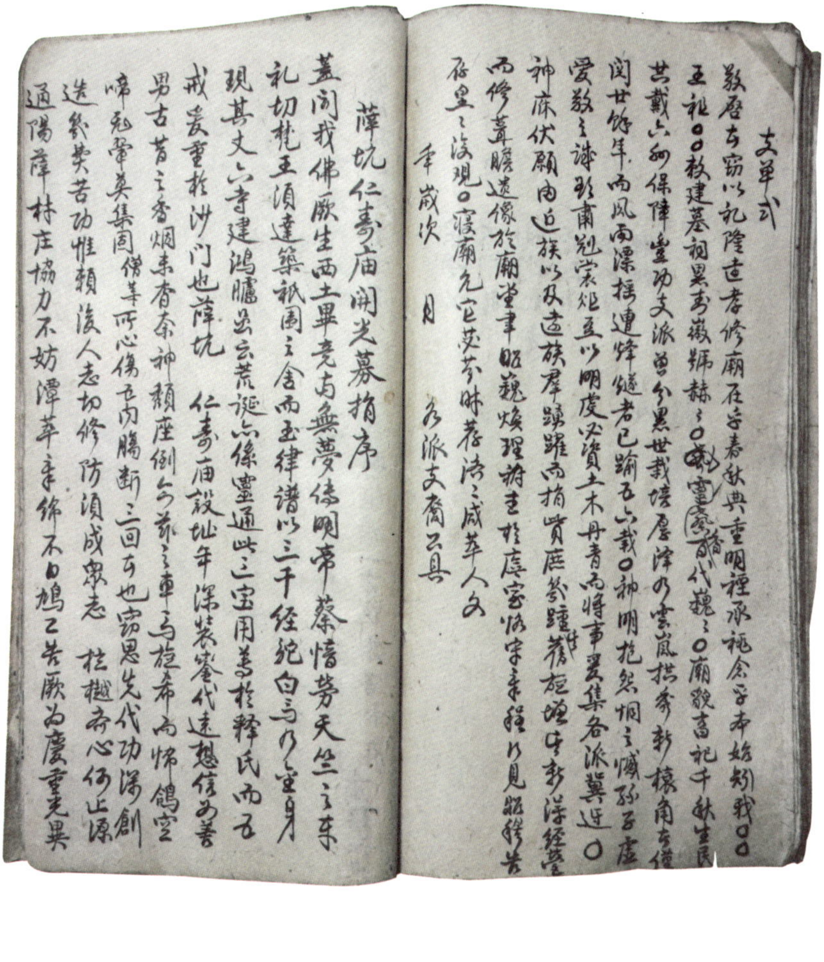

《薛坑仁寿庙开光募捐序》，清代歙县日用类书抄本

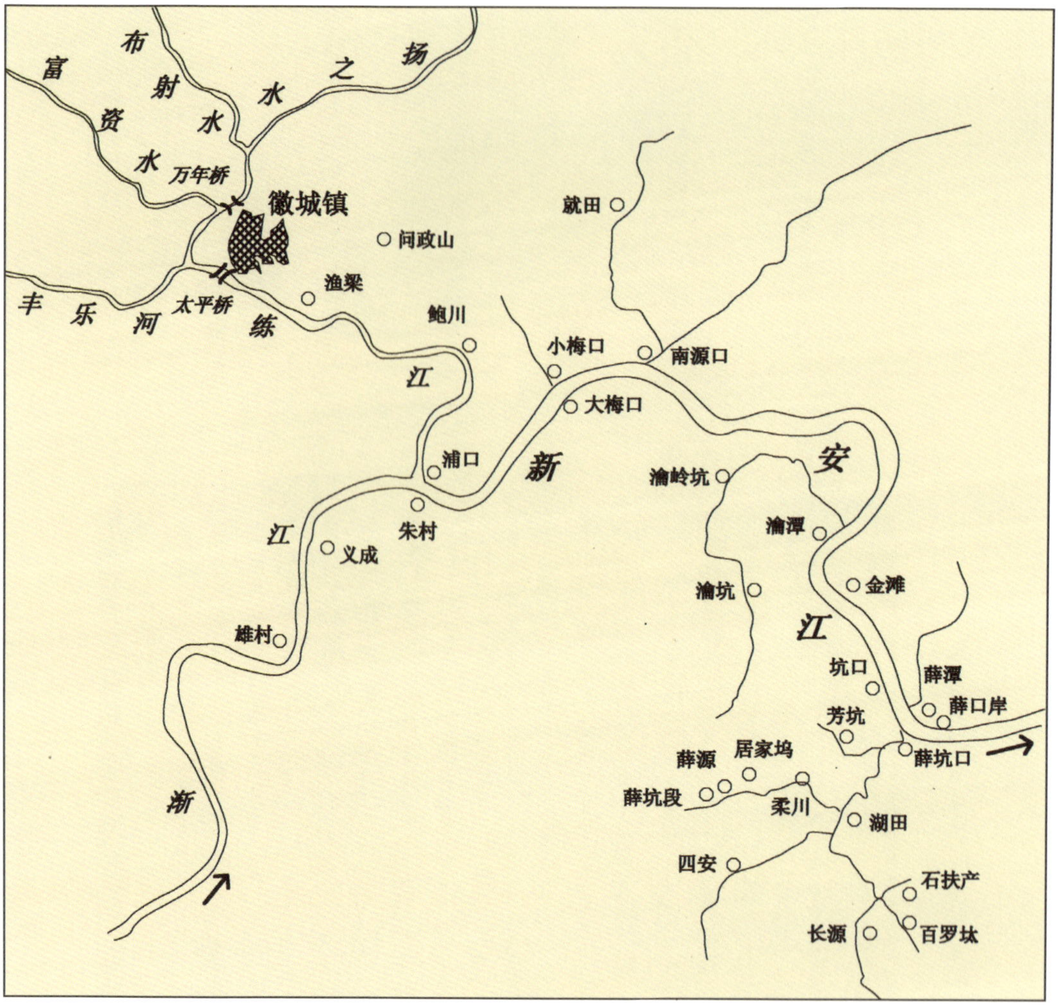

新安江畔的薛坑口及周遭形势图（李甜绘）

作者简介

王振忠，复旦大学历史学学士、硕士、博士，1998年起任该校中国历史地理研究所教授，2018年起兼任安徽大学讲席教授。2003—2004年美国哈佛燕京学社访问学者，并曾赴日本东京大学、法国远东学院、荷兰莱顿大学等海外汉学机构进行学术交流。主要从事历史地理、明清以来中国史、域外文献与东亚海域史研究，重点关注地域文化差异及区域社会之变迁，在学术研究中，重视田野调查与文献分析相结合，重视对传统人文背景下区域社会变迁的综合性探讨。近期陆续刊行『王振忠著作集』八种，主编（含合作）有《徽州民间珍稀文献集成》三十册、『徽州传统社会丛书』、《长江与莱茵河》等，并有《斜晖脉脉水悠悠》《日出而作》《从黄山白岳到东亚海域》等数种学术随笔。

目录

编例

本书采用简体竖排，在照顾现下更多读者阅读习惯的同时，也兼顾图版部分文献的样式。

本书录文除人名、地名外，异体字、俗体字均不保留。

导言

一

新安江是徽州的母亲河，亦称徽港，为钱塘江干流之一段，因流经旧新安郡境而得名。新安江干流随地异名，上源率水出自皖、赣交界怀玉山脉率山主峰——休宁县六股尖东坡，自发源地至休宁县鹤城，称为冯村河。此后，鹤城至休宁县流口称大源河，流口至屯溪称率水，而由屯溪至歙县浦口则称浙江，浦口以下始称为新安江。

穿行于皖南与浙西间的新安江，沿途多滩，湍险汛急，特别是在其上游的徽州，素有『一滩高一滩，一滩高一丈，三百六十滩，新安在天上』之俗谚，这是形容传统时代新安江水路交通之艰险。民间宗教科仪抄本《泰山召帅科文》中，就详细论及新安江沿线的滩名，其中包括佘景滩、森村滩、余岸滩、叶干滩、梅口滩、松村滩、义程［成］滩、朱家村、梅口滩、南源口、麦滩、金滩、姚村滩、薛坑口、张［漳］潭滩、绵潭滩、深渡和九沙滩等。个中的『薛坑口』，是新安江上游的一处交通要冲。

关于薛坑口，早在明朝万历年间，歙县瀹潭人方承训在其所著的《复初集》中，就曾提及周遭的阳源人庄伯鲸买舟前往武林（今杭州），当时他路过一处叫『薛川』的地方，向附近的庙神祈祷。此一『薛川』，显系外出的渡口，应即薛坑口一带（从徽州地名演化的惯例来看，『薛川』当即薛坑口之雅化地名[一]。作为新安江上的枢纽之一，薛坑口在不少徽州商编路程中皆有记载。对此，明末清初西陵憺漪子（汪淇）所编的《天下路程图引》中，就有『徽州府由严州至杭州水路程』：

本府。梁下搭船。十里，浦口。七里至梅口。三里至狼源口。十里至瀹潭。五里至薛坑口。……

关于这一点，明人黄汴的《天下水陆路程》之『休宁县至杭州府水』条中也有类似的记录。这些路程都指出，从徽州府城出发，经梁下（渔梁坝）搭船顺流而下，便可前往钱塘江滨的杭州，其间需途经薛坑口。换言之，早在明代，薛坑口一带就是新安江畔的重要码头之一。

及至清初，顺治六年（1649）徽州进士张习孔曾指出：『薛坑口为歙南名镇，水陆所辏，盖孔道也。』[二]张氏为歙县柔川（亦名柔岭下）人，此处离薛坑口不远，从后来的情况来看，柔川张氏在薛坑口镇上的商业活动中极为活跃。另外，张习孔出生于扬州，祖先可能与两淮盐业经营有关。与之经历相

[一] 关于『川』作为徽州雅化地名用词的问题，请参见拙文《历史地名变迁的社会地理背景——以明清以来的皖南低山丘陵为中心》，载郑培凯、陈国成主编《史迹·文献·历史：中外文化与历史记忆》，桂林：广西师范大学出版社，2008年版。

[二]（清）张习孔：《建瑶坑石桥序》，见《诒清堂集》卷一《补遗》，四库全书存目丛书补编编纂委员会编纂《四库全书存目丛书补编》第1册，济南：齐鲁书社，2001年版，第635页。

近，稍后的程庭也出生于扬州。康熙五十七年（1718），回乡展墓的他从祖籍地歙县岑山渡返回扬州，在随后所撰的《春帆纪程》中，程庭详细记录了自己的旅行轨迹。当时，他从岑山渡出发，经雄村、义城村、朱家村到薛坑口、张潭，当日行一百一十里，晚宿街口，又八十里至淳安，然后再由港口、严州城过钓台，最后抵达钱塘江畔的杭州，经由运河北上回到扬州。

对于薛坑口一带的商况市景，清代徽州文书抄件《杭州上水路程歌》中有：『薛坑口市虽人静，长夜犹闻扣角歌。』所谓『扣角歌』，亦简作『扣角』，典出《淮南子》，说的是春秋时人宁戚家贫，他想向齐桓公谋求官职，以便能施展个人才能。某日齐桓公途经时，他在路边击牛角而歌，从而成功引起前者的注意，遂为后车载归，被任为上卿，后世遂以『扣角』为求仕之典故。另外，水程歌中的前一句提及『薛坑口市』，在类似的《杭至徽屯路程歌》中则作『问奇晚泊薛坑口』。

在徽州，『坑』也就是水的意思，此类地名后来一般被雅化作『源』『溪』或『川』。如薛坑口附近的芳坑又称『芳溪』，而薛坑亦名『薛源』『薛川』。此外，在一些徽州文献中，薛坑口亦写作『雪坑口』。由于它是一个口岸，所以也被称为『薛坑埠』。

二

薛坑口位于今歙县县城东南约十一公里处的坑口乡，在传统时代是徽商进出徽州的交通要冲。晚清文书抄本《契文摘要》〔一〕中，有一篇《薛镇修路缘谱》，内曰：『……歙邑水南乡薛坑口镇，为地方要道，上至休邑屯溪，下至深渡、街口，往来行旅所必经。』另一册日用类书中则有《薛坑口公修渡船捐书序》：『尝思歙水溪河，通运苏、杭之货；薛潭渡舫，往来利济之津。』薛潭亦即薛口岸，位于新安江的彼岸，与薛坑口对渡。此处的『通运苏、杭之货』和『往来利济之津』，在书中的另一篇文章中亦作『六邑经商之渊』和『两南利济之津』。这些，都是形容薛坑口之商业繁盛。揆诸实际，歙县南乡分为水南和旱南，水南与旱南之分，大致以距离新安江之远近为准，靠近新安江的地方称水南，远离新安江的地方则称旱南。薛坑口地处新安江滨，自然系属水南的一部分。上文中的『两南』，可能就是指同属歙县南乡的『旱南』和『水南』。

关于薛坑口在新安江上下游的地位，民国传抄本《安徽省志》对新安江水程之航行日数有过详细调查：

表一

地名	各地间距离	由屯溪	地名	各地间距离	由屯溪
牛坑（厘金局）	10里	10里	淳安	50里	220里
薛坑口	60里	70里	严州	170里	390里
深渡	30里	100里	东关（厘金局）	5里	395里
街口（厘金局）	50里	150里浙江界	桐庐（厘金局）	85里	480里
威坪（厘金局）	20里	170里	杭州	190里	670里

〔一〕　抄本1册，私人收藏。

从中可见，薛坑口距离屯溪70里，下距深渡30里，下至街口80里，到达威坪和淳安则分别为100里和150里。民国时期署名为『风尘余生』的人，在其发表的《新安江之观感》一文中提及『新安江要邑』23个，其中也包括薛坑口。稍后的《徽州日报》有一篇《薛坑口去年商况》的报道，其中谈到：『歙县薛坑口为水南之一乡镇，计大小店铺不下数十余家，往昔商贾繁盛。年来因农村凋敝，乡民购买力锐减，市面遂因之衰落。』接着，此文对1935年镇上各行之营业状况作了一番总结：『杂货粮食店向有七家，去春又新添怡裕号一家。该号初为充扩营业计，不惜多方兜揽，削价售卖。老店东益号见此情形，亦削价与之竞卖，故二家生意虽佳，而无利可获。其余之家则大受影响，门可罗雀。现恒吉、裕泰、义源栈三家召顶，江瑞茂、福兴祥、永大亦难维持。布业马协兴号系多年老店，可获余利，源泰则因生意萧条，宣告清理账目。药业葛和兴老店向有盈余，益生、仁寿一蹶不振。惟肉业、烟业及其他一切手艺小店，则均有余利。』〔一〕另外，在十多年前，薛坑口附近的一位老人曾回忆：

古歙之南三十里，新安江畔著名村镇薛坑口店铺林立，农商工贾各业俱全，是一个很繁华的沿江市镇，此处是从屯溪沿江到浙江杭州的必经之地。坑口从陆路到屯溪，也不到百里。坑口是商业小市镇，因此各姓杂居，埠头上停泊着很多商船。黄备、小洲等外，在交通不方便的年代，农林产品大都肩挑背扛，运往坑口集散，大小客商乘小木船满载货物在新安江上穿梭来往，两岸桃红柳

〔一〕 转引自《皖事汇报》1936年第4—5期『各县新闻选录』。

> 绿，青松杂竹中，隐现着无数青瓦白墙的各式商店、民宅……
>
> 埠头不远是有名的坑口外街，街尽处，沿石级而上就是赤土岭，……站在岭头南望，阳、薛、芳三水系汇于下未新桥后，蜿蜒流来，绕赤土岭而注入新安江，其交汇处自明代即建成单孔石拱桥，桥名『仁寿』。过桥有一明代始建的古刹仁寿庙，仁寿庙建于三源水口仁寿桥头，后靠青山……坑口外市万商云集，繁华热闹难以形容……〔一〕

上述这些民国时代之报章讯息及今人的追忆，所见虽非晚清时代的市镇面貌，但也有助于我们从一些侧面了解或想见薛坑口镇此前的商况市景。

由于濒临新安江，来往交通较为便利，人群流动亦颇为频繁。当地有不少人外出务工经商。清嘉庆十八年（1813）冬，在江苏南汇新场镇（今属上海）东南三十六图，徽州人捐建思义堂安徽公所，『凡徽籍之物故于此、无力扶榇者，代为埋葬；有力之棺寄停堂中，以待回籍搬迁』。当时，在浦东的安徽人多达数万，其中绝大多数应当来自徽州。咸丰十一年（1861）冬，该堂因兵燹战乱而遭毁圮。同治元年（1862），太平天国运动衰微之后，徽州同乡踊跃捐资重建。从光绪十年（1884）至宣统二年（1910），思

〔一〕江怡祠：《歙县芳坑的民俗风情》，载拙编《歙县的宗族、经济与民俗》，见［法］劳格文、王振忠主编『徽州传统社会丛书』，上海：复旦大学出版社，2016年版，第58—59页。

义堂共资助回籍棺木113具，其中女棺12具，共给盘柩费用钱1 130 330文、洋272元。这些棺柩，一般都是交由徽州信客携带回乡。根据宣统三年（1911）石印本《思义堂征信录》记载：晚清时期有6个信客，专门跑歙县薛坑口、浦口、渔梁和小川一线。信客除了携带旅榇归乡之外，还帮助旅外商人及其家人随带家书、货物和钱洋等。从信客之人数可以推测，当时薛坑口一带外出经商之人应当相当不少。

除了周遭乡人外出经商外，薛坑口一带的商业也颇为繁盛。光绪二十四年（1898）的一册征信录，提及为兴修渔梁坝而展开的募捐。其中，薛坑口一地的善款由毕体仁经募，参与捐款的包括萃茂昌、恒茂昌、义元永、庄裕昌、葛源记、张吉祥、吉祥栈恒记、王复茂、苏义泰、同茂、王新泰、张怡茂、王集源、同泰、程义茂、程义泰、义隆、德裕怡记、毕同大、柳仁兴、洪大进记和邹聚盛等。上述这些，应当都是清末在薛坑口一带的店铺。负责经募者毕体仁，是位著名的医生，同时也经营茶叶贸易，收入本书的《备述薛坑口茶行屋业本末》，即由其人撰述。而『葛源记』的主人葛韵清，则是《新旧碎锦杂录》的校订者之一（详后）。

此外，笔者手头有多份徽州的广告、商标，其中也有一些反映薛坑口商业的资料。这批清末民初的广告、商标，涉及食品杂货、枣业等诸多行当，可以作为当地商业发展的一些注脚。〔一〕另外，现存的一

〔一〕杨江帆等著《纸质收藏品与茶文化》一书中提及一份仿单：『本厂开设徽州歙南薛坑口已历百年，专自采办黄山石耳、雨峰、高庄春茶，亲自监督双窨珠兰，久已名驰中外。篓面标以天、地、人为等，冀图久远，以杜假冒。于甲子年始，篓内附此仿单，凡各宝号，请认明仿单，庶不致误。』（福州：福建科学技术出版社，2006年版，第154页。）作者认为，此仿单中的『甲子』，当指清朝同治三年（1864）。不过，从仿单上『泰记茶厂』之措辞来看，似应为1924年。

些契约，则涉及薛坑口一带的店屋交易，也从一个侧面反映了当地的商业状况。

表二 有关薛坑口店屋交易的契约

契名	年代	地点	屋	交易双方	交易后用途	价钱
杜买契	乾隆五十一年（1786）五月	薛坑口路外	店屋1堂	苏阿汪氏同男金贵、六喜→江	开设商店	银100两
卖契	乾隆五十九年（1794）十月	薛坑口路外	屋1堂	江虎文→族弟	不详	钱40 000文
租批	嘉庆三年（1798）九月	薛坑口仁寿桥头巷路外	靠河楼屋1堂4间	汪元裕→江	开张木料生理	钱8 000文
卖契	嘉庆十二年（1807）八月	薛坑口路外	屋1堂	汪元玉→江	不详	钱40 000文
卖屋契	道光十五年（1835）八月	薛坑口上岸	楼屋2间	江有浏→江有科四弟	不详	钱110 000文
卖契	道光二十三年（1843）闰七月	仁寿桥头路外	市楼屋1堂	江大经、江大绪同男江有琪→族侄	不详	钱150 400文

1950年代末，因浙西淳安、遂安一带的水库建设，薛坑口被列入新安江水库区的拆迁范围，为此，镇址后被搬迁至大源村，仍以原先的坑口为镇名。而在旧薛坑口，仁寿桥属于该镇的中心地带。在上表中，仅有一处店屋明确标明交易后的用途为『开张木料生理』。不过，关于店屋交易，在歙县芳坑江

氏文书中，也有不少记载。例如，有一封某年九月廿五许鸿熙寄出的信函就提及：『日前江泽之来云，年前舍亲章观去买薛坑口屋基，现开马协兴店。兴造时，江姓有一衖，望与章姓毗连，由弟托二公调解，年交江姓租洋二元。』[一]江泽之是晚清芳坑大茶商江耀华的次子，而这一份信函，则反映了当地人在薛坑口买屋开店的事实。另外，薛坑口人毕体仁亦提及一处店屋的交易：『按此本栈屋业，原系黄姓出产，其边坑楼屋之下，即仁寿桥头里首横边，向有厮厕一排。于道光初年，自我祖钜道公尽将厮厕填平，装成通直三间小屋，桥头开放门面，出租与绩邑黄老五官，开设切面包店手艺生理，每年计交屋租钱十二千文。至咸丰年间，老五官病故，其长子巴兄继承父业。洎咸丰末年，粤匪犯境，屡遭蹂躏，一经乱后，巴兄不在世，店亦未开。同治二年，比屋又经三弟义，聘与汪长寿租去，开设熟食营生。其人素鲜恒心，有名无实，未及年余，因此回歇。同治六年春，始由江锦堂表弟承租，创设于此。』[二]上述这段文字，讲述了绩溪人在薛坑口租房开店经营的前后经过。这些房屋以及频繁的交易换主，与清代薛坑口商业之发展密切相关。

前文提及，薛坑口是歙县水南的一个市镇，同时也是新安江畔的交通要冲，转输贸易是此一市镇的重要特点。早在明代，从长江三角洲运粮前往徽州的米船，有一些便在沿途的严州、街口和薛

[一] 歙县芳坑江氏文书，安徽省歙县档案馆藏，档号：434304-Q309-005-00094-006-（002）。

[二] 清光绪歙县毕体仁《薛坑口茶行屋业本末（附体避乱实迹兼叙平生碎事）》，见王振忠主编《徽州民间珍稀文献集成》第22册，上海：复旦大学出版社，2018年版，第454—455页。

坑口等处就地售卖，故而薛坑口一带应有一些粮食贸易。这些由外地输入的粮食，主要供给以薛坑口为中心的水南各地乡村之生计需求。关于这一点，薛坑口一带的《议单式》中，就提及当地开设的『粮食杂货店』，并谈到这些小店与『各乡店户』之账目来往，这显然反映了薛坑口与周遭乡村的经济关系。

除了粮食、杂货之外，薛坑口一带还是新安江上游茶叶贸易的中心之一。民国传抄本《安徽省志》第七《徽州府之农林》指出：『徽州府之农产，应特为表出者即茶是也。……其制茶地方之最有名者，为屯溪、深渡、薛坑口、许村等地。』在歙县芳坑江氏文书中，有甲辰（光绪三十年，1904）谦顺昌的《毛茶各记》，其中有『薛源庄』之记录；而丁巳年（1917）裕丰祥的《茶总便登》和隆号《毛茶总》，则都有『薛庄』的记载。这些，应当皆是指薛坑口及其周遭腹地农村出产的毛茶。国民政府建设委员会经济调查所主持编纂的《中国经济志》，收录有歙县经济的相关调查，此一调查记录了1930年代中叶县内分区的茶产数据，从中可见，歙县第五区（篁墩、王村、朱祁、程田、汪坑、富岱、石耳、瀹潭、薛坑和漳潭）产茶亩数为20 000亩，产茶数量则为10 000担，仅次于第七区（金竹山、佛堂、昌溪、车田、唐坑、深渡、正口、大洲源、小洲源和街源等处）。另外，书中还提及1933年歙县境内部分重要洋庄茶号之牌号和地址，共计61家，而在薛坑口者就有裕兴、裕泰昶和福兴隆3家。〔一〕

〔一〕（民国）建设委员会经济调查所统计课：《中国经济志 安徽省歙县》，南京：建设委员会经济调查所，1935年版，第57—58页。

关于薛坑口的茶叶贸易，咸丰元年（1851）的一份官府告示这样写道：

署江南徽州府歙县正堂加十级、纪录十次钟，为出示募补事。据三十六都三图地保张春妹具禀，图内江振大茶行故绝无人，行屋、牙帖均被贼毁，呈结禀恳详销募补，等情。据此，除批示并汇案详报外，合行出示召募补充。为此，示仰该处附近诸民人等知悉，尔等如有殷实良民、情愿开行者，准照新章捐请部帖补充，并出具互甘各结，族邻切结，禀请加结给文，前赴牙厘局缴捐充饷，领给示照开张。俟部帖到日，再行换给。倘银数猝难措齐，准其先缴一半，给予开张告示。余准限缴，尔等务各凛遵毋违，特示！

告示后有『仰薛坑口地方江振大茶行实贴』的字样，显然，这是反映薛坑口江振大茶行之相关告示。以上，是有关开设茶行的文书。另外，有关薛坑口一带徽茶之外运，在歙县芳坑江氏文书中也有不少记载。例如：

张芝源宝号

茶箱一千〇五十八件

汪天魁等船十六只

装运义桥交卸

除上付挂找船洋三十二员［圆］正。

六月十一日挂找票。

该份文书在前后分别钤有『歙水南薛坑口/官牙部帖张衡记行』的红印，这从一个侧面反映了茶行与茶号的关系。上揭文书中提及的『义桥』，位于今杭州市萧山区，该镇地处钱塘江、富春江和浦阳江三江交汇之处。可见，当年薛坑口一带的茶叶曾源源不断地沿着新安江运往义桥，然后转输到宁波等地。

另外，迄今尚存的一些船契，也反映了薛坑口一带茶叶之外运。例如，有一份《奉宪船契》：

今据本府歙、休县□船户汪天魁，今自己船，在于歙县□□薛坑口埠头，凭行揽到张鼎盛宝□□□□，计开茶箱一千零七十三件、样茶箱一件，包装送至义桥顶埠交卸。其货□□注明船票，以杜濛混。倘船户盗卖客货并少数目、潜逃等情，扣留原船赔偿，理涉无辞。其行李照客单检收，如路无水盘滩，体□各色等项，船户包体，均概无贴，不得另生枝节，等情。恐口无凭，立此船契顺行为照。三面议定水脚船洋二百三十八元四角二分，凭行当付洋二百零四元四角二分，挂欠下找洋三十四元，沿途给付。

客用船膳每位、每餐计钱　　文，食粥减半。

福德一应在行付讫，客自膳无贴。〔一〕

该份船契末署日期『同治十年六月初八日』，为『部帖官牙张衡记船票』，其上另有『一路顺风，福星载道』之吉祥语。类似的船契还有翌年的另外一份：

今据本府歙县船户

天魁八十二件，财宝七十四件，夏闲七十件，观永六十四件，春宝六十四件，灶寿六十四件，春水六十四件，观玉六十四件，得顺六十四件，大有六十四件，小昌六十四件，银泰六十四件，五十六十四件，金寿六十四件，百富六十四件，观来六十四件，在于歙县水南薛坑口……张芝源宝号名下货，计开：共船十六只，运茶箱一千零五十八件，包装送至义桥顶埠交卸。其货上船注明船票，以杜濛混。倘船户盗卖客货并少数目、潜逃等情，扣留原船赔偿，理涉无辞。其行李照客单检收，如路无水盘滩、体驳各色等项，船户包体，均概无贴，不得另生枝节，等情。恐口无凭，立此船契顺行为照。三面议定水脚船洋二百三十五元一角，凭行当付钱二百零三元一角，挂欠下找洋三十二元，至义给付。

〔一〕歙县芳坑江氏文书，安徽省歙县档案馆藏，档号：434304-Q309-007-00028-001-（001）。

上揭《奉宪船契》提及从薛坑口开出的十六艘运茶船只，船契末尾所署年月为『同治十一年六月十一日』。其中的『天魁』，应即前引文书、船契中的歙、休县船户汪天魁，所运亦皆为张芝源号名下的货物。这两份船契，反映的都是运往义桥的茶叶。

在茶叶贸易繁盛的背景下，牙行在薛坑口一带茶叶经营中扮演着重要的角色。《备述薛坑口茶行屋业本末》稿本，为光绪二十三年（1897）歙县毕体仁（树忠）所作。该书备述道光以来薛坑口茶行屋业始末根由，其中涉及个人的家世、生平、生计、茶市、乡俗以及民事纠纷等，是一册颇为珍贵的徽州文书。根据该书的记载，毕体仁出身新安医学世家，其先世原居歙县县城东关上路，后迁居绵潭悬壶济世。至其曾祖时，曾祖率同四子徙居薛坑口，或以贸易营生，或仍业岐黄。毕体仁的祖父毕钜道，与歙县柔川张立铣合开和泰杂货店。经历数年，亏折颇多，因此将杂货店业收歇，即在本屋前进独开益元堂药铺。毕体仁之父也以从医为生，他于道光十五年（1835）在薛坑口上岸末坑口开设茶行，捐有『毕恒盛』上则茶行牙帖，租与张永大号设做京庄篓茶。所谓京庄，也就是内销茶。道光十八年（1838）父亲去世后，毕体仁兄弟三人主要倚靠此茶行出息为活。毕体仁幼读医书，也多次参加科举考试。道光二十五年（1845），他在茶行旁余基地兴造包厢楼屋，添做洋庄箱茶。此处的『洋庄』，亦即运往上海等埠的外销茶。咸丰二年（1852），毕家又改造了行屋。张永大号后另设永盛茶号，即租于毕恒盛行内，兼做京、洋两庄，而毕体仁的三弟就在张永盛号内帮伙。当时，毕体仁业医，日事应酬，茶行诸事皆归三弟经理，后者时常押茶前往上海。太平天国末期，随着局势的变化，『上洋售茶，风色颇佳，茶号每多获利』。同治二年（1863）冬十一月，毕体仁承租下埠头下首的医寓，挈家属移进芳川后，即将医寓添租上隔壁楼屋一间，改装店面，与他人先后合开春和药材、大生药材，兼带杂货小本店业。后来又添设恒大茶栈，在茶市季节代客买茶。对此，毕体仁指出：

> ……代客生意，初年客路不广，出息仅够开销，越后渐有起色，每年除开销外，三家尚有分进。迩际上洋市面售茶，风色颇佳，茶号每多获利。薛坑口本镇，做茶字号共有四家（均系柔川张宅开设），开行设栈，代客买茶亦有三家（即恒大本栈、张衡记、黄大隆等）。每届新茶上市，本镇字号以及休之屯溪、歙之深渡等处茶号，其有出庄来薛镇买茶，皆要争先，且有沿途至漳村湾买者……

文中提及的『张衡记』，也就是前引两份船契中的官牙。由此可见，薛坑口一带市镇的繁荣，与上海茶叶之外销有着密切的关系。另外，屯溪、深渡等地也到薛坑口一带采办茶叶。例如，有一封光绪二十年（1894）六月十二日江倬云自薛坑口寄往屯溪、交福生和茶号内江耀华收的信函提及：

> 江耀华先生阁下：今由薛坑口吉祥栈交船友装上茶末三袋，计廿两，秤净一百五十五斤；茶朴二袋，计廿两，秤净六十一斤；茶杆一袋，计廿两，秤净二十四斤。三共六件，至祈查收。船金乞

烦例付，其货拜烦代脱，一切仰仗大神，此恳。顺候筹祺佳畅，兼请大安，不戬。〔一〕

此一信纸上，钤有『甲午吉祥栈恒记发票』红字。江倬云系江耀华生意上的合作伙伴，后曾与江耀华联会，并入股吉祥栈杂货店。当时，从薛坑口运出的茶叶，有不少运到了上海。在歙县芳坑江氏文书中，另有一封某年六月初四由怡祥号寄往薛坑口张冠千的信函这样写道：

昨接申栈专［转］来之函，内云坪水茶已有十余号到申，夷人甚为淡淡，未曾谈盆。闻杏记栈之福春茶五珠、两雨共七个花式。细货（立德行）还盆念八两，其余未有实盆还出，行市度难测度，未卜将来徽茶开盆未卜如何。但屯地得闻此信，今日已贱下一二元之间，看日内总要疲下三元一担。缘各家陆续均专写信到屯，但尊处采办，如价贱下二三元一担，方可办入。倘要前时春庄之价，则缓一步再办为要。朱明兄、张德馨及永盛宝号处，亦祈将此意转达是感……〔二〕

另外，抄本《记事十年一录》的作者张登堂，同治十二年（1873）冬月时四十三岁，系歙县南乡

〔一〕歙县芳坑江氏文书，安徽省歙县档案馆藏，档号：434304–Q309–005–00031–016–（002）。

〔二〕歙县芳坑江氏文书，安徽省歙县档案馆藏，档号：434304–Q309–005–00094–002–（002）。

人，其家离薛坑口七里。书中指出，太平天国之后，徽州治安逐渐好转。及至同治二年（1863），其母嘱之曰：『现今徽地稍安，汝当在于近处图一生理。』有鉴于此，他就到薛坑口张全茂茶号务工，曾『领东家命，往上洋售茶』。太平天国时期，毕体仁的三弟也『顾张号押茶，出往上洋』。在这种背景下，上海茶业贸易的畅滞，便与薛坑口市镇之旺衰密切相关。在江氏文书中，保留有不少亲戚朋友与江耀华的通信，其中有一些提及薛坑口一带的商业。例如，有一封某年元月人日（初七）表侄毕霞轩寄给江耀华的信函就询问：『薛地各店旧岁获利如何？想当皆得平稳也。』〔一〕在薛坑口一带，除了江氏之外，毕氏也从事茶叶贸易。毕体仁曾指出：『此后上洋市面渐次不佳，各号生意减色，做数较前渐减，行家出息亦微，大势局面如此。』

除了洋庄之外，薛坑口一带也办有京庄。坑口著名茶商江耀华有《京庄收支洋总》，其中记载有『丙子夏季』，也就是光绪二年（1876）的账册记录：

收水力光洋三百元；

支洋三十七元，水力，坑口至杭每元三角半，下找洋十八元；

支钱六百七十二，神福，四只；

〔一〕歙县芳坑江氏文书，安徽省歙县档案馆藏，档号：434304-Q309-005-00094-004-（003）。

支钱一千九百六十，坑口下力，计一百九十六件；

支钱二百，衡记行酒钱；

支钱二百，挑行李力；

支钱四百十三，买菜；

支洋一元，十二六，衡记行用；

支钱一千零卅二，又，每件十二文；

支洋五元，兑钱；

收兑钱六千二百五十；

支钱九十，信封、笔。

……

此外，该账册中还提到『支钱二百八十，坑口行内二人相帮打千斤』。『坑口』应即薛坑口之简称，而『衡记』也就是前面提到的张衡记行。

除了茶叶外，薛坑口一带还有其他的一些货物交流。现存的一张《发票》记录：

途厘照给。

今寄船户王观友，装上
江耀华客洋油一听零，送薛坑口，交
吉祥宝栈查收，转交
江耀华先生收下，即付收条，水脚厘金一并在杭付讫。倘有沿途卡捐不符，以及上漏下湿、交数不清，即扣留原船，均归船户行理涉清楚后，再给收照，谨白。
挂上找零。
年元月十八日杭江　发票

上述这张发票，反映的是茶商江耀华从杭州寄船户王观友洋油一听零，送至薛坑口交吉祥栈查收代转。吉祥栈是江耀华本人入股的杂货店，此一发票，也从一个侧面反映了新安江—钱塘江流域各地的商品流通。

值得注意的是，薛坑口附近出现过一些著名的徽商。其中，自然要首推芳坑江氏商人。该家族自明代中后期起就开始外出经商，清乾隆时代曾往辽东运销茶叶，此后长年贩茶入粤，转销外洋。太平天国兵燹战乱之后，转运茶叶至上海。直到晚清、民初，随着国际市场上中国茶叶渐失优势，江氏茶商才日趋衰落。当时，江耀华除了在外地各埠经商之外，也曾与他人合伙经营薛坑口杂货店。例如，有一份1913年2月的『合墨』就记载：

立合墨人张履安、张蕊题、张以文、张挺生、张执之、毕成甫、江倬云、江艮斋、江耀华、张嗣徽、张济刚，今因宣统二年二月集股合鼎之薛坑口吉祥店杂货一业，开张至今，墨据未立，不足以昭信守。兹将订定正式合同，所有股份多寡及公同议定各条，开列于左。

以上合墨，各位股东各执一纸。其中的江倬云，就是前引信函中的主角之一，曾与江耀华共同经营茶叶贸易。此次他所提交的股洋为三百元，与合墨中的其他几位（毕成甫、江艮斋、张履安、张蕊题和江耀华）相等。此外，其他人提交的股洋亦多寡不一，如张以文、张嗣徽皆为五百元，而张执之为两百元，张挺生、张济刚为一百五十元。以上各股，合计共洋三千三百元。该份合墨之后，还列有数条相关章程，其中规定：该店开张时，虽议定店号仍用『吉祥』原牌，但要另加『益记』二字，以示新旧有别。另外，各位股东手上的合墨，不能用以向他处抵押银钱。以后如果有不愿继续合作者，应将其股份首先转让与其他股东，只有在其他股东不愿接手时，才可以转让给局外之人。此外还规定，每年官利一分计息，由总理于每年正月初五按股分交各股东，不得预先支取；每年正月初五，总理人必须盘结清楚，交出红账，由各股东共同查阅，以昭信实；店中进出人手，都归总理人决定，其他各股东皆不得干预，以一事权而专责任；各股东不得向店中挪移银钱，即使是起折赊欠担货，也必须于每年的年底结清，倘若不能结清，则将该份股本按数扣除。此一合墨，与以下将要介绍的《新旧碎锦杂录》中的四份《合伙开店合同式》大同小异，后者作为一种格式合同，也正是在无数类似的『合墨』

中提炼出来的活套。

三

除了前引契约、账册之外，在徽州发现的民间日用类书也反映了歙县南乡薛坑口一带的商业与社会生活。

（一）两种《新旧碎锦杂录》之异同

在过去的二十多年中，笔者在皖南收集到《新旧碎锦杂录》抄本两种，各一卷。其一内中题作『光绪十四年岁次戊子仲夏月朔后三日/方达本校订』，亦即晚清光绪十四年（1888）的方达本校订本（以下简称『方校本』），全书约一万两千字上下；其二题作『大清光绪十六年岁次己丑仲春月葛韵清校订』，亦即光绪十六年（1890）的葛韵清校订本（以下简称『葛校本』），〔一〕字数略多于前者。虽然两种抄本的校订时间相隔仅两年，但在内容上却颇多出入，以下列表显示：

〔一〕 按：光绪十六年（1890）应为庚寅年，『己丑』为前一年。另，该书末有民国元年（1912）四月的内容，其书写字迹与前面部分明显不同。

表三　方校本与葛校本之异同

部分	方校本	葛校本
一	毕采孚南闱下第诗（念壹首） 胡慧岩劝慰采孚七言诗（十首并信一则） 毕采孚和原韵七言诗（十首并信一则） 杨大元七言诗六首 汪树滋七言诗 胡荣和七言诗 宣城县庠生为赌所迷其妻作绝命诗（十首） 汪树滋赠胡慧岩诗（三首）	毕采孚南闱下第七言诗念一首 胡慧岩劝慰采孚七言诗十首（并信一则） 毕采孚和原韵七言诗十首（并信一则） 杨大元七言诗 汪树滋七言诗 胡荣和七言诗 宣城县庠生为赌所述［迷］其妻作绝命诗十首 汪树滋赠胡慧岩诗三首
二	阄书（四封） 继书（三篇） 开店合同（四则） 议据 租批 关书（三则） 清明簿序 祖宗谱序 助契序 议据 造屋合同 会书	挽诗、联、匾 各种联匾 巧对 设祭式、点主式 坑口开光祭文（弍篇） 孝子祭文（四篇）

综上所见，方校本与葛校本之相同部分主要为前一部分的七十四首诗歌和两封书信，两种抄本中的这些诗文在字词上偶有出入，但其主要内容则并无二致。而两种抄本的不同之处主要反映在后一部分：方校本的后面部分内容接近全部内容的三分之二，主要涉及阄书四封、继书三篇、开店合同、议据、租批、关书三则、清明簿序、祖宗谱序、助契序、造屋合同和会书等。而葛校本后面部分内容超过全书的四分之三，内容主要有：挽诗、联匾、巧对、设祭式、点主式、坑口开光祭文二篇和孝子祭文四篇等。另外，还有未见于目录的『光绪十四年菩萨开光，胡慧翁作诗五首』（实则十三首），书末另有民国元年（1912）的一篇祭文和挽联。

（二）《新旧碎锦杂录》的校订者

就目前所见，《新旧碎锦杂录》一书究竟是由谁人编纂并不清楚，但它一定是在光绪十四年（1888）之前就已经存在。现存的两种校订本，方校本应更接近原貌，而葛校本的前一部分与方校本相同，其后一部分推测是与他个人经历有关的日用应酬文字。

有关方校本的校订者方达本之相关资料较少，仅在另外一册徽州文书抄本中见有一信：

△△仁兄先生，五月驾至敝村叙会，已觉四月。稔为德业兴隆，今奉来字，颂颂秋祺，越发亨通。愚弟贱躯平善，请勿记念心中。来字非无别事，托做联笔两根，有便代为寄下，务要用纸包

封，计钱后叙面算，勿致失信不从，聊作俚言数句，请安兼颂诸公。小弟达本顿首，△日封发匆匆。

原本文字并不雅训，可能是在抄写过程中产生了一些错讹。因该册抄本中出现了与《新旧碎锦杂录》相关的人物胡慧岩（详后），故似可推测文末落款处的『达本』，极有可能就是『方达本』。

至于葛校本之作者葛韵清，则是薛坑口附近的一位儒商，有关他的资料相对较多一些。例如，在著名的歙县芳坑江氏文书中，就有数封葛韵清写给江耀华的信函。其一曰：

耀华仁翁大人阁下：日前接到大札，次即奉覆，谅投台阅矣。所谈号事，蒙爱隆情，心感之至！敝同事王润翁前念八日至薛，与松妹兄同谈此事，却好叨福。不过姚鉴翁处情实难却，分两栈代沽，弟思定不合松翁尊意，不如阁下心愿，只得有违台命，事作罢论，实属愧对之至！阁下果能不弃，后会有期，容图报谢耳！余无别详，今因之便，耑候大安！

诸公先生均此候安。

教弟葛韵清顿首，四月朔日

再者：敝处大约初五六开秤，各户火气太大，恐难办进，大势不离十四元之谱，又及。〔一〕

〔一〕 歙县芳坑江氏文书，安徽省歙县档案馆藏，档号：434304-Q309-005-00008-027-（001）。

信中谈到的『薛』，亦即薛坑口。而信末附及中的『敝处』『开秤』等，则反映了葛韵清也在从事茶叶之制作。『松翁』应为程松云，也是江耀华的一位茶叶生意伙伴。在信中，葛韵清提到了商业合作中的一点小波折以及当时茶叶售卖的行情。

葛韵清写给江耀华的第二封信：

耀华仁翁大人阁下：忝属知交，浮文恕具。兹启者，顷接瑶章，拜诵领悉。所云前首面谈之事，弟早致信姚鉴波翁处，回覆附股之说，生意后再定夺。意候王润翁来薛一叙，即当奉覆。讵日连雨绵绵，润翁迄今未曾到薛，以致懒笔修候。鉴翁昨亦来信，云及多年宾主，定要照旧生意，有不周之处，交好有年，可面叙谈。兼之润翁未曾睹晤，号事亦未定局。弟思事实两难，生意分开，恐不合松翁与阁下尊意，否作罢论亦可。特先匆匆草覆，后当同人约定，是否，则当详报可也。余无别告，今因之便，敬候财安。松翁台前祈代候安。

愚弟葛韵清顿首，三月廿二[一]

信中再次提及『王润翁』和『姚鉴翁』，其中有『附股之说』，反映了姚鉴波等人与葛韵清颇有合作经营

[一] 歙县芳坑江氏文书，安徽省歙县档案馆藏，档号：434304-Q309-005-0005-007-（001）。

的意向。而『来薛』和『号事』等，则说明葛韵清应当是位在薛坑口经营的茶商。

第三封信也是葛韵清写给江耀华的：

耀华仁翁大人阁下：久未通候，因无要启，以致懒笔候安，抱歉之至，请祈宽宥是幸！昨接承惠尊函，一切领悉。欣知福祉康宁，财祺迪吉，起居安泰，定符如意，欣为羡颂！兹者，前承代办箱箬，仍有船金钱三百文，今已支出，俟日自当□奉。再云所谈小号之事，敢不从命？实因内中有一曲情，洪源永却旧宾主，兼之姚鉴翁今庚微有股分，又难为情。程霁翁多年同事，到过小号三次，弟只将二帮分三百余箱，托该栈代沽，衷中免［勉］强而已，稍欠如愿。阁下美意，理应分点，一切请祈原谅，后当补情也。余无别详，今因之便，特此奉复，敬请暑安！诸公先生均候大安。

知教弟葛韵清顿首，七月初一泐〔一〕

信中特别提及『箱箬』。在晚清徽州，茶叶装运『用方形箱装者，均系洋装货，木箱内尚须衬一锡罐，箱外以油漆装饰，再用箬皮、篾片编结包成，故一箱之代价，亦甚可观。其销本装者，即用箬篓装成可

〔一〕歙县芳坑江氏文书，安徽省歙县档案馆藏，档号：434304-Q309-005-00011-008-（001）。

矣』〔一〕。据此可知，江耀华为葛韵清代办的『箱箬』，显然是为装运茶叶而购置的包装材料。另外，信中还自谦地提到『小号』，以及『二帮分三百余箱』托一茶栈代沽，可见葛韵清是开有茶号的商人。

葛韵清写给江耀华的第四封信：

江耀翁台启：兹来字，费神代办三七里箬一千价目，祈鼎力而办，其洋日后送上，其箬即速雇舟装下应用，切切为荷！此请大安，诸公先生候候。

五月十八，弟葛韵清顿首〔二〕

该信于信封上写明：『要字托带屯溪，面交江耀翁先生升，坑口。』其后钤有『葛源记号书柬』的红印。此处再次提到箬的购买，显然也是供茶叶包装所用。

葛韵清写给江耀华的第五封信：

耀华仁翁大人阁下：忝在知交，浮文恕套。兹者，前承代办来里外箱箬五百付，交船装下，照

〔一〕澄清：《徽州之茶》，《文友》1937年第1卷第5期。

〔二〕歙县芳坑江氏文书，安徽省歙县档案馆藏，档号：434304-Q309-005-00027-025-（002）。

示收明，今原托三祥兄带奉洋九元，至祈台收。一切有劳之至，铭感五内，容当图谢耳。宝号眉熙闻得沽价颇标，真可贺贺！大帮佳音，谅亦在日定有权衡之□。小号眉熙沽廿九卅两。大帮前月廿六日动身，大约刻日才可到申。小号子庄片斤不办，因价太昂之故，决将办成春庄，分三帮而做，不过六百八九十担之谱，上号亦是三帮里号，大约四帮，巧之月半约可园［圆］工耳。刻无别详，今因之便，耑请夏安。诸位先生均此候候！

六月初五，知教晚葛韵清顿首

家兄附笔候安。〔一〕

这封信中提及，葛韵清听说江耀华茶号的眉熙卖出了好价钱，而自己茶号之眉熙也卖到二十九至三十两，这些茶叶，都是输往上海销售的商品。

葛韵清写给江耀华的第六封信：

耀华仁翁大人阁下：忝在知交，浮文恕具。兹者，令亲献廷兄于二十七日，交程计德舟装上毛茶，定必照信收到矣。因北乡一友来敝处，谈及茶情，市面却然在谱。是以于廿八日，献兄与来友

〔一〕歙县芳坑江氏文书，安徽省歙县档案馆藏，档号：434304-Q309-005-00014-001-（001）。

同往北乡石门探办，昨晚接示。据云价□相符，决办若干装屯，□在廿两秤十九元至廿元五角。兹交玉弟兄□上原来茶样一包，请祈□德视，望即发本号袋皮卅担，洋蚨六百枚，小洋一百角，即交□弟肩薛，交葛源记收可也，切紧！切要！专此，兼候财安！

弟韵清顿首，四月初一〔一〕

此处谈及茶叶经营中的诸多细节。葛韵清及与其有生意往来的茶商，有一些前往北乡石门一带寻找货源，他们将采购而来的毛茶运到屯溪进一步加工，然后再输往上海等地。在晚清时期，虽然从交通上看，薛坑口等处的歙县茶叶可以直接顺新安江而下，无须过境屯溪，但在当时，由于屯溪作为徽州茶业中心之地位，具有较为完备的茶业周边产业群，故此，歙县乃至浙西新安江沿岸县份的茶产亦溯水至屯溪完成精制并寻找销路。〔二〕

除了上述几封直接写给江耀华的信函之外，与江氏相关的其他人所写之信中也有提及葛韵清的。例如，江琢成寄给叔父江耀华的信函中提到：

〔一〕歙县芳坑江氏文书，安徽省歙县档案馆藏，档号：434304–Q309–005–00021–009–（001）。

〔二〕关于这一点，可参见邹怡撰《产业集聚与城市区位巩固：徽州茶务都会屯溪发展史（1577—1949）》一文，载台湾《『中央研究院』近代史研究所集刊》第66期，2009年。

……兹于昨日邀会，在吉祥栈宝号收领，计开会友台衔联名附左：江倬云二股、葛韵清一股、徐三槐一股、杜毓昌一股、姚观昌一股、江绳武一股、毕成甫一股、汪继元一股，连老叔共成十股，每股五元。前函允诺，敢则托人代阄，按抽弟［第］九会，是以今特函奉闻，会款请听便，后日再领不妨。……侄琢成顿首，七月廿一日〔一〕

此处提及生意同好间的联会一事。关于这一点，在歙县芳坑江氏文书中，保留有一份《光绪三十四年五月会书》：

江耀华先生：慨草庐之失慎，实属堪嗟；望风德之频施，复兴有来。今蒙亲友雅意看怜，尽情布惠，助成一会，名曰扶持洽谊，则人居十二，通财则数计五番。会本挨股归还，会利概蒙叨让，每股一交而止，每岁两举，其行准以五十两，月初一为期。议定本年十月付第一会抽匄，按期次序所收，免怨后先。此日相求甚切，免生无宿之悲；他时感报弥殷，仍见还原之乐。今立会书十二本，各执一本存照。光绪三十四年五月吉日首会人江琢成拜订。

谨将会友接收台衔例［列］右：姚观昌先生，徐三槐先生，汪继元先生，江倬云先生，葛韵清

〔一〕歙县芳坑江氏文书，安徽省歙县档案馆藏，档号：434304-Q309-005-00009-001-（001）。

先生，毕成甫先生，杜毓昌先生，江倬云先生，江耀华先生，江绳武先生。

上述这份会书，从时间上看，与前引江琢成信函中所谈到的邀会，似乎并不相同。但从参会同人来看，此类联会可能不止一次。这一会书，从内容上看，与《新旧碎锦杂录》中的五份『会书式』可以比照而观。

此外，还有一些信函中也提到葛韵清其人。例如，某年四月初六，姻亲庄美思在写给江耀华的信中提及：『所委代索葛姓欠款，晚即向前途，与韵清兄相嘀，彼言事却无错。总之钞要老大先出，望向老大追索耳。晚亦无如何，故特直言奉告。』〔一〕这里谈到与葛韵清相关的债务交涉。某年桂月廿三日江耀华在写给次子江泽之的信中提及：『前附之信，嘱尔过中秋节后，附妥伴来苏，未卜何日，如其写信一封，托源记号内葛韵清兄附他号信内更便，切切为要！』〔二〕汪日宣在写给岳父江耀华的信中也提到：『今因葛韵清仁兄吉便，专此奉布。』〔三〕江耀华在写给妻子张氏的信中提到：『今因葛韵兄号信之便，特此字嘱。』〔四〕另一封寄给张氏的信中也提到：『月之朔日附寄安信一封，又于十二日附寄平安信一封，均

〔一〕歙县芳坑江氏文书，安徽省歙县档案馆藏，档号：434304-Q309-005-00015-028-（003）。

〔二〕歙县芳坑江氏文书，安徽省歙县档案馆藏，档号：434304-Q309-005-00044-022-（001）。

〔三〕歙县芳坑江氏文书，安徽省歙县档案馆藏，档号：434304-Q309-005-00032-059-（001）。

〔四〕歙县芳坑江氏文书，安徽省歙县档案馆藏，档号：434304-Q309-005-00045-004-（003）。

托葛源记宝号转寄芳川，谅早收到。……今因葛韵兄之便，此复。』〔一〕这些，都说明江耀华时常将家信托付给葛韵清转交。另外，葛韵清的商号名称应即『葛源记』，该店位于薛坑口，外来的信件寄至该店，再由葛源记转交坑口江家。某年六月二十六日，江耀华在写给长子江润之的信中还提到：『今因葛源记韵兄之便，运茶至申，交局送苏。』〔二〕由此可见，葛韵清亦曾运茶到过上海。

特别需要提及的是江寿发寄给祖父江耀华的信函，信封上写着：

（上海法大马路兴圣街口）

徽州歙南薛坑口交

葛源记宝号，收转芳坑

江耀华祖父 收

申寿发寄（申江永隆号缄寄）〔三〕

〔一〕歙县芳坑江氏文书，安徽省歙县档案馆藏，档号：434304-Q309-005-00045-012-（001）。

〔二〕歙县芳坑江氏文书，安徽省歙县档案馆藏，档号：434304-Q309-005-00040-007-（001）。

〔三〕歙县芳坑江氏文书，安徽省歙县档案馆藏，档号：434304-Q309-005-00072-009-（003）。

类似这样的信封还有数件，〔一〕这印证了我们前面所提到的，葛韵清所开的葛源记号位于芳坑，从外地寄回的信函常常是寄到薛坑口的葛源记，然后再由葛源记转交到坑口江家。

在晚清时期，『葛源记』在地方公共事务中也颇为活跃。《光绪二十四、五年淳安县阻米成案》中记载，光绪二十四年（1898），歙县士绅曾上禀『为米船被阻，民食攸关，迫叩详咨，准予通运事』，请求『宪大公祖大人鉴主，迅赏详请督抚宪移咨浙抚，扎［札］饬淳安县属威坪厘卡验明放行，以符向章而济民命』。文中详列了具名上禀的歙县乡绅、商号，其中就有『葛源记』。另外，前述与兴修渔梁坝相关的征信录，提及光绪二十四年（1898）薛坑口一带的捐款名单，其中也见有踊跃捐输的『葛源记』。

除了校订者之外，两种《新旧碎锦杂录》抄本中涉及的一些人，也是薛坑口附近的商人。例如，《新旧碎锦杂录》中出现有胡慧岩，便是在薛坑口开设同茂店的『刻书绅』，〔二〕他自称『昔年我也附群儒，因为家贫废半途』，显然是个弃儒从商之人。管见所及，一册信底中收录有胡慧岩之书信及其收到的回信。其中，胡慧岩的信函写道：

〔一〕类似的信封，还见有：『阊门外下塘叶家弄/内安信，送徽州歙南薛坑口，交/葛源记宝号收下，托专［转］芳川，交/江耀华祖父安启/苏阊江再发托寄。』［歙县芳坑江氏文书，安徽省歙县档案馆藏，档号：434304-Q309-005-00070-006-（003）。］『徽州歙南薛坑口，交葛源记宝号代收，烦寄芳坑，交/江耀华家严安启/泽之自苏永泰祥寄。』［歙县芳坑江氏文书，安徽省歙县档案馆藏，档号：434304-Q309-005-00060-005-（003）。］

〔二〕方校本《汪树滋于同治元年避乱薛坑口同茂店内，作此诗三首，以谢慧岩叔之恩》，其一曰：『自至尊前一月零，深荷雅爱甚殷勤。知遇之恩无以报，时时感戴刻书绅。』

圣泰老弟大人：今日到杨未昏，轿夫到此停行。恰遇杨溪演戏，班名便是阳春。偶然定煌作伴，戏毕一同再临。早晨动身之后，告诉沿途原形。瀹潭地方以上，苞芦好歹不匀。一到南源进坞，苞芦黄叶半根。粟秧不满一尺，露水不见复生。临溪刻下米价，二元五角五分。小麦来源不涌，一元七角百斤。酒糙青黄不济，二元三角有零。杨溪日内米价，每元七斗四升。我乡稻场未割，大势看来还青。闻得定煌口信，妾媳忽染有病。发寒发热几日，似疟非疟不清。望叫荣贵来里，以免女流忧惊。源记地情不识，只将原信递呈。略编粗语几句，详报刻下事情。今寄来字无别，并候近祺诸公。胡慧岩字。

这封信中的内容每句六字，显得颇为特别。其中的『源记』，可能就是『葛源记』。信中的『杨溪』亦即扬溪，扬之河经过其东，此河段俗称杨溪，一向是绩溪县商品的集散地之一。而临溪则紧靠扬之河东岸，登源河从南面汇入，明代曾在此处设置临溪铺，后逐渐形成市镇，为绩溪水陆要冲，也是来往货物吞吐的重要码头。徽州山多田少，粮食供给长年不足。绩溪县的主要产米区在二都，『二都地邻旌德，山多梯田，弥望皆是，水利饶沃，农人佃种辄数十亩，乃绩溪产米最多之区也』[一]。此外，毗邻绩溪的旌德，亦素有『粮仓』之称。在传统时代，旌德所产的粮食，除了满足本地消费之外，还经由临溪、扬溪等地转销徽州其他地方。在薛坑口与毕体仁合作做生意的葛渭川为绩溪人（葛氏是绩溪著姓之一），葛

〔一〕（清）汪子青编纂：《绩溪地理图说》，见王振忠主编《徽州民间珍稀文献集成》第22册，第233页。

校本提及光绪十一年（1885）荷月，『良淇公去世』，葛韵清在《新旧碎锦杂录》中详列了自己及胡慧岩、毕体仁等人的挽屏诗联。其中，葛韵清写道：『严型奚在，恸切椿庭，泉台遽别，顿隔音容。』从『椿庭』一词可见，『良淇公』（葛渭川）应为葛韵清之父。另外，胡慧岩挽联有『与文郎共砚童年说以礼敦以诗叨诲诚为不少，为阿父劳形市井名也成利也就握算可谓至精』，可见葛渭川应是一名具有一定文化素养的徽商。根据毕体仁著《备述薛坑口茶行屋业本末》记载：同治二年（1863）以后，他与葛渭川等三股合开春和药材兼带杂货小本店业。若再结合上述信函，则可推断葛韵清出自徽商世家，亦当来自绩溪。这当然是因为薛坑口为新安江上游的重要市镇之一，历来五方杂处，故有一些绩溪人前来此处居廛列肆，计觅锱铢，甚至由侨寓而为土著。

另外，前引信底之后是『心存回信，对慧翁说口气』：

日前乘舆到临，庄苟递到复音。两回赐来安信，刻日已经领明。蒙报舍下病事，读后概已知情。所惟圣公照应，渔梁早经回程。同事虽云老练，店内生意亦清。所嘱门户火烛，自当时刻留心。店事毋须远虑，一切请可放心。怀兄仍存物件，今着庄苟肩呈。附来舍下零碎，到时烦恳收存。家父未曾有信，代言道启一声。另有清单一纸，转达照数收明。里中稻场未耗，年岁总算丰盈。所来训谕两札，即遵信簿誊清。特奉来书无别，即请公娘安宁。炎叔亦未别信，并询娣□康宁。灶福灶寿均好，烦托代言意申。

综合信底所收诸信，其中颇多涉及兰溪、薛坑口、渔梁、临溪一带的商品交易，其点点滴滴从诸多侧面反映了新安江流域的粮食流通。据此推测，胡慧岩本人可能与薛坑口一带的粮食贸易有关。

四

明清时代的徽州歙县，四乡风气迥异，其中，以西乡最为富庶，『人才贵富，四居其三』[一]，现存的方志（包括乡镇志）所述，以对西乡的描摹最为详尽。相比之下，对于南乡的情况，除了少数文集（如《复初集》[二]）、谱牒资料外，可资引证的文献相对较少。因此，反映歙县南乡的《新旧碎锦杂录》抄本两种便显得格外珍贵。

（一）

徽州向以好儒、重科举闻名。两种抄本的相同部分，尤其是胡慧岩《劝慰采孚七言诗》和毕采孚《南闱下第诗》《和原韵七言诗》等，都生动地反映了这一点。『挫落孙山意不平』的毕采孚，自感『战

[一] 万历《歙志·疆域》。

[二] 关于《复初集》所见歙南地域社会，参见拙著《徽州社会文化史探微：新发现的16—20世纪民间档案文书研究》，上海：上海社会科学院出版社，2002年版，第20—92页。

败文坛甚可羞』『有何面貌立身前』，于是，『聊写迂词解自嘲』。而胡慧岩则赋诗写信劝慰采孚，预祝其人来年名标金榜。从中可见，徽人虽以经商闻名，但他们亦颇重视科举，希望在仕途上出人头地：『久慕鸿才列大儒，缘何弃士就商途？昔年端木今犹在，虽淡功名笔未芜。』（毕采孚诗）

在徽州，十户之村，不废诵读。方校本中有三份《关书式》，从中可见延请塾师的程式：『窃思童子无知，必藉发蒙之力；师承具在，当严就正之功。今我敝村有堂一所，名曰△△，昔人建以训诲小子者也。……兹闻△△老夫子，学博古今，才超庸众。仁成己而智成物，诱掖无私；内观我而外观人，陶镕尽善。敢希降心以相就，务使用诲之有经。论束脩则祇［只］从菲薄，幸毋较及锱铢；谓供膳则难比丰腴［腴］，犹乞宏兹教泽。此日经师重望，提命无间于须臾；他时后学成名，恩德自隆其感谢。伏蒙金诺，毋闷玉音，曷胜荣幸之至！』该份关书篇幅较长，而另两份《关书式》则比较简单。此外，葛校本中还收录有各种联匾、巧对和挽联等，其中有些可能并非原创，但也反映了当地人择师教子的风气。

（二）

两种抄本之主体部分均形成于光绪年间，当时刚刚过去的太平天国时期之社会动乱，在书中得到了充分的反映。杨大元诗曰：『闻说山居最大［太］平，前朝细数及元明，未闻贼发猖狂势，何事今朝城野惊。』汪树滋有两首诗，其一曰：『父回［因］因苦疾赴黄泉，痛数光阴近四年，弟掳未知何日会，孤身薄命总由天。』其二曰：『数载江南不太平，无穷苦处诉难明，深山只道刀兵免，谁料深山愈受惊。』徽州虽然僻处山陬，但席卷各地的咸同兵燹同样波及于此。

除了诗文外，在一些契约文书中，也时有提及太平天国时期的兵燹战乱给徽州带来的破坏。如一份《阄书稿》中说：『粤贼叠扰我邑，往来数载，常带我弟△△奔走东西，饥寒冻馁，可谓朝不保暮，艰难困苦，不堪胜言矣！』另一份《阄书稿》也写道：『迩时家业空虚，产土微寥，可怜△△，朝夕从事，庶免庚癸相呼，作息自甘，颇无饔飧不继。且贼叠扰我邑，来往数年，奔走东西，饥寒冻馁，所谓流离失所、艰难困苦之状，不堪胜言矣！』另外，《祖宗谱序》亦指出：『盖闻木有本而水之有源，人情大伦也；家有谱而国之有史，此亦系重矣。缘因△△公所生一子，名△△，娶妻△氏，遇兵乱之年，遭此不测，举家不幸病亡，乃时景况，朝不保暮，可谓流离失所、困苦之状，不堪言矣！』这些，都反映了咸同兵燹造成的流离失所。关于这一点，《造屋合同式》更具体指出房屋惨遭大量破坏的惨状：『立合同墨据人△△同△△等，情因祖遗分受△字△号，土名△△，先父自造三间楼屋一堂，于道光△年业经分授予等△人执管。不料咸丰△年，贼匪突来，其屋被遭焚毁，且贼叠扰我邑，往来数年，予等奔走东西，饥寒冻馁，所谓流离失所、艰难困苦之状，不堪名言矣！自贼退以后，升平数载，予等△人复归故里，无处栖身……』方校本中的《议据合同式》，还指出徽州契据之大量佚失：『立墨据人△△、△△公支下裔孙△△、△△，情因祖置△字△千△十号，计山税△分△厘，土名△处之业，乃时税亩非但立有祖字税谱，抑且该业四至，亦有券契载明，子孙什袭而藏，殡葬永无异说。不意咸丰末年，粤匪窜乱斯境，举家飘荡流离，而该业契据税谱等凭，亦尽遭废乌有。』在上述的各类文书中，『艰难困苦，不堪胜言』这样的文句反复出现，所有这些，都反映了不久之前的那场战乱给徽州人留下的深刻印象。

（三）

方校本中有造屋合同、关书式、阄书、继书式、合伙开店合同式、议据合同式、租屋式、议单式、会书式、清明簿序和祖宗谱序等大量文书，尤其是其中有关商业方面的契约合同，如《租屋式》：

立租批人△△、△△，今租到△名下，土名△△，店面楼屋前后两进，连水櫊一全堂，并塝上三间楼屋一堂，又靠山屋一堂，门窗户扇、四围墙壁、出入道路一应在内，凭中租来开张生理，听凭取用。言定每年交纳租金钱△△千文正，另立租折，四季支取，不得短少。如有短少，听凭另租他人；如租不欠，不得异议。恐口无凭，立此租批存照。当付押租钱△△千文，不租之日，一并退还，又照。

这是在一地经商租借店面时需要订立的租批。在传统时代，徽商外出，有不少是采用合伙经营的方式，故合伙开店的合同极为常见，在方校本中就有四份《合伙开店合同式》。此类的《合伙开店合同式》，通常亦称为『兴隆合同』（或简称『兴隆』）。在徽州，合伙是商业经营中常见的形式之一，除了有的合伙人资金不足外，这也时常是降低经商风险的一种手段。为了避免日后出现矛盾，彼此之间签订合同自有必要，以契约的形式明确各人之权利和义务。其中，第一份《合伙开店合同式》是新开店铺，除规定三人合股的方式及投入资金外，还预先议定了一旦发生退股，相关股份处置的方式。第二份是顶来某处杂货粮食铺业，但也是三人合伙，其合作方式与第一份一般无二。第三份明确指出合同发生的地点是在歙南的薛坑口，经营的店业是杂货粮食铺业，这与前文提及的江耀华、毕体仁和葛韵清等人开设的相关店铺颇相类似。在此一《合伙开店合同式》中，店业亦分三股，但订立合同的当事二人，只是合占其中的一股。合同规定，将来如要追加投资，必须由二人共同商量，任何人不得擅自做主。第四份虽然没有明确合伙的股份，但对违反合同规定的处罚，除了罚没股本洋、逐出店业外，还要在本镇放炮示众；此外，对于店中伙计之任用，也作了一些相应的规定。

除了上述四份《合伙开店合同式》外，还有一份《议单式》，这是薛坑口镇某处粮食杂货店收歇方与承接方订立的合同。对于收歇方原有的招牌字号、店业存货、来往账底以及房屋租金之处置，均作了详细的说明。此前，笔者收集到晚清民国时期浙江淳安天和、福元号徽商的一批契约，基本上反映了徽州商号从创立至收歇的整个过程，〔一〕这与此处的《合伙开店合同式》及《议单式》可以比照而观。由此

〔一〕王振忠：《晚清民国时期徽商在淳安的经营活动——以天和、福元号相关文书为例》，载卜宪群主编《中国区域文化研究》第3辑，北京：中国社会科学出版社，2021年版。

可见，这些合同格式极为实用，是当时普遍采用的契约合同。另外，上述《租屋式》《合伙开店合同式》和《议单式》，基本上涵盖了徽人经商过程中处理彼此关系的各个层面，充分体现出徽商理性的契约意识。

（四）

在商业发展的同时，薛坑口一带有着纷繁复杂的社会生活。歙县芳坑江氏徽商文书中，就有一些反映当地民间信仰的文书。在徽州民间，前往九华山和齐云山，形成朝山进香的一个整体，称为『华云进香』，其相关的活动及会组织，又称『华云会』或『华云胜会』。关于华云进香，有一份《华云进香焰口素纸式》这样写道：

> 婆娑世界南赡洲，今据大清国江南徽州府歙县孝女乡仁寿里众姓大社，现寓水南薛坑口管居住奉佛华云进香集福焰口延生信士香首△△△，暨通合会出财人等名下，三宝主盟，万灵洞鉴，涓今△月△夜，烦僧修设华云进香焰口法事一会，祈保众等家家清吉，户户安康，四时无灾，八节有庆，一切所求，万般美利，以闻谨款，时唯大清光绪△年△月吉日　和南上进。

上述文书中的仁寿里，也就是薛坑口镇之核心所在。此一文字，是新安江畔薛坑口民众前往九华山、齐云山进香时的一份文书，内容是有关放焰口的小型佛事活动。届时，通常是由一位法师率领，众僧分列两侧，敲击法器，焚香礼忏，口诵《焰口饿鬼经》，以超度死者，祈祷保佑善男信女阖家平安。关于薛坑口民众的朝山进香，笔者还摄有相关的实物，如香袋、旗帜等，其中就有涉及薛坑口『齐云进香』的多种旗帜。明清以来，徽州民间普遍存在着朝山习俗，各地民众根据距离的远近、个人经济能力之高低，选择不同地点朝山进香。其中，最为重要的进香旅程便是前往九华山和齐云山，俗称『朝九华』和『上齐云』，以及随后出现的融为一体之『华云进香』活动，此类的华云进香，是新安江上下游共通的民间习俗。〔一〕

从《新旧碎锦杂录》的两种抄本来看，在晚清时期，薛坑口一带民间的戏剧演出相当频繁。这些记录，颇可与著名的歙县芳坑江氏文书相互印证。例如，抄件《芳川大社做戏文》有曰：『初五初十闹纷纷，诸君亲戚请来看。来来往往无数人，毫［豪］富做寿班不到。批到统村当戏金，早来亲戚看台去。迟来诸君莫怪村，戏关成到初十止。难道初十不进村，过了初十作废纸。有礼无诉莫处伸，何人做出大声闻，封他一个戏祖宗。』『芳川』亦即芳坑之雅化，上述这首打油诗的年代不详，不过却反映了当地戏剧演出的一些侧面。关于这一点，芳坑江氏文书中另有一份戏关：

〔一〕王振忠：《华云进香：民间信仰、朝山习俗与明清以来徽州的日常生活》，《地域文化研究》2013年第2期。

立戏关芳川大社，今写到某△贵班，今有开光敬神戏五本十出，本本大开台，三面言定，计戏金钱△十△千正，其戏准于某月开演日戏起，其箱接△村下首，大小中台、加官包、油纸、胭脂、水粉、红烛、柴、菜，一应在内，日期不得有误。如有过期，以某日为止，以后以作废纸。恐口无凭，立此戏关存据。

再批：只接戏箱，不送。

光绪廿六年十月日立戏关芳川江惇叙堂

中人

执笔

上述戏关，明确点明地点是芳川大社，时间为光绪二十六年（1900）十月。不过，由于它被收录于一册民间日用类书抄本，后注明：『接戏箱投帖式，对半写：「芳川江△△堂顿首拜。」』文中的『某』或『△』，显然反映出这是一种戏关活套。而在芳坑江氏文书中，也见有戏关的一份原件：

立戏关人芳川大社，今写到新万春贵班演唱神戏四本十出，其戏准接柔川下首八月十八日起，至二十日为期。有过期者，戏价减半，不得有误。其戏金面议价洋二十六元，所有胭脂、花粉、脸油纸、烟火一切等项在内，内外台烛茶钱亦在内，并无分花。三面言定，恐口无凭，立此戏关存照。

民国十年八月　日

立戏关人芳川大社江桂喜、江蓉舫、江德顺、江沐楠、张叙伦堂等

柔川又名柔岭下，与芳坑颇为接近，当地为张姓聚居之地。毕体仁曾指出：『其帝君暨张巡公诸尊圣象，原系柔川张姓香火。』『帝君』是指关圣帝君，庙中同时有关羽、周仓和关平三尊圣像。

《新旧碎锦杂录》所见民间信仰，较为集中地反映在葛校本之中。光绪十四年（1888）胡慧翁作诗五首，反映了民间的『菩萨开光』。其一曰：『账簿原来有旧章，值年头首理承当。』这是说与通常的惯例相同，胡慧岩充当菩萨开光之值年头首，当地的四甲共同协作组织菩萨开光事宜，由值年的头首负责，延请戏剧名班前来娱神，但由于人心不古，头首感到颇多掣肘。与胡诗一样，葛韵清也撰诗数首。『阖村菩萨戊开光，恰遇今年要装銮。一甲鸣锣邀议事，总总无人作主张。』这也是说菩萨开光前，大家集会议事，但因意见纷歧，难以达成一致。诗中的『装銮』，是徽州民间的通俗常言，如启蒙读物《应急杂字》中就有：『寺观庵堂，菩萨圣像，雕塑装銮，拣选吉日，出相开光。』指的也就是菩萨开光。『四甲邀定二月二，齐到庙内议众事。胡毕葛姓帮管账，修庙铜钱归各自。』在开光活动中，负责管账的是胡、毕、葛三姓，但修庙的资金则摊派到四甲范围内的所有各姓。在开光时，需要聘请戏班演戏娱神：『向来开光戏要佳，一心想做庆升班。前次已经务了事，今庚一定还要他。守翁吹荐长春班，戏价比他巧十番。那怕比他戏还好，有人决定不要他。』这些诗歌，反映了菩萨开光

的盛况以及相互之间的攀比与争夺。众姓约定二月二日，四甲同人一起到庙内议事，参与的姓氏有胡、毕、葛等姓，商议的内容之一是延请什么样的戏班，有人想请庆升班，有人想请长春班。当时戏台上的联匾为：

轮转又十年众圣一新详看柳绿桃红采［彩］色施来皆赫濯，例沿通四甲八音齐奏细听莺簧蝶板和声到处尽腾欢；

威勇著忠贞想当日保障全民咸钦旧泽，冠裳华复旦喜今朝徵歌选舞共庆新恩；

庙貌焕新猷猗欤休哉不减当年色相，乡风循旧典斐然礼也咸摅此日诚虔。

而此处的第一副对联中之『轮转又十年众圣一新』，指的就是十年一度的菩萨开光；而『例沿通四甲八音齐奏』，则是指此一惯例由来已久，四甲内诸姓协力组织相关事宜。

在葛校本中，既有光绪十四年（1888）菩萨开光时胡慧岩所作的诗歌五首，又收录了同治八年（1869）、光绪四年（1878）、光绪十四年（1888）薛坑口众神开光联匾，其中有猖台联、福泽庙神前联、外碓戏台联、神台联和瀹潭接观音戏台用联匾等，涉及的地域主要是歙南的新安江沿岸。此外，葛校本中有数则与关帝信仰相关的联匾，还有一份《关夫子开光批捐缘谱式》。明清时代，关帝信仰在全国极为普遍，而在徽州，关帝是仅次于程忠壮、汪忠烈的神明。对此，万历《歙志·风土》就指出：『关公，海内皆祀之，邑中亦多为之祠。』而此处的开光批捐缘谱式，以及书中的一些关帝庙联及联匾，皆从不同侧面反映了民间的关帝信仰。

除了家祠户祷的关帝外，根据万历《歙志·风土》的记载，『张、许二帝与周翊应侯』，也是被列入官方祀典的『正祀』。关于张巡，葛校本中抄有一份《七月廿四五日东平王出会帖式》：

谨詹本月廿四五日敬迎

东平王尊神，恭请

光降，伏祈早临是幸。

△处△△堂拜具

东平王亦即张巡，也就是万历《歙志》中的『张帝』，这显然是歙县某堂（可能是指某姓祠堂）出具的迎神赛会之出会帖式。清乾隆时人吴梅颠所撰《徽城竹枝词》有：『七月廿五赶会场，苏村领［岭？］上拜张王。毗邻州县人多到，血食都言胜别乡。水南乡俗作重阳，挨赛东平忠靖王。不用裹粮多裹粽，麻酥还有敬与糖。』诗中的『张王』，原注曰：『东平忠靖王张睢阳也。』可见，民间对张巡的称呼，既有称『帝』，又有称『王』者。而『七月廿五』和『水南乡俗』则恰与上述之出会帖式叙及的时间、地点相吻合，显见在水南一带，东平王的迎神赛会应当颇为普遍。

此外，葛校本的《里庙祭文》和《福泽庙开光祭文》中涉及的神明，包括薛坑口大社社稷明公、汪七相公、汪八相公、关圣帝君、玄坛赵大元帅、威灵王太子、周宣灵王、李王和金龙四大王等。这些，都反映了薛坑口一带多元的民间信仰。而方校本卷首抄录有一份《做焰火戏供奉牌位式》：

供

本里主坛七公尊神

府县城隍大王尊神

南方三界火德星君　之神位

长生香火司命六神

本境土地福德正神

奉

这份《做焰火戏供奉牌位式》，亦见于葛校本。其中的『主坛七公尊神』，亦即汪华的第七个儿子——汪七相公；而『本境土地福德正神』，则是当境的土地神。在葛校本中，还有许多焰火戏联，譬如：『薛水讵扬波圣泽涵濡周两甲，岭梅初放萼阳光和暖似三春』，『薛水』即薛坑口附近的小河，这是薛坑口光绪十年（1884）十月河下焰火戏联；『漫道会将临试看两甲参禅屈指尚须迟二日，也知坛未设且听八音节奏开心先欲说三乘』，这是放焰口戏联；『来四处以乞邻看他鬼脸神头群成幻态，集五啚而正俗借此风琴雅管不振休声』，这是禁讨饭联；『日进千乡多积宝，时招万里广生财』『嬉财神招财进宝，迎土地藉土生金』『执元宝从今有道，捧朝笏自古生财』，这些都是二月初二夜嬉土地匾。乾隆时人吴梅颠所撰《徽城竹枝词》有：『土地为灯糊炭蓝，像形罗汉兴偏酣。到阁黎夜尤豪举，烟火香烟坦不惭。徽州土地老儿肥，朔望开荤受祷祈。接祝生辰二月二，炒香麻豆换新衣。』另一首差相同时的《歙西竹枝词》也这样描摹：『仲春朔后几曾眠，处处人家又过年。定买纸衣接土地，为求财利各争先。』二月初二日是徽州的土地诞辰，由于黄山白岳之间是个高移民输出的社会，徽州人对于土地神特别重视，称之为『福德正神』，无论是于本土还是在侨寓地（如扬州等地），二月初二皆是一个盛大的节日。在歙县，此日『挨户放百子炮焚纸钱』，商店在这一天陈设一新，谓之开张。〔一〕

由上可见，徽州民间信仰纷繁复杂，这在葛校本中反映得尤其明显。

（五）

明清时期，徽州村落与村落之间，兴建有不少公共设施。这些公共设施，或由众人出资，或由某些慈善人士捐囊。其中，路亭（或称茶亭、桥亭或店亭）是常见的公共设施之一，它们为路人避雨解渴提

〔一〕关于『福德正神』，参见拙著《明清徽商与淮扬社会变迁》，北京：生活·读书·新知三联书店，1996年版，第134—135页。

供歇息之处，通常有专人烧茶免费供水。而在路亭中，则往往题写有各式各样的对联，葛校本中就保留有不少这样的《路亭联》：

小亭雅趣留人坐，佳木葱笼［茏］止客行。

四大皆空坐片刻无分尔我，两头系路歇一时各走东西。

走甚么息息步去，忙也否坐坐再行。

这些《路亭联》不仅描摹了路亭周遭的景色，而且对于人生亦颇多感慨，深具哲理。类似的对联，在一些庙宇中亦颇有所见，如《城隍庙联》：

择阴地择阳地如何不择心地，种山田种吁［圩］田这［怎］样不种心田。

善报恶报远报速报终须有报，天知地知尔知我知何谓无知。

但得回头便是岸，何须到此悔前非。

孝莫辞劳转眼便是人父母，善休望报回头即看你儿孙。

举念时明明白白毋欺了自己，到头处是是非非曾放过谁人。

念此身不克常存何须急急忙忙干千般歹事，思凡体莫非前定乐得干干净净做一世好人。

尔孽贯盈岂能一炷香烟饶罪过，神明洞鉴还须百班痛改得咸生。

这些书写于俗圣空间的警语箴言，为的是让走过路过的人们耳濡目染，触目惊心，从而达到规范民间社会世俗伦理的目的。

五

『碎锦』一词由来已久。西晋潘岳《射雉赋》曰：『毛体摧落，霍若碎锦。』北周庾信《奉和赵王游仙诗》亦有：『石纹如碎锦，藤苗似乱丝。』由此可见，『碎锦』原义为细碎之锦，本来是用以比喻鸟羽、彩石等的色彩和纹路，后来作为文本之名。究其实际，『碎锦』也就是一种杂抄（有的亦称为『杂锦』）——在民间日用类书中，人们根据需要，将随时所见的应酬文字抄录下来，汇录成册，往往就称作『碎锦』〔一〕或『杂锦』〔二〕。在这些书中，被记录下来的内容一般说来较为随意。由于内容五花八门，故此，各类『碎锦』或『杂锦』反映了徽州民间纷繁复杂的社会现象。而就《新旧碎锦杂录》的两种不同

〔一〕类似的『碎锦』，仅笔者收藏者还有抄本《预备碎锦》《缮集碎锦》《墨□碎锦》各1册。

〔二〕类似的『杂锦』，仅笔者收藏者即有《杂锦群芳尺牍》《群芳杂锦》刊本各1册，《杂锦》《从集杂锦》《杂锦碎玉》和《集锦杂用》抄本各1册。除此之外，还有不以『碎锦』『杂锦』命名，而实际上内容相近的不少抄本。

抄本而言，除了相同部分之外，方校本的价值主要体现在阄书、继书、合同、议单、会书、关书等内容上，而葛校本的史料价值则主要反映在各种联匾、设祭式、点主式和坑口开光祭文等，其中折射出的新安江畔市镇之商业与社会生活，特别值得我们关注。

上编

《新旧碎锦杂录》二种标点、整理*

做焰火戏供奉牌位式

供

本里主坛七公尊神

府县城隍大王尊神

南方三界火德星君　之神位

长生香火司命六神

本境土地福德正神

奉〔一〕

---

* 此处以方校本为底本，而以葛校本参照校录。凡葛校本多出方校本的部分内容，将其附于其后，并在开始处出注说明。

〔一〕此『做焰火戏供奉牌位式』，亦见葛校本『各种匾』后。

新旧碎锦杂录目次

卷之一

〔一〕葛校本『诗』作『七言诗』。

〔二〕葛校本无『六首』二字。

〔三〕葛校本目录中无方校本以下各条，但有：挽（诗、联、匾）、各种联匾、巧对、设祭式、点主式、坑口开光祭文（弍篇）和孝子祭文（四篇）。

开店合同 四则

议据

租批

关书 三则

清明簿序

祖宗谱序

助契序

议据

造屋合同

会书

光绪十四年岁次戊子仲夏月朔后三日

方达本校订

○毕采孚壬午南闱下第偶占自嘲诗式拾一首

四七年华及壮时，区区一廪有何奇，南闱未第偏多恨，徒对苍天诉苦词。

十年窗下悔徒〔一〕劳，枉向金陵走一遭，文艺虽然蒙众赏，考官未合〔二〕自悲号。

天涯跋涉任风霜，满望鹏飞逐凤翔，谁意藐躬真命舛，姓名不许榜中扬。

秋风瑟瑟订归期，得意文词〔三〕众共知，待到闱中开榜后，摈遗难免被人嗤。

一年勤苦枉劳心，空费囊中数十金，岂是前人无积德，缘何不许著青襟？

今科下第又三秋，只怕韶华不我留，与世长辞辞未得，潸焉泪涕暗中流。

昔年鹗荐颇〔四〕伤心，都为〔五〕文章未细斟，今岁再加深厚意，功名仍向梦中寻。

宵深月下泪沾巾，热眼窥穿枉费神，倘待来年名得遂，总嗟时日后他人。

〔一〕徒，葛校本作『枉』。

〔二〕合，葛校本作『第』。

〔三〕词，葛校本作『辞』。

〔四〕颇，葛校本作『破』。

〔五〕为，葛校本作『谓』。

一番文兴已全消，院卷携来忍远抛[一]，亲友殷勤相劝慰，桂宫仙伴倩谁邀。
数载难忘苦读功，惟期眷佑在天工，而今未入登贤传，试问穷苍公不公。
往来书幌意多愁，诸弟相依莫解忧，冥寞即今无爱顾[二]，反教功学付江流。
生平原未作横行，勋业为何不遂成？若谓文思多窘拙，榜中讵尽号贤声。
青云得路苦无因，岁月蹉跎[三]廿[四]八春，昔日为人看虎榜，今朝仍[五]逊榜中人。
挫落孙山意不平，数篇文字莫争衡，更深听得喈喈响，误拟鸡鸣是鹿鸣。
千番雅爱沐严君，欲取荣名报上闻，讵料彼苍偏负愿，此中忧闷孰能分。
人生世上几春秋，战败文坛甚可羞，回忆当年游泮后，至今犹未轶群流。
身居矮屋意悠扬，诸友争来读试章，漫许魁名真可夺，一场空梦令人伤。

[一] 抛，葛校本天头有『抛音抱』。
[二] 顾，葛校本作『愿』。
[三] 蹉跎，葛校本作『嗟咤』。
[四] 廿，葛校本作『二』。
[五] 仍，葛校本作『又』。

两屈〔一〕南闱兴已寒，衣襟还是旧拖蓝，从兹更把玑珠织，不换青衫死不安。

功名富贵本由天，自愧才华逊少年，今得榜中人与语，有何面貌立身前。

九日勤劳百日伤，千般世事致俱忘，待将三载开科后，未识声名晦与扬。

敢谓房官老眼淆，佳文胡不细推敲，此中怨恨无人觉，聊写迂词解自嘲。

○采孚贤弟文几：前由养弟处递来佳句念一诗〔二〕，僭读之下，令愚伤心嗟叹！无以相赠，聊作芜言十首，预贺来科标名之兆。待逢筵席频开，谅不我却，清酌肥豚，系愚生平〔三〕所喜，决不致眼望圈耳。『人言乡试步云难，我谓贤弟有何艰，不徒南北连陞捷，鳌头独占上金銮。』特此奉颂，并请文祺。

愚兄胡慧岩具〔四〕

○俚言学步，恭和采孚贤世弟大人，虔请钧诲：

〔一〕屈，葛校本作『出』。

〔二〕佳句念一诗，葛校本作『佳诗廿壹首』，当以后者为是。

〔三〕生平，葛校本作『平生』。

〔四〕具，葛校本作『顿具』，当以后者为是。

题名全录自京来，令我欢心眉展开，惜君未登龙虎榜，诸友伤心可叹哉。

金榜题名有后先，可忆当年苏老泉，劝君不必宵沾泪，待逢来岁取魁元。〔一〕

南闱主考有荒唐，何不将文斟〔二〕细详，鹗荐不中人皆识，也留博学好名扬。

尊庚念八正青春，何愁榜上不题名，况君不把光阴惜，忆得前朝姜太公。

今科不中望来科，未知来岁〔三〕有恩么，但愿闱场鏖战后，名标金榜胜人多。

曾记当〔四〕年苏老翁，去岁与君同一春，伊值此年方发奋，矧君早已入黉宫。

蓝衫稍易染青难〔五〕，不换青衫故不甘，此后若得青云〔六〕路，连捷登科双斗杆。

江南乡试万千人，都为功名受苦辛，君只让人前一步，来科倾耳听佳音。

〔一〕待逢来岁取魁元，葛校本作『待到来科取解元』。

〔二〕斟，葛校本作『仔』。

〔三〕岁，葛校本作『年』。

〔四〕当，葛校本作『昔』。

〔五〕难，葛校本作『衫』。

〔六〕云，葛校本作『露』，当以方校本为是。

谮〔一〕读佳词念一诗，苍天莫怨把君欺，大抵考官老眼倦，冤把佳文枉斥遗。

昔年我也附群儒，因为家贫〔二〕废半途，今君未捷来相慰，聊作迂词请削芜。

愚兄胡慧岩录稿

〇慧岩世伯大人尊前：于廿日早晨，敬承手谕，并佳诗十首，披阅之余，令人〔三〕不胜愧感！所云清酌肥豚，来科倘能得第，自宜踵门叩请。然自侄思之，生平蠡窥管见，岂能战胜文坛？又况命不犹人，荐而不中，想功名一事，已入九霄外矣，奈何！奈何！今敬和原韵十首〔四〕，附录呈阅，如有未妥之处，恳求斧政。肃此，即〔五〕请财安，敬璧贤世弟钧诲。

不第世侄毕炳文顿首拜

敬和原韵十首〔六〕：

〔一〕谮，葛校本作『僭』。
〔二〕贫，葛校本作『寒』。
〔三〕令人，葛校本作『今日』，当以方校本为是。
〔四〕首，葛校本作『诗』。
〔五〕即，葛校本作『叩』。
〔六〕葛校本无『十首』二字。

功名得第冀将来，只怕文星不我开，虎榜欲登嗟罔自，数年辛〔一〕苦枉劳哉。

昔时府〔二〕试占人先，发奋曾依苏老泉，挫落孙山今两次，敢云来日夺魁元？

休疑主考有荒唐，祇［只］怪文章自未详，鹗荐两蒙终失色，谁将姓字望称扬。

韶华四七越青春，榜上仍然未显名，碌碌半生无善状，何由比并钓滨人。

前科下第又今科，两屈南闱想甚么，心志已灰辞再战，但看荣显别人多。

为爱农家戴〔三〕笠翁，半年辛苦即成功，乃予久读寒窗下，仅得微名入泮宫。

青衣欲染两〔四〕偏难〔五〕，溷迹林泉志也甘，但愿同人云路上，未知曾否拔单寒。

鏖战文坛数万人，担簦负笈受艰辛，迨当龙虎〔六〕遗名后，始叹云程不我行。

〔一〕辛，葛校本作『勤』。

〔二〕府，葛校本作『郡』。

〔三〕戴，葛校本作『载』。

〔四〕两，葛校本作『二』。

〔五〕难，葛校本作『蓝』。

〔六〕虎，葛校本作『榜』。

蒙君雅爱赐佳诗，越分揄扬似有欺，莫说考官多眼倦〔一〕，自惭学浅把文遗。

久慕鸿才列大儒，缘何弃士就商途？昔年端木今犹在，虽淡功名笔未芜。

恭呈慧岩世伯大人诲政，世侄毕炳文未是草。

〇汪树滋自同治三年兵乱之后〔二〕，复〔三〕往江北大［太］平州。大兴县杨大元先生作诗六首，恭和树滋：

汪兄报信自徽来，令我惊闻不禁哀，或者梦中无足据，是真是假待疑猜。荣和兄设教大元先生家，今闻云已辞世矣。〔四〕

聚首同堂四二年，临行送别泪茫然，谁知一别成长别，再睹音容已隔泉。

拙荆长子赴黄泉，恰与先生同一年，我正思君君避我，伤心无奈唤青天。

闻说山居最大［太］平，前朝细数及元明，未闻贼发猖狂势，何事今朝城野惊。

敬备冥仪到贵州，虔诚聊表苦衷由，君前托子今还子，一路平安步客舟。

〔一〕眼倦，葛校本作『倦眼』。

〔二〕兵乱之后，葛校本作『自遭乱以后』。

〔三〕复，葛校本作『亲』。

〔四〕葛校本无此注文。

枉生斯世几春秋，屈指光阴已白头，恨不随君归地府，仍同安乐仍同忧。

○汪树滋和原韵六首

承忆西宾怎不来，愚蒙面禀愈增哀，先生雅爱犹难舍，已赴黄泉莫再猜。

受教先生已八年，今来凶信泪纷然，椿庭在府和君别，未报恩情早赴泉。此一首作胡福寿（即荣和兄子〔一〕）口气

父回［因］苦疾赴黄泉，痛数光阴近四年，弟掳未知何日会，孤身薄命总由天。亦作福寿口气

数载江南不太平，无穷苦处诉难明，深山只道刀兵免，谁料深山愈受惊。

三冬拜别返徽州，故父灵前诉苦由，无恨恩情今暂谢，他年叩府再乘舟。

先生立志在春秋，满腹诗文吐笔头，惟祝年高彭祖寿，幽居纳福莫心忧。以上六首汪树滋和原韵〔二〕

千里迢迢到异乡，谋忠一语驾能当，相逢数日情何畅，玉趾还求降草堂。

历载辛勤枉费思，伤心翻借哭为诗，一行字并千行泪，寄与黄泉汝可知。

〔一〕葛校本无『即荣和兄子』五字。

〔二〕葛校本无此注。

贵府三爷另一方，欲思谒见叩容光，奈因岁暮回乡急，迄〔一〕恕〔二〕来年再造望〔三〕。

恨为谋生适异乡，顿教雁侣〔四〕各分行，明知后会非无日，难遣相思别有方。

蒿目〔五〕时艰增感慨，伤心家业益凄凉，随身赖有茶烟伴，衰朽何须挂弟肠。

晚景将临弃故乡，纷然珠泪自成行，兄〔六〕鳏弟独皆无告，水远江长各一方。

错爱山居真秀丽，那堪世态尽炎凉，从兹寄迹云霞窟，富贵功名不系肠。

满门福寿最堪夸，福寿原来在自家，作善降祥天爱尔，为非遭祸我怜他。

虚名回首都成梦，老眼而今幸不花，遍历尘寰今古事，丝毫报应总无差。

拜别高门已数年，一朝相见最欣然，先生道貌还同昔，仁里风光觉胜前。

每念情深头暗点，敢云路远足犹缠，惭余事业寒微甚，应羡君家福泽全。

此首〔七〕荣和兄复出大［太］平洲〔八〕作此诗。

〔一〕迄，葛校本作『乞』。
〔二〕恕，葛校本作『怨』。
〔三〕葛校本有注：『杨步云作。』
〔四〕侣，葛校本作『吕』。按：当以方校本为是。
〔五〕蒿目，葛校本作『嵩日』。
〔六〕兄，葛校本作『凡』。按：当以方校本为是。
〔七〕葛校本无『此首』二字。
〔八〕州，葛校本作『洲』。

昔日西宾在府时，荷蒙阖宅最相宜，情深似海人间异，义重如山世上奇。南往夙承留悔语，西游冥感赠悲诗。九泉〔一〕相隔应衔结，聊以蒙言作答词。汪树滋作

临行拜别诉悲词，蒙府高情不可离，聚首同堂难割舍，略编粗句答恩施。汪树滋作

曾忆〔二〕尊翁返贵州，胡为去后竟西游，怜兄得信心常痛，感我知情泪满流。到舍八年多简慢，离洲一路莫忧愁，家寒无物来相赠，聊作芜言送客舟。杨步云作

恕不到府辞行，因怕别泪盈襟，但愿阖府清吉，更望昆玉同声。小儿叨依府上，拜叩训戒辞〔三〕行，离情万种难诉，只求后会云云。荣和〔四〕回家作此词〔五〕

○宣城县庠生为赌所迷，其妻作绝命诗十首，后蒙旌表，截其夫十指，使之守墓。

风雨凄凄泪暗伤，鹑衣不纳五更凉，挥毫欲写衷肠事，提起心头更断肠。

〔一〕泉，葛校本作『州』。

〔二〕忆，葛校本作『意』。

〔三〕辞，葛校本作『肆』。

〔四〕葛校本此处有『兄』字。

〔五〕此段在葛校本中，排在『昔日西宾在府时』一段前。

风吹庭草舞喧哗，百转忧愁只自嗟，灯蕊不知成永诀，今朝才放一枝花。

独坐茅檐积恨多，生辰莫奈命如何，此间无数裙钗女，偏我裙衩受折磨。

人言〔一〕薄命是红颜，我不红颜命亦悭，留下青丝巾一幅，请郎细〔二〕看泪痕斑。

香焚宝篆告苍天，默佑儿夫性早迁〔三〕，但愿吾〔四〕夫情性改，妾归泉下〔五〕也安然。

是谁〔六〕作〔七〕此迷魂阵，笼络儿夫暮作朝，体倦囊空归寝后，枕边〔八〕才听乱呼〔九〕么。

调和琴瑟两相依，妾命如丝旦夕飞，独有一条难恝事，床头稚子守孤帏。

沧海桑〔一〇〕田尚变迁，人生百岁总归泉，寄言堂上须珍重，切莫悲伤损大年。

〔一〕言，葛校本作『云』。
〔二〕细，葛校本作『时』。
〔三〕性早迁，葛校本作『早性迁』。
〔四〕吾，葛校本作『我』。
〔五〕妾归泉下，葛校本作『一堆黄土』。
〔六〕谁，葛校本作『虽』。
〔七〕作，葛校本作『设』。
〔八〕边，葛校本作『头』。
〔九〕呼，葛校本作『乎』。
〔一〇〕桑，葛校本作『南』。

暗启柴扉〔一〕泪满衣，妾身视死已如归，伤心更有呢喃燕，明月檐前各自飞。

为人谁不惜余生，我惜余生势不行，今日悬梁长别去，他年冥府叙离情。

○汪树滋于同治元年避乱薛坑口〔二〕同茂店内，作此诗三首，以谢慧岩〔三〕叔之恩。

自至尊前一月零，深荷雅爱甚殷勤，知遇之恩无以报，时时感戴〔四〕刻书绅。

窃将管氏比愚身，管氏多蒙鲍叔情，知己知心惟鲍叔，慧叔过于鲍叔恩。

理宜依命伴晨昏，奈有〔五〕堨田〔六〕事未清，无可如何权告别，赧颜抱愧罪殊深。

○阄书稿

原属孔怀，本为同气，须尽友恭之道，当联手足之情，何忍分炊，自图各爨？然夷齐之高风已渺，

〔一〕扉，葛校本作『飞』。按：当以方校本为是。

〔二〕薛坑口，葛校本无此三字，而多一『在』字。

〔三〕葛校本无『岩』字。

〔四〕戴，葛校本作『载』。按：当以方校本为是。

〔五〕有，葛校本作『因』。

〔六〕堨田，葛校本作『西乡』。

斯伯仲之笃谊难期。缘以众口纷纭，难免私心窥望，终至生嫌，不无猜忌，欲常安静，不若分爨而炊，以冀各自成立，庶免贻辱先人。吾父德配吾母△氏，生予兄弟△△、△△几人，姐妹△△、△△几人，女皆出阁，男可完婚。惟有△△几弟中年病故，幸有一子，年方△△岁；而△△几弟自幼足患残疾，向未婚配，另坐小买田△△几亩，以备完亲之需。所有该出借款，不与△△几、△△几两房相涉，照长、二、三、五各房，以作多寡分派。再将祖遗、父置产业，以及续置田地、新造楼屋，凭族戚亲友，每股高低搭配，肥瘦均匀，编立礼、乐、射、御、书、数六阄，仍用阄书六本，各执一本，遵受其业。自分之后，惟愿螽斯蛰蛰，瓜瓞绵绵，永当世守，克振家声云。

○阄书稿

原夫创业于前，而垂统绪于后。张公九世同居，上下咸敦慈孝；周氏八士共母，昆仲各尽友恭。田氏分财，忽瘁庭前之荆树；夷齐让国，共采首阳之蕨薇。此古者之义也，岂今人之所能及乎！试思予父德配吾母△氏，生予兄弟△△几人，予居次也。予父昼夜图谋，经营歙邑，设立店铺，不惮辛劳，管理家庭，常敦俭约，均为予等筹万全之策，图久远之谋也。前承先父遗产，分授于予，谨遵严命，毋敢违抝［拗］，毋敢悖戾，毋敢于父之道焉。予室元配△氏，所生二子，长名△△，次名△△。予室不幸早故，目下俱各婚娶。予今年近△旬，精力渐耗，店业难支，家政纷繁，措施莫继。爰命两房，将祖遗产业，并自置田地，以及新创店业，凭亲戚，高低配搭，肥瘦均匀，编成仁、义字号，统载阄书，聿昭明白，拈阄阄得。自分之后，尔等须知创业为艰，当思守成不易，安分守己，各管各业，立志成人，克勤克俭，毋争长而嫌短，毋靠众而欺寡，毋逞强而凌弱，毋恃富而压贫，毋信妇言以伤和气，毋学博奕［弈］以废光阴。如违，以不孝罪论。尔等弩［努］力前进，丕振家声，以光前人之烈，以贻后人之休，是则予之所厚望也已，是为序。

○阄书稿

原属孔怀，本为同气，须尽友恭之道，以联手足之情，何忍分炊，自图各爨？然夷齐之高风已渺，斯伯仲之笃谊难期，是以立阄书。立盟父△公娶△氏，所生△子，媳△氏，女△名，尚未出闺，天不幸△年去世。迩时家业空虚，产土微寥，可怜△△，朝夕从事，庶免庚癸相呼，作息自甘，颇无饔飧不继。且贼叠扰我邑，来往数年，奔走东西，饥寒冻馁，所谓流离失所、艰难困苦之状，不堪胜言矣！自贼退以来，升平数载，家业渐顺，尔等兄弟△，今年皆壮冠，各持其才，△亦可自慰耳。但以众口纷纭，难免私心之自用，终至生嫌，不无猜忌，欲常安静，殊觉艰难，所以家内之产土，△处山场、田地、屋宇等件，每股均分配搭，分为仁、义、礼、智、信五阄，皆系均分，仍用阄书，各执一本，各遵受业。自分之后，虽不敢为各家，痴思五桂之荣，妄想三槐之茂，惟得螽斯蛰蛰，瓜瓞绵绵，上光先人之大业，下裕后裔之繁昌，是以立此成规，宜当世守，方称肖子，克振家声云。

○阄书稿

原属孔怀，本为同气，须尽友恭之道，以联手足之情，何忍分炊，自图各爨？然夷齐之高风已渺，斯伯仲之笃谊难期。缘我父△△公，娶吾母△氏，生予兄弟二人，予名△△，弟名△△，均未出幼。可惨父母双亡，家业空虚，产土微寥，况粤贼叠扰我邑，往来数载，常带我弟△△奔走东西，饥寒冻馁，可谓朝不保暮，艰难困苦，不堪胜言矣！自贼退以后，予等习学手艺，昼夜辛劳，同心竭力，全赖苍天获［护］荫，家计渐顺，稍有余积，各自婚娶，刻下皆各生育。但以众口纷纷，实难支持，是以兄弟相议，浼凭亲戚，将自造新屋、新置田地，并祖遗产业，以及田地、山场、屋宇等件，均匀配搭，肥瘦均分，编立△△字号，统载阄书，聿昭明白，拈阄阄得，照阄执管。自分之后，各管各业，两无异言，以继先人之志，以贻后人之休，是为序。

○过继文书稿

立继文书人△门△氏，缘因氏夫不幸早逝，所生三子，长名△△，次名△△，三子△△。窃思千秋而祭祀，常念百世而蒸尝，何期血食之无余，岂忍香烟之不继？是以浼凭亲戚，将氏三子△△，出继与△△公承祧为嗣，所有△△公遗下产业，一并交与△△受执，依脉相传，以承祭祀。惟愿燕冀［翼］贻谋，以光前志。自继之后，丕振家声，绍祖宗之令绪；文定厥昌，卜子孙之盈繁也。

○继书稿

立承继文书人△△△，窃以燕翼诒谋，丕绍箕裘之绪；螽斯纪庆，聿新堂构之瞻。克家必赖承家，功绵作室；创绪还须缵绪，训切观桥。人之有子，其关系正非浅鲜矣！胞弟△△，论业则惟勤服贾，论年则已越服官。窥角锦以联欢，征兰梦杳；望宗祧而入觐，衍瓞情隳。弧本可悬，每慨生梯之寂；璋原可弄，偏嗟锡命之艰。是以四弟△△，常深扼腕，次子△△，窃愿分藩。接木移花，讵判承恩于骨肉；连枝并萼，何须负教于螟蛉。吾弟抚子如亲男，不忘劳瘁；吾子事弟如生父，乃竭孝思。分形即本遗形，扶鸠杖而倍深孺慕；异体俨同嫡体，进豚膏而曲尽虔恭。从此传诗学礼，趋庭之雅诲如闻；立室成家，铭鼎之休声丕振。率旧章而恢新烈，崇德象贤；光前祖而裕后昆，卜年永世。葛藟根庇，孙曾增绕膝之欢；华鄂［萼］辉联，兄弟泯阋墙之叹。此际情殷绍述，原抱孤忠；他时质既长成，断无异议。绳绳缉缉，容保无疆，绵绵延延，享祀不忒，则亦吾门之甚幸也夫！恐口无凭，立此承继文书，永远大发存照。

○继书稿

立承继文书人△△△，缘父生予等兄弟四人，长名△△，次△△，均经去世。惟长兄△△，虽有三子，奈次、三早殇，长名△△，娶而未育，亦经病亡。兹二兄△△，现有二子，长名△△，次名△△。予等见长兄无传，何忍坐视？是以浼凭亲戚，同相酌议，将二兄△△子△△，出继与长兄△△为嗣。自继之后，支掌［撑］门户，执受产业，俟△△有出，再继与△△为子，以承大宗一脉。但△△、△△两侄，自二兄△△在日，家已阄分，各执各业，已历有年。长兄产业甚微，今所共议，将△△出继长兄为嗣，俱为大义起见。日后△△，须知分家在前，出继在后，不得云△△既经出继，或与争论应得之业，致伤乃父之心，并违众面之议。伏愿螽斯蛰蛰，瓜瓞绵绵，克昌厥后，卜光大于吾门；长发其祥，庆增荣于奕世，则甚幸矣！今欲有凭，立此承继文书，永远存照。

〇继书式

立承继文书人△△，窃谓依律则不能尽情，尽情则不能依律。今胞△△，夙配嫡庶△氏，均育弄瓦，未卜梦熊。按诸律文，当着身之长子绳继，因此吾兄病入膏肓，觉见药不可救，召身等同亲戚，诣诸床前而语之曰：『吾病不能起也，身后香烟之事，吾同尔嫂，意欲以尔第三子承绍而绵延，趁我一息尚存，不识尔可允诺否？』身念谊属连枝，兼之病势危笃，乃时凭亲族面，拭泪诺之。不料未几吾兄竟作古人，兹则丧事告竣之余，既有前言，不忍任其模糊延搁［搁］。何况兄之所爱，为弟者岂敢拂乎？曲尽手足之情，冒干违律之罪，爰是再央亲族作证，并奉母命，愿将第三子名△△，年已△△岁，承其宗祧，俗谓移花接木，比时择吉过房。惟愿承继之后，胞嫂抚吾子如属毛，吾子事胞嫂为生母，各尽其道，两无遗憾，励志成人，卜吉完娶。犹望后嗣繁昌，多若螽斯之蛰蛰；家声丕振，盛如瓜瓞之绵绵。庶生殁皆有凭依，其为万幸，曷可量哉！此系两相情愿，并无反悔等情，矢口难凭，立此承继文书，永远大发存照。

○合伙开店合同式

立合同人△△、△△、△△，缘因余等三人，历年以来，素相契好，共志善交，恒思晏越之敬，同心义处，常怀管鲍之情，所为知心而合伴，惟因识性而同居，是以今者，余等三人，共相合议，设一铺业于△△镇，立为△△字号，每人各聘出实本钱△△千文，三共成成〔一〕总本钱△△千文。凭中三面议定，每人一股，以作三股合本，开张生理。自聘本开张以后，每年岁首盘存，或输或羸〔赢〕，俱依三股分派，羸〔赢〕则不能偏多自与，输则不能私寡自派，务须一体均匀，并无异言。再议以后如有不愿合开者，目下预议章程，惟将店内货物、银钱，并旧家伙折算查盘，除尽所该亏项，余者照三股均派。所不愿合之股分，务先聘与本店人受执，如其不受，方任另召他人。至于外面赊出店账，如陈年岁暮未曾收起，是以废账，不能作本存算。自议此合同以后，三人各无异言，皆如此议而行，永无反悔生端也。

伏以善始善终，始终克善如一；光前裕后，前后光裕同三。效端木之经营，忆〔亿〕则屡中；法陶朱之事业，三徙成名。愿千秋而共盛，惟百世而咸荣。恐后无凭，立此兴隆合同一样三纸，各执一纸，永远大发存照。

〔一〕 后一『成』字疑衍。

○合伙开店合同式

立议合同人△△、△△、△△，缘因三人相契有年，缅孔婴之敬爱，矢志全交；怀鲍管之笃情，真心结友。所谓和衷以共事，识志而同居，当莫是过也。今者同人互相酌议，顶来襟［杂］货粮食铺业，原在△△镇△△，立为△△字号，每股聘出英洋△△元，三股之中，内△△一股，△△一股，△△一股，合成三股，总集店本洋蚨△△元正，凭中三面议定，聘合开设生理。自后每逢岁首盘存店本，店中各乡店户账目，如陈年或岁暮未曾收集者，均作废账，不得作本结算。或羸［赢］或亏，照股分派。羸［赢］则不能偏多自匿，亏亦不能患寡怀奸，务须同心贸易，共绝私偏。即或各人独自往来，不得于店中混支牵抵。抑或情面进出，亦不得任意曲徇。衹［只］期诚一不二，准定权衡已耳。设或将来内有不愿合开者，目下预定章程，即将店内货物、银钱，并生财、家伙、账目，结算盘查，除尽开销亏项以外，仍余照股均派。其所不愿合之股分，须先推与本店人受执，如其不受，任凭另召他人，毋得反悔。但愿：慎始敬终，咸与功成一一；光前裕后，自然益获三三。效端木之遗风，亿则屡中；法陶朱之旧业，三徙成名。集财源则千秋共庆，开财薮则百世其昌。共订同心，各无异议。恐口无凭，立此兴隆一样三纸，永远骏发存照。

○合伙开店合同式

立墨据合同人△△、△△，缘因予等于薛坑口△△，与△姓合伙顶来△△字号杂货粮食铺业，予等三股得一，而三股一之中，系予二人对聘，每人派出英洋△△元，二共洋蚨△△元，合在铺内以作一股店本，开张生理。但予等一股，与△姓所立聘伙合同，原系△姓出名，今△与△姓均系二人对派，各无反悔异言。倘有见利忘义，一经盘出，不但将聘股之本作罚，抑且凭公理论。后首设要添本，那时二人嘀配，不得偏见擅专。惟愿：慎始敬终，祇循忠信为本；光前裕后，自然物利维新。共订同心，各无异议。恐口无凭，立此兴隆合同，一样两纸，各执一纸，永远骏发存照。

○合伙开店合同式

立墨据合同人△△、△△、△△，窃念人须辅助，事藉匡功，原非独力有可支撑者。今身等△人志同道合，各出本银英洋△元，在△△地方开设△△店铺，均矢断金之志，各存攻玉之心，竭力经营，无分尔我，秉公正直，忘却偏私。一不可以外往来，牵抵店内混支；再不可以情面骚扰，而率意将就。诚一不二，准定权衡，所获嬴〔赢〕余，逐年清算。或△股分用以赡家，或留本店以生息，各称稛载，非润私囊。倘有见利忘义等情，一经查出，不但将该股本洋作罚，抹众出店，抑且于本镇须要放炮声名。至于后首或则添本之余，乃时△股当面邀同嘀配。棹用伙计，亦不得一二人以偏见擅专。惟愿善始善终，同人丰豫者矣。恐口无凭，立此兴隆合同，一样△纸，各执一纸，永远鸿发存照。

〇议单式

立成议单人△△、△△，今议到△名下开设薛坑口△△粮食杂货店一业，爰因本东决意收歇，今身等浼中△△等，顶来开张生理。三面言定，招牌字号，任凭改换；所存各货生财账底，另行开载明白，照议如数兑洋。此系两愿，成交过割，不能生端反悔等情。如有生端反悔者，凭公议罚，恐口无凭，立此议单为据。

一、议生财家伙袋皮照点估值作价；

一、议所存各货，盘见若干，照红簿市价，作算计洋若干；

一、议各乡店户账底，约计△千△百余千文，议定扣实英洋△百元，照兑清楚，其账任凭顶替人收取无异；

一、议字号招牌，任凭改换交易，如不改换，另增『△记』二字，并无异议；

一、议自△△岁年终，以前往来客项存款，与成顶人无涉；

一、议本东店屋租金，面议每年大钱△△千文，立折按季支取，不得短少。

以上六款，议定照行，该洋数目，当日凭中过付清楚，不得异说。

○租屋式

立租批人△△、△△，今租到△名下，土名△△，店面楼屋前后两进，连水榍一全堂，并塝上三间楼屋一堂，又靠山屋一堂，门窗户扇、四围墙壁、出入道路一应在内，凭中租来开张生理，听凭取用。言定每年交纳租金钱△△千文正，另立租折，四季支取，不得短少。如有短少，听凭另租他人；如租不欠，不得异议。恐口无凭，立此租批存照。当付押租钱△△千文，不租之日，一并退还，又照。

○关书式

窃思童子无知，必藉发蒙之力；师承具在，当严就正之功。今我敝村有堂一所，名曰△△，昔人建以训诲小子者也。栽花木以芬芳，联堪遣兴；睹鸟鱼之飞跃，愈足移情。园内纵无奇葩，把玩克助哦吟之意；池中得少佳趣，叙谈能增悦豫之思。对景物而多姿，读书最乐；抚幼稚之寡识，择传尤勤。兹闻△△老夫子，学博古今，才超庸众。仁成已而智成物，诱掖无私；内观我而外观人，陶镕尽善。敢希降心以相就，务使用诲之有经。论束脩则衹［只］从菲薄，幸毋较及锱铢；谓供膳则难比丰腴［腴］，犹乞宏兹教泽。此日经师重望，提命无间于须臾；他时后学成名，恩德自隆其感谢。伏蒙金诺，毋闳玉音，曷胜荣幸之至！

谨将小子姓名并脩金开列于后：

……

○关书式

立学关书人△△，窃见蒙养未端，藉先知以作圣；师资预定，启后觉以希贤。于是佥谋共议，敬请△△岁，请到△先生提醒迷途，揭开灵窍，庶使学习之必端，罔令学业之有间，愧无厚俸，仰冀海涵！谨以诸生姓名束脩开具于左，计开童名：

……

○关书式

立关书人△△，兹闻△老夫子学博渊源，明年恭请舍下设帐，言定包膳，小子共〔一〕名，并脩金书明于左，承蒙俞允，曷胜荣幸！

○清明谱序

盖闻幽明一理，祭享宜矢肫诚；昆季相联，恩施当权最要。今立标祀一会，本拟图其久常，常而欲

〔一〕此处漏空一格。

成之以暂者，何也？伏思显考△△公，生予等尤［兄］弟四人：长曰△△，子卜河东之伯仲；次曰△△，嗣占宋氏之郊祁；三曰△△，业经三弄其璋；而予名△△，行居第四，虽已偶配，未卜梦兰。兹蒙三兄△△，念予年越五旬，尚艰绕膝，爰嘱其次子名△△，主身后嗣。甲申之岁，已择吉过房，似此瓞衍瓜绵，谋诒燕冀［翼］，藟萦葛庇，庆志螽斯，其乐曷可胜言哉！奈因天命靡常，循环莫测，长兄△△，次、三两子，不幸早逝，犹望长子△△，婚娶传支，何期命续归阴，遭家不测？欲将孙辈承祧，而急时尚慨乏人，漫将长房祭祀延擱［搁］，而揆之手足之情，犹多不忍。正在犹豫未决，辗转难安，忽一时遽尔醒悟，知长兄产业无多，故予与三兄△△互相斟酌，自愿每人批出大买田△亩，目前权立清明祀会，以表微虔。俟日后门楣积瑞，孙子绵延，爰择其贤者承祧一线，再行载笔继书，永祀不忒。是以各检税簿，立唤税书，将所批之田税，同拨于△△户内支解输粮，并该田租暂归△△清明，挨年值首收执。日后有人定继，予与三兄批出之田，毋得退回。及长房遗剩微产，一概当交承嗣长房门户香烟人经管，永无异议。夫如是，非但予等之幸，抑亦先兄之幸也已！爰赘弁言，以待后人之规鉴。

四房△△拜题并书

二房
三房 同校装订

○祖宗谱序

盖闻木有本而水之有源，人情大伦也；家有谱而国之有史，此亦系重矣。缘因△△公所生一子，名

△△，娶妻△氏，遇兵乱之年，遭此不测，举家不幸病亡，乃时景况，朝不保暮，可谓流离失所、困苦之状，不堪言矣！△△公现已安葬，土名△△处，△△孺人△氏，并△△孺人汪氏，合墓土名△△。棺木衣衾，葬费无所措置，又该清明会内七数钱△两，利钱△两，亦未归偿，以及逐年标祀，苦无出息，以上等项，还账支消［销］，皆蒙△△承直归楚。奈因△△祖遗家产甚微，只存土名△△山一片，又土名△△山一片，又土名△△地一片，又土名△△灶下基地，楼下四股之一，众面相酌，此业公估不及几何。是以众议相劝△△，念在一脉相传，将四处山地，照祖遗地界为规，尽交△△为业，两不相校［较］，并无异言。再将△△公支下数代世系，附载于后，以谕后世者，方知始终本末之源，是为序。

○助契式

立助契人△△公支下继男△△，情因先代祖考，创造宝善支厅，工师告竣，希图百世安载先灵，租苗根底，并未有人乐助，以致兵乱前后，所入不敷支用。夫此数十年来，凡属本厅众务不敷者，皆系予之继父陆续垫出。予自幼就商北地，未知其数，大约不下百千文，历今岁月悠悠，而此项大众苦无出息归结，爰是族众商议，今予之先祖父母，供奉红主祔座，两不计校［较］，以答继父在日一生尽瘁众务之心。至于今日大众促予所助之租，一则因为继父之庶配△氏扶正，再则以立继父母长生禄位神主上厅，似此生顺死安，两无遗憾，是以趁此祖母同本生父命予承祧伯父之日，继书载笔，当列位众面，愿将继父自置之业△千△百△十号，计田税△△正，又将△字△千△十号，计田税△亩正，土名△△，以上共田△号，其四至税额，均照买时契券，凭中立契，出助与宝善厅名下为业。当面言定，日后主神牌任身升龛，族众毋得搜索留拦；其田交与本厅经管收租，身亦永无异说。其税听凭过割入户，倘有字号讹错，照依鳞册改正。未助之先，并无重复交易，今助之后，倘有人等异言，系身承直，不涉宝善厅之事。嗣后或有奉主长生禄位神主者，须要照例而行。恐口无凭，立此助契为据。

○议据合同式

立墨据人△△、△△公支下裔孙△△、△△，情因祖置△字△千△十号，计山税△分△厘，土名△处之业，乃时税亩非但立有租字税谱，抑且该业四至，亦有券契载明，子孙什袭而藏，殡葬永无异说。不意咸丰末年，粤匪窜乱斯境，举家飘荡流离，而该业契据税谱等凭，亦尽遭废乌有。诚恐日后异姓贪吉混占，于△△年适身新立税谱，并将该业税亩字号，寄录△△户上，以便国课上输。更虑世远年湮，犹恐反面为非。大众趁此彼知我觉，是以浼中编立合同。虽老税谱已遭煨烬遗亡，而此业不致埋没先祖之所置矣。恐后无凭，立此合据一样△纸，各执一纸存照。

○造屋合同式

立合同墨据人△△同△△等，情因祖遗分受△字△号，土名△△，先父自造三间楼屋一堂，于道光△年业经分授予等△人执管。不料咸丰△年，贼匪突来，其屋被遭焚毁，且贼叠扰我邑，往来数年，予等奔走东西，饥寒冻馁，所谓流离失所、艰难困苦之状，不堪名言矣！自贼退以后，升平数载，予等△人复归故里，无处栖身。同治△年△人合议，将△△遭焚屋基，并将△△旧地基一堂，概行新造，刻已告竣，共结用去钱△△百千文，照△股摊派，现有账簿确凭。是以邀集亲戚，三面言定，无论出钱多寡，念在同胞，均不计校［较］，照依目下分派房间为定，各管各业。自分之后，不得争长论短，亦不得生端异言，如违者，即以不孝罪论。恐后无凭，立此合同墨据一样△纸，各执一纸，永远大发存照。

○会书式

窃以助予致咏，试吟将伯之章；惠我无加，可卜断金之句。△阮囊羞涩，季子怀空，不得已，仰荷诸亲友玉成一会，共计十股，叨付现英洋六元，掷交首会先收。嗣后是会每年以上、下两季，首会举行照付。今谨先邀各位，眼同拈阄为定，以俾次第，按期敬缴。

谨启△台翁先生台鉴

光绪△△年△月△日　　△△拜订

○会书式 娶续弦用

慨云礽［礽］之未续，曰炊征梦，实属堪嗟；望风德之频施，镜破重圆，诚为有赖。今蒙亲友雅意殷勤，尽情赒恤，洽谊则人居十哲除首会，共邀成十股，通财则数计五番每位付出英洋五元。此时白鸟飞来，需佐续弦之项；他日青蚨归去，讵忘施惠之恩每岁首会加利洋弍元付出。不必拈阄而定其目，分收即是同收，欲拟两会而举其行，独付无须共付每岁首会付出英洋十弍元，与十位分收。惟愿成终如始，不废坠于半途；斯克谨始维终，尽同归于一本。是以为序。

光绪△△年△△月　　日立

诸名台甫登列于左：

……

○会书式 周济用

慨云礽［礽］之莫续，济困交深；望风德之频施，资生有赖。今蒙亲友悯予茕独，布此高情，洽谊则人居十哲除首会，共邀成十股，通财则数计三番每股付出洋叁元。此日恳求甚笃，不生末路之悲；逾时感报弥殷，仍见还原之乐每股首会加利洋六角付出。因人而预定其目，先收亦有后收；每岁而一举其行，独付无须共付每岁以十一月廿，首会付出洋三元六角，惟愿成终如始，不废坠于半涂［途］；斯克谨始维终，尽同归于一本。是以为序。

光绪△△年△△月△日　　日立

诸位台甫登左：

……

○会书式

立会书人△△△，兹蒙诸亲友雅爱，邀集一会，名曰堆金，共成△股，每股各付出制钱△千文，交首会收存生息。转会之日，公议加息交付。议以一年△次△月△日午刻为期，风雨不更，现钱上桌，不押不欠。摇会以骰子六枚，拈阄挨摇，点大者得收，两同准先不准后，三同合众打散重摇，五子全色，照点作算。务祈全始全终，则感高情于无既矣。

一、议钱色概用制钱，洋价照米市作算；

一、议未收者，各付出制（钱）△千文，收过者，加利钱△百文；

一、议钱色，经会证过数过剔，每次扣酒钱△百文；

一、议会外往来账目，不得扯入会内抵算；

一、议摇得者，托保会人书押，以专责成；

一、议末阄赏彩钱△百文，靠定不摇；

一、议会酌每次扣钱。

光绪△△年△△月△日　　首会△△△订

台甫列后：

……

○会书式

财以情通，利以义取。今蒙诸亲友联成一会，共△位，每位各付出大钱△千文正，共成△△千文，交付首会收领生息。每逢会期，加利应付，众人同摇，每会定以六个月一次，闰月不算。至期现钱上桌开摇，点多者得会，同点者准前不准后，三同者合众打散重摇，五子巧色，照点作算。务望全始全终，则感高情于无既矣。

会规列后：

一、议会外账目并私账往来，不得拖入会内作算；

一、议收会者，须要田租抵押，以多抵少，倘有会钱欠少者，听凭会内人或当或卖，并无异言；

一、议收会之人，必须托未收之友作保，登场书押；

一、议未收者，会钱不到停摇；

一、议会酌每次扣钱；

一、议洋价照△△市作算；

一、议找零之钱，均要剔大。

诸名台衔列后：

……

○光绪拾肆年菩萨开光，胡慧翁作诗五首〔一〕

账簿原来有旧章，值年头首理承当。饭包三日鸣锣过，未有章程无主张。
十年一次不当辞，多愁多怨又多疑。近岁人心皆不古，不如且退免人嗤。
剥粽何难裹粽难，葫芦依样却维艰。试看多少英雄辈，想减名数改旧章。
东主邀同相议事，和尚不做就道士。倘若僧家争长短，毋许耽阻和尚寺或仁寿寺。
向来四甲共主坛，开光演戏要名班。前次三朝期已误，再看今岁荣林官。
粗言俗语说出来，诸公勿笑我无才。若问此词何人作，单姓双名你再猜。
阖村菩萨戊开光，恰遇今年要装銮。一甲鸣锣邀议事，总总无人作主张。韵清氏作
莫怪他人不肯先，总怕村丁说废言。要人做事无人到，所以不敢来向前。
四甲邀定二月二，齐到庙内议众事。胡毕葛姓帮管账，修庙铜钱归各自。
前次师人汪仰三，今轮意欲不愿他。总为愚多贤者少，所以众事难承担。
向来开光戏要佳，一心想做庆升班。前次已经务了事，今庚一定还要他。
守翁吹荐长春班，戏价比他巧十番。那怕比他戏还好，有人决定不要他。
略编俗语说几番，诸公若问是何他。隐名氏作粗言语，勿笑无才我不佳。

〔一〕此下为葛校本所见。

○七十四年雅范犹存桑梓咸称贤老德，二百余里讣音递接杜鹃声唤远人悲。黄炳翁弃去孝联

一身勤苦谁知听诸父道扬愈增悼痛，三载劬劳未报奉慈帏教命泣进饔飧。长天涓涕　廿年叔父仙游灵前联匾

○光绪十一年荷月，良淇公去世，挽屏诗联列后

严型奚在，恸切椿庭；泉台遽别，顿隔音容。

朴素订知心垂询勤俭成家足为子孙昭法守，灵丹呈妙术总奈膏肓［肓］匿竖反教参术鲜功勋。

渭川尊兄大人仙游，眷愚弟毕体仁顿首拜挽：痛四子以含悲那堪诗礼忘情靡瞻独立，别孤妻而陨涕何故星霜顿坠莫赋同归。

渭川世叔大人仙游，世愚侄姚镕顿首拜挽：忆昔年桑梓同离幸蒙略迹言情匡予不逮，痛今日音容顿杳无复谈心论事与尔为俦。

渭川仁兄大人灵右，乡愚弟胡慧岩拜挽：与文郎共砚童年说以礼敦以诗叨诲诚为不少，为阿父劳形市井名也成利也就握算可谓至精。

渭川老伯大人仙逝，世愚侄毕炳文顿首拜挽：罔极未酬恩那堪陟岵空嗟流不尽慈亲老泪，无知方待命孰料肯堂莫觐添许多儿辈深愁。

挽诗：

去年花甲祝维祺，今日泉台永别离。友谊多情齐洒泪，纵然医治愧无裨。

勤于阛阓俭于家，数十年来志不奢。桂子兰孙同抱恨，荆妻肠断更堪嗟。

渭川尊兄大人仙游，眷愚弟毕体仁顿首拜挽：

二十余年共事常，同声同气复同乡。惟期白发相归里，那解先游哭断肠。

今庚长往在君家，几度殷勤慰问加。从此清谈多永诀，为留何物报情嘉。

渭川仁兄大人灵右，乡愚弟胡慧岩拜挽：

遽尔瑶池一旦游，可怜鹤驾竟难留。从今抛却人间去，忍听全家哭不休。

忆昔成童及冠时，劳劳碌碌众皆知。迨当家业垂丰后，犹竭经营力弗疲。

渭川世叔老大人灵右，世愚侄姚镕顿首拜挽：

去岁残冬谒善颜，而今何遽列仙寰。百端计算谁能逮，痛切儿孙泪自潸。

碧空雁语作悲声，恶报传来剧可惊。膝下倘教云路上，荣名亦慰九泉情。

渭川老伯大人仙游，世愚侄毕炳文顿首拜挽：

骑鲸忽入大罗天，凶耗传来倍骇然。岭外猿声愁带雨，江边树色亦含烟。

毕世经营未息肩，如何撤［撒］手忽登仙。燕贻共羡成鸿业，鹤知群欣有象贤。

勤俭堪为后辈师，孙贤子孝敦能之。谊兼亲友情难恝［忍］，彰吊惟凭一纸诗。

乍听哀声泪满巾，欲观容貌正沈沦。彼苍不肯留贤哲，此地咸嗟失善人。

〇光绪拾弍年小阳月，屯溪胡宇和表兄三七开吊挽联、诗

挽轴：桑梓同悲，同声一哭，典型尚在，恸失冰情，

荫失乔松，茑萝安施，吾将安放。

鲁殿光潜，泪洒隮边，君子曰终，南弧弢采。

结契忆当年占先人总角为交情同骨月，奠灵悲此日使小子瞻依无自恨系胸怀。

床记雨声联抵足早经鸰谊笃，江涵秋影后伤心老去雁行单。

十二年绛帐忝居况经姻缔内嫔世谊更兼亲谊重，三千界红尘遽谢窃意事商下走君心曾许我心知。

自少时处结芳邻喜水让泉廉每仰清标资效法，与大令读同箫［萧］寺痛人亡琴在何堪老辈又凋零。

茑附越三秋哭讶讣音传梓里，葵倾悭一面空留私愿仰荆州。

当年德意犹留知众善咸修拍手云中跨鸾鸾，今日尘缘了却倘一灵不昧为儿天上乞麒麟。

铭旌用红布 写金字，或绫尼缎均可用

皇清大［太］学生、敕授文林郎、诰封奉直大夫、议叙太常寺博士随带加三级△△府君胡公之灵柩。

○挽屏诗

才因吾友识荆州，晤对钦驰已二秋。忽报人琴俱寂寂，照人古道尚贻留。

又

怀才市隐贸迁工，忠信财生大道通。事业日新遗泽远，承光［先］启后慕高风。

又

仁者从来寿可征，稀龄将届大年登。仙骖遽尔西归去，暂驻尘寰竟未能。

又

冢嗣先凋足垸场，五枝桂树尚齐芳。西墙并茂蜚声茂，秀毓孙曾德泽长。

又

承颜绕膝正安舒，色笑何堪乍杳如，梓舍洞庭悲恸甚，分甘进旨事长虚。

又

正听巷里共停歌，老辈凋零怅若何。纵赋招魂挥一纸，素车白马自空过。

又

百岁终有尽，古无不死方。何以贤与圣，阅世犹昭彰。乃知仁即寿，遂同天地长。翁为我父执，中正而齐庄。兵燹遭浩却［劫］，事业起空囊。秉义洲兰桂，持躬望梓桑。澹泊明素志，私易历世场。我喜芝室近，日乐春风飏。杖履恒瞻仰，矩矱悉怡良。斗酒蓄绵意，七哀视华堂。忽惊哲人萎，梁木切悲伤。天霾徽星先，身而蓬壶藏。四皓赠芝草，五老进琼浆。仙境固仁乐，尘缘岂尽忘。他日修文暇［暇］，跨鹤一还乡。所喜贤子孙，努力蔚书香。驷马大门户，鸾章清庙廊。吁嗟！先生之名永流芳，先生之寿仍无疆。

又

洽比为邻已久亲，骑騌忽报谢红尘。老成器重遗徽在，道大财生盛业新。涉失推诚原罔失，特［持］家勤俭但收真。刍一束来争吊里，巷同声哭善人心。

又

伤哉冢嗣早夭摧，禄食天家未易才。纵折一枝嗟陨落，犹芳五桂茂滋培。声蜚庠序名齐著，誉播乡闾绪共睐。公盍少留颐养乐，逍遥奚遽返蓬来［莱］。

○**对联稿**

薛水讵扬波圣泽涵濡周两甲，岭梅初放萼阳光和暖似三春。薛坑口光绪十年十月河下焰火戏联

又

神坐硚［桥］端三源共涉，戏临河畔两甲同赓。神台用

又

律吕应仲冬喜云管初调咸歌物阜，羽霓谐一曲看雪花六出预兆年丰。尫里焰火戏联

又

源远弥长时至可堪游泳，川流不息浪翻相助筝笆。同

又

漫道会将临试看两甲参禅屈指尚须迟二日，也知坛未设且听八音节奏关心先欲说三乘。放焰口戏联

又

来四处以乞邻看他鬼脸神头群成幻态，集五啚而正俗借此风琴雅管丕振休声。禁讨饭戏联

又

日进千乡多积宝，时招万里广生财。二月初二夜嬉土地联

又

嬉财神招财进宝，迎土地藉土生金。同

又

执元宝从今有道，捧朝笏自古生财。同

二月初二夜嬉土地匾：

聚宝堂，道生堂，和为贵，以义为利

各种匾：

除奸禁暴 以上之匾禁讨饭戏联

发声流庆 以上之匾焰火戏用

普庆安澜 以上之匾焰火戏联

赫声濯灵 以上之匾神台上用

化伪存诚 以上之匾禁钱戏用

同治八年薛坑口众神开光联匾：

宛转清音扬圣泽，娉婷妙舞显神灵。此黄金尪猖台上联

又

生面再开服采与秾桃交映，英姿复睹金容同藻火争辉。福泽庙神前联

又

庙貌更新趁两岸红杏绿杨映出庄严色相，宫商迭奏祈一方和风甘雨谱成雅颂笙歌。外碓戏台联

又

妙舞入霓裳恰映带一溪流水，清歌兼玉笛仍吹开三月桃花。同

匾：

宝相庄严 以上之匾，戏台上用

光华复旦 以上之匾，神台上用

随感而通 以上之匾，猖台上用

光绪四年薛坑口众神开光联匾：

歌舞庆重光看阖境永臻康乐，冠裳萃复旦幸四民同享休和。黄金尪戏台联

又三月廿弍开光四月初六演戏

色相复庄严喜此际柳玉麦金添出一番新气象，笙歌和雅颂愿来时年丰岁稔谱成十载旧规模。戏台用

又

迎五圣以登坛赫声濯灵昭彰圣德，接诸神而入位式歌且舞显著神威。尪内猖台上用

又

漫道戊刚临试看众圣庄严梓里千家赓复旦，也知春已往且听八音节奏梨园一曲庆重光。戏台联

又

庙貌焕新猷越当秧夏初兮喜盛世斯民新衣共庆，冠裳依古制趁此麦秋甫至借凤琴雅管古调重弹。戏台用

又

色相换新装赫声濯灵丕显神威浩荡，冠裳依旧制式歌且舞宣扬圣德昭彰。神台联

匾：

感而遂通 以上猖台用

光被四表 以上戏台用

重歌春色 以上戏台用

冠冕堂皇 以上神台用

光绪拾四年戊子三月薛坑口众神开光联匾：

轮转又十年众圣一新详看柳绿桃红采［彩］色施来皆赫濯，例沿通四甲八音齐奏细听莺簧蝶板和声到处尽腾欢。戏台上用

又

威勇著忠贞想当日保障全民咸钦旧泽，冠裳华复旦喜今朝徵歌选舞共庆新恩。戏台用

又

庙貌焕新猷猗欤休哉不减当年色相，乡风循旧典斐然礼也咸摅此日诚虔。神台用

又

众圣复庄严冠冕堂皇服采与秾桃交映，三春赓乐利宫商节奏歌声和薛水谐音。黄金尦戏台用

又

佐父以垂勋障六州遍著恩威万民感戴，为神能捍患届十载重开色相四甲赓歌。黄金尦戏台用

又

五福遥临四甲咸歌乐利，诸神近接一方共沐恩光。猖台用

牌匾：

赓扬春色　戏台匾

光华复旦　神台匾

丕显其光　戏台匾

歌祝灵贶 猖台匾

又

旗鼓昔迎来阜物康民威荷慈悲佑庇，幢幡今送往歌功颂德宣扬大士威灵。 瀹潭接观音戏台用

又

香火轮挨头逢瓜代，神灵易座乐遏云行。 瀹潭戏台用

又

听外门法曲高歌知胜饯宏开壮先声于清道，看此日仙音竞响喜慈光广被溥大泽于黎民。 瀹潭接观音戏台用

又

束带整冠俨然君臣父子，停锣歇鼓谁是儿女夫妻。

又

离火虚明散作丙丁瑞气，坎水洋溢化为壬癸恩波。 焰火戏联

又

逢场作戏曲尽悲欢离合，及时行乐纵观上下古今。

又

起千古义士忠臣宣扬照旧，演百代邪魄奸魂笑骂重新。

又

夺利争名看往事依然照旧，祸淫福善劝今人各自留心。

又

生旦外丑净公婆一齐扮出善恶邪正富贵贫贱终归这样收场无事人看看也好，吹唱中笙箫鼓板共同哄来离合悲欢笑谈叫谑到底亦关情节有心者听听何妨。

关帝庙联：

兄玄德弟翼德德兄德弟，师卧龙友子龙龙师龙友。

又

弟义忠臣共庆停［亭］侯封大帝，河清海晏全凭汉圣伏群魔。

又

千秋忠义扶炎汉，万古英灵镇大清。

又

义著桃园亘古芳遗不朽，恩流梓里千秋祀享常兴。

又

寿考无疆。台上匾

五载轮挨宣扬帝诞，初更夏令答报神庥。五月十三关爷戏

圣帝功勋梓里幸赖幈幪沾福泽，君威赫濯梨园笙歌韵奏且和平。台柱上联

又

曲谱薰风。台上匾

庙貌焕新猷想当日奋武拨文只为安刘扶汉，冠裳依古制庆今朝歌功颂德须凭击鼓吹豳。关夫子开光联

关夫子开光批捐缘谱式

伏以圣德昭彰，曰仁曰义；神威显赫，至大志［至］刚。过关斩将，威风凛凛，犹存伐魏征吴英勇，堂堂如在。恭惟奋武拨文，名传当世；御灾捍患，灵感于今。因我里向供奉关圣帝君，自开相以来，不觉七年余矣。兹择良辰，聿新圣像，谨遵古制，预序批捐。伏愿同心乐助，协力输将，遂见庙貌重光，神威丕显，自此年丰人寿，共沐新恩，物阜民安，同治旧泽，谨此以闻。

七月廿四、五日东平王出会帖式

谨詹本月廿四、五日，敬迎东平王尊神，恭请光降，伏祈早临是幸。

△处△△堂拜具

又

赤面秉赤心赤兔追风千古常昭赤日，青灯观青史青龙偃月一生不愧青天。

又

清夜读春秋一朵烛光灿今古，孤舟伐吴魏千秋浩气塞乾坤。

追荐联：

反哺无由愁听乌声啼白日，荐修有托敬将蚁悃达青天。

又

泪眼双悬不见仪容方五七，愁肠寸断回思笑语若三秋。

又

憾半子之情未尽，托二天之庇难酬。

又

月冷妆台弦绝更无人办韵，雪飞柳絮诗成空有父招魂。

又

列鼎陈牲何日菽水承欢日，披麻报绋怎若斑衣戏彩诗。

城隍庙联：

择阴地择阳地如何不择心地，种山田种吁［圩］田这［怎］样不种心田。

又

善报恶报远报速报终须有报，天知地知尔知我知何谓无知。

又

但得回头便是岸，何须到此悔前非。

又

孝莫辞劳转眼便是人父母，善休望报回头即看你儿孙。

又

举念时明明白白毋欺了自己，到头处是是非非曾放过谁人。

又

念此身不克常存何须急急忙忙干千般歹事，思凡体莫非前定乐得干干净净做一世好人。

又

尔孽贯盈岂能一炷香烟饶罪过，神明洞鉴还须百班痛改得咸生。

路亭联：

小亭雅趣留人坐，佳木葱笼［茏］止客行。

又

四大皆空坐片刻无分尔我，两头系路歇一时各走东西。

又

走甚么息息步去，忙也否坐坐再行。

〇杂集巧对

闺阁闭关闻斗闹开门闲问，富家宫室定宽宏宿客宜安。

又

卫灵公祭泰伯于乡党中先进里仁舞八佾，梁惠王请滕文在离娄上告子尽心读万章。

又

二月春分八月秋分昼夜不长不短，三年一闰五年再闰阴阳无错无差。

又

竹是无心树，莲如有脚花。

又

雨落女身女躲雨雨止女行，冰冻兵船兵打冰冰开兵去。

又

医人房下有件东西堪为药碾，学生堂中无分南北尽是书厨。

又

鲁论二十篇惟乡党中无子曰，周易六四卦独乾坤内有文言。

又

先生生日学生买盘生面送先生，长老老时群老出碗老菱赠长老。

又

林鸟叫提壶提壶提壶必是村中有酒，山禽说脱袴脱袴脱袴定然身上无寒。

又

周宣王文宣王司马宣王一君一臣不君不臣，卿孟子吴孟子寺人孟子一男一女非男非女。

又

冻雨洒窗东两点西三点，切糕分片上七刀下八刀。

又

半夜生孩亥子二时难断，百年匹配已［巳］酉两日相当。

又

学正不正诸生皆以为歪，相公言公百姓自然无讼。

又

君子多乎哉，小人樊须也。

又

绿水本无忧因风皱面，青山原不老为雪白头。

又

闭门推出窗前月，投石冲开水底天。

又

五行金木水火土，四等公候［侯］伯子男。

又

水底日为天上日，眼中人是面前人。

又

蚕妇缫丝脚蹈手摇阴捧钹，农夫车水腰驼背曲胆摇铃。

又

雪压竹枝头着地只因腹内空虚，风吹荷叶背朝天且看眼前光景。

又

人有七情喜怒哀乐爱恶欲，经存六艺诗书礼乐易春秋。

又

雪塑观音一片冷心难救苦，雨淋罗汉两行珠泪假慈悲。

又

牛不出头辜负牧童□到午，鬼能踢斗显荣才子占高魁。

又

天近山头走到山头天又远，月浮水面拨开水面月还沉。

又

虎皮褥盖学士椅，兔豪［毫］笔写状元坊。

又

三女为奸二女任凭上女哄，五人成伞小人全伏大人遮。

又

竹被雪欺倒地拜天求日救，花遭雨打垂头滴泪欲人怜。

又

出水蛙儿穿绿袄美目盼兮，落汤虾子着红袍鞠躬如也。

又

三分分茶解解解元之渴，一朝朝罢行行行院之家。

又

大雨沉沉二沈伸头不出，狂风阵阵两陈摇摆不开。

又

小学生穿红着绿内衣□，老大人衣紫腰金□□□。

又

雨打儒冠好似盛油木……

又

雪飑僧项犹如椿［捹］粉雷……

又

赌钱吃酒养婆娘三者备矣，齐家治国平天下一以贯之。

又

撞到磊桥三块石，剪开出字两层山。

又

和尚摇船篙打江中罗汉，佳人汲水线牵水里观音。

又

童子打桐子桐子不落童子不乐，渔儿戏鱼儿鱼儿会游渔儿会忧。

又

天作棋盘星作子谁人敢下，地为琵琶路为弦那个能弹？

又

天子天尊大士头上不同，宫妃宦寺官人腰下各别。

○设祭式

吹手引礼生上，众礼生一字儿站定，齐打躬，大赞与倍［陪］赞对揖上位。

大白 叙立。

执事者各事其事。众礼生齐打一躬，上位。

主祭者就位。

倍［陪］祭者皆就位。

盥洗。引白：诣盥，洗手，盥手，执巾，复位。

上香。引赞点香，递与主祭。倍［陪］引赞：接安香炉。

参神，鞠躬，拜，兴，拜，兴，拜，兴，拜，平，兴。

行降神礼。引白：诣酒樽所。司樽者举幕酌酒，复幕。司香者捧香，司酒者捧酒，司壶者捧壶，司果者捧果。四礼生齐打躬。引白：诣降神前！吹手引四礼生上。引白：跪！敬香！献香！敬酒！沥酒！重敬酒！司壶者洒酒入杯！敬果！献果！兴！平！兴！复位！

鞠躬，拜，兴，拜，兴，拜，兴，拜，平，兴。

奠帛行初献礼。引白：诣酒樽所。司樽者举幕酌酒，复幕。司帛者捧帛，司爵者捧爵，司馔者捧馔，司祝者捧祝。四礼生齐打躬，诣神前，跪，敬帛，献帛，敬爵，献爵，敬馔，献馔，敬祝。

读祝。引白：葡萄〔匍匐〕！献祝！兴！平！兴！复位！

鞠（躬），拜，兴，拜，兴，拜，兴，拜，平，兴。

行亚献礼。引白：诣酒樽所。司樽者举幕酌酒，复幕。司爵者捧爵，司馔者捧馔，诣神前，跪，进〔敬〕爵，献爵，进〔敬〕馔，献馔。

奏乐。引白：葡萄〔匍匐〕！兴，平，兴，复位。

鞠躬，拜，兴，拜，兴，拜，兴，拜，平，兴。

行终献礼。引白：诣酒樽所，司樽者举幕酌酒，复幕。司爵者捧爵，司馔者捧馔，诣神前，跪，敬爵，献爵，敬馔，献馔。

奏乐。引白：葡萄〔匍匐〕！兴，平，兴，复位。

鞠躬，拜，兴，拜，兴，拜，兴，拜，平，兴。

侑食。引白：诣酒樽所，司茶者捧茶，司酒者捧酒，诸神位前侑食。跪！献茶！主祭者提壶敬茶、敬酒，主祭者提壶敬酒。

歌曲。引白：葡萄［匍匐］！兴！平！兴！复位！

鞠躬，拜，兴，拜，兴，拜，兴，拜，平，兴。

焚楮。引白：司帛者诣神前辙［撤］帛，读祝者诣神前辙［撤］祝。

望燎。引白：诣燎所！复位！

辞神，鞠躬，拜，兴，拜，兴，拜，兴，拜，平，兴。

礼毕。大赞与倍［陪］赞下。众礼生齐打躬，再齐拜神前四拜，吹手引下。

○点主式

吹手自更衣所引接众生，与大赞、倍［陪］赞对揖，上位。

大白 叙立。

题主者就位。

盥洗。相题白：诣盥洗手，盥洗，执巾，复位。

孝子出灵帏，叩托题主者。引白：四叩首，平，兴，诣灵位前捧主，跪，进题主者。

接主。

启主。

卧主。

研硃墨。

进硃笔。相题白：焚香，借生气，先题污中，后题粉面。

进墨笔。相题白：焚香，借生气，先题污中，后题粉面。

合主。

孝子捧主入位，叩谢题主者。

礼毕。大赞与倍［陪］赞下。各人灵前四拜，吹手引入更衣所。

○福泽庙开光祭文

维大清光绪△△年岁次△△△月△△朔越祭日△△之辰，坛下弟子△△暨阖境人等，谨以瓣香束帛、清酌庶馐之仪，致祭于敕封崇和衍烈候［侯］紫微主坛汪七相公尊神、敕封崇福衍庆侯汪八相公尊神、敕封护国周宣灵王尊神、敕封忠正王李王尊神、敕封金龙四大王尊神暨众位尊神前而言曰：神威浩浩，冥司造化之权；圣德洋洋，实荷帡幪之庆。勋名垂于竹帛，棠棣联芳；保障固于金汤，梓乔济美。风调雨顺，兆寰宇之升平；海晏河清，庆安澜之利涉。孝行著于柯城，灵迹显于徽郡。功德所被，擅圣神文武之名；祀典攸昭，皆聪明正直而壹。御民灾，捍民患，享祀既著于千秋；崇神德，报神功，庙貌宜新于一旦。虽至德无文，原不假冠裳之美；而大观在上，要必须黼黻之光。况乃物换星移，金容顿改；尘封土蠲，法像将湮。若不藉物彩之彰施，曷以将寸衷之诚敬？时维戊岁，月选暮春。生面再开，睹英姿之飒爽；光华复旦，观宝相之庄严。金光共藻火以争辉，服采与秾桃而交映。从此监观有赫，声灵丕振于南乡；容保无疆，惠泽长施于薛境。四方绥静，绝烽烟刁斗之惊；百谷顺成，无水旱昆虫之患。驱邪逐疫，灾眚不生；锡福降祥，阜成有象。此日星云纠缦，欢看阁［阖］镇讴歌；他时风物融熙，咸赖诸神庇荫。敬呈絮酒，用表芹衷，神其鉴诸，来歆来格，尚飨。

○里庙祭文

维大清光绪△△年岁次△△季春月△△朔越祭日△△之辰，坛下弟子△△暨阁［阖］境人等，谨以瓣香束帛、清酌庶馐之仪，致祭于薛坑口大社社稷明公尊神、敕封崇和衍烈侯主坛汪七相公尊神、敕封关圣帝君尊神、敕封高上神霄正乙龙虎玄坛赵大元帅尊神、敕封威灵王太子尊神暨众位尊神前而言曰：维神树艺五谷，生民之粒食有资；平定九州，后世之安居永赖。秉两间之正气，忠义贯夫星辰；立万世之人纲，声威镇夫华夏。六州保障，世笃忠贞一代，勋猷永标史册。功能点铁，聿扬铁面之威；术可堆金，爰耀金鞭之武。御一方之灾患，名誉清宫；起万姓之疮痍，恩深赤子。接前祭文『功德所被』以下云云。

○孝子祭文稿

维大清光绪△年岁次△△季春月△△朔越祭日△△之辰，不孝等谨以瓣香束帛、清酌庶馐之仪，同百拜泣祭于先考皇清太学生讳△△府君葛公之灵前而言曰：嗟予昆季，顿兴霜露之悲，入此室家，空切蓼莪之感。山之颓也永诀，痛四子以靡瞻；木之拱也多寒，恨百身而莫赎。学诗学礼，畴承雅范于趋前；肯堂肯构，徒慕先声于作室。数十载勤劳不已，依然手泽常存；百二天事奉未周，遽尔仙槎远驾。对老母而以慰以劝，涕泗旁流；抚弱孙而如抱如携，恩勤谁锡。行年则才过花甲，执业则常勉樵辛。此时诸父同迎，用徒式凭之所；来日九原可作，定觇如在之神。鹤也前而鸾也后，云路潜通；鸡以献而豚以陈，日华可爱。不孝等仰祈鉴佑，俯廑伤悲，宅兆卜而以妥以安，笾豆登而来歆来格。呜乎［呼］哀哉，尚飨！

○又，孝子祭文

△△之灵前而言曰：灵爽式凭兮，于赫斯皇；忾闻僾见兮，祗奉如常。为溯生前兮，俭德莫忘。半丝半粟兮，握算精详。居躬朴诚兮，赞美一方。迎宾慷慨兮，口惠同尝。掌持铺业兮，朝夕莫忘。振启尔宇兮，维家之光。竭兹勤悃兮，宜寿而康。乃遭变厄兮，遽尔膏肓。百身莫赎兮，四子衔伤。仰祈默佑兮，获福无疆。永绵先泽兮，厥后克昌。为神为灵兮，千载流芳。敬呈一束兮，来享来将，尚飨！

○上堂祭文

同百拜致祭于先考皇清太学生讳△△府君△公之灵前而言曰：呜乎［呼］！吾父之弃不孝等而长逝也，将及期年矣。向也侍庭帏，亲色笑，出入扶持，常依膝下，今何如矣？吾父之形容，岂可复睹耶？吾父之謦欬，岂可复闻耶？呜乎［呼］哀哉！溯吾父壮岁椿零，奉萱堂而尽孝；英年树立，懔圭玷以无言。置彼陌阡，子孙咸资乐利；建兹店肆，遐迩共仰声名。施措有方，勤俭佩禹王之训；清温无间，斋夔怀舜帝之诚。处家室则相敬如宾，睦宗族则知爱惟长。新亲旧戚，款洽无不厚其仪；益友良朋，交游有必隆其礼。运构堂之智，独选栋梁；息雀鼠之争，弥殷排解。礼义无惭乎衾影，闻誉远播夫里邻。述一生之实谊，宜百岁之可延。谁料突染灾祲，适滋疾病，犹冀调摄，咸宜勿药有喜。讵料参茋［芪］罔效，草木无功。吾父年才六十有一，何天之夺吾父如此其促耶？呜乎［呼］哀哉！呜乎［呼］痛哉！对几杖以增悲，莫仰椿庭之荫；睹诗书而陨涕，难申爱日之情。嗟何及矣！恸可言乎？既慎终之不逮，声欬无闻；纵追远之维殷，情容莫接。哀哉痛哉！不孝等自今以往，惟有奉吾父遗训，遵吾父往行，善事吾母，以慰吾父在天之灵而已矣。惟有勉读书，务生理，以慰吾父之心而已矣。伏愿佑我后人克昌厥后，今维升龛之日，聊陈蘋藻之忱，吾父在天之灵，其鉴此而降格，尚飨！

○孝子祭文稿

同百拜致祭于先考皇清太学生讳△△府君△公之灵前，哭以义曰：呜乎［呼］！吾父之生，秉性温良，其心也直，其气也刚。不凌孤弱，不畏暴强，解纷排难，遐迩名扬。经商远利，鬻贩三江。维田维地，笃守是将。嫡娶吾母，德孟相庄。生我育我，四列雁行。有条有理，教以义方。克勤克俭，吾父周章。不孝有赖，家业丕康。年当花甲，气貌堂堂。忽遭一病，祷药无方。儿侍床褥，不敢追遑。俯听遗言，厥后有张。菽水未了，竟返仙乡。哀哉哀哉！吾父永别兮，逝水难回。瞻望屺岵兮，仙鹤蓬莱。手泽徒存兮，抱恨徘徊；麻衣挂辟兮，积闷何开？履霜雨露兮，惨淡悲哀。春晖未报兮，反裉［酿］祸灾。恨儿不孝兮，未杯一杯。聊陈菲奠兮，以侑金罍。子孙仰拜兮，血泪盈腮。吾父有灵兮，敢告灵台。呜乎［呼］哀哉，伏维尚飨！

○设祭式

叙立。

起乐。

执事者就位。

司亚樽者就位。

司洗者就位。

引赞者就位。陪祭者皆就位，迎孝子出灵帏。

盥洗。引白：入盥洗手，盥洗，执巾，复位。

行降神礼。引白：司樽者出位，整注，去幕，酌酒，复幕，捧注。亚樽者出位，整盏，捧盏。司亚樽者齐至香案前，行降神礼，就位，跪，住杖，敬盏，敬注，满斟酌酒入沙盆，三漏酒反盏，回注，伏，升，执杖，平身，复位。

参神，鞠躬，伏。连四。

行香献礼。引白：入司樽所，司樽者出位，整香，捧香，以香授执事者。执事者捧香，复位，整茶，捧茶，以茶授执事者。执事者捧茶，复位，整果，捧果，以果授执事者。执事者捧果，复位，整酒，捧酒，以酒授执事者。执事者捧酒，复位。执事者齐入灵前行香献礼，就位，跪，住杖，举哀，哀止。敬香，初上香，亚上香，三上香。敬茶，献茶，奠茶。敬果，献果，奠果。敬酒，献酒，奠酒。伏，升，执杖，平身，复位。

参灵，鞠躬，伏。连四。

奠吊行初献礼。引白：入司樽所，司樽者出位，整爵，主幕，酌酒，复幕，捧爵，以爵授执事者。执事者捧爵，复位，整馔，捧馔，以馔授执事者。执事者捧馔，复位，整帛，捧帛，以帛授执事者。执事者捧帛，复位，整哀章，捧哀章，以哀章授执事者。执事者捧哀章，复位。执事者齐入灵前奠帛，行初献礼，就位，跪，住杖。敬爵，献爵，奠爵。敬馔，献馔，奠馔。敬帛，献帛，奠帛。敬哀章，乐止，读哀章，笙歌。伏，升，执杖，平身，复位。

奏乐。引白：司乐者初奏乐。

鞠躬，伏。连二。

行亚献礼。引白：入司樽所，司樽者出位，整爵，举幕，酌酒，复幕，捧爵，以爵授执事者。执事者捧爵，复位，整馔，捧馔，以馔授执事者。执事者捧馔，复位。执事者齐入灵前，行亚献礼，就位，跪，住杖。敬爵，献爵，奠爵。敬馔，献馔，奠馔。伏，乐止。笙歌，升，执杖，平身，复位。

奏乐。引白：司乐者二奏乐。

鞠躬，伏。连二。

行终献礼。引白：入司樽所，司樽者出位，整爵，捧爵，以爵授执事。执事者捧爵，复位，整馔，捧馔，以馔授执事。执事者捧馔，复位。执事者齐入灵前，行终献礼，就位，跪，住杖。敬爵，献爵，奠爵。献［敬］馔，献馔，奠馔。伏，乐止。笙歌，升，执杖，平身，复位。

奏乐。引白：司乐者三奏乐。

鞠躬，伏。连二。

行侑食觞礼。引白：司樽者出位，整注，举幕，酌酒，复幕，捧注。司亚樽者出位，整汤，捧汤。司亚樽者齐入灵前，行侑觞礼，就位，跪，住杖，敬注，升，入灵前满斟三侑觞，复位，跪，敬汤，献汤，奠汤，伏，乐止。大奏乐，升，平身，复位。

鞠躬，伏。连二。

彻馔。引白：司亚樽者、执事者齐入灵前，彻馔辞灵。

化燎。

鞠躬，伏，礼毕。

○民国元年四月庄东浦〔一〕奶奶二七开灵祭文式

呜呼！吾母系出平阳，性征和顺，德叶温良。持身似璧，任事如航。惠周戚族，恩洽邻乡。治家有

〔一〕庄氏在歙县新安江沿岸有着较为广泛的分布，笔者十数年前在湖田、绵潭等地考察时，曾在这一带拍摄到四五种庄氏谱牒。

法，教子多方。近维往事，回忆当年，先君早逝，赖母周旋。儿女弱小，姊未知怜。教成不倦，顾复弥虔。往来独任，内外自专。营谋住宅，创造有权。方期儿长，少尽乌私。暮勤温清，朝奉盘匜。一堂穆穆，群季怡怡。胡天不吊，断我手足。兄兮丧亡，母兮戚促。半世辛勤，一朝避谷。呜呼哀哉！呜呼悲哉！其真其梦，将信将疑。目空色哭，耳绝声辞。星沉月黯，血尽神遗。呜呼噫嘻！母今永诀，曷被母慈。母今长往，曷得母追。桐棺显赫，素旐飘扬。滂流涕泗，碎裂肝肠。望灵薄奠，来格来歆！呜呼痛哉，伏惟尚飨！

挽匾：

栖卷抱痛。

柔嘉维则。

挽轴：

坤德流芳。

母仪可则。

巾帼完人。

遗孤忆当年儿赖以教家赖以持何事敢忘慈母德，适疾刚期月药忽无灵医忽无效从兹难仰旧形容。自

挽联

樽酒昔年欢剪烛西窗犹忆风姿磊落，人琴今已杳梅残东阁只余目影斜横。朋

母仪足式妇德堪钦享寿六五春犹期宝婺长明待至古稀齐祝嘏，教子有方课孙成立联亲廿一载讵料萱花证果遥瞻泰水寄遐思。婿

谊关犹子忆畴昔趋前每论世态炎凉无日不期延寿化，德洽比邻痛先姑顿萎欣知家庭肃穆异时当有送公旌。学

忝列通家受尽深恩难报德，相违数里未遑伺病倍伤心。韵

自愧生来技未精几番诊视病未轻惊闻化鹤心惆怅仰望苍天婺已倾，钟郝徽音能媲美孟周贞节共驰名麻衣素旐风飘里叩奠灵前梦不成。殿

回忆先君在日扶持创业成家和丸教子性柔嘉不愧女中巾帼，抱病才经一月登仙适值三更表亲在座起哀声我辈亦多惆怅。

附录：毕体仁著《备述薛坑口茶行屋业本末》（节选）

备述薛坑口茶行屋业本末

附体避乱实迹，兼叙平生碎事〔一〕

体原名忠，生不辰，髫年失怙。兄弟三人：长兄芳，年方十岁；三弟义，年方五岁；体居次焉，年方七岁。我祖钜道公所生二子，生父肇瀚公居长，胞叔肇淦公居次。淦公幼殇，年十三而卒。生父厥承先志，世业岐黄，于道光十五年间，所置土名末坑口茶行屋业。业在薛坑口上岸，土名末坑口。其行屋前后三进，并左边厢屋，门前披壤，前通河，后至山，余业。据一应买价，连过税、中资，共计用去四底足钱一千三百余千文。原系方姓出产，其屋内锅场，以及做茶器皿等项，另系本屋租客江姓之件。江姓同时一并售出，据付时值四底足钱一百八十千文。比时遵例，由藩宪捐请毕恒盛上则茶行牙帖，租与张永大号，设做京庄。号客系柔川张大房镜含先生东家。维时仅做京庄篓茶，行用出息有限。越三年，不幸生父见背。殁于道光十八年正月初一日巳时，疾终正寝，存年二十有九。兄弟三人，皆在幼稚，上无恒产，日需一切，仅此茶行出息而已。幸赖慈母江少年早寡，贤而有节，克俭克勤，抚孤三子成立。长兄芳读书至十五岁，年交十六，奉母命赴常州江阴县之东乡南闸镇，习学蒋万源酱园生业。是时，从堂伯肇浦公，家居江阴东乡之刘都埭，长兄出就生理，先承荐引，又蒙多方照拂。交二十二岁，奉慈书于冬间返里完

〔一〕该抄本封面另有『静斋手汇稿簿』字样。

婚，娶瀹潭方俍身公长女。归毕门后，使性悍泼，每每犯上，长兄懦不能制，母氏致多忿郁。体奉母命，幼学医书，继承父志，傍及儒业。年十九，始应童子试，二十岁应院试。后即赴邑城，从游家在周再叔处，就正医术。廿二岁回家，悬弧［壶］行道。初然间，自愧见识不广，惟恐误人，一遇诊病，战兢自持，按脉审证，不敢稍涉疏忽。交二十三岁，娶薛口岸张镒秀公第三女。〔一〕三弟义读书至十六岁，奉母命赴北京城内，习学张永广茶叶铺生理，亦系镜含先生东家。到铺后，因途中触受风寒，致患三阴足疾，医治服药，多蒙执事庄云泉翁照应，将即半载，幸已获瘳。至二十三岁，附伴旋里完姻，娶金滩汪元昭公第三女。斯时，兄弟三人皆各完娶，内与弟室虽稍娴妇道，惟大姆使性悍泼，而妯娌之间，未免争吵。举室既多滋闹，堂上亦少欢娱，长兄懦不能制，是亦无可奈何耳。道光二十五年分，其茶行靠左边一片厢屋，因历年久，狼狈势将倾塌，难以修整。张号嘀于胞叔祖钜典公，意欲拆旧换新，尽将傍余基地，兴造包厢楼屋，以便加锅，添做洋庄箱茶，而本行用息，较前益加倍进，通盘划算，似属合宜。母氏女流，长兄在外，体与三弟尚在幼年，一应事宜，皆赖叔祖钜典公代为主持。核计通直五间包厢楼屋，并添茶锅一切经费，约需钱六百余千文之谱。家下资斧不足，比蒙张号允借钱三百千文，议定一分一厘行息，立券，将下年应得用息钱，按月偿利，陆续拔本。至道光二十九年，已将借张号款本息完清。长兄芳自道光三十年返里完婚后，即在本行内帮张号作伙，兼理家政及行场事宜。乃时堂叔肇淇公，字濬川，亦在张号作伙，行事多蒙互相关照。咸

〔一〕本页天头：『体幼年苦读，多蒙郡城汪心宅夫子授教，赴应童试，亦蒙垂青照拂，且念体家素寒薄，不较脩资。嗣后就正医术，更蒙邑城家在周再叔，念体专心致志，多方教导。研穷玩索之下，恍然心悟，则今日之粗知，皆出两夫子裁成之力也。体念不忘，故附及焉。』

丰二年间，又因茶行前进屋宇狼狈，张号嘀余长兄，议将前进并门前披㙬一齐拆下，重新改造，门面柜台较前高大。门前尽将余址兴起披屋，周围下半砌墙，上半装板，开放窗闼，以作做场。靠左边披屋外，另起厨房。从此改造，较旧似有关阑，亦且宽敞，需费一切，计用去钱四百余千文。中有不敷，长兄亦向张号借钱二百千文，月息如前立券。至三年上，将应得行用钱，除开销及偿利外，尚不敷用。长兄又向张号借钱八十千文，亦如前立券。嗣后体与三弟义次第完娶，兄弟三人，皆各生子，人口浩繁，家计渐大，兼之张号老东家镜含老台翁，欲与诸令嗣分析。其茶号亦分为二，本行张永大号，归渠二少君印甫世叔管理。三、四少君，另设永盛茶号，即租在本坑口仁寿庙前黄德丰行内，亦照设做京、洋两庄。惟五少君未另分设，附二少君永大号内，随意搭做。茶号既分为二，本行做数无多，行用出息，亦减大半。是以年来所入不敷所出，兄弟三人出息，体虽倍旺，奈因家务浩大，尚不敷用度。长兄前向张号借款，每年将所进行用钱，除偿利外，虽曰陆续抽本，竟难拔清，年复一年，反复欠矣。此款已于同治四年至同治七年，凭同经手张焕丈姻长、原中家濬川叔，一并归结清楚，更蒙二公赴柔川张宅，将长兄亲书券据二纸缴回。三弟义自返里完姻后，慈母虑及路途遥远，不复赴京，即在张永盛分号帮伙蒙阳川庄云泉翁引荐。濬川叔奉老东家令，于张号分析后，亦出帮永盛分号。咸丰六年秋，慈母得患崩中虚证，自医罔效，遍求名家疗治，亦未获瘳，延至七年八月初一日戌刻，寿终内寝。时兄弟三人皆在侧，百身莫赎，寸肠碎裂，呜呼痛哉！生嘉庆丁卯年六月十五日辰时，享年五十有一。丧事一切，虽稍尽其诚，愧未能尽礼。哀哀父母，生我劬劳，昊天罔极，未报万一，呜呼痛哉！〔一〕咸丰八年中秋后日，长兄芳因茶号事已毕，奉东家令，出往东乡庄，相帮收租。到庄旬日，染患秋感时病，就近医治未效，日渐沉重，即于杪日抬回里中，势已昏愦。体随诊脉，六部沉伏，重按如丝，已显阳证阴脉不治之证。至九月初二日巳时，遽尔辞世，存年三十，为之大恸。长嫂方氏素性悍泼，斯时暴行之态，不待言矣。幸已生二子，长曰炳瑞，年已七岁，次曰炳如，年已五岁，体等多方劝慰云云。长兄抱病不起，家门大不幸矣！然死者不能复生，而幼者尚需抚养，惟愿将两幼侄，教管成立，将来亦好安享过活。幸毋暴戾伤生，叵耐颠沛。叠遭长兄去世，未及旬日，荆室张氏，偶患风疾嗽症，初然间自不介意，无分昼夜，带病操劳，致病邪深入，风疾胶固，服药罔效，至腊月朔日，忽变气喘疾鸣，于亥刻溘然长逝，存年二十有二。子炳文方四岁，稚年失恃，哀惨异常，何家门不幸若此！衹〔只〕因稚子无依，越来年，续弦张氏续娶漳潭张讳德培公第三女。归吾门后，尚知节俭，抚子文如同己出，窃幸内助之得人矣。体因业医，日事应酬，茶行诸事，归三弟义经理，义虽出帮永盛号，因与本行上下相隔不远，又系老东家，大可从中照料。更蒙张焕丈姻长互相关顾。姻长小州人，系濬川叔堂内舅兄，即

〔一〕本页及下页天头：『慈母平居，劳苦自甘，每因长媳方氏素性悍泼，惯使乖违，常以为忧，如此积郁成瘵。自咸丰六年秋月抱病，不料二竖缠身，服药罔效，延至七年，渐入膏肓，饮食渐废，于八月初一日酉刻，兄弟三人，皆在床前，慈母忽然抖起精神，执长兄手，顾体与三弟云：「吾家上无恒产，惟儿父置此茶行出息而已。今幸儿等皆各成立，惟儿媳方氏不娴妇道为忧。将来炳瑞娶亲，当在茶行用内，公家抽出钱八十千文，坐贴长孙之资。除此之外，嗣后行内所有出息，永作三股均派，兄弟三家分受，各毋强占争端，须各仗义，勿听妇言，免贻外人笑，则吾亦瞑目于地下矣。」语毕，逾时淹淹〔奄奄〕气绝，呜呼伤哉！永诀叮咛，以衡厥后，兄弟三人，皆为大恸，涕泗滂沱，泣尽而继之以血也，体稽颡谨记。』

今成甫弟之岳丈是也。向在本行永大号执事，为人正直无偏。

避乱实迹

熟料世事多变，粤匪叛乱，屡犯徽境，属近彷徨。于咸丰十年中秋后九日，发匪入城，居民奔避。时三弟义帮永盛号，祇［只］顾押茶出往上洋，体挈阖家大小，避居龙门塝洪姓山庄。匪踞城中，日出四乡，到处蹂躏，民不聊生。体等避处山庄，将及两月，上下发匪往来冲突，昼夜搜山，势难自顾。长嫂方氏与炳瑞、炳和两侄，蒙瀹潭方偎身外公带去。弟室汪氏与炳镛侄，蒙金滩汪元昭外公带去。体念方、汪两家皆属嫡戚，蒙其带同避匿，可以放心交托。〔一〕而后体挈继室张氏与子炳文，亦往漳潭岳母宅上，同避芦坑山内。十一月中旬，又有大股发匪，一从早南由大麦坞出口，一由棉潭直上，互相欲渡南岸。漳潭阖村佥议出防，区区一村，人数有限，寡不敌众，势所必然。抵拒未及三日，匪众探窥岔路，即由下窑、上岩、芦岭、猫儿岭等处，四路攻进，出防诸人无处逃遁，伤去三百余之多，甚为可怜！体挈家属，同岳母、内舅万金兄等，已于日前逃出芦坑，复由坑口，暂避瀹源之汪村，得邀天眷，幸脱罗网，竟获保全。腊月初，探知漳潭一带近尚安靖，复回漳潭，暂时耽搁，悬心吊胆，捱过残年。十一年正月下旬，发匪又至，搜山倍甚，无处藏身。体将继室张氏与子炳文，交托岳母带同避匿，自附伴数人，于正月廿

〔一〕本页天头：『两家戚属各带女子、外甥避匿，虽曰义重情深，抑亦出自天性之使然耳。』

七日下午到上岩。乘夜动身，至小州，过蜈蚣岭，走遂安，出港口，于二月初五日抵浙之寿邑，即在张勤礼庄住焉。庄系吾乡柔川张宅，设此收租。〔一〕时胞叔祖钜典公，于上年秋间来庄，帮柔川张宅经收租谷，因徽乱未回。体居庄内，适同伴数人，缺乏日需，奉叔祖命，即在庄上悬弧［壶］行道。初有沉疴人来庄疗治，旋治旋愈，于是医道颇行，足可应给缺乏。居未久，叔祖病，体日侍汤药。叔祖病重时，闻知聚五兄在兰溪，体即专函布告，兄接函后，来庄问病，耽搁三日，见祖病服药转机，仍复回兰。据云帮本号张全茂押茶，出往上洋，即要动身，不能久待，急切若此，其如之何？病将愈，体又染病，服药数日，虽幸获瘳，因未复原，尚不能行动。时闻发匪又犯寿昌地界，心甚恐，随叔祖避寓寿邑北乡之周村。不料匪由北乡冲入，体遇贼被掳，不知叔祖若何？体后回里，访问叔祖下落，据已查知，寿邑北乡附近有相识者云，贼到之日，遭贼身殒。比蒙相识仁人，俟贼走毕，将尸代为收埋，该处随插竹签，书明姓氏为记。于同治初年，又蒙同事程佩翁，柘林人，张宅戚属，因往寿邑，帮张宅经理租事。将叔祖骸骨并书记原签，一同收带回里，交盘安厝，至同治五年二月之吉治葬。孙聚五兄，敬将祖考偕祖妣氏张，合葬本图，土名梅木潭中园尖上。窃幸叔祖骸骨得归故土，程公之义大矣哉。按此小注，本是后话，特接录之，以识其原。比时恳贼释放不允，若再求释，势必加害，筹思辗转，欲走难脱，不若权在贼营，暂行耽阻，俟后遇机逃脱，自然得见天日矣。怎奈贼氛日炽，闻金华、兰溪一带皆被贼踞。体困贼营，初到馆时，馆首黄，广东人，谓体非等庸俗，即书对云：『竹本无心，何生

〔一〕本页及下页天头：『维时体避乱至寿邑。李云楼先生，岩市人，柔川张大房戚属，令嗣大世兄，先已到庄多日。体住庄内，朝夕共炊。叔祖及体抱病，蒙贤乔梓互相照拂。后闻贼警，同避北乡周村，世兄与体，同时遇贼被掳，李先生得脱。但世兄虽同时掳去，原不在一馆，自后并未相遇。及体返里，会晤李先生访问其实，竟不知所之，迄今未归，殊深悼叹！』

许多枝节？』体随答书：『藕原有眼，只见不断缕丝。』馆首尚通文墨，因此虽困贼营，幸未受其遭［糟］遢。由寿昌过兰溪，进浦江，走义乌，至东阳驻扎，不觉日远一日，竟无隙可逃，权且假事周旋，虚浮过日。至同治纪元春，匪众复由东阳，转原路出兰溪，走龙游地界，即在盈川一带驻扎，欲图衢郡。体探闻踞徽发匪已退，又闻衢郡系我朝左帅出师督剿，军令森严，为之私心窃喜。乘机密带馆中新掳土人两名，借事潜出贼营，带同土人引路，于就近村庄薙发正容，然后赴衢城，过吊桥。蒙守城军士盘诘明白，准诣城，耽搁张永裕典铺内，时同治纪元四月廿三日，其典铺系吾乡柔川张五房开设，因乱，现已止当候取。蒙同乡蒋立翁薛潭人，本典执事、汪蕴翁棉潭人，本典柜事诸友款留二旬余日，于五月十七日附伴动身回徽，由水道往常山，至华埠登程，过五岭，走王茆徽婺，出龙湾徽休，附舟，由屯溪水路直抵薛镇时五月廿五日。体一登岸，蒙乡里诸亲友共庆再生，询及阖家大小人等皆各清吉，为之一喜。惟仁寿桥头住屋，据由柔川张大房三、四少君嘀于濬川叔，经三弟义出租伊家，开设张永利号杂货店业。三弟阖家住金滩岳家，嫂与两侄等住瀹潭母家，住屋出租，尚有租金安顿。继室张氏与子炳文，仍耽搁漳潭岳母宅上。自体避乱寿昌，遇贼被掳后，凶耗传闻里中，时有传闻遇贼剖腹剐肠之语。三弟等闻之，以为似实据，佥谓吾弟于出租住屋时，将屋内剩存所有物件，尽搬载舟，装往金滩。继室与子耽搁漳潭，竟无有顾及者。乡里闻之，每兴徒叹！幸赖继室张氏抚子炳文，坚心苦志，采薇度日。是时，岳母与内兄等亦处贫乏，得闻凶耗，将信将疑，多蒙抚慰，甘苦共居。虽曰是亲者，顾当此患难相扶，其义亦大矣哉！据闻住屋出租数月，荆室与子耽搁漳潭，毫无着落。后蒙张宅三、四少君知此情节，即邀弟至，面斥其非，议分拨租金一股，登时立摺给执，少充缺乏，是亦仁者之心耳。体自念一生尚无愧怍，今幸得邀天眷，阖家保全，亦赖祖德阴功，默佑于冥冥中耳。父置茶行事业，自咸丰末年，遭发匪蹂躏后，屋宇幸存，惟茶锅、号筛一切应用器皿等件，大半不全。本行张永大号，据因资本欠缺，独力难持，号东二少君印甫世叔，聘渠堂弟守曾兄，合做洋庄箱茶，改换德馨字号。张守曾兄向有茶行屋业，因遭匪焚毁，现未创造。本行修理，及添茶锅、号筛一切应用物件，计用去钱三百余千文，皆系德馨号先代应垫。修理添补一节，蒙二少君嘱令执事张焕文姻长，会同三弟义共襄经事。自体抵里后，备悉其由，即向张号两东君相嘀。前蒙应垫修补之款，议定每年将应得行用钱，除开销外，陆续归本，月息恳让，蒙情允诺。体又伏念长嫂女流，两侄向［尚］幼，是时，炳瑞年十一岁，炳和年九岁。将此情节嘀于三弟，禀明三叔祖母、濬川叔、江悦言母舅又字悦民诸尊长。议将本行应得行用，每年不论出息多寡，公家先拨出钱二十四千文，补贴长嫂、两侄等。仍下除开销外，再为三股分派，但此公家拨贴之钱，订定贴至炳瑞娶亲为止。又奉慈母在生遗命，将来炳瑞娶亲，于本行用内，公家抽出钱八十千文，以为坐贴长孙之资。此钱已于同治九年夏月间，长嫂邀同三弟至本行内，经濬川叔手，照数支去，应为炳瑞冬月完姻事用。除此之外，嗣后本行所有出息，永作三股，均派兄弟三家分受，各毋强占争端。以上数语，系咸丰七年八月初一日酉刻，慈母寿将终时，兄弟三人皆在侧，慈母执长兄手，顾体与三弟云：『今幸儿等皆各成立，因上无恒产，惟儿父置此茶行出息而已。将来炳瑞娶亲，公家抽出钱八十千文，做贴长孙。除此之外，嗣后永作三股，兄弟三家分受，各毋争执。吾所虑者，儿室方氏素性悍泼，惯使乖违，深以为忧。惟愿儿等须当仗义，毋听妇言，免贻外人笑，则吾亦瞑目于地下矣。』语毕，逾时淹淹［奄奄］气绝，呜呼痛哉！永诀叮咛，以衡厥后。体抚今追昔，言念及此，不觉涕泗横流矣。

自同治元、二、三年间，张德馨茶号在本行设做洋庄。迩时发匪尚踞南京，不时有警，茶价公道，行用亦微。所幸做数尚多，每年应得行用，除开销修补一切，并抽归张号垫款，及贴补长嫂外，仍下三家分受，亦属无多。所有本行每年修补家伙与进出账目，皆经三弟，并蒙江悦言母舅代为照应，互相整理。悦言母舅，咸丰年间相帮永大茶号。同治年间，荐在德馨茶号作伙，东家信任，为人公直无私。其时，又奉两江总督部堂曾印国藩咨奏皖南各行牙帖仿造湖北、江西，变通新章，上则库纹二百两，中则库纹一百两，下则制钱一百千文，加帖本银一钱。饬令随时赴牙厘总局禀报，照章捐请，其纹由局入库，以应解充军饷等。因遍谕各府州县，前在藩宪捐请各色牙帖，概不行用，准将藩帖捐项，照章补足，呈缴原帖，再行捐请。本行毕恒盛牙帖原系上则，若将原名禀报，捐费倍加。且牙帖与各契，据于咸丰末年，叠遭粤匪蹂躏，毁失无存。即于是时申明县宪备案，并将原帖禀销，意欲捐请下则。因上批驳不准，据查歙水南源一带，属在中旺地方，例合中则。迩时水南乡薛坑口等处，统照新章，皆捐中则。惟张日源行帖本系下则，渠将原帖呈缴，照章补足，仍旧捐请下则。约计中则正项库平纹银百两，再加帖本及外费一切，须得本洋二百余圆之谱。本行年来出息，除一应开销尚不敷用，捐费无出，即向本行张德馨号嘀借纹银百两，权应赴局报捐。孰料伊号祇[只]以前有垫款尚未归清，坚执为辞。其号意中因有行帖，欲以本行屋业作租扣算。体即将此情由嘀于长嫂、三弟，但二人又以捐费浩大，无此力量，因循不决，竟无成议。体思本行若不自捐行帖，如果将屋出租，租息定然有限。诚恐将来不但不够开销，其年前所欠德馨号垫钱，及长兄在日所该永大号未清之款，何由拔归？则负欠定无底止矣。时在乱世，借贷维艰，比蒙柔川张三房粹人世叔指引，嘱托罗敦夫兄，名复亨，邑城人，在柔川张五房执事。转致张蔚霞兄处，嘀借纹银百两，据渠情意，须要体己出名立借，方可允诺。体念公家正事，不妨一力担承，权作己下出名立券，订立每月一分五厘行息，期作两年，本息一并归缴。随将宝纹，凭张衡记行光如翁手，交牙承王楚书兄，赴祁牙厘总局，由道宪张照章禀报，捐请毕恒大中则茶行、杂行牙帖。道宪牙署向在芜湖，时因贼距南京未退，权设徽之祁邑城内。洎于同治三年三月内，领到钦差大臣两江督阁部堂营务处督办、皖南牙厘总局、署徽宁池太广兵备道张告示，续又奉两江总督部堂曾给发牙捐执照，填注的名，住址原在薛坑口地方开设，谕示日后颁到部帖，再将牙捐执照呈缴更换。〔一〕捐帖正项库平纹银一百两，再加帖本银一钱，并赴祁使费，一切前后，共付牙承王楚书兄手曹平纹银一百四十六两七钱，申本洋二百零八元四角。外另申明禀销毕恒盛上则藩帖，及差房事用，一应开销，又共付洋二十二元八角，皆归牙承经手，以清轇轕而全其事。嗣于同治八年夏月，户部颁发安徽省牙帖，由芜湖牙厘总局转发徽休之屯溪茶厘局，饬令各牙行将前所领牙捐执照呈验，缴换部帖，每家派费，各付出洋四元正。特将年前承领道宪告示，与户部颁发牙帖，附录此簿编末，以便查阅。〔二〕其德馨茶号，在本行设做洋庄，自同治纪元起至四年止。渠号向有茶行屋业，因遭贼焚毁后，权在本行，襄同永大号合做洋庄。迩时上洋售茶颇获利益，渠将旧址复兴，现已工成告竣，焕然一新。其号于同治四年八月完工后，即由本行搬出，原归旧处。永

〔一〕本页天头：『自咸丰初年，粤西肇乱，群寇乘机窃发，蔓延几遍中原、江南。金陵自咸丰三年季春，由陆总制失守后，贼氛猖獗，皖南一带，无不受其蹂躏。幸赖曾帅督师出剿，于同治三年六月十六日，金陵克复，嗣于七、八两月，尽将湖州等处发逆荡平，贼氛敛迹。自此寰海澂〔澄〕清，人民乐利，皆由皇上洪福齐天，藉享升平之乐耳。』

〔二〕本页及下页天头：『体自同治二年春月奉钟邑尊谕帮办团练，督率各图丁壮，助防拒贼，杜其不得侵越南岸。即于本年四月廿九日，奉钦命署理安徽巡抚部院、统领临淮全军唐，以原名树忠，由监生保举六品顶戴。嗣于同治六年间更名体仁，奉钦命安徽学政朱补应乙丑岁试，拔取歙县学入泮。又于同治七年三月二十八日，奉钦命帮理军务署理陕西巡抚部院刘奏请「在事采办公务，著有劳绩，由六品顶戴附生保举，钦加五品衔」。又于同治十年五月廿五日，遵例在徽州皖捐分局，由附生加捐贡生。自愧无能，未由进取，备述大略，聊以自记。』

大号东印甫世叔，已于同治元年秋月病故，令嗣维周兄仍旧附搭德馨号，亦随时搬出。年前蒙代本行应垫修补一切钱文，除陆续抽拔外，仍有未清之款，比已照帐［账］找讫归清。其张大房永盛分号三、四少君二公亦于同治元年先后病故两令嗣达兄、冠兄，于同治二年原在薛坑口仁寿庙前黄姓行内，合做京、洋两庄。又于同治四年冬月，其号亦分为二。达兄分号改为永盛达记，本行自德馨号搬出之后，至五年分，达记茶号即在本行接做。近来上洋售茶，风色颇佳，茶号每多获利。本行取用虽有定例，然做数倍多，且茶价高昂，出息亦较多进。较之前议将屋出租，胜取租息良多矣。体思捐帖嘀借之项，虽已抽还，但长兄在日，所该永大号借钱，前途屡来催取，亦当早日归结。特与长嫂、三弟酌议，年来本行出息，除开销并贴补长嫂外，再为三股分派，三家均有进益。惟宜各自节省，将前所有积欠，务须一一拔清，庶免日后贻累。自同治四年至同治七年，将前所有遗债，悉照归楚了结。更蒙原经手，将前付出借据，一并缴回批讫，原纸收存可证。其坑口庙前本住屋，自体于咸丰末年避乱浙之寿邑，遇贼避掳后，适柔川张大房三少君佩翁、四少君鉴翁，嘀于濬川叔，经三弟义，将此住屋出租伊家，合开张永利号杂货店业。一切前已备载。嗣于同治元年，佩、鉴二公先后去世。其嗣君达兄、冠兄两堂昆仲，于同治二年，原在坑口庙前合作京、洋两庄。至同治四年冬月，其茶号亦分为二，其合开永利店业，亦于是年腊月除夕停止。同治五年春，其店即已收歇，伊家将店底一切尽行搬出，交还原屋。但此屋因历年久，已经狼狈，外边塝上楼屋，势渐向坑倾斜，筹思若不亟早修整，必至崩塌。捱至是年冬初，恰遇江西垈屋工匠，议雇将屋倾斜垈整，石匠填砌楼塝，复雇砖木匠工，一并将屋整理，共计用去四底足钱廿七千文有零。体既将屋修整，此屋现时空闲，斯时，三弟义已在金滩，受典汪姓屋业居住。长嫂方氏与两侄先住瀹潭，而后与义又在芳川，受典江源皋兄屋业，嫂与两侄已先进屋居焉。体自同治元年夏五月间，由衢郡返里，见本住屋已经出租张永利号开设杂货店业，一时安居无措。比蒙柔川张光如翁，将承租坑口埠头下首路外挂搒楼屋，转出租与体，权为医寓之所。嗣于同治二年秋，受典芳川江姓畊心堂住屋，即于冬十一月，挈家属进屋居焉。体自置畊心堂一半屋业，由芳川江汪氏与子永龄等先行出典，而后杜卖。一切细故，另有手订《置买畊心堂住屋故事偶编》，备详其事。**因与长嫂、三弟嘀酌，议租此屋一半，开设大生药店。**每年计交屋租钱十八千文，其钱三股照摊，兄弟三家分受。但大生药业，始自同治二年冬十一月，由体承租埠头下首医寓，挈家属移进芳川后，即将医寓添租上隔壁楼屋一间，改装店面。体与张守曾兄、葛渭川兄，三股合开春和药材兼带杂货小本店业。迩际匪氛尚炽，贼警频闻，或由下窜上，或由旱南源窜出河口。所幸徽郡盘踞发逆，自咸丰十一年夏间退后，续蒙老湘营守城防御，唐帅总理。于同治二年春，又蒙上宪札令歙县钟（印泰），谕各都团练联络出防，助剿拒贼，不得侵越南岸，是以年来周围一带地方得邀保全。然店货几经搬避，其中每多折耗。自同治三年秋月发逆平定后，至四、五两年盘结店事，虽曰获利有限，幸未亏本。同治六年正月初头，体与张守兄，邀同葛渭兄，将春和店业拆开，照股分讫后，另设大生药材，专业于此。体于是年复出应试，得游邑庠。忆自道光末年、咸丰元年两次院试后，祇［只］因家寒，无力专习儒业。奉慈命，随赴邑城，从游家在周再叔就正医术。至咸丰三年秋月返里，悬弧［壶］行道，初然间自愧见识不广，战兢自持，按脉审证，不敢稍涉疏忽。嗣后医道尚行，日事应酬，逐［遂］弃举子业。一经乱后，此调不弹已多年矣。同治六年春，适逢钦命安徽学政朱（印兰）复临徽郡。比蒙柔川张粹人世叔、岩市李云楼先生、邑城家健行叔等，见体文艺尚可，幸勿因循坐误。维时县、府试皆毕，即饬令值路门斗，送补县考题与卷结，来体家劝出应试。体惭学疏，诚恐虚赴，然承诸公雅爱，似难固执。于是依例补县考卷到府大收，随应院试，奉朱大宗师例补乙丑岁试，拔取歙县学入泮。则此番之侥幸，实由诸大雅赞襄厥成耳，迄今耿耿于怀，不妨附此以记。**仍一半屋业，议定公家添设恒大茶栈，**

茶市代客买茶。每年所取用钱，除把秤、司账、司厨、打杂一应公费开销外，仍者亦是三家分受。时三弟义，向帮永盛茶号有年，近系看拣缺位，因有足疾，久坐高凳，难以胜任。义自托原引荐庄云泉翁，向东君善言辞歇，即于是年在恒大茶栈经理账事。其本上行进出账目，一并原归义经手，凡上行与下栈所有出息，除一应公费开销，并前所议贴补长嫂钱文外，均系三股照摊，兄弟三家分受，无稍参差。其后进边坑楼屋一间，于同治七年，体与三弟议请胡名玉先生在此设账，训诲子侄，并外附学者四名。胡先生名启国，字名玉，绩溪县学附生。于同治二年避乱薛镇，即在福泽庙训蒙。至同治七年，体与三弟襄请在此。时炳瑞侄年十七，前在蒙馆读书，现在本栈习学规矩、书算，随后奉伊母命，往临安习学贸易。炳和侄年十五，前已读书数年，今在此再读年余，奉伊母命往金华习学贸易。炳镛侄，义之长子，年十二，亦在此再读三年，奉伊父命，往衢州习学贸易。子炳文，年十四，先授庭训，而今在此习儒。其外附学四名，一绩溪葛渭川兄长子名庆源，一宛陵之旌邑黄顺发兄子名道清，一本坑口戚属黄耀堂之三弟名应瑞，皆在此习儒。又，本处朱家坞张用辉兄侄名吉铨，于同治八年在此附学两载后，即在本栈对门张吉泰号习学贸易。嗣后，习儒者皆赴各县应试，先后皆各入学。惟子炳文，年十六岁，出应童试，后因丁继母张氏忧，停隔三年，服满后再出应试。光绪纪元乙亥冬月，赴应县试，蒙邑尊陈（印莱）录取正案，名列前茅。府试蒙郡尊何（印家骢），三场三取第一，终场正案拔列榜首。二年丙子初夏，应乙亥院试，奉钦命安徽学政祁（印世长）大宗师录取，拨入徽州府学第一，统覆六县，名列第四。越戊寅，奉钦命安徽学政龚（印自闳）大宗师，考取一等，顶补丁丑岁试郡学廪膳。第思体为长子文专工肄业，维时较体曩年处境不同。体有家计之累，力不能专，文目下无此分心，可以专心致志，虽曰侥幸入庠，仍以学业未精为念。于光绪二年初秋，再遣问业于体之同学、砚兄朱棣芬夫子（印庆凯，廪贡生，世居渔村，其人品学兼优）。文既承师教，面命耳提，多授衣钵。己卯赴闱未邀侥幸，后阅发回三场硃卷，皆有佳评，已经堂备，因额满见遗，为之一惜！不料迩来文惟浮夸是尚，士品殊乖，兼之大媳黄氏不娴妇道，文每违背父训。嗣后数蹈棘闱，虽蒙房荐，奈数奇不偶，或因此而不得志于有司欤！亟宜猛省回头，培植根器，自不难于上达矣，文其勉旃！代客生意，初年客路不广，出息仅够开销，越后渐有起色，每年除开销外，三家尚有分进。迩际上洋市面售茶风色颇佳，茶号每多获利。薛坑口本镇做茶字号共有四家均系柔川张宅开设，开行设栈，代客买茶亦有三家即恒大本栈、张衡记、黄大隆等。每届新茶上市，本镇字号以及休之屯溪、歙之深渡等处茶号，其有出庄来薛镇买茶，皆要争先，且有沿途至漳村湾买者。因此张号即照宪章，另捐漳村湾地方住址牙帖，新茶届出，即在该处设场挂秤收买。是时，衡记行张光如翁见此局面，特来体处，共襄酌议。即于同治八年，亦在漳村湾地方，张、毕两姓公同出具，的名张毕仁，合捐张万源仁记中则茶杂行牙帖，照例一行一栈，茶市公同挂秤，两家代客买茶。

张、毕两姓，合捐张万源仁记中则茶杂行牙帖，系体经办。体素克己待人，比时具名报捐，特将张字在前，毕字列后，公同出具，的名张毕仁，归牙承程耀堂兄赴芜牙厘总局，由道宪刘照章禀报捐请。是以合捐之帖，即以张字为姓。然初议捐帖，本拟捐请下则，因上宪批驳，现在歙水南源一带，尚属中旺地方，例合中则，因此临时更换，所有捐帖正项，库平纹银百两，外加帖本银一钱，以及赴芜报捐一应使费，共计本洋一百八十六元。其洋张、毕两家对半派出，均归牙承经手。比奉道宪批示例合，准即开张挂秤。嗣于冬十一月下旬，领到道宪告示一纸，又抚宪牙捐执照一纸，谕示日后须到部帖，再将牙捐执照呈缴更换。其道宪告示，归张姓收存。抚宪牙捐执照，归毕姓收存。议定嗣后每年应完牙税，并验帖各项公费，随时公同照派开销，各毋推诿。本年腊月初旬，牙承程耀兄来字，据云捐帖费用，除收，仍找补洋四元，比即照派付去找讫。但张光如翁已于秋月病故，令嗣仲衡兄茶季漳村湾买茶，率由旧章。同治九年茶市，仲兄在伊衡记本行代客买茶，拖欠卖客茶洋，逾期未缴。至闰十月间，卖客屡至伊行取讨，两相争闹。但此欠款据，系凭伊本行把秤，许锦堂兄经手，兼之仲兄平日不能取信于人，当此危急，竟无处措置。情迫，锦堂邀伊之本家张作之、友人方上九、胡先生等，特来体处嘀借，以解燃眉。怎奈体自南闱乡试，于暮秋抵里后，不幸继室张氏又遭不测，情难应命。叵耐伊等言之再三，体念世交，即在黄廷佐兄处，代假本洋五十元，凭锦堂等付彼，以解此围。议定每月一分五厘行息，仲兄即将伊父在日合捐张万源仁记一半行帖，凭中亲书笔据，出当体己名下。又将所存道宪告示一并作抵，议定来年本利归缴，再行赎回。如或逾期不归，听凭体己经管，张姓不得挂秤取用。虽然如此，亦不过权作取信而已。越来年，仅收利洋，其本恳嘀退后，逾年亦仅收利洋。孰料嗣后年复一年，不但本未抽还，即利亦无着落。核计自同治九年又十月起利，至同治十一年止，共收利洋二十元，此外一无所归，殊为爽约之极！本拟照据不准伊家挂秤，姑念仲衡每年一半公费照旧派出，暂勿与论。然代假前途之款，除付仲来二十元外，仍下体代付去。比拟将仲亲书万源仁记一半帖据出抵，前途不受。体素循宁人负我，毋我负人为心，即将此款权作己下，立折负利九年。总计自同治九年闰十月起，至十一年腊月止，除收过仲衡手来利洋二十元外，仍体代付找零洋二角五分。嗣于同治十二年起，至光绪六年六月初止，体手共付本利洋一百零五元八角六分六厘，始将黄庭佐兄借款，本利一并归楚了讫，折缴如此，反为他人受累不浅矣。越后张仲衡病故，伊子海金不知袖里，忽于光绪十一年间，托伊之本家张渭阳兄、张集兴兄，同来大生药店，谈及伊家合捐一半行帖情事，意欲借端。体逐［遂］将此一节，据情答其巅末，并将仲手亲书当据付览，二公赧甚，默默无言，殊觉仲衡已属愧对。本拟原仰二公，凭原经手，即向伊家较量，怎奈海金又属无知之辈，屡蒙诸公婉言劝息，权且罢论。体于光绪十二年三月初旬，将此具禀照据抄粘，申明县宪，于十三日奉正堂刘批示云：张姓一半行帖并当与尔，即立有笔据为凭，准予立案，抄帖附。然此一节，既受伊家负累，且近来漳村湾已经落市，并无一家至此挂秤买茶，所执帖照，每年既无出息，反徒应完牙税，如此受累，更无底止矣。

但体等已于同治七年腊月间，先在漳村湾地方，凭中受典张天宝同侄连贵名下，土名春碓坞口张家住基楼屋三间，并屋后厨房，听凭毕姓每年茶市挂秤，买茶取用，当付典价四底足钱二十千文。又付修理门窗户扇，计钱五千文，一并载明典契，议定十年为期，期满之后，听凭原价赎回。然此屋业，既系毕姓受典经管，如过茶市，其屋空闲，原归出典人张天宝另立租批，向毕姓转租居住。斯时漳村湾市口屋宇不多，体等先行布置，受典是屋尚属公道。同治十一年腊月下旬，张天宝适因年事逼迫，伊妻庄氏浼托原中，向体等相嘀，意欲另加典价钱五千文，以应急需。体即嘀于三弟，奈弟素性偏执，不拔一毛。体思每年即在该处买茶，谊属宾东，似难固执，情不得已，祇［只］好体己凭中附加典价钱五千文，外加典一年。即照加批原典契中，注明取赎之日，一并归还无异。迩际在漳村湾地方捐帖买茶亦有四家。一茂盛椿，系张全茂号与永盛冠记合捐；一朱泰和，系瀹潭朱祥馨号自捐；一汪吉祥，本系薛口岸汪志成所捐，后因便与张德馨号；一即万源仁记，系本栈与张衡记行合捐。每届茶季，辐辏如市，本栈分设在此，代客买茶，生意尚旺，而开销亦属非轻，每年该计进出，三家均有分进。炳瑞侄于同治九年冬月，由临安旋里毕姻。体等奉慈母在生遗命，将来炳瑞娶亲，公家抽出钱八十千文，以为坐贴长孙之资。此钱已经长嫂率同三弟，于本年夏月在恒大上行，凭濬川叔手，照数支去矣。此外，每年公家所有进益，原奉慈命，永作三股，均派兄弟三家分受。瑞自完姻之后，奉伊母命，不复往临。体念瑞即在家，少年子弟不可无事，特与本行达记茶号执事张用辉兄相嘀，将瑞荐在伊号习学帮忙，兼理本行事务。从此之后，恒大上行与下栈，所有来往进出一切账目，议归三弟义与侄炳瑞协同整理。

同治十一年冬月，炳和侄奉伊母命，由金华返里毕姻。越来年，亦不赴金郡。兼之三弟义向鲜把握，事无果断，两侄既已在家，讵料居心狡猾，义每被其蒙惑，往往言出听从。是年，义命炳和，即在恒大下栈茶市帮忙。体伏念公业，既系侄辈，又系义意，情难推诿。但届茶市，各号往来银钱进出甚巨，惟宜谨慎小心，倘有差错，经手承认。然而如此谆谆告诫者，无非欲使其诚实耳。本年十二，适值钦命安徽学政祁印世长于四月初旬按临徽郡，补应壬申科试。体偕长子炳文，于月之十九日赴郡，按名填册，以应院试。斯时，义在漳村湾庄买茶司账，炳瑞在上行达记茶号帮伙。炳和即在本栈帮忙，且习生意多年，所有银钱账目，暂归炳和经管。迩日本栈祇［只］买零茶，系药伙姜正巧代为司秤收买。体在郡中，一俟炳文试毕，于廿四日午后动身回薛，时已夜暮，因事抵家。廿五日早膳后，即至本栈。据炳和云云，昨夜失去宝纹一锭。体细诘其根由，俱云廿三日屯溪源昌春茶号发来买引宝纹两只，随时照收入柜，今早开看，柜内检点，少去一只。窃思此柜每夜皆是炳和摊铺安寝于上，况且门壁未启，户牖未开，究竟从何失去，殊觉令人难解。维时漳村湾庄所代源昌春茶号买进之茶，原系胡吉兄把秤，现已打就均堆，专俟茶引买到，装舟开行。但该号发来买引宝纹，既经炳和失去一只，一时无由查获，似难缓待。祇［只］得另措本洋七十余元，核照所失之宝，如数赔出，即赴郡局请引，一面装茶运屯交号。然失去之件，连日查理，并无着落。突于是月念八夜亥刻，本栈后面厨房楼上失慎，体在梦中惊觉，随即坐起，瞥见火头通天，焰烔四处，慌忙无措，冒焰奔出。栈内并药店诸人，及胡先生与附学者均已出走。顷刻之间，桥头一带屋宇延烧殆尽，至仁寿庙关帝殿为止。所幸帝君暨诸尊圣像早经搬出殿外，而各铺户大小男女人等，亦皆走出。吁嗟！所谓城门失火，祸及池鱼，实堪悲悯！然而天灾流行，国家代有，今霎时间骤遭祝融之虐，实天为之，非人力所能挽回也。比时众议纷纷，佥谓因为寻宝失火，兼之嫂氏、炳和母子出言诈伪，听者皆抱不平。其帝君暨张巡公诸尊圣像，原系柔川张姓香火。廿九日早晨，张姓支众敬将圣像移进柔川，路过本村芳川，适值嫂氏又在村口如前诬诈，泣讪啧啧。众听如此出言，因而动怒，议将圣像移送伊家。嫂氏一闻此言，速回家中，将门早已闭上。岂知内有好事者数人，见其家门紧闭，莫可如何，竟将帝君、周仓、关平三尊圣像送至体家。噫嘻！若辈如此，岂非戏弄神祇，仰赡神宇，圣德昭昭，既临宅舍，焉能亵渎，随即洒扫庭除，安置坐位，敬献香烛，以供奉之。随后，黄宅大小男女人等同进芳川，欲搅嫂氏宅上，见其门闭坚扃，一时末法，亦来体家滋闹。第思陡然遭此大劫，体在梦中警觉，所有店业屋宇一切，既遭焚毁，祇［只］得安于天命，无复如何？黄宅来此，究竟作何计议？即欲与之判白，怎奈祸由炳和起见，念彼鹪鹩失所，实有不忍言者。比蒙薛镇苏声远翁寅泰烟店东、姚溯清兄张正茂店执事、江悦言母舅、程步青兄、黄耀堂姻侄、家聚五兄、芳川江绅玉翁、程集勋翁本邑城人，寄居芳川、柔川张树堂翁、张守曾兄等，互相出为排解，劝体云云。事虽出于乃侄，谚谓『家人犯法，累及家长』，既承念彼失巢之苦，显然慈厚为心。比时黄宅同来者，计有七家，乃见山嫂（早寡，子媳皆故）与乃姨奶（名梅姐，早寡，年已望七，艰于行动，因此未曾同来）；发娣姑（即黄□翁室，早寡）；侧福迎嫂（早寡）；红霞嫂（早寡，乃叔与子皆贸易在外）；柏春嫂（早寡）；福寿嫂（早寡）同乃媳辛盛嫂、孙婢妾伴当（皆在幼稚，其子辛盛贸易江北之丰邑）；黄耈偕乃眷胡氏弟正浩、正好，子安头（尚在襁褓）；共男女大小十五人，其中孀居者七，殊堪悲悯，为之哀怜动念。惟望格外施仁，乞于公家措出四底足钱二百四十千文，维时照市，每一二二扣申本洋一百九十六元七角二分。内拨出钱三十千文，坐贴姨奶、见山嫂、发娣姑三人，将来寿终之日，聊为资助棺衾之费。仍钱二百十千文给与七家，任伊照大小股摊分，总归伊之本家黄耀堂经手收存，以应各家造屋之助。内惟发娣姑，应派分进钱文，因未曾造屋，据其将所分进之钱，亦归耀堂代其收存，权为度日需用。黄宅男女人等，见有如此周急，俱各感激致谢，而皆退去矣。柔川张姓所移帝君诸尊圣像，亦蒙诸公送回柔川。其在本栈设账之胡先生，所有铺盖、衣服等件亦遭焚毁，公家议贴洋蚨二十番，归渠收执，以应添办等需。然失慎之时，叵耐炳和只顾将自己仅存之铺盖搬出，比时被人夺去。翌日早晨，众议欲将所夺炳和之铺盖，即在仁寿桥打火焚废。适值胡先生在傍，随时于中捡出，议归渠用，众见既然如此，皆无异词。其靠本栈坑边楼下小屋通直三间即在仁寿桥头里首横边，于同治六年春，由江锦堂表弟即悦言母舅之长子托中租去，开设灰面蒸笼生理。是时，开设此店，三弟义与有合股。因嫌屋宇狭窄，嘀于本屋塝下兴造披屋，照与本屋通直三间比连，以便取用。议定每年交纳屋租钱二十千文，但起披屋所需屋瓦、木料、匠工等项，共计用去四底足钱八十七千九百余文，其钱皆系租人先行垫出。订定每年于屋租内，扣除钱十一千文，归还租人垫款，以作八年拔清。此八年内，租人每年应交出钱九千文，归兄弟三家分受。垫款归清之后，原照前议，每年应交租金，归三家立折，按季支取。兹屋既遭回禄，锦堂特邀原中，云及起屋垫款，自同治六年起至十一年止，共扣钱六十六千文，核计除收，仍欠钱二十二千文。今遭此变，店业一空，虽曰天数，究由炳和起此祸根，吃亏原属不小，乞将年前垫款，除收仍有欠钱，望为如数掷回，余无他议，惟各安于天命已耳。据其所述，尚然近情，且系戚谊，未由推诿，衹［只］得措出四底足钱二十二千文，归还锦堂收去，以清轇轕。按：此本栈屋业，原系黄姓出产，其边坑楼屋之下，即仁寿桥头里首横边，向有断厕一排。于道光初年，自我祖钜道公尽将断厕填平，装成通直三间小屋，桥头开放门面，出租与绩邑黄老五官，开设切面包店手艺生理，每年计交屋租钱十二千文。至咸丰年间，老五官病故，其长子巴兄继承父业。洎咸丰末年粤匪犯境，屡遭蹂躏，一经乱后，巴兄不在世，店亦未开。同治二年，比屋又经三弟义聘与汪长寿租去，开设熟食营生。其人素鲜恒心，有名无实，未及年余，因此回歇。同治六年春，始由江锦堂表弟承租，创设于此，岂知未逾数载，遭此变故，噫！可慨也夫！外又雇工看守，烧场三夜，供给黄宅男女饭食数天，并雇人敬将帝君圣像三尊，送进柔川安座。一应等项开销，计用去钱六千四百文有零。以上自炳和失去源昌春茶号买茶引费二八宝纹一只，计曹平五十一两七钱五分，如数认赔，照市六八扣申本洋七十六元一角零三厘。继遭回禄后，公家议贴胡先生本洋二十番，以上两款，共洋九十六元一角零三厘，照市一二二申钱一百十七千二百四十六文。以及周济黄宅四底足钱二百四十千文，与偿锦堂表弟起屋应垫。除将每年应收租金上扣除抵付外，仍钱二十二千文，并开销雇工各项钱六千四百文，零不记总计五款钱洋，通共用去四底足钱三百八十五千六百四十六文。收恒大上行来本洋一百八十元，收下栈与漳村湾庄两处凑来本洋一百十六文，又钱二十二千一百二十六文。一支洋七十六元，钱一百二十六文（一二二扣洋一角零三厘），代炳和认赔失去源昌春茶号买引宝纹一只，计曹平五十一两七钱五分，依市每本洋六十八照兑，如数偿出。一支洋一百九十六元，每一二二扣钱，又钱八百八十文，周济黄宅。一支洋二十元，公议贴与胡先生。一支洋四元，一二二扣钱，又钱十七千一百二十文，偿还江锦堂表弟起屋垫款。一支钱六千四百文开销，雇工看守烧场及送神柔川等项。以上五，共计支出本洋二百九十六元（一二二扣钱三百六十一千一百二十文），又钱二十四千五百二十六文，两比除收透支钱二千四百文，体已应去。权为供给黄宅男女饭食数天，并零星等不计。此上之款，虽系公家三股摊出，惟体吃亏倍甚，非但店业一空，而所深惜者，历年购置书籍，藏蓄颇多，兼之平日暇时注释应用之书，亦复不少。则半生之辛苦，遭于顷刻之间，每念及此，为之徒叹而已！但此屋内，祖上立有香火，今既遭毁，神无所依。嗣于五月中旬，随雇工人方万庆、庄水妹将此屋场钯开，再将仅存残砖石条，买瓦做椽，砌成小庙，照立总牌，暂安先灵，然而究非所以敬妥先灵之所，今复设此，不遗先公意云。尝考先世祖居邑城东关上路，登科第。自曾祖致田公随父云光公、兄致珍公，由邑城迁居绵潭，岐黄为业。珍、田二公各所生四子。高祖云光公殁后，曾祖致田公率同四子，长钜学公、次钜道公、三钜典公、四钜峻公，徙居薛坑口，皆各完娶。先典薛坑口庙前黄宅屋业，后又受典中园庄姓屋业，长、三、四房随进中园屋居焉，皆各贸易营生。惟我祖钜道公厥承先志，世业岐黄，于嘉庆二十四年买此屋业，系黄瞻淇公出产。是时，致田公年已六十有五，买此屋业之后，钜道公聘同柔川张宅三房立铣公，合开和泰杂货店。经历数年，亏折颇多，因此将合开杂货店业收歇，即在本屋前进，独开益元堂药铺，后进住家悬弧［壶］，医道颇行。父肇瀚公亦承先业。曾祖致田公殁于道光元年十一月初四日，丑时寿终中园屋正寝，享年六十有七，丧事一切，颇属尽礼。致田公去世之后，我祖钜道公伏思城祠穹远，奉祀不便，受典中园住屋又是浮业，即在买到薛坑口店屋内前进楼厅，设立香火，敬妥考、妣神位，以供享祀。嗣后，长、三、四房凡有神主，皆进入焉。今既遭毁，香火无存，复设于兹，原为不遗先公意义，然而究非所以敬妥先灵之所。已于光绪元年，邑城慈寿堂家庙合族续修之后，择吉八月十七日，襄同大众，谨将各位神主以及本支以下所有先远考、妣，一并分立总牌，公同敬安灵寝，从此孝思不匮，享祀永尝，聊述大略，备识本末。

越同治十三年春，因思公家代客买茶生意，旧被炳和侄手失去源昌春茶号请引宝纹，陡然遭此大祸，不但吃亏不小，且更大费诪张。转瞬今庚茶市又届，若再合做，诚恐抑或有失，体更担当不起。是以凭同三弟、两侄，邀请家濬川老叔、江悦言母舅公同酌议，公家代客生意，决计拆开各做。其同治七年受典漳村湾张天宝同侄连贵名下，土名春碓坞口三间屋业，计原典价钱二千文，又代修理门窗户扇钱五千文，一并载明典契，订以十年为期。期满之日，听凭原价取赎，今尚未满，未曾赎去，议将此屋每年作租息钱六千文，其钱归三家分受。公同议定此屋，召与体名下租用，每年应交租息，除体本股应得钱二千文外，仍钱四千文，归交三弟义名下钱二千文，炳瑞、炳和侄名下钱二千文，年清年款。再将漳村湾庄所存器皿等件，一应检出，凭中品搭均分，三家受讫。其恒大上行原是永盛达记，设做京、洋两庄，所有本行一切进出账目，原归三弟义与炳瑞侄一同经手整理，每年出息，除开销外，率由旧章，原照三家分受。此后上洋市面渐次不佳，各号生意减色，做数较前渐减，行家出息亦微，大势局面如此。

附载大生药店，于同治六年间附租本栈屋内，因为炳和于同治十二年四月廿四日夜间，失去源昌春茶号请引宝纹起见，祸于本月廿八夜亥刻，本栈失慎，庙前一带屋宇延烧殆尽，虽曰天数，实属惨然。佥云皆由炳和寻宝失火，起此祸端。邻右黄宅大小男女十余人，皆来芳川滋闹。蒙诸亲友从中调停，方才浪平风息，其周济宅黄［黄宅］及开支一切，前已备载。然大生药店既已受遭，毫无一有。是年秋后，戚属黄耀堂经造伊本家庙前住屋，伊已下亦照原址，起造楼屋三间，召与体处，劝将药店复开。比蒙相知数人凑借资斧，随付黄耀堂手，押租钱五十千文，应伊造屋需用。此外装修店面，置办药厨，雇伙计，购药材，连付押租，约共用钱三百千文之多。开设数年，生意出息仅够开销，竟难获利，每年反负债矣。但仁寿桥头下首，目下只有药店一家，因嫌市面冷淡，于光绪五年春初，蒙张守曾兄雅爱，将伊里市正茂号对门店面屋宇出租与体，听凭自行装修，即于正月内，将外市药店搬进，创设于此。

张号向在本行做茶，自道光十五年起以迄于今，数十年来，宾主尚属相投，生意进入，并无异议。不料近来张号每向体言，迩因行家经手之人不循克己，不但经事不实，且将本号所存物件东拖西散，竟不归原，末由查究，因此每生嫌隙，至光绪五年为止，光绪六年春月，张号借故，尽将所存本行物件一应搬出，此后即在渠之本家张五房现时空闲全茂号场设做，本行从此关歇。当此时年，做茶字号亦减，行场既已空闲，公同议定，三家均毋私自擅用。惟愿将来上洋生意转机，设有他号来此，照旧三家公同出租，不违先慈遗训。越光绪八年冬月，炳瑞、炳和两侄耸母方氏，邀同义叔，三弟义素少见识，惟利是向，一闻议将基址出卖，必有分进，因此不顾场面，乐于听从。特来体家声言，要将庙前仁寿桥头基址出卖。体闻此言，因思此屋既遭回禄，香火无存，比时钯开屋场，砌成小庙，照立先人总牌复设于兹。虽非敬妥先灵之所，原为不忘先公遗义，今将基址出卖他人，其中香火，究竟置于何地，不觉为之大恸，心甚恻然。三弟与嫂氏等见体如此，似难专卖，虽然权作罢论，而彼心中大为不然。讵知两侄心怀叵测，机诈丛生，串通义叔，耸母于腊月下旬日，适值大生药店收账之时，竟来药店诈言，前有茶行账目未清，无端坐索。且搭铺于店堂中，连日滋闹，挡塞本店收进账目，致令本店应归行账不能开销，如此受害，实非浅鲜。第思茶行进出账目，自道光十八年生父见背之后，兄弟三人皆在幼稚，母氏女流，多蒙胞叔祖钜典公代为经理。嗣后长兄芳年纪及冠，出就生理，于道光三十年冬月，奉慈书旋里完婚，后即在家中，茶行一切进出，皆归长兄经理。咸丰八年秋月，不幸长兄病故。体以医道问世，日事应酬，茶行进出账目，皆归三弟义经理。咸丰十年秋，不料发匪犯境，属近彷徨，时三弟义只顾张号押茶，出往上洋，体挈阖家大小，避居龙门坳洪姓山庄，东奔西避，两月有余。匪踞城中，日出四乡，昼夜搜山，势难自顾。是年十一月初七日，长嫂方氏与炳瑞、炳和两侄等，蒙瀹潭方佷身外公带去。弟室汪氏与炳镛侄，蒙金滩汪元昭外公带去。体念方、汪两家，皆属嫡戚，蒙其带同避匿，可以放心交托。而后体挈继室张氏与子炳文，亦往漳潭岳母宅上，同避芦坑山内。十一月中旬，又有大股发匪，一从旱南由大麦坞出口，一由棉潭直上，互相欲渡南岸。漳潭阖村佥议出防，怎奈区区一村，寡不敌众，抵拒未及三日，伤去壮丁三百余之多，甚为可惨。体于日前，带同岳母家属逃出虎口，幸脱网罗，捱过残冬。十一年春，发匪蜂拥又至，搜山倍甚，无处藏身。体将家属交托岳母，带同避匿，自赴浙之寿邑避居匝月，发匪又至，适被掳焉。体困贼营，自分必死，幸邀天眷，得回故乡，时同治纪元五月念五日也。体趁此余生为善，惟日不足，遇事必循克己，不敢稍涉浮夸。茶行屋业，叠遭蹂躏，锅场器皿，残废不全。迩时张号聘股，原在本行设做洋庄，修理行屋，以及添办锅场器皿，共计用钱三百余千文之多，皆系张号应垫。三弟虽然在家，朦胧并无交兑，经体一一整理，议将张号应垫钱文，相嘀陆续抽归，月息恳让，蒙情允诺。茶行所有进出账目，原归三弟经理，体念长嫂女流，两侄尚幼，是时炳瑞年十一岁，炳和年九岁。将此情节嘀于三弟，禀明诸尊长，议将茶行应得行用，每年不论出息多寡，公家先拨出钱二十四千文，贴补长嫂、两侄等，仍下除开销公费外，再为三股均派。但此公家拨贴之钱，订定贴至炳瑞娶亲为止。又奉慈母在生遗命，将来炳瑞娶亲，于本行行用内，公家抽出钱八十千文，以为坐贴长孙之资。除此之外，嗣后本行所有出息，永作三股均派，兄弟三家分受，各毋强占争端。核计贴补长嫂与两幼侄，每年出钱廿四千文，自同治元年起至九年止，共钱二百十六千文。与贴炳瑞娶亲钱八十千文，两共计钱二百九十六千文。虽曰区区无多，因思上无恒产，仅此行业出息，原属有限，照算尚不菲矣。维时同治元、二、三年间，发匪不时犯境，忽往忽来，犹如前门拒虎、后门进狼，东逃西避，民不聊生。体于同治二年春，奉郡尊刘公札令、邑尊钟公谕，帮办团练，各团滚单，联络声势，督率丁壮，助防拒贼，杜其不得侵越南岸。在事出力，著有劳绩，因此得邀抚宪唐、刘二公前后两次保举。又奉安徽学政朱补应乙丑岁试，拔取歙县学附生。后又在皖捐分局，遵例加捐贡生，自愧无能，末由进取，聊述大略，附此以记。嗣奉曾帅咨奏皖南各行牙帖，仿照湖北、江西变通新章，分上、中、下三则，饬令随时赴牙厘总局照章捐请，其项由局入库，解充军饷，等因。遍谕各府、州、县，前在藩宪捐请各色牙帖，概不行用。以歙南一带尚属中旺地方，准请中则，捐资甚巨。中则正项帖本库纹百两，并经费一切，须得本洋二百余元。时值乱世，借贷维艰，若不照章捐请，不能私开。比蒙柔川张粹人世叔指引，体己出名若以公家出立借字，恐不取信借资，照章捐请毕恒大中则茶行牙帖。从此开行设栈，方能妥善其事，虽然如此，颇费诪张。但此借项，已做数年陆续抽还。再，又将长兄在日，于咸丰初年经造本行前进楼屋，借有张号前后共钱二百八十千文，立有亲书券据一纸，迄今尚未归缴。亦于同治四年至同治七年，凭同经手，陆续一并归清，券据二纸缴回，现存可证。同治九年冬月，炳瑞侄由临安返里完姻。十年，茶市，体将炳瑞时已二十岁矣荐在本行张号习学帮忙，兼理本行进出账目。此后，恒大上行与下栈，每年所有出息，皆由三弟义与侄炳瑞经手。除开销公费外，三股分派，兄弟三家分受。瑞侄每年在本行照应修理，亦有公费开销。致［至］于公家，遇有疑难尴尬之事，皆体出场，每循克己为心，断不浮夸是尚，问心无愧，惟天可知。前首设栈代客买茶生意，祸由炳和侄于同治十二年四月间，失去源昌春茶号请引宝纹。因为寻宝失火，致遭回禄，庙前一带屋宇延烧烬尽，虽曰天数，实属惨然。比时周济黄宅孤寡，以及开销一切，并偿失宝，害去公家四底足钱三百八十余千文，受累原不浅矣。因此于同治十三年春，凭同亲长公议，已将代客生意拆开，三家各人分做。其前受典漳村湾，土名春碓坞口张天宝屋业，公家计付典价与代修理，共钱二十五千文。亦凭原中，公同召与体名下租用，议定每年体应交出租钱六千文，亦系三股均派，每家派收进钱二千文，年清年款，并无轇轕。兹两侄串叔耸母，于腊月下旬日，竟来大生药店，诈言前有茶行进出账目未清，无端坐索。且搭铺于店堂中，连日滋闹，挡塞本店收进账目，致令应归行款不能开销。非但受害非轻，殊为无理之极！比蒙诸亲友睹此情态，皆抱不平。体念亲同一脉，若与理论，定伤亲谊，纵彼无理于体，权且耐心忍性，不与计较。当此年事迫人之际，自用尚属不敷，幸蒙相知数人，凑集洋蚨四十番，劝体吃亏，应彼无赖。嘱令两家各写立收条，以杜再又生端，谨将两家所写收条，照抄于后。

……

下编

《新旧碎锦杂录》原件

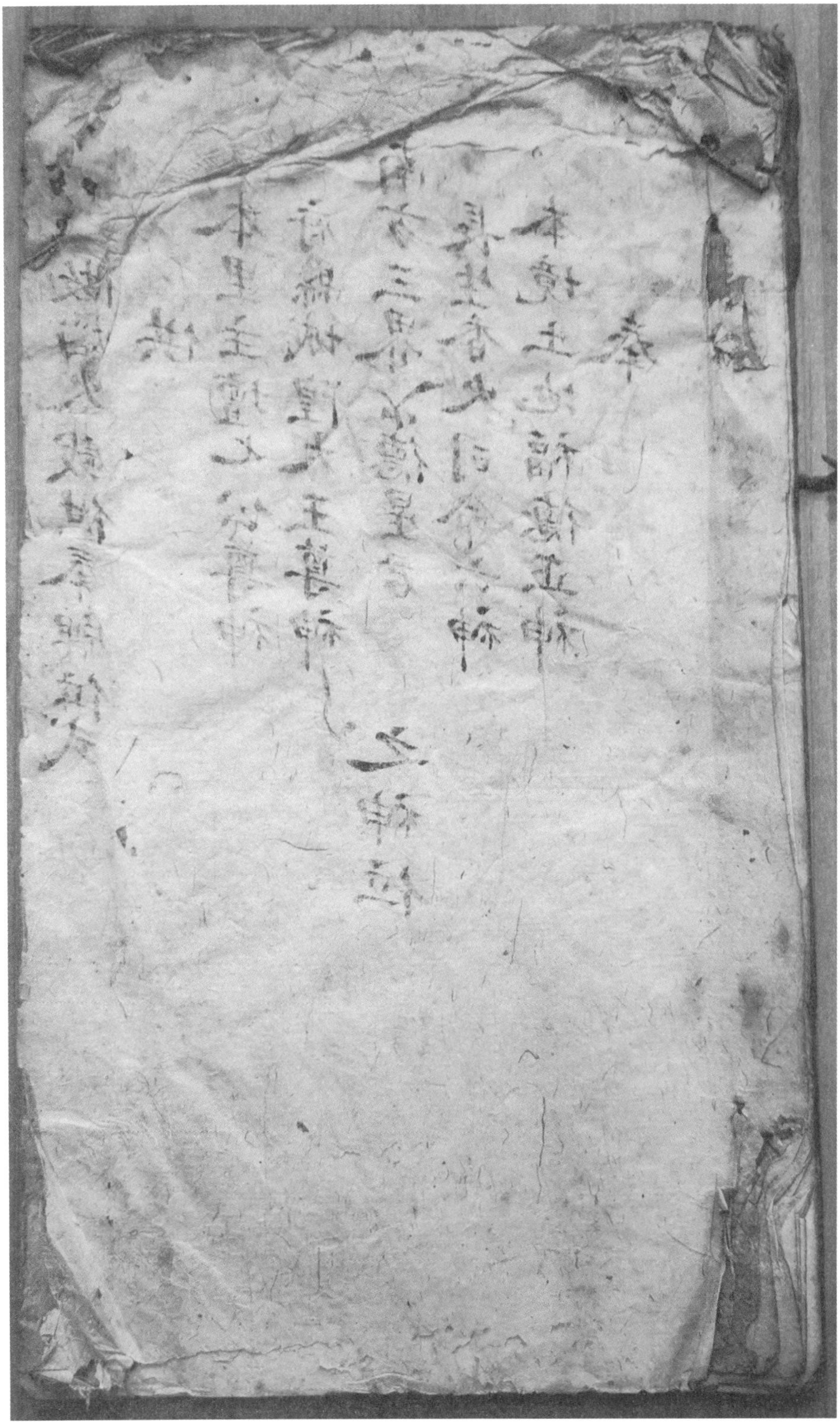

一、方校本

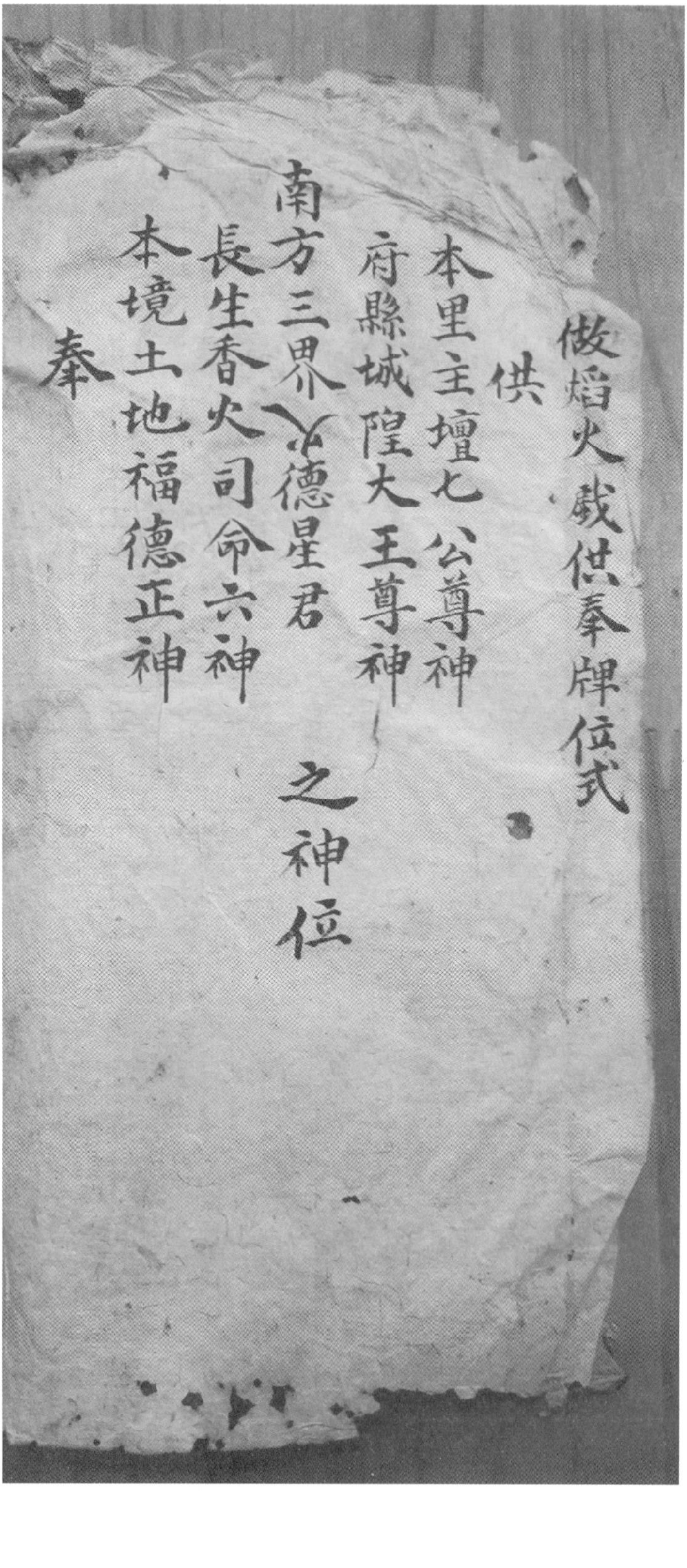
做焰火戲供奉牌位式
供
本里主壇七公尊神
府縣城隍大王尊神
南方三界火德星君 之神位
長生香火司命六神
本境土地福德正神
奉

新舊碎錦雜録目次

卷之一

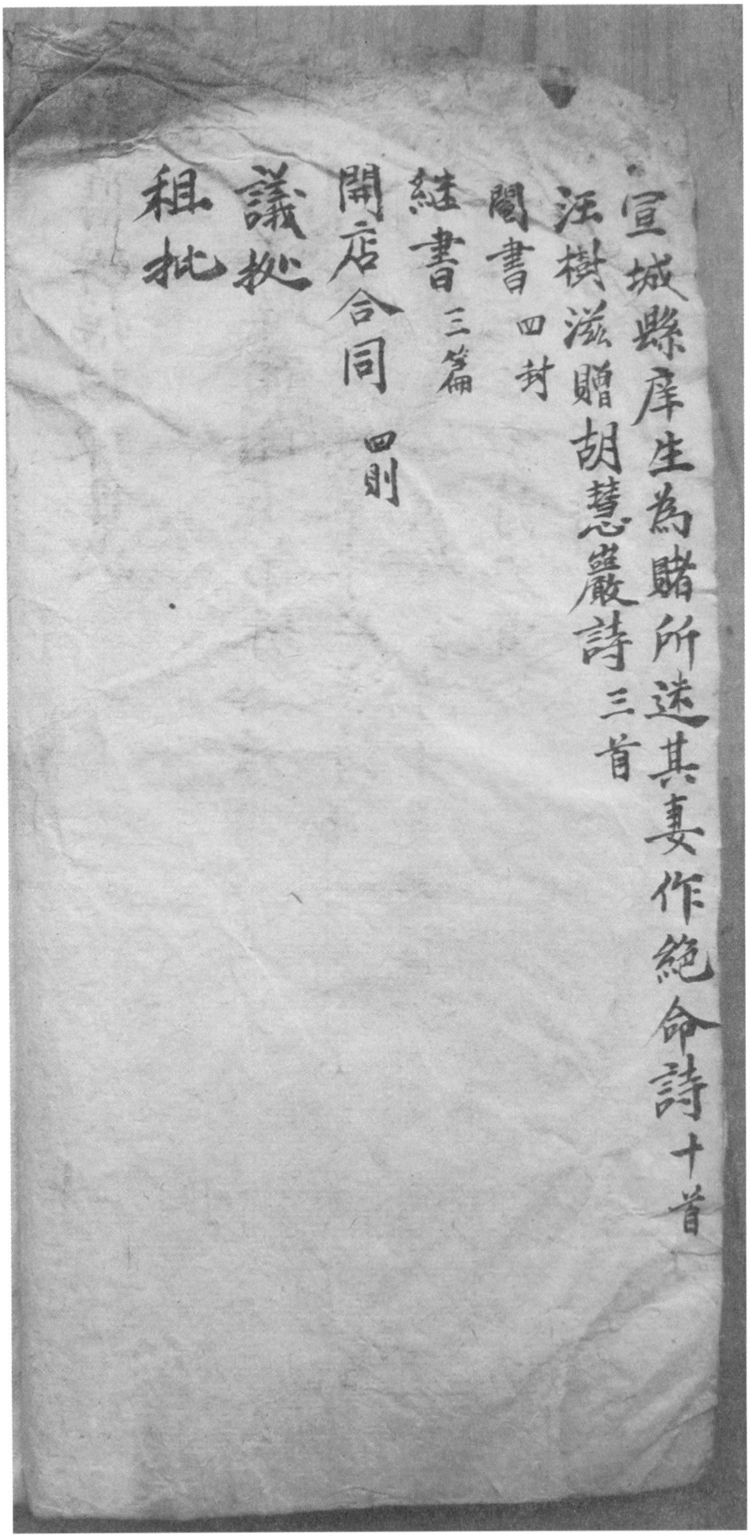
宣城縣庠生為賭所迷其妻作絶命詩十首
汪樹滋贈胡慧巖詩三首
閹書 四封
繼書 三篇
開店合同 四則
議批
租批

鬮書三則
清明簿序
祖宗譜序
助契序
議據
造屋合同
會書

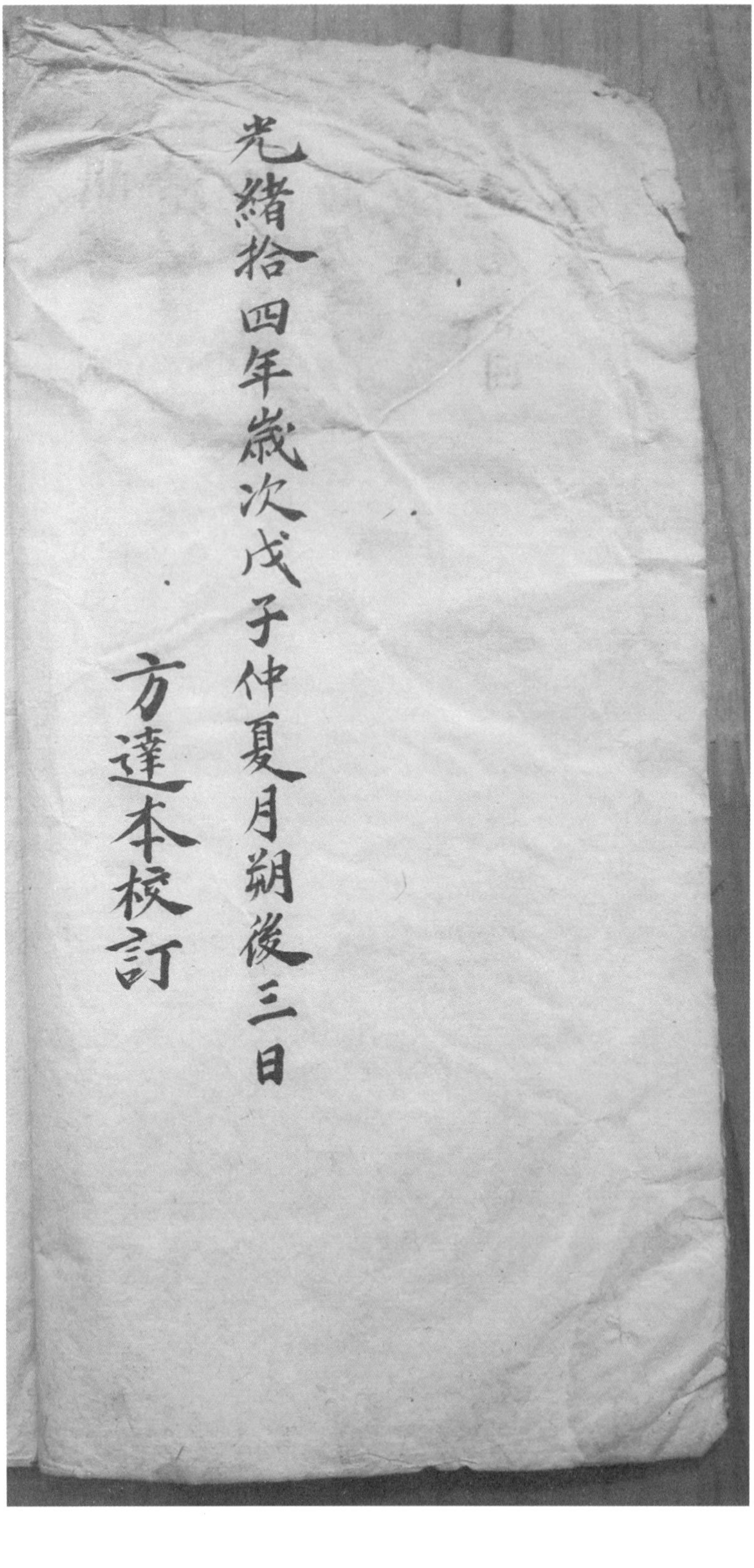
光緒拾四年歲次戊子仲夏月朔後三日
方達本校訂

畢采孚壬午南闈下第偶占自嘲詩式拾一首

四七年華及壯時區區一廩有何奇南闈未第偏多恨
徒对蒼天訴苦詞

十年窗下悔徒劳枉向金陵走一遭文藝雖然蒙衆賞
考官未合自悲號

天涯跋涉任風霜滿望鵬飛逐鳳翔誰意藐躬真命舛
姓名不許榜中揚

秋風瑟瑟訂归期得意文詞衆共知待到闈中開榜後

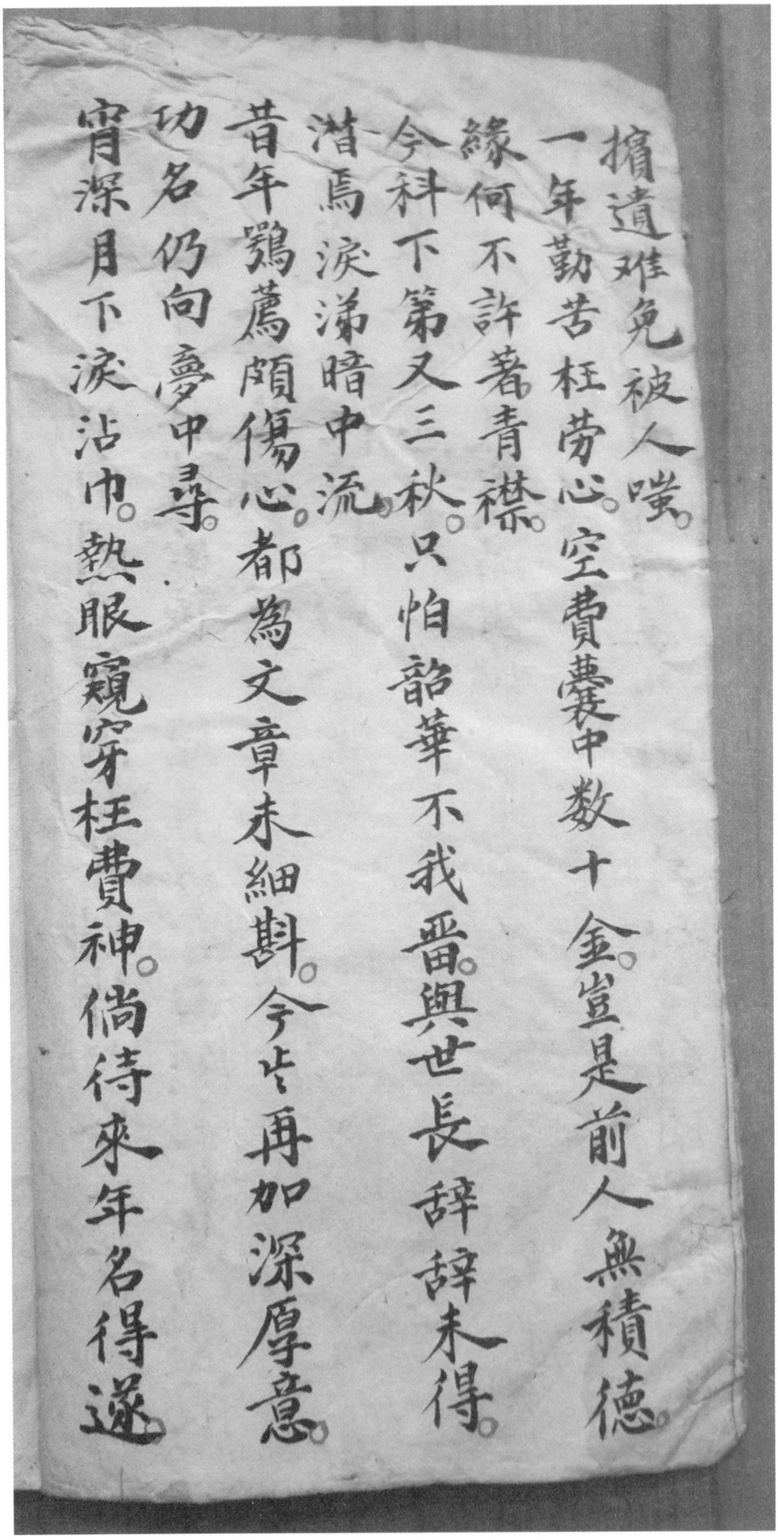
擯遺难免被人嗤。一年勤苦枉劳心。空費囊中数十金。豈是前人無積德
緣何不許著青襟。今科下第又三秋。只怕韶華不我留。與世長辞辞未得
潸焉淚滴暗中流。昔年鶏薦頗傷心。都為文章未細斟。今〻再加深厚意
功名仍向夢中尋。宵深月下淚沾巾。熱眼窺穿枉費神。倘待來年名得遂

總嗟時日後他人

一番文興已全消。院卷携來思遠拋。親友殷勤相勸慰

桂宮仙伴倩誰邀。

數載难忘苦讀功。惟期眷佑在天工。而今未入登賢傳。

試問窮蒼公不公。

往來書幌意多愁。諸弟相依莫解憂。冥冥郎今無愛顧。

反教功李付江流

生平原未作橫行。勲業為何不遂成。若謂文思多窘拙。

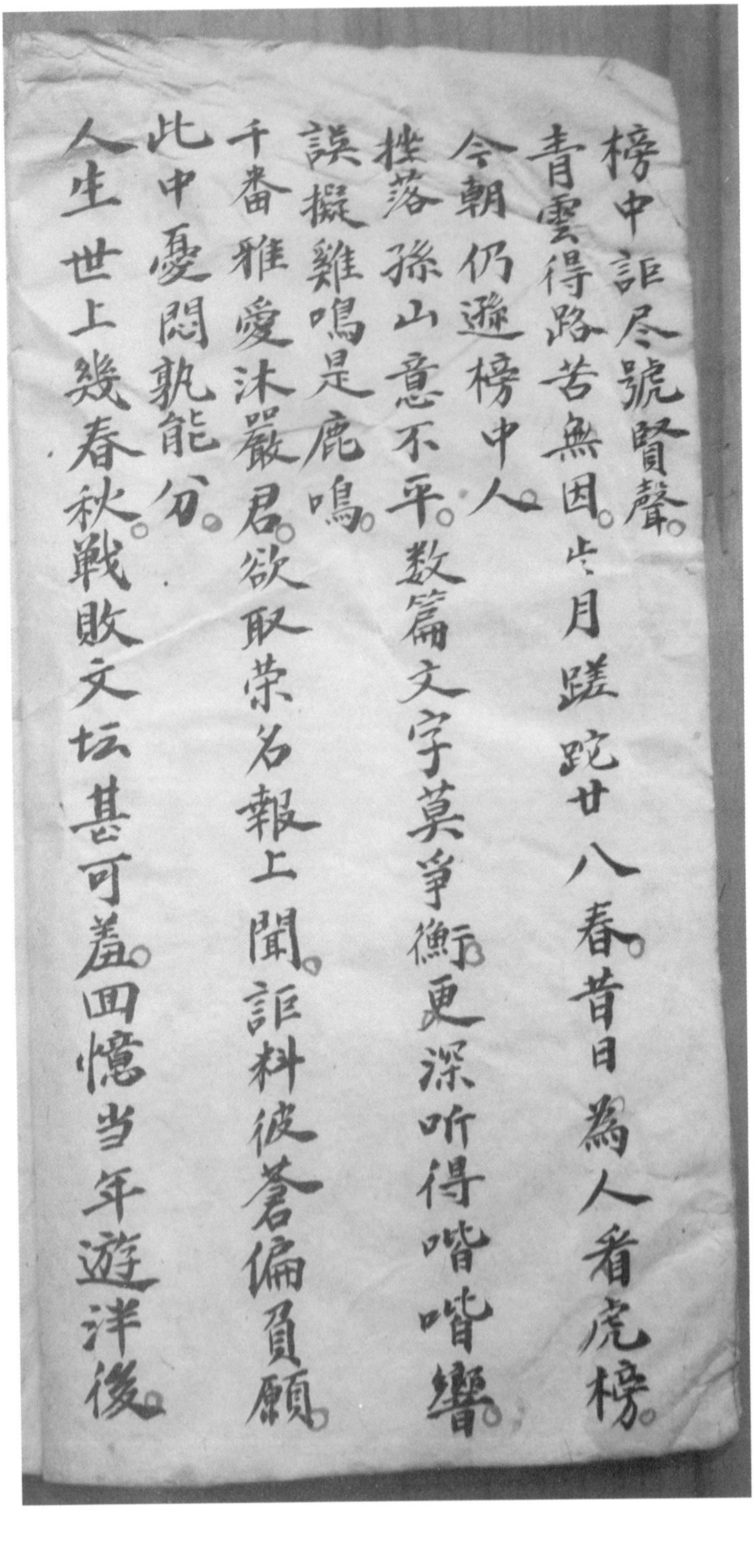
榜中詎尽號賢聲。

青雲得路苦無因。歲月蹉跎廿八春。昔日為人看虎榜。

今朝仍遜榜中人。

挫落孫山意不平。数篇文字莫争衡。更深听得喈喈響。

誤擬雞鳴是鹿鳴。

千番雅愛沐嚴君。欲取荣名報上聞。詎料彼蒼偏負顧。

此中憂悶孰能分。

人生世上幾春秋。戰敗文坛甚可羞。回憶当年遊泮後。

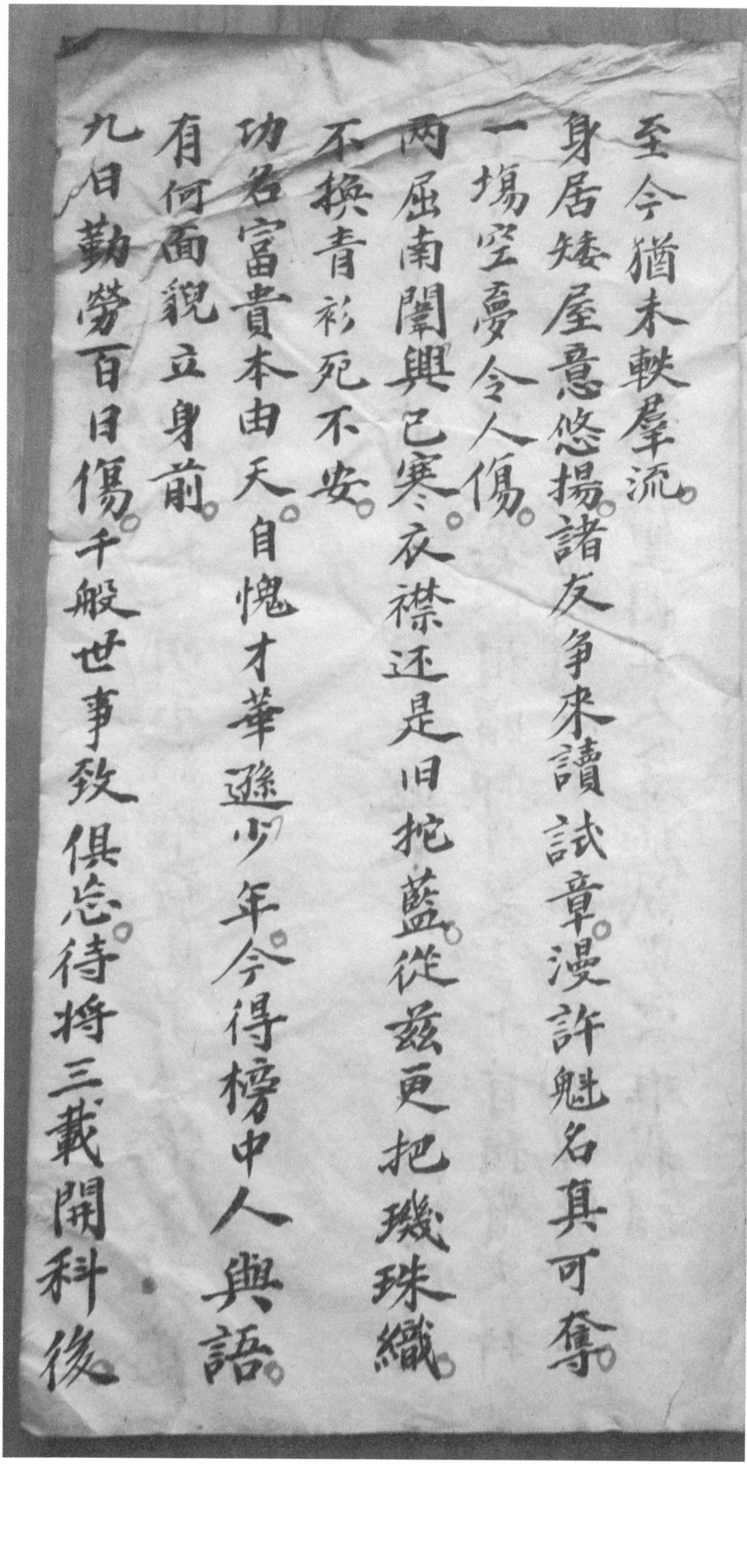
至今猶未軼羣流
身居矮屋意悠揚，諸友争來讀試章。漫許魁名真可奪，
一場空夢令人傷。
兩屆南闈興已寒，衣襟还是旧抱藍。從茲更把璣珠織，
不換青衫死不安。
功名富貴本由天，自愧才華遜少年。今得榜中人與語，
有何面靦立身前。
九日勤勞百日傷，千般世事致俱忘。待將三載開科後

下编 《新旧碎锦杂录》原件

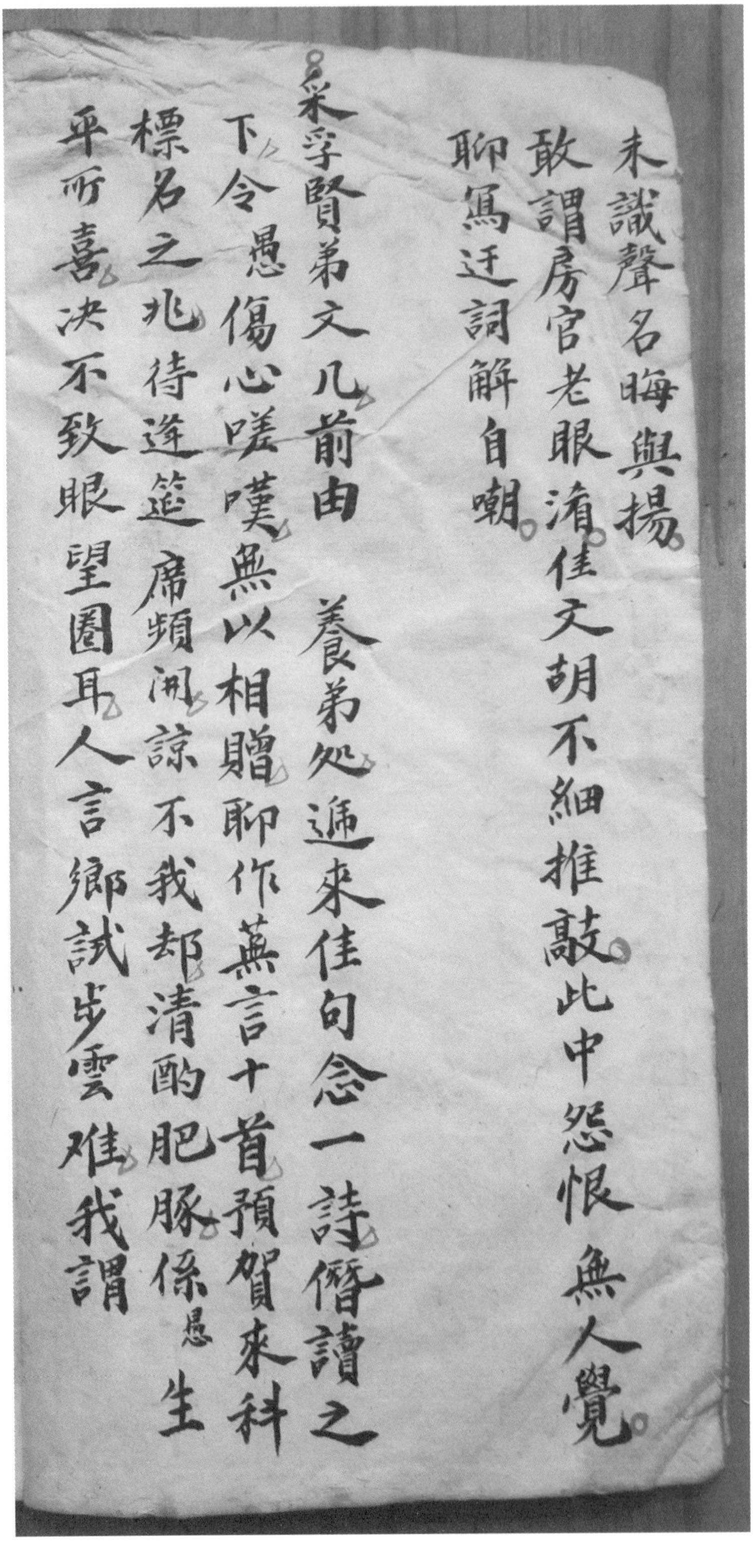
未識聲名晦與揚
敢謂房官老眼滄佳文胡不細推敲此中怨恨無人覺
聊寫迂詞解自嘲
采孚賢弟文几前由　養弟処遞來佳句念一詩僭讀之
下令愚傷心嗟嘆無以相贈聊作蕪言十首預賀來科
標名之兆待蓮筵席頻開諒不我却清酌肥豚係愚生
平所喜決不致眼望圜耳人言鄉試步雲難我謂

賢弟有何艱不徒南北連陞捷鰲頭獨占上金鑾特此奉頌

並請

文祺

愚兄胡慧巖具

俚言李步恭和

采学賢世弟大人慶請

鈞誨

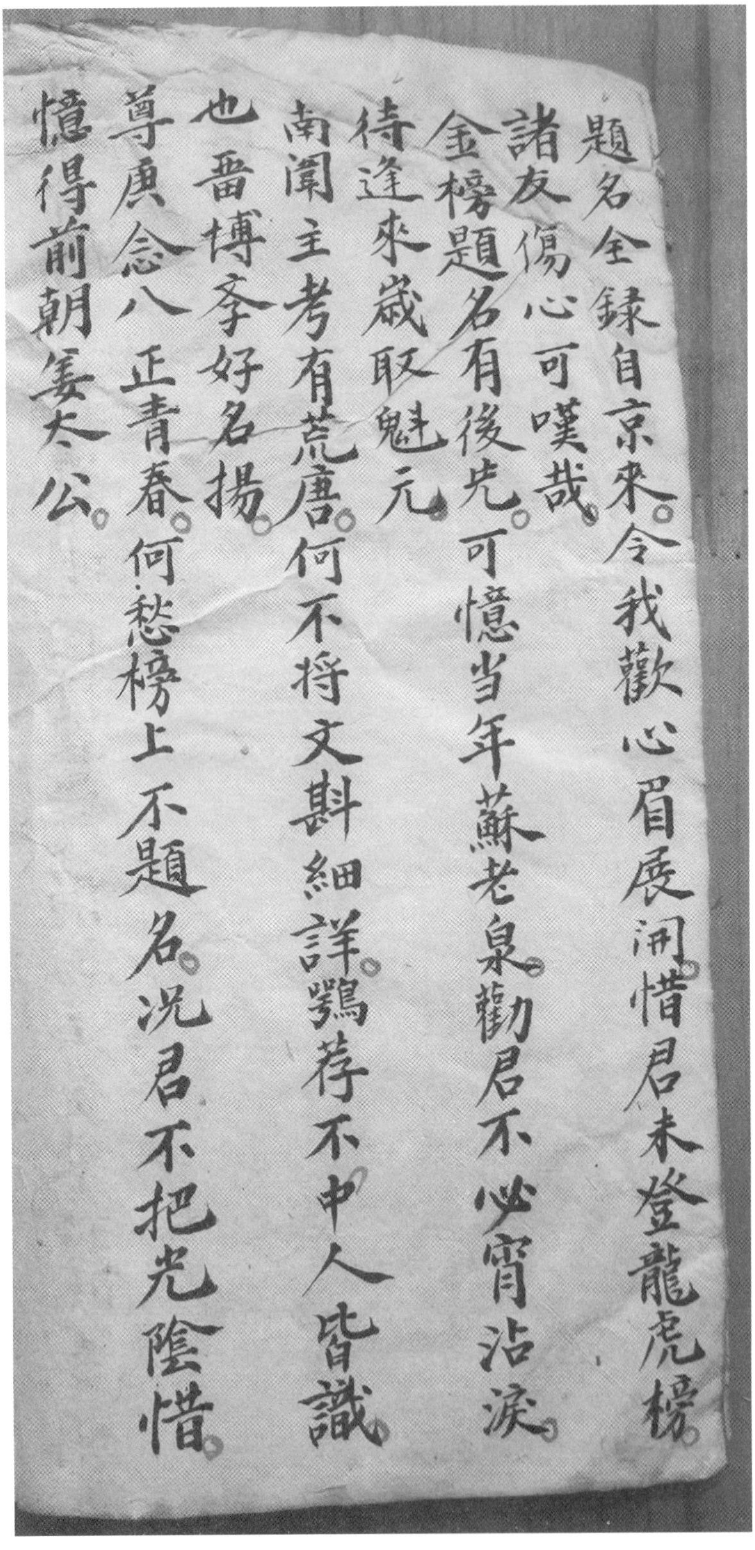
題名全録自京来。今我歡心眉展開。惜君未登龍虎榜
諸友傷心可嘆哉。
金榜題名有後先。可憶当年蘇老泉。勸君不必宵沾淚
待逢來歲取魁元。
南闈主考有荒唐。何不将文斟細詳。鶚荐不中人皆識
也畨博李好名揚。
尊庚念八正青春。何愁榜上不題名。況君不把光陰惜
憶得前朝姜太公。

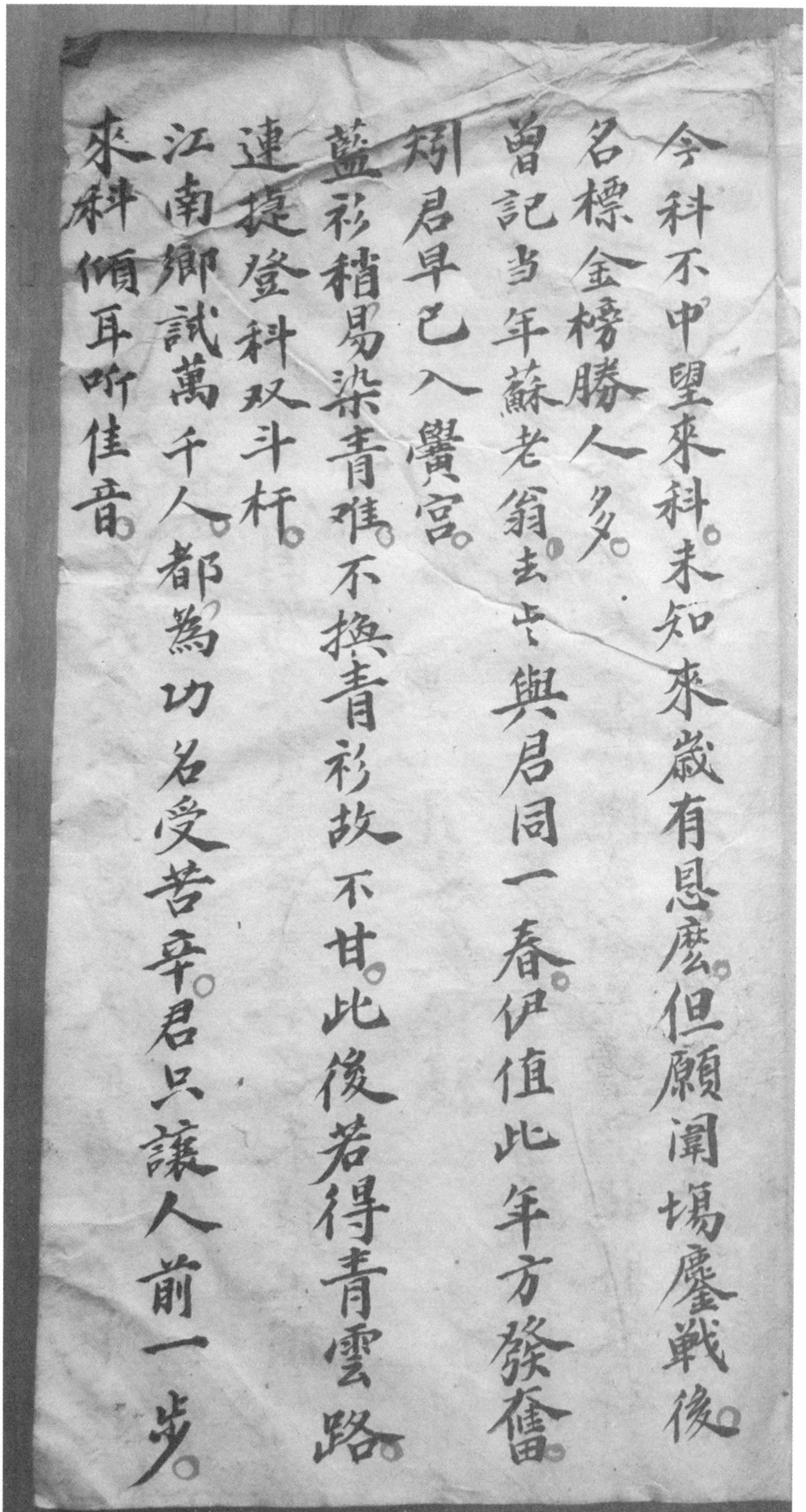

今科不中望來科。未知來歲有恳麼。但願闈塲鏖戰後
名標金榜勝人多。
曾記当年蘇老翁。去去與君同一春。伊值此年方發奮
矧君早已入黌宮。
藍衫稍易染青難。不換青衫故不甘。此後若得青雲路
連捷登科双斗杆。
江南鄉試萬千人。都為功名受苦辛。君只讓人前一步
來科傾耳听佳音。

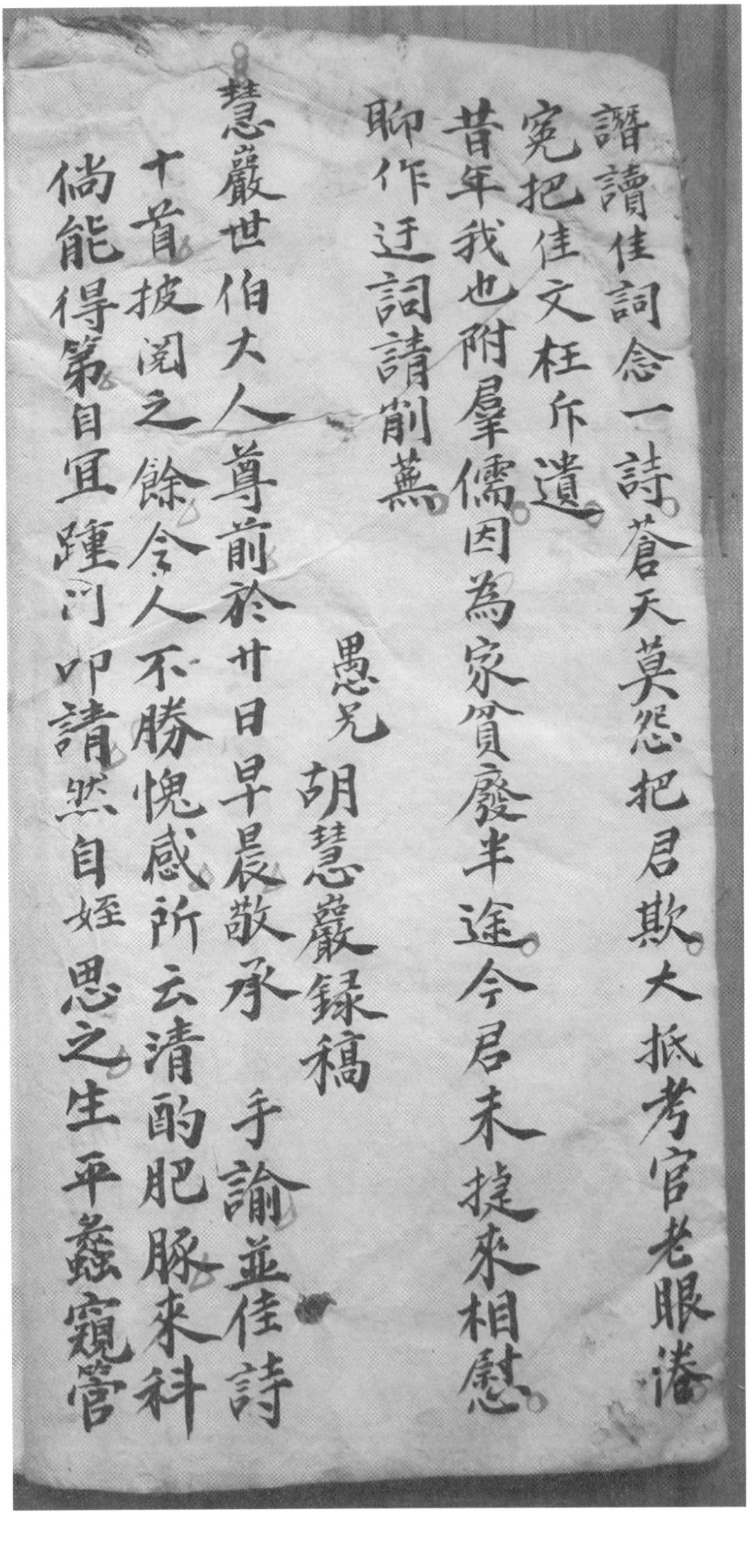
謬讀佳詞念一詩蒼天莫怨把君欺大抵考官老眼潘
寃把佳文枉斥遺
昔年我也附羣儒因為家貧廢半途今君未捷來相慰
聊作迂詞請削蕪
愚兄
胡慧巖錄稿
慧巖世伯大人尊前於廿日早晨敬承 手諭並佳詩
十首披閱之餘令人不勝愧感所云清酌肥豚來科
尚能得第自宜踵门叩請然自姪 愚之生平蠡窺管

見豈能戰勝文壇文況命不猶人薦而不中想功名
一事已入九霄外矣奈何奈何今敬和原韻拾首附
録呈　閱如有未妥之處懇求　斧政肅此即請
財安敬璧
賢世弟鈞誨　　不第世姪　畢炳文頓首拜
敬和原韻十首
功名得第冀將来只怕文星不我闹虎榜欲登嗟罔自
数年辛苦枉劳哉

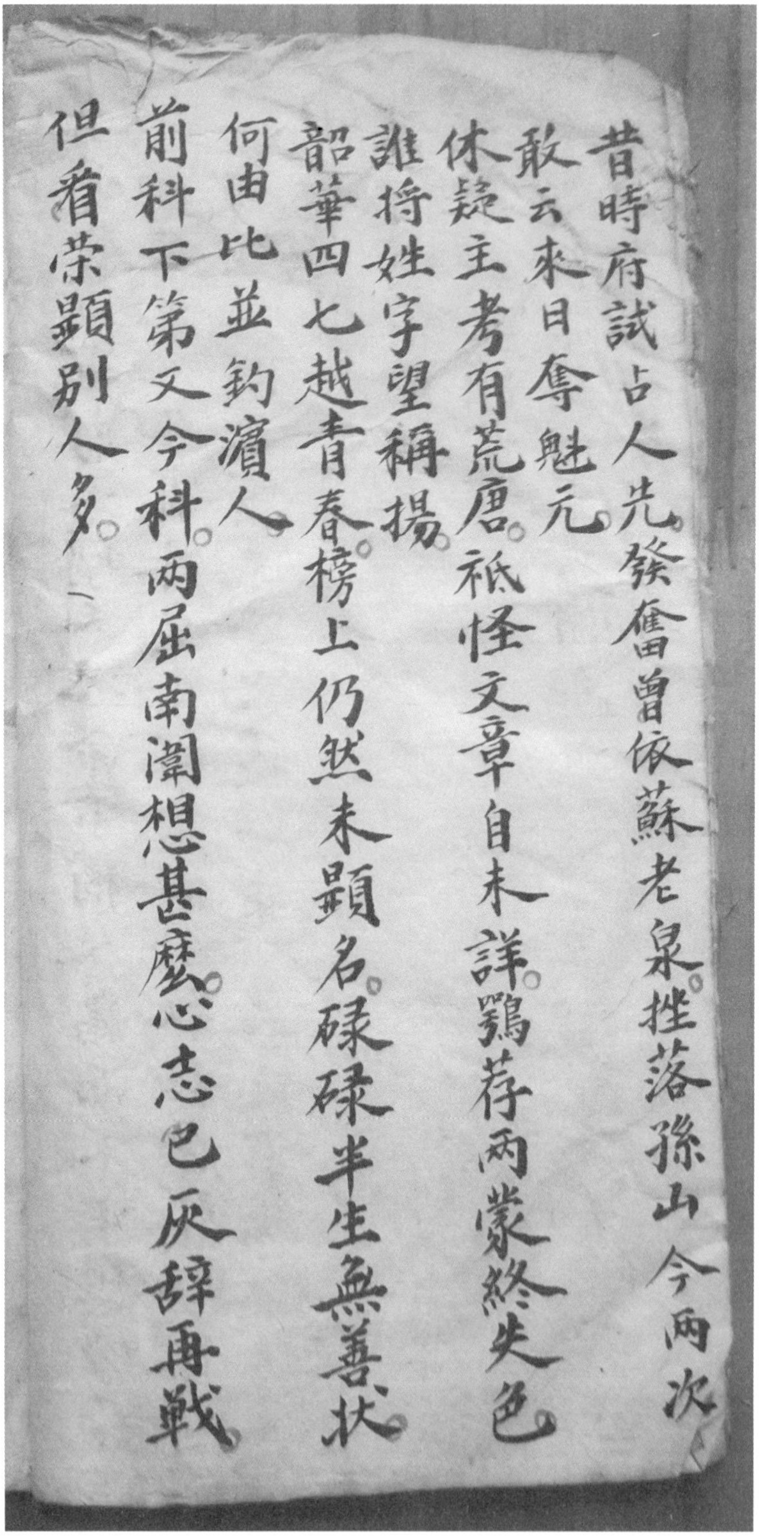
昔時府試占人先，發奮曾依蘇老泉。挫落孫山今兩次
敢云來日奪魁元
休疑主考有荒唐。祇怪文章自未詳。鶏荐兩蒙終失色
誰將姓字望稱揚。
韶華四七越青春。榜上仍然未題名。碌碌半生無善狀。
何由比並釣濵人。
前科下第又今科。兩屈南闈想甚麼。心志已灰辭再戰。
但看榮顯別人多。

為愛農家戴笠翁。半年辛苦即成功。迺予久讀寒窗下。
僅得微名入泮宮。

青衣欲染兩偏难。涸跡林泉志也甘。但願同人雲路上。
未知曾否拔單寒。

鏖戰文壇数萬人。擔簦負笈受艰辛。迨当龍虎遺名後。
始歎雲程不我行。

蒙君雅愛賜佳詩。越分揄揚似有欺。莫說考官多眼倦。
自慚學淺把文遺。

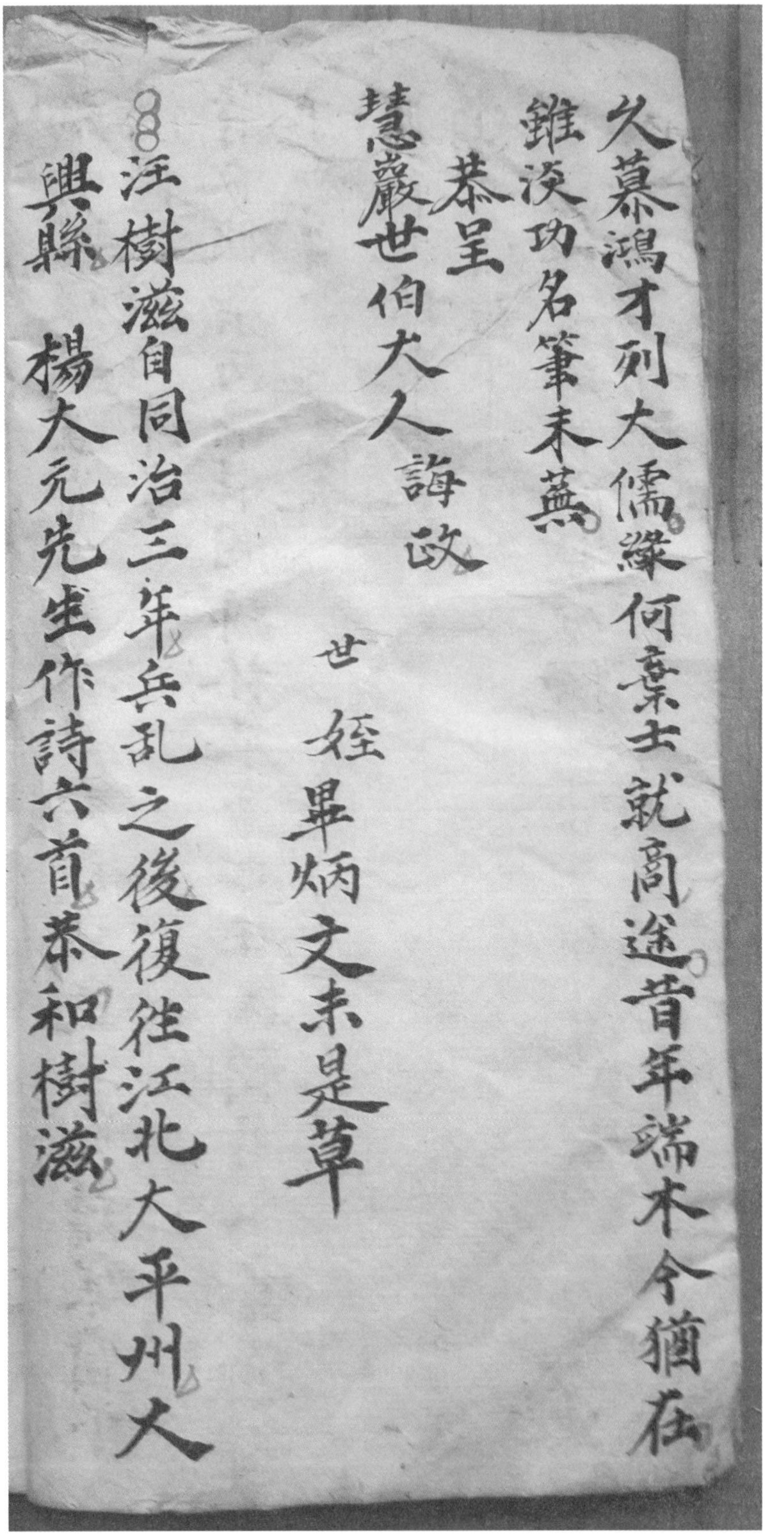
久慕鴻才列大儒緣何稟士就高途昔年端木今猶在
雖淡功名筆未蕪
恭呈
慧巖世伯大人誨政
世姪畢炳文未是草
○○○
汪樹滋自同治三年兵乱之後復往江北大平州大
興縣　楊大元先生作詩六首恭和樹滋

汪兄報信自徽來，令我驚聞不禁哀。或者夢中無足拠，是真是假待疑猜。（榮和兄設教大元先生家，今聞云已辭世矣）

聚首同堂四二年，臨行送别淚茫然。誰知一别成長别，再覩音容已隔泉。

拙荆長子赴黄泉，恰與先生同一年。我正思君君避我，傷心無奈喚青天。

聞説山居最太平，前朝細数及元明。未聞賊發猖狂勢，何事今朝城野驚。

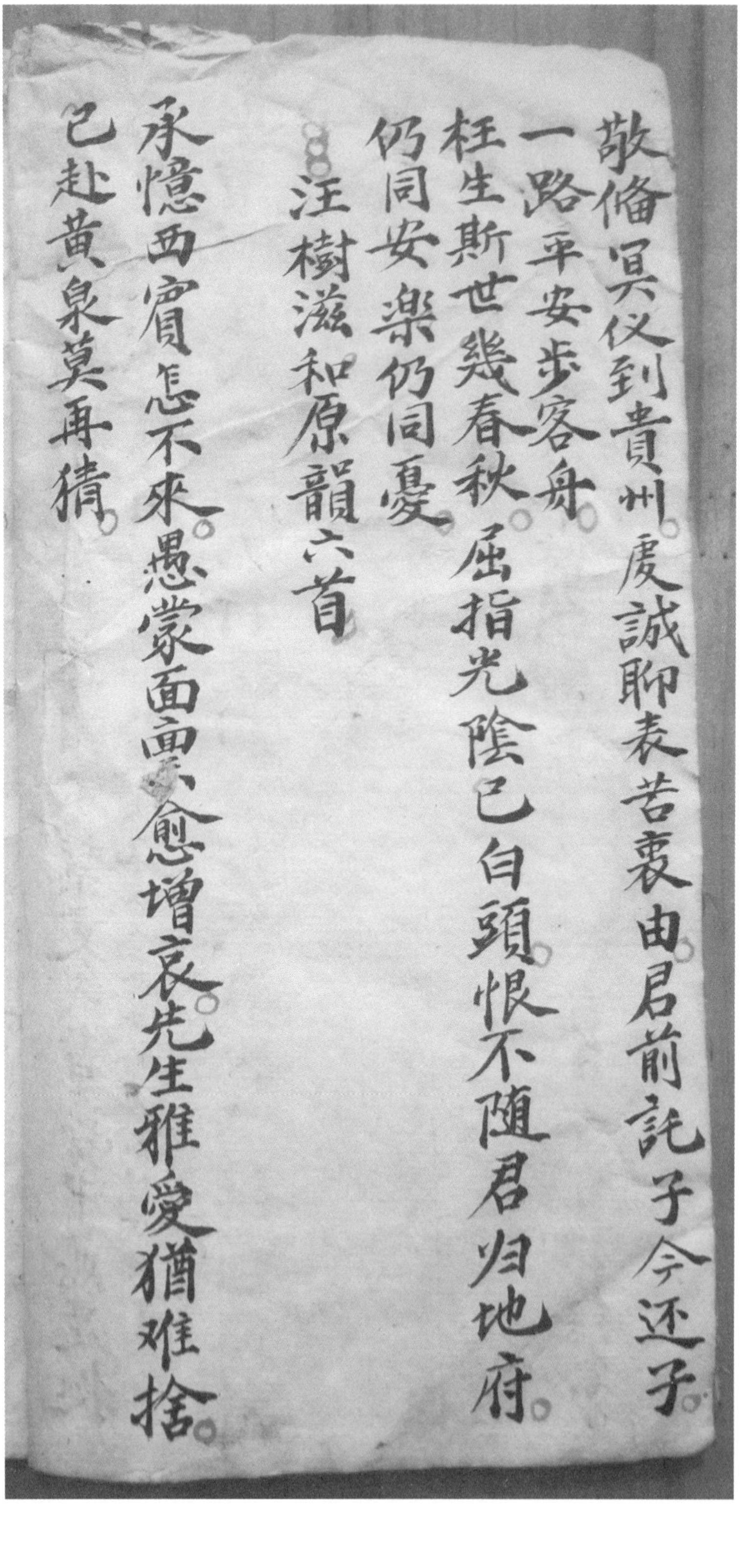
敬備冥仪到貴州，虔誠聊表苦衷由。君前託子今送子，一路平安步客舟。
枉生斯世幾春秋，屈指光陰已白頭。恨不隨君归地府，仍同安樂仍同憂。
汪樹滋和原韻六首
承憶西賓怎不來，愚蒙面稟愈增哀。先生雅愛猶难捨，已赴黃泉莫再猜。

受教先生已八年。今来出信淚紛然。椿庭在府和君别。未報恩情早赴泉。此一首作胡福寿口氣 即宗和先子

父因苦疾赴黄泉。痛数光陰近四年。弟擕未知何日会。孤身薄命総由天。亦作福寿口氣

数載江南不太平。無窮苦処訴难明。深山只道刀兵免。誰料深山愈受驚。

三冬拜别返徽州。故父靈前訴苦由。無恨恩情今暫謝。他年叩府再乘舟。

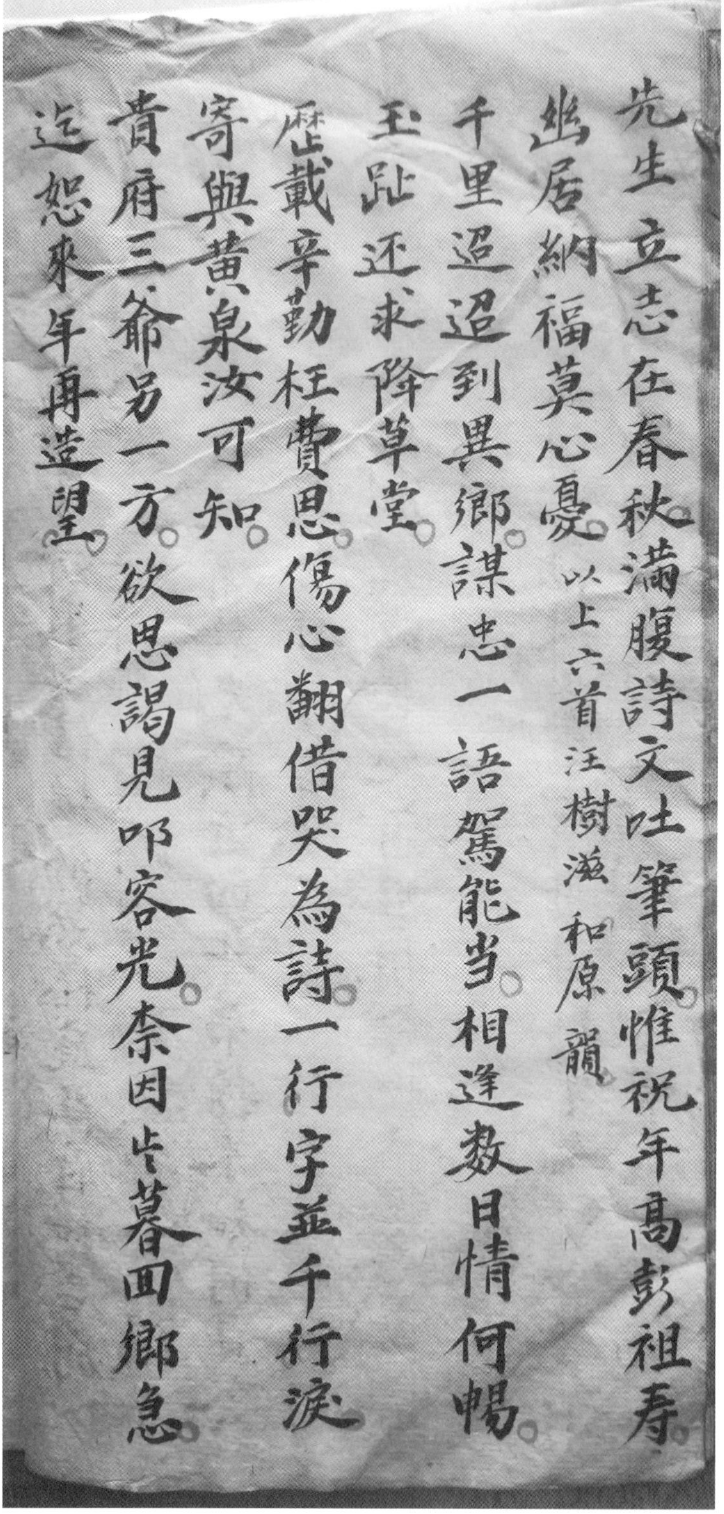
先生立志在春秋。滿腹詩文吐筆頭。惟祝年高彭祖寿。
幽居納福莫心憂。以上六首汪樹滋和原韻
千里迢迢到異鄉。謀忠一語駕能当。相逢数日情何暢。
玉趾还求降草堂。
歷載辛勤枉費思。傷心翻借哭為詩。一行字並千行淚。
寄與黃泉汝可知。
貴府三爺另一方。欲思謁見叩容光。奈因歳暮回鄉急。
迨恕來年再造望。

恨為謀生適異鄉頻數雁侶各分行明知後会非無日
难遣相思别有方蒿目時艰增感慨傷心家業益淒涼
随身頼有茶煙伴衰朽何須掛弟腸
晚景將臨棄故鄉紛然珠淚自成行兄鰥弟獨皆無告
水遠江長各一方錯愛山居真秀麗那堪世態尽炎涼
從兹寄跡雲霞窟富貴功名不繫腸
滿門福寿最堪誇福寿原來在自家作善降祥天愛尔
為非遭禍我憐他虚名回首都成夢老眼而今幸不花

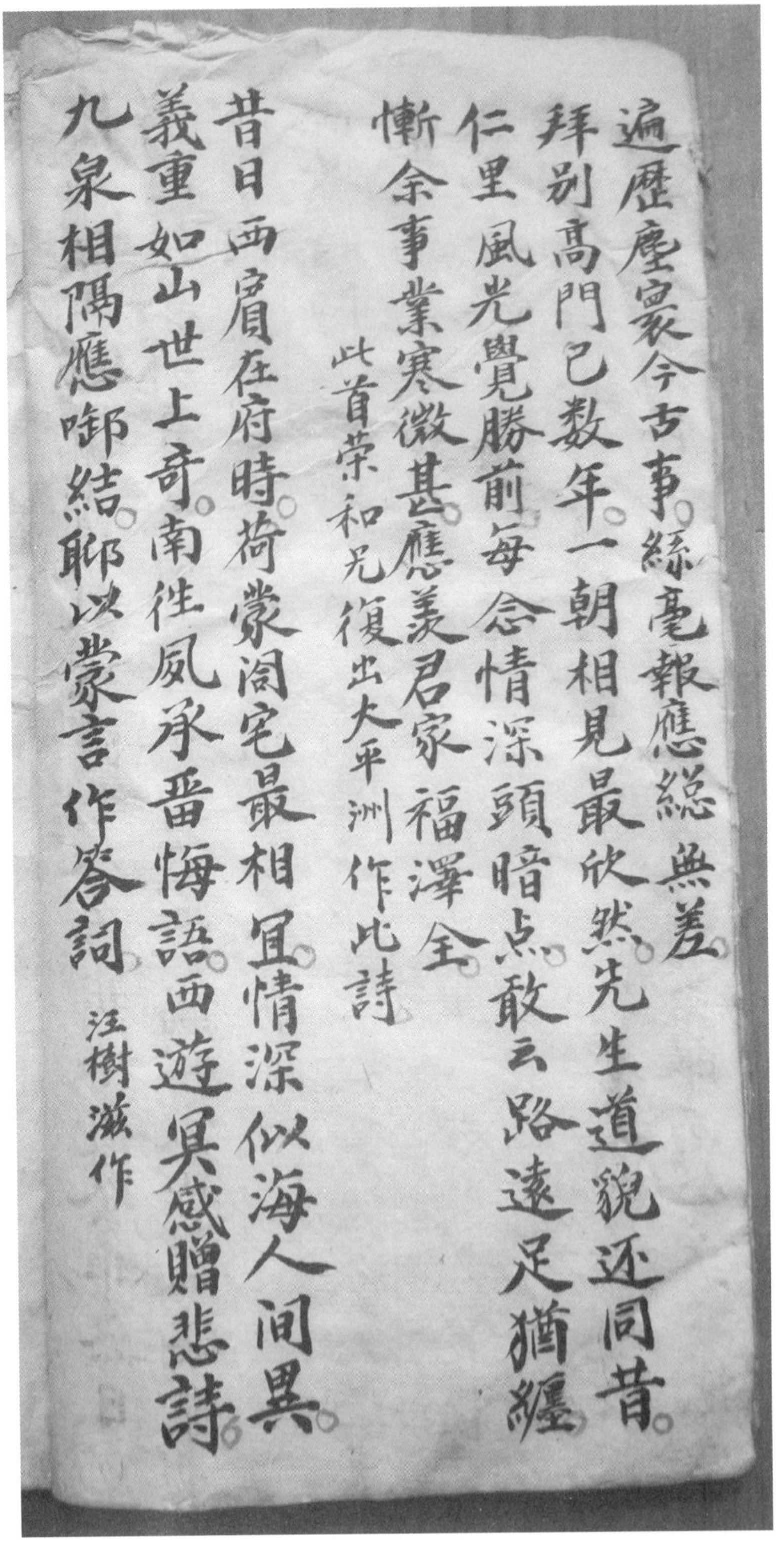
遍歷塵寰今古事絲毫報應總無差
拜别高門已數年一朝相見最欣然先生道貌还同昔
仁里風光覺勝前每念情深頭暗點敢云路遠足猶纏
慚余事業寒微甚應羨君家福澤全
此首榮和兄復出大平洲作此詩
昔日西眉在府時荷蒙阁宅最相宜情深似海人间異
義重如山世上奇南往夙承晋悔語西遊冥感贈悲詩
九泉相隔應啣結聊以蒙言作答詞
汪樹滋作

臨行拜别訴悲詞。蒙府高情不可離。聚首同堂难割捨。
畧編粗句答恩施。 汪樹滋作

曾憶尊翁返貴州。胡為去後竟西遊。憐兄得信心常痛。
感我知情淚滿流。到舍八年多簡慢。離洲一路莫憂愁。
家寒無物來相贈。聊作蕪言送客舟。 楊步雲作

恕不到府辞行。因怕别淚盈襟。但願閤府清吉。
更望昆玉同聲。小兒叨依府上。拜叩訓戒辞行。

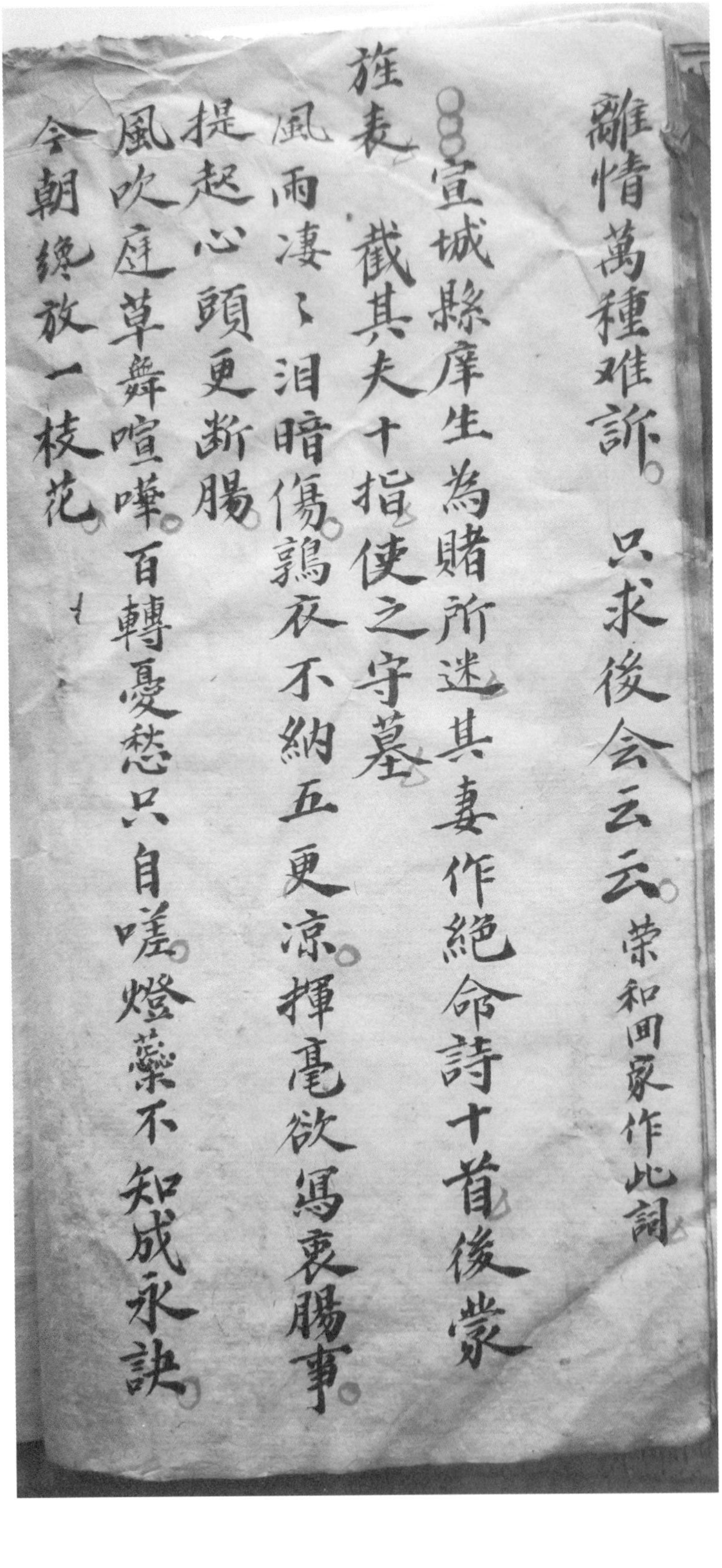
離情萬種难訴 只求後会云云 荣和回家作此詞

宣城縣庠生為賭所迷其妻作絶命詩十首後蒙
旌表 截其夫十指使之守墓

風雨凄凄泪暗傷鷄夜不納五更凉揮毫欲寫衷腸事
提起心頭更斷腸

風吹庭草舞喧嘩百轉憂愁只自嗟燈蘂不知成永訣
今朝總放一枝花

獨坐茅檐積恨多生辰莫奈命如何此間無数裙釵女
偏我裙釵受折磨
人言薄命是紅顔我不紅顔命亦慳晋下青絲巾一幅
請郎細看泪痕斑
香焚宝篆告蒼天默佑兒夫性早遷但願吾夫情性改
妾归泉下也安然
是誰作此迷魂陣籠絡兒夫暮作朝体倦囊空归寢後
枕边纔听乱呼麽

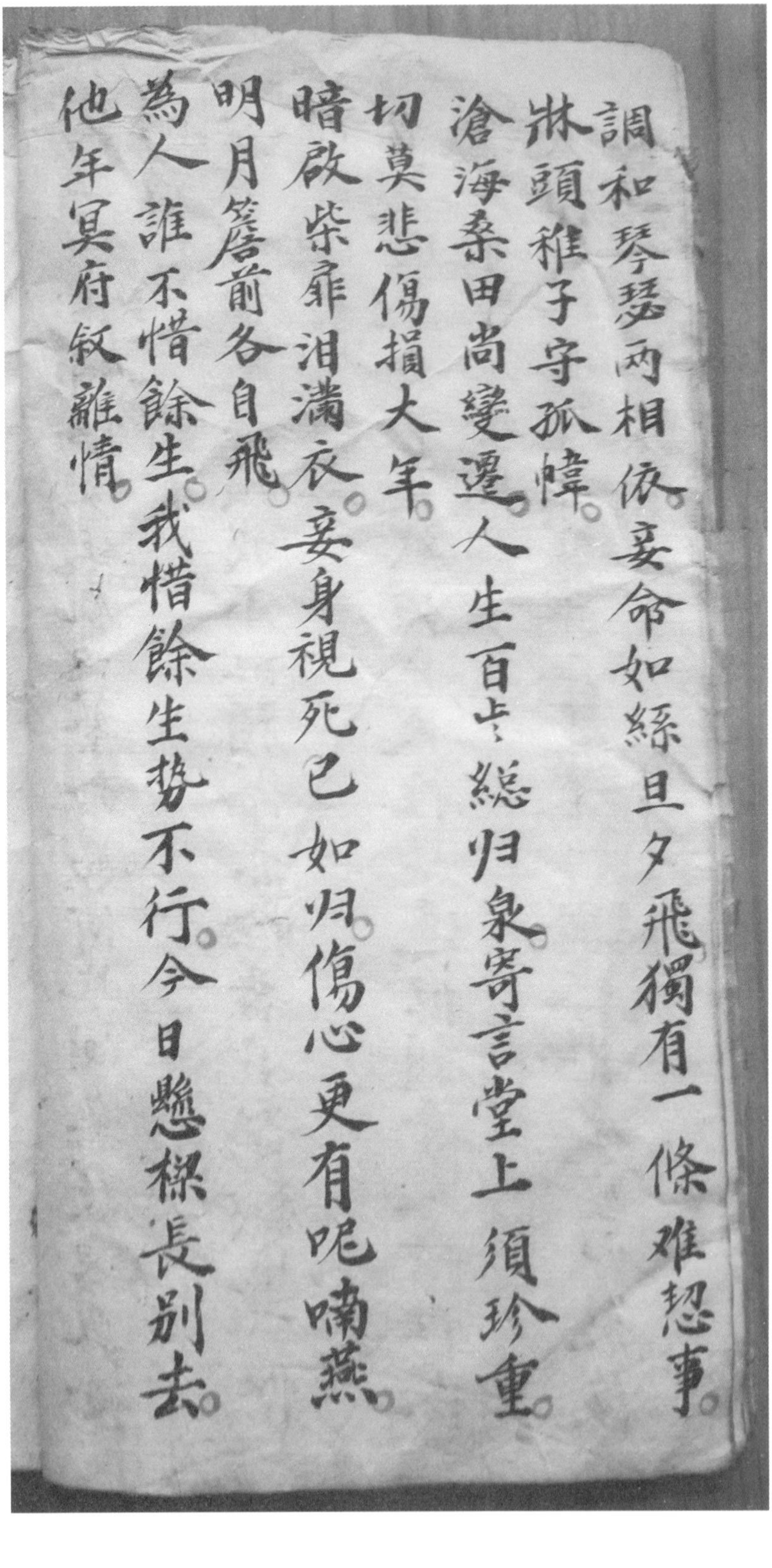
調和琴瑟兩相依，妾命如絲旦夕飛。獨有一條难恝事，牀頭稚子守孤幃。
滄海桑田尚變遷，人生百歲總归泉。寄言堂上須珍重，切莫悲傷損大年。
暗啟柴扉泪滿衣，妾身視死已如归。傷心更有呢喃燕，明月簷前各自飛。
為人誰不惜餘生，我惜餘生勢不行。今日懸樑長別去，他年冥府叙離情。

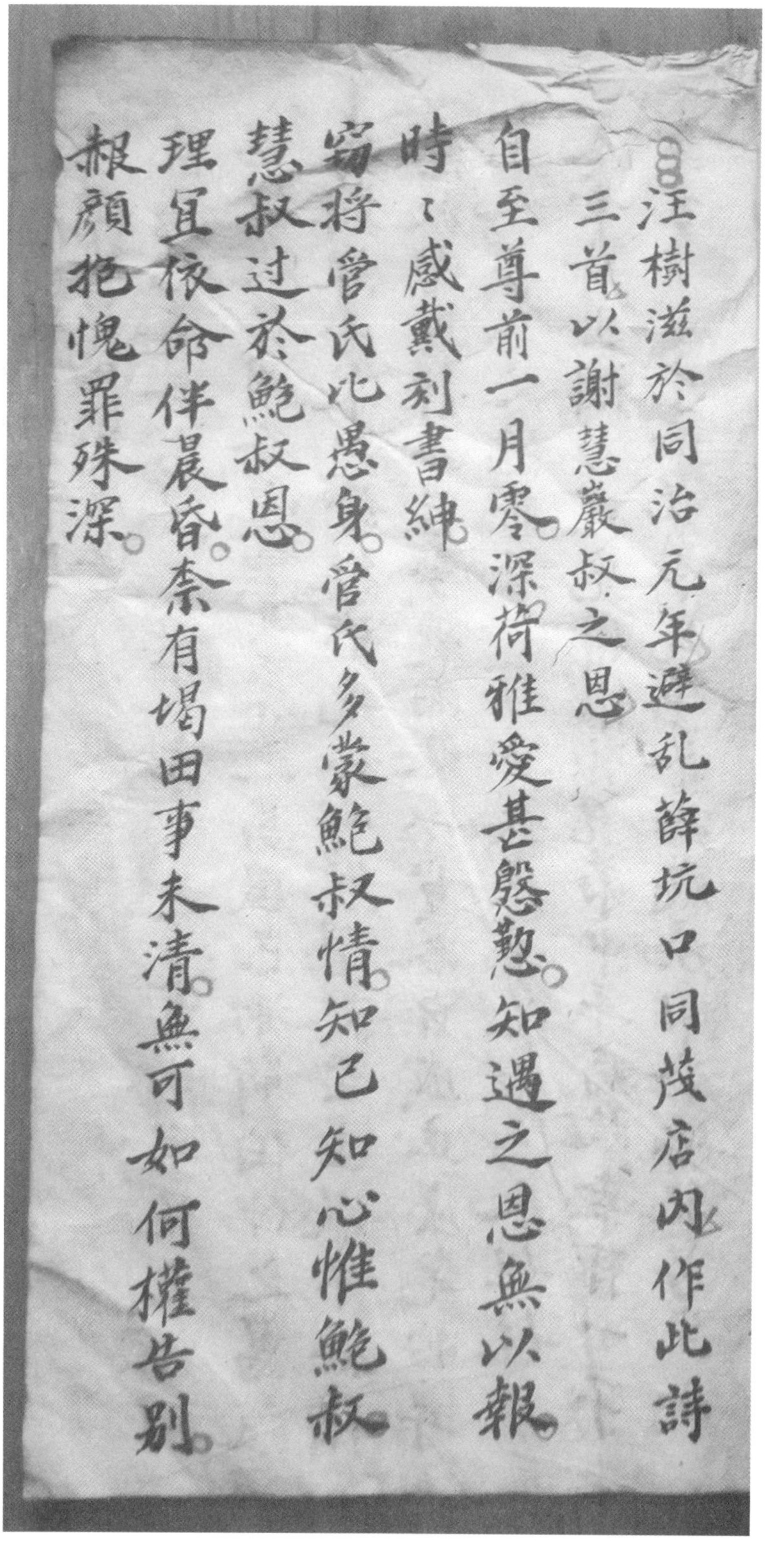

汪樹滋於同治元年避乱薛坑口同茂店內作此詩

三首以謝慧巖叔之恩

自至尊前一月零。深荷稚愛甚慇懃。知遇之恩無以報

時々感戴刻書紳。

竊將曾氏叱愚身。曾氏多蒙鮑叔情。知己知心惟鮑叔

慧叔过於鮑叔恩。

理宜依命伴晨昏。奈有堨田事未清。無可如何權告別

報顔抱愧罪殊深。

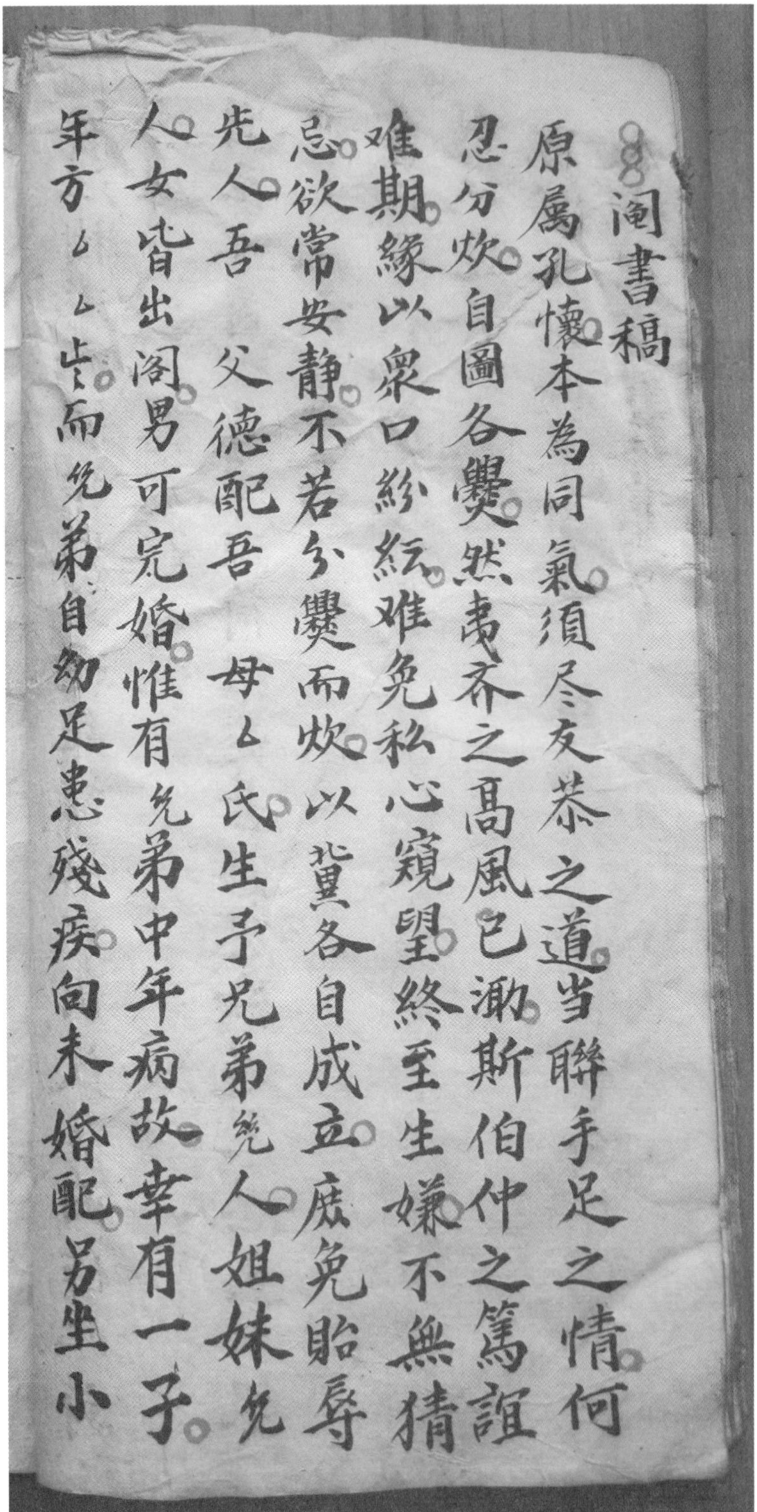
阄書稿
原屬孔懷本為同氣須尽友恭之道当聯手足之情何
忍分炊自圖各爨然夷齐之高風已湫斯伯仲之篤誼
难期緣以衆口紛紜难免私心窺望終至生嫌不無猜
忌欲常安静不若分爨而炊以冀各自成立庶免貽辱
先人吾父德配吾母ㄙ氏生子兄弟兑人姐妹兑
人女皆出阁男可完婚惟有兑弟中年病故幸有一子
年方ㄙㄙ歲而兑弟自幼足患殘疾向未婚配另坐小

買田允畝以備完親之需所有該出借款不與允允兩
房相涉照長二三五各房以作多寡分派再將祖遺父
置産業以及續置田地新造樓屋浼凴族戚親友每股
高低搭配肥瘦均匀編立禮樂射御書數六閹仍用閹
書六本各執一本遵受其業自分之後惟願螽斯蟄蟄
瓜瓞綿綿永当世守克振家声云

閹書稿

原夫創業於前而垂统緒於後張公九世同居上下咸

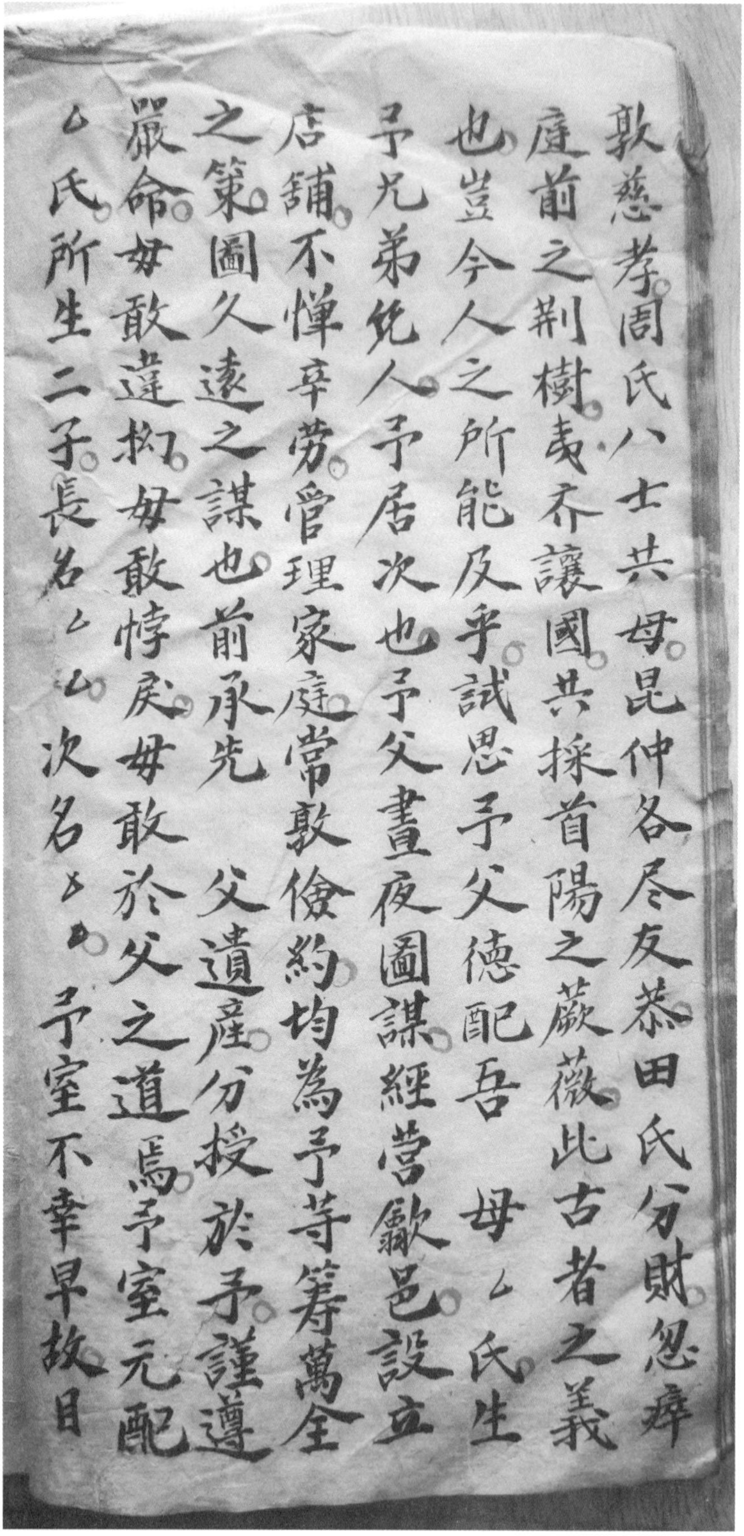

敦慈孝周氏八士共母昆仲各尽友恭田氏分財忽瘁
庭前之荊樹夷齊讓國共採首陽之蕨薇此古者之義
也豈今人之所能及乎試思予父德配吾母ㄙ氏生
予兄弟兆人予居次也予父晝夜圖謀經營歙邑設立
店鋪不憚辛勞曾理家庭常敦儉約均為予等籌萬全
之策圖久遠之謀也前承先　父遺產分授於予謹遵
嚴命毋敢違拗毋敢悖戾毋敢於父之道焉予室元配
ㄙ氏所生二子長名ㄙㄙ次名ㄙㄙ　予室不幸早故目

下俱各婚娶予今年近ㄙ旬精力漸耗店業难支家政
紛繁措施莫継爰命兩房将祖遺産業並自置田地以
及新創店業浼憑親戚高低配搭肥瘦均匀編成仁義
字號統載阄書聿昭明白拈阄々得自分之後尔等須
知創業為艰当思守成不易安分守己各管各業立志成
人克勤克儉毋爭長而嫌短毋靠衆而欺寡毋逞強而
凌弱毋恃富而壓貧毋信婦言以傷和氣毋夸博奕以
廢光陰如違以不孝罪論尔等努力前進丕振家声以

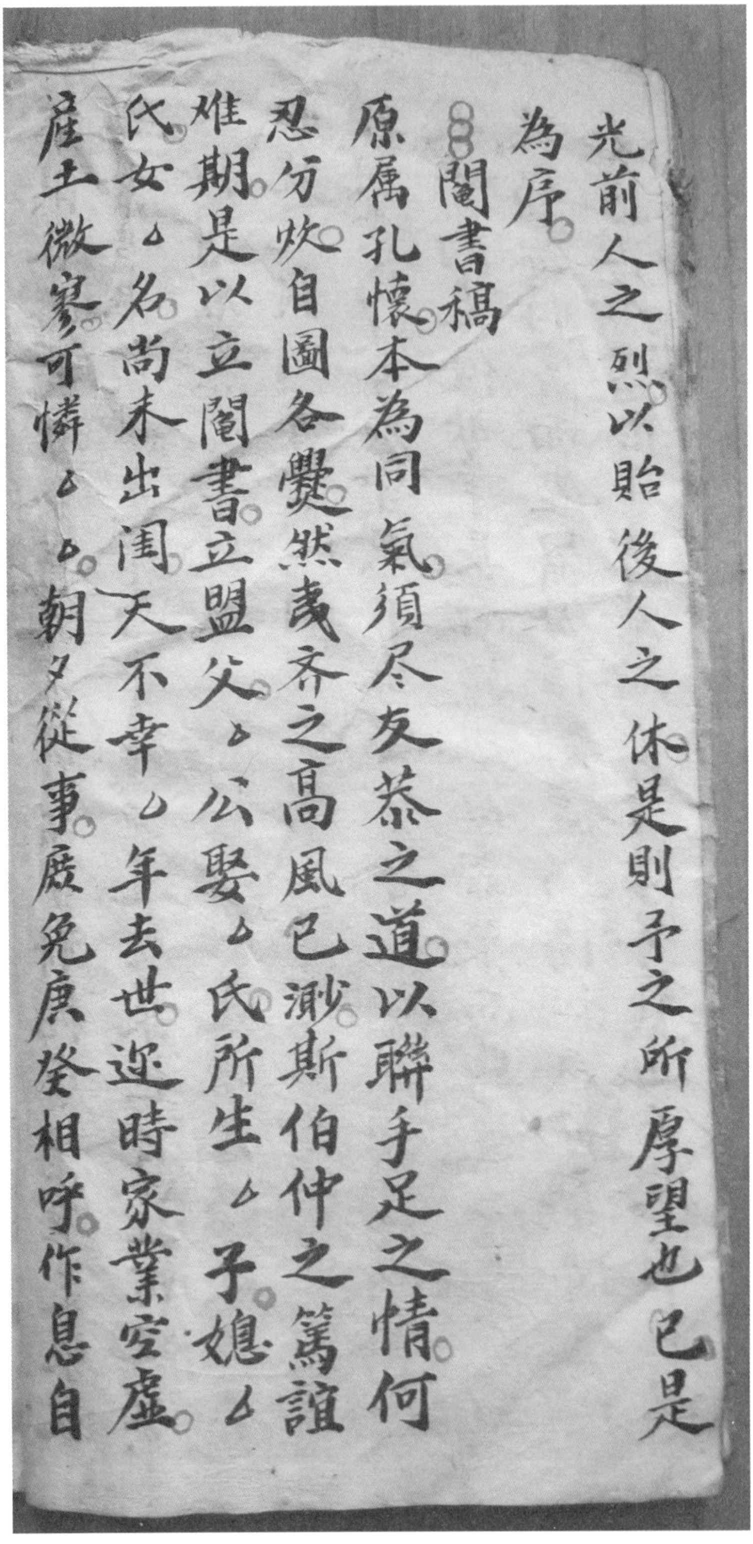
光前人之烈以貽後人之休是則予之所厚望也已是
為序
○○○鬮書稿
原屬孔懷本為同氣須尽友恭之道以聯手足之情何
忍分炊自圖各爨然義齐之高風已渺斯伯仲之篤誼
难期是以立鬮書立盟父△公娶△氏所生△子媳△
氏女△名尚未出閨天不幸△年去世逊時家業空虛
産土微寥可憐△△朝夕從事庶免庚癸相呼作息自

甘頻無饔飧不繼且賊疊擾我邑來往數年奔走東西饑寒凍餒所謂流離失所艱難困苦之狀不堪勝言矣自賊退以來昇平數載家業漸順爾等兄弟ㄙ今年皆壯冠各持其才ㄙ亦可自慰耳但以衆口紛紜難免私心之自用終至生嫌不無猜忌欲常安靜殊覺艱難所以家內之產土ㄙ處山塲田地屋宇等件每股均分配搭分為仁義禮智信五閹皆係均分仍用閹書各執一本各遵受業自分之後雖不敢為各家癡思五桂之榮

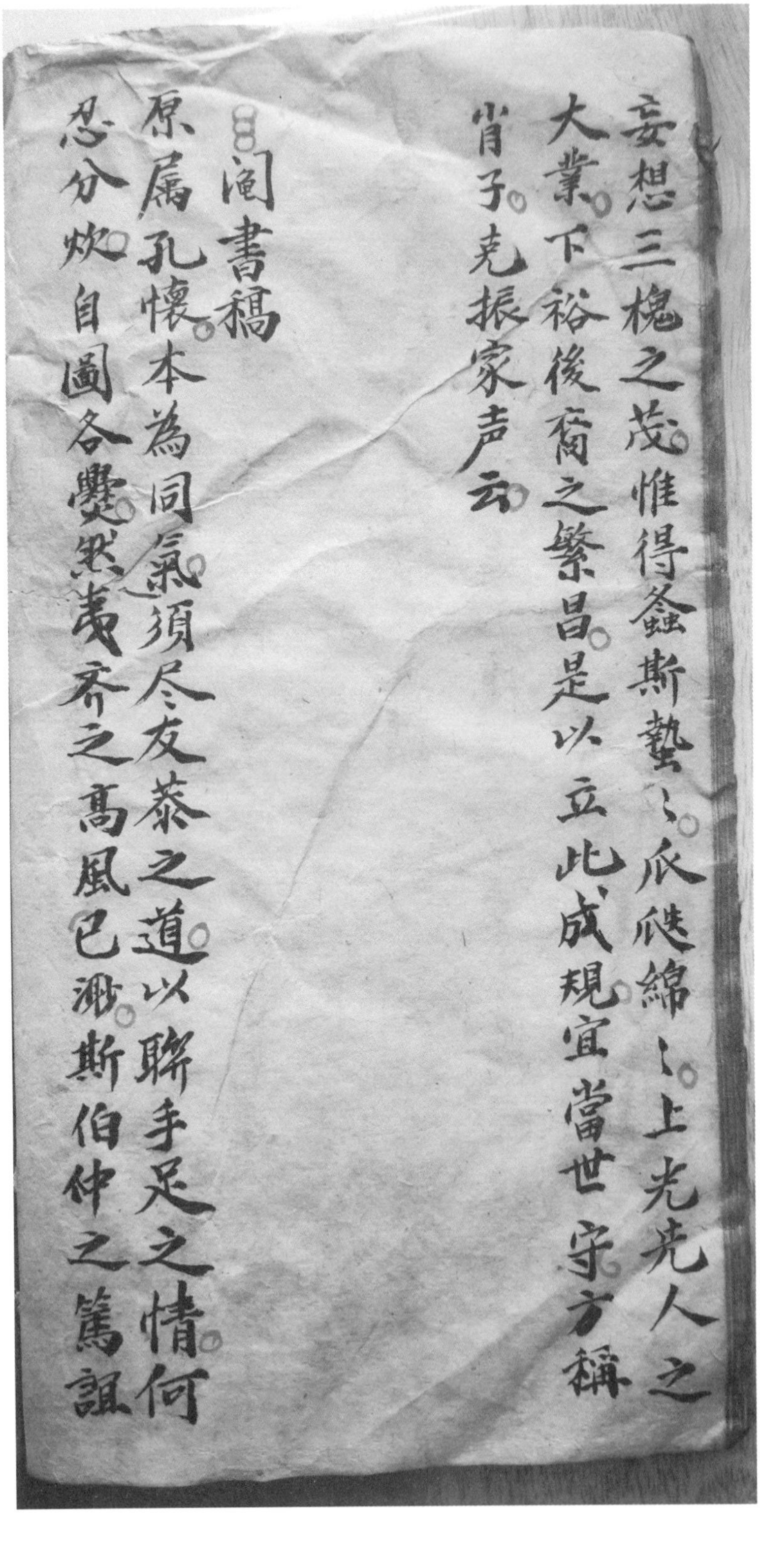
妄想三槐之茂惟得螽斯蟄蟄瓜瓞綿綿上光先人之
大業下裕後裔之繁昌是以立此成規宜當世守方稱
肖子克振家声云

阄書稿

原屬孔懷本為同氣須尽友恭之道以聯手足之情何
忍分炊自圖各爨然姜齊之高風已渺斯伯仲之篤誼

难期緣我父ㄙㄙ公娶吾母ㄙ氏生子兄弟二人子名
ㄙㄙ弟名ㄙㄙ均未出幼可惨父母双亡家業空虚産
土微寥况粤賊叠擾我邑往来数載常帶我弟ㄙㄙ奔
走東西饑寒凍餒可謂朝不保暮艰难困苦不堪勝言
矣自賊退以後予等習琴手藝晝夜辛勞同心竭力全賴
蒼天獲蔭家計漸順稍有餘積各自婚娶刻下皆各生
育但以衆口紛紛實难支持是以兄弟相議浼凂親戚
將自造新屋新置田地並祖遺産業以及田地山塲屋

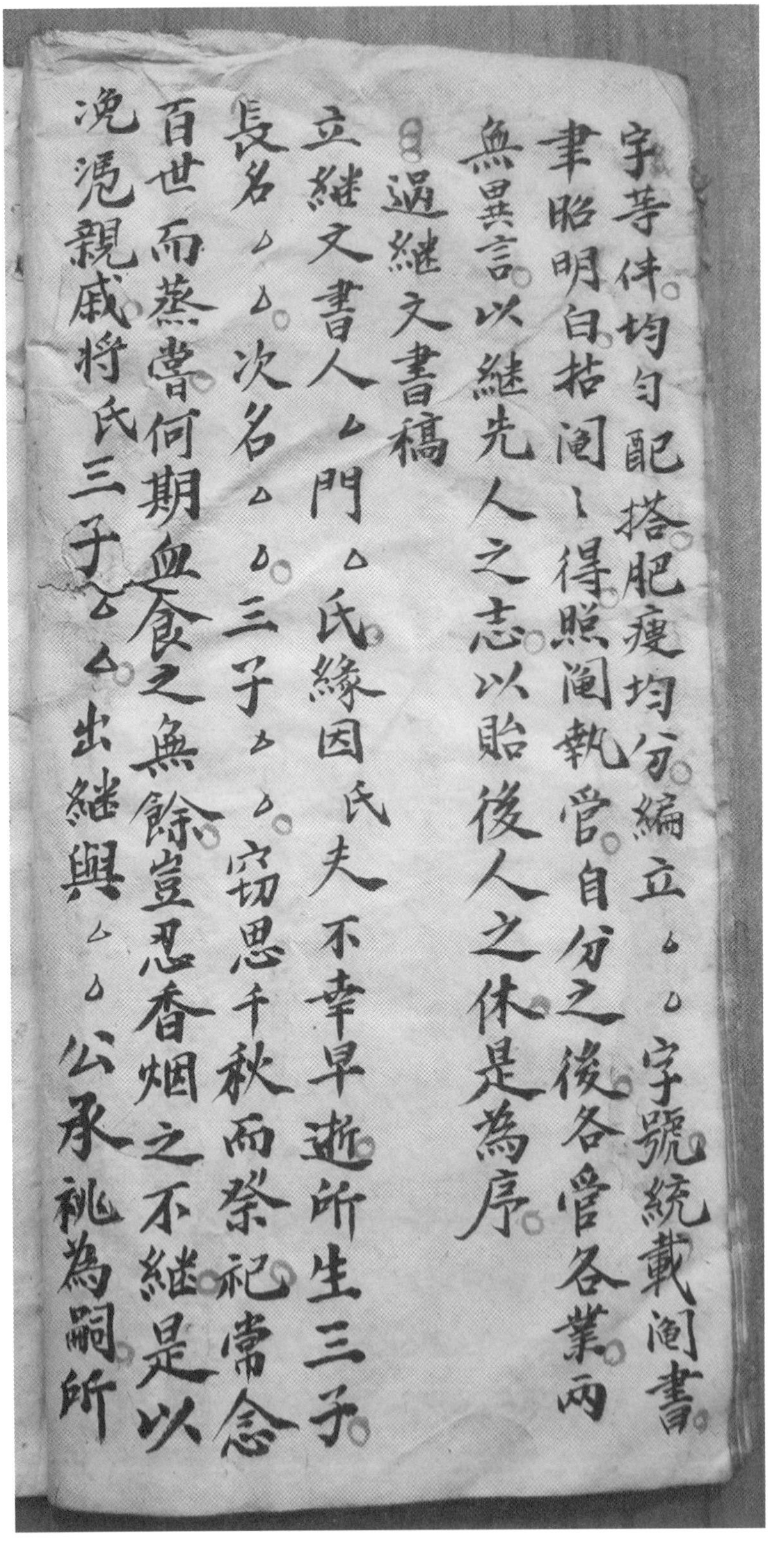

字等仵均匀配搭肥瘦均分編立△△字號統載阄書
聿昭明白拈阄〻得照阄執管自分之後各管各業兩
無異言以継先人之志以貽後人之休是為序
過継文書稿
立継文書人△門△氏緣因氏夫不幸早逝所生三子
長名△△次名△△三子△△竊思千秋而祭祀常念
百世而蒸嘗何期血食之無餘豈忍香烟之不継是以
浼凴親戚將氏三子△△出継與△△公承祧為嗣所

有々々公遺下産業一並交與々々受執依脉相傳以
承祭祀惟願燕翼貽謀以光前志自継之後丕振家声
紹祖宗之令緒文定厥昌卜子孫之盈繁也

継書稿

立承継文書人々々々竊以燕翼詒謀丕紹箕裘之緒
螽斯紀慶聿新堂構之瞻克家必頼承家功綿作室創
緒还須纉緒訓切覌橋人之有子其関係正非淺鮮矣
胞弟々々論業則惟勤服賈論年則已越服官窺角錦

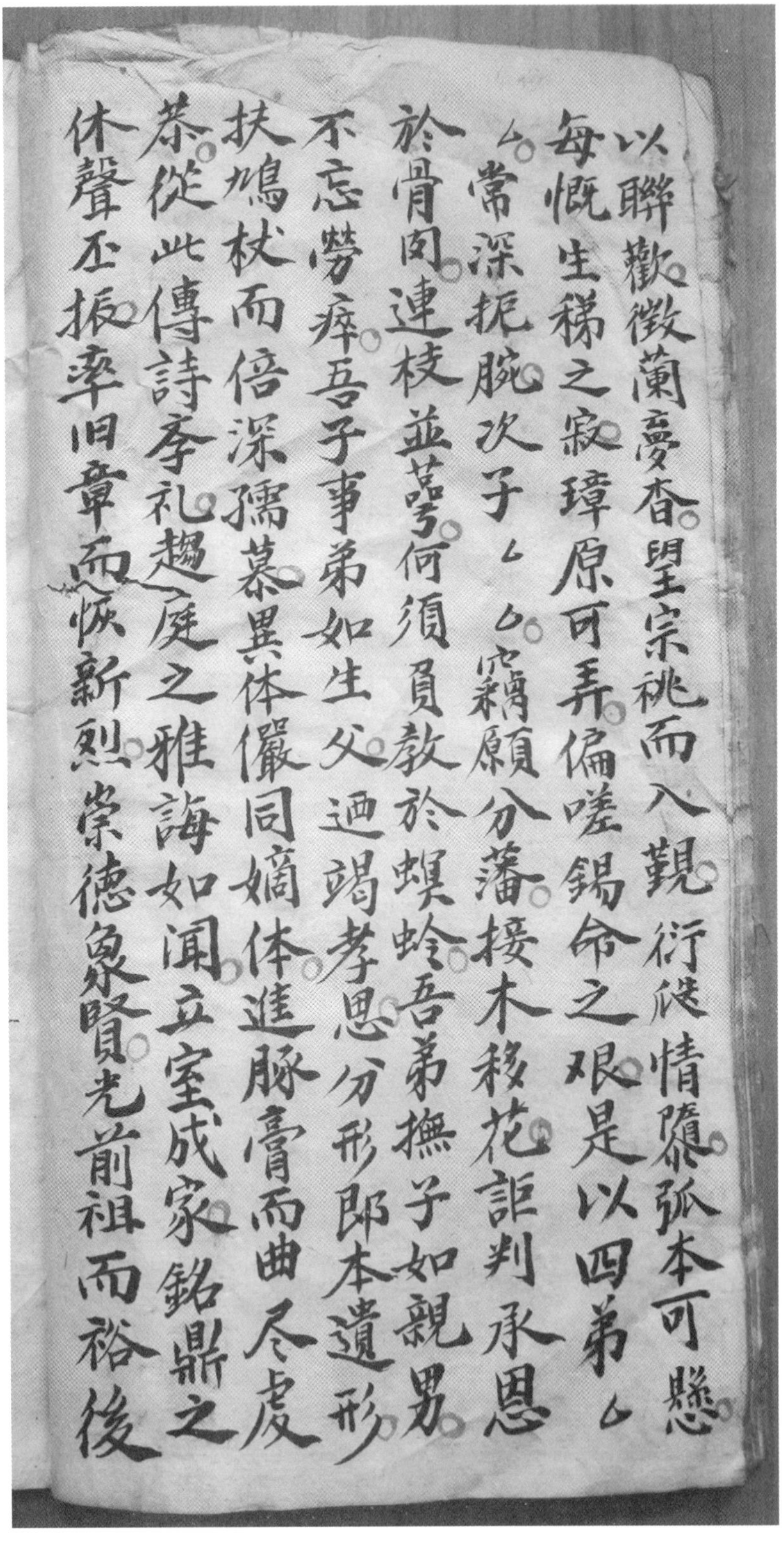

以聯歡徽蘭夢杳望宗祧而入覲衍徙情隨弧本可懸
每慨生稀之寂璋原可弄偏嗟錫命之艰是以四弟厶
厶常深扼腕次子厶厶竊願分藩接木移花詎判承恩
於骨肉連枝並蔦何須負教於螟蛉吾弟撫子如親男
不忘勞瘁吾子事弟如生父迺竭孝思分形即本遺形
扶鳩杖而倍深孺慕異体儼同嫡体進膝膏而曲盡虔
恭從此傳詩孝礼趨庭之雅誨如聞立室成家銘鼎之
休聲丕振率旧章而恢新烈崇德象賢光前祖而裕後

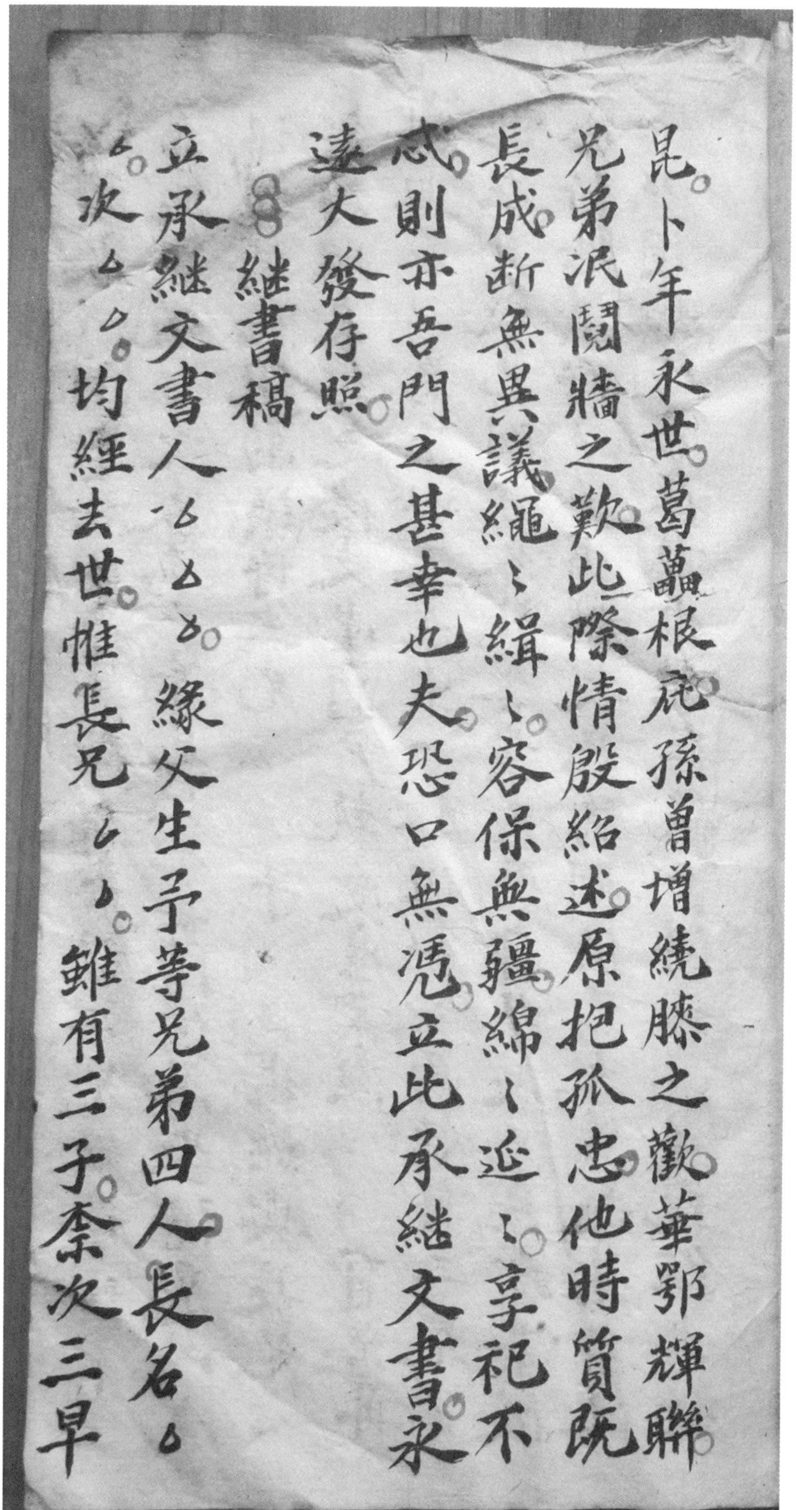
昆卜年永世葛藟根庇孫曾增繞膝之歡華鄂輝聯
兄弟泯鬩牆之歎此際情殷紹述原抱孤忠他時質既
長成斷無異議繩繩緝緝容保無疆綿綿延延享祀不
忒則亦吾門之甚幸也夫恐口無凴立此承繼文書永
遠大發存照
繼書稿
立承繼文書人○○○○緣父生予等兄弟四人長名○
○次○○○均經去世惟長兄○○雖有三子奈次三早

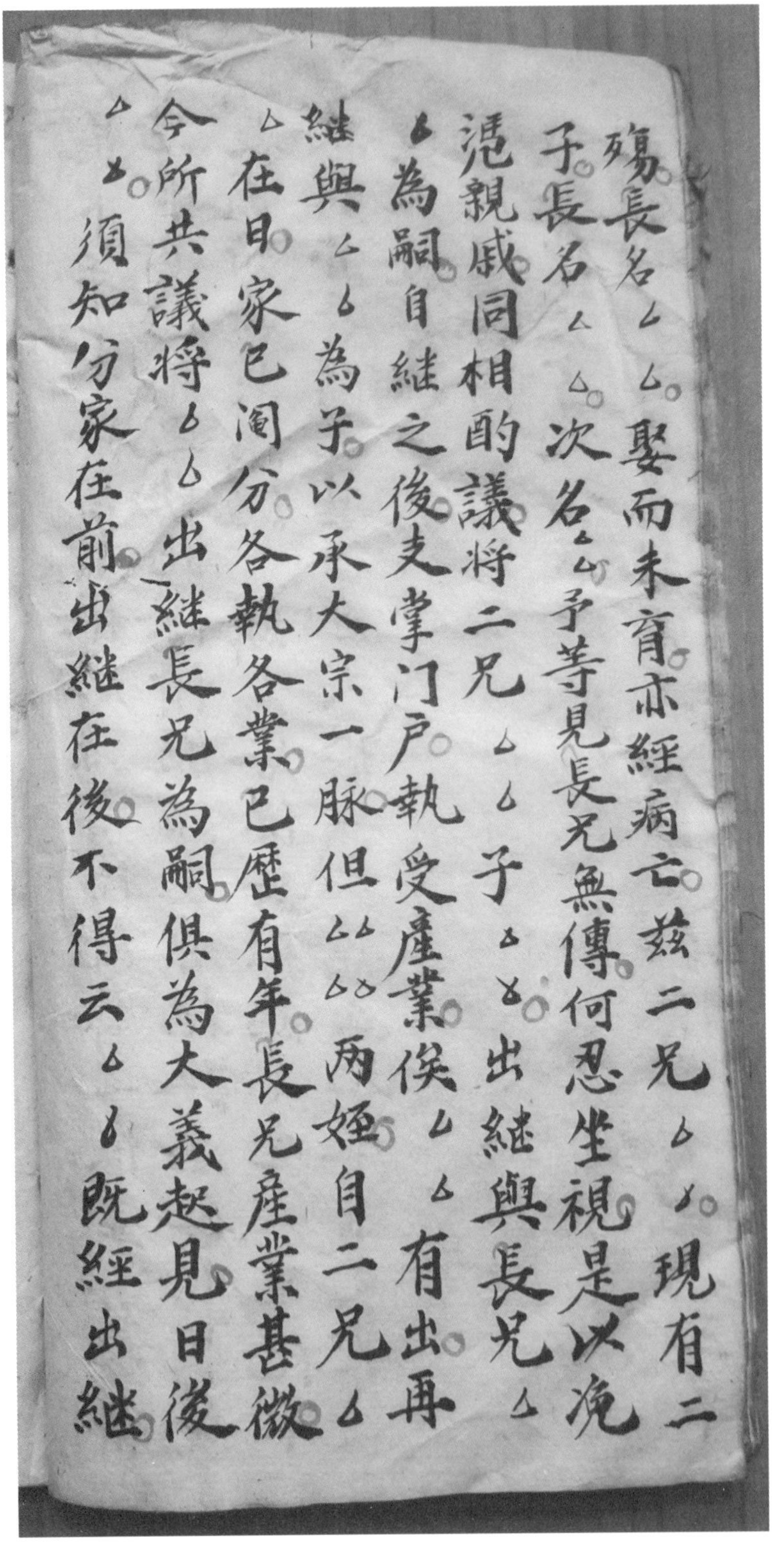
殤長名△△娶而未育亦經病亡茲二兒△△現有二
子長名△△次名△△予等見長兒無傳何忍坐視是以浼
浼親戚同相酌議將二兒△△子△△出繼與長兒△
△△為嗣自繼之後支掌門戶執受產業俟△△有出再
繼與△△為子以承大宗一脉但△△△△兩姪自二兒△
△在日家已阄分各執各業已歷有年長兒產業甚微
今所共議將△△出繼長兒為嗣俱為大義起見日後
△△須知分家在前出繼在後不得云△△既經出繼

或與爭論應得之業致傷乃父之心並違衆面之議伏
願螽斯蟄々瓜瓞綿々克昌厥後卜光大于吾門長發
其祥慶增榮于奕世則甚幸矣今欲有憑立此承繼文
書永遠存照

繼書式

立承繼文書人厶厶竊謂依律則不能盡情盡情則不
能依律今胞厶厶夙配嫡庚厶氏均育弄瓦未卜夢熊
按諸律文当着身之長子繩繼因此吾兄病入膏肓覺

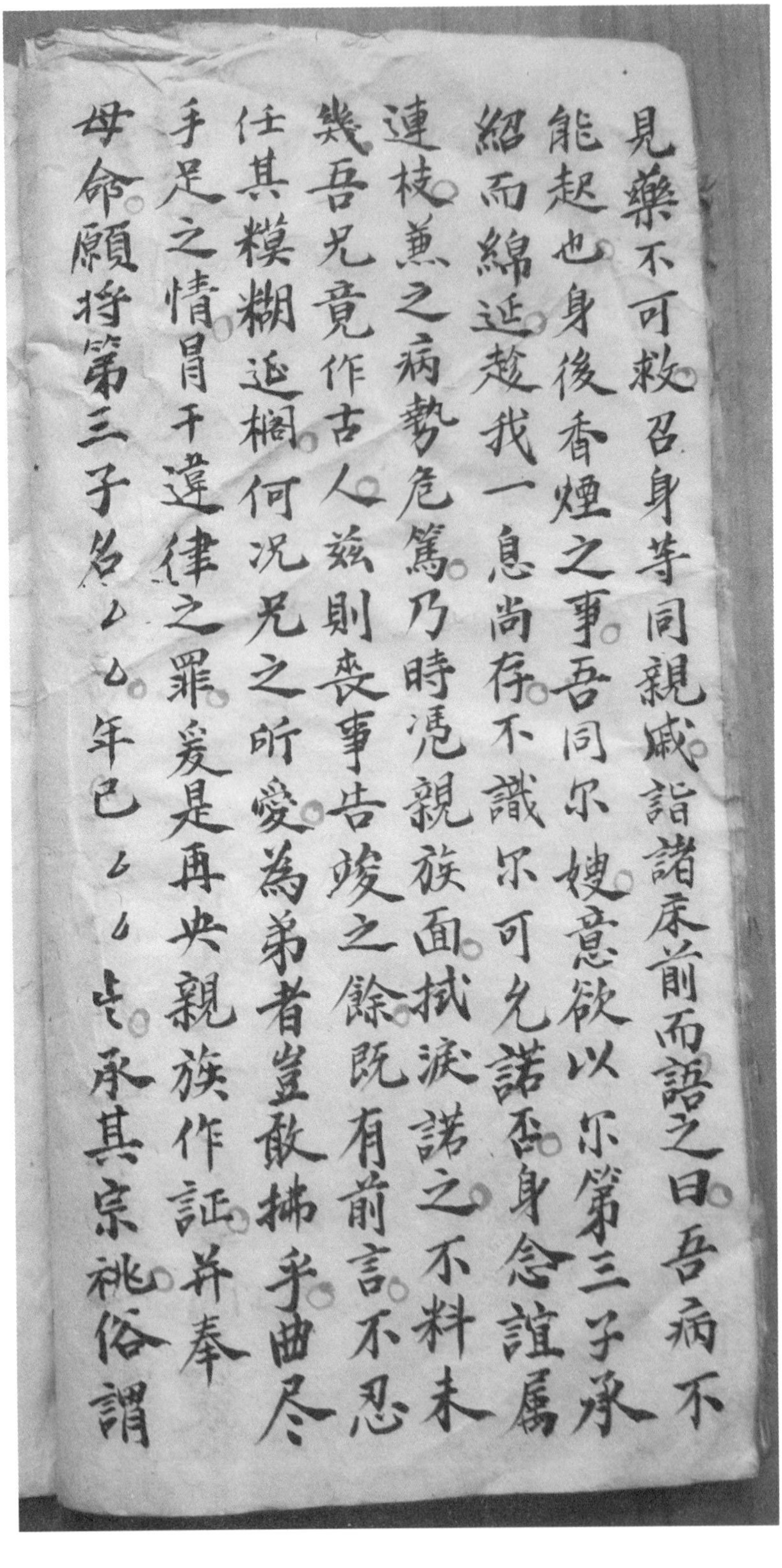
見藥不可救，召身等同親戚詣諸床前而語之曰：吾病不能起也，身後香煙之事，吾同尔嫂意欲以尔第三子承紹而綿延瓞，我一息尚存，不識尔可允諾否？身念誼屬連枝，兼之病勢危篤，乃時憑親族面拭淚諾之。不料未幾吾兄竟作古人，茲則喪事告竣之餘，既有前言，不忍任其模糊延擱，何況兄之所愛，為弟者豈敢拂乎？曲盡手足之情，冒干違律之罪，爰是再央親族作証，并奉母命，願將第三子名ㄙㄙ，年已ㄙㄙ歲，承其宗祧，俗謂

移花接木此時擇吉过房惟願承繼之後胞嫂撫吾子
如屬毛吾子事胞嫂為生母各盡其道两無遺憾勵志
成人卜吉完娶猶望後嗣繁昌多若螽斯之蟄蟄家声
丕振盛如瓜瓞之綿綿廣生發皆有凴依其為萬幸曷
可量哉此係两相情願并無反悔等情失口難凴立此
承繼文書永遠大發存照

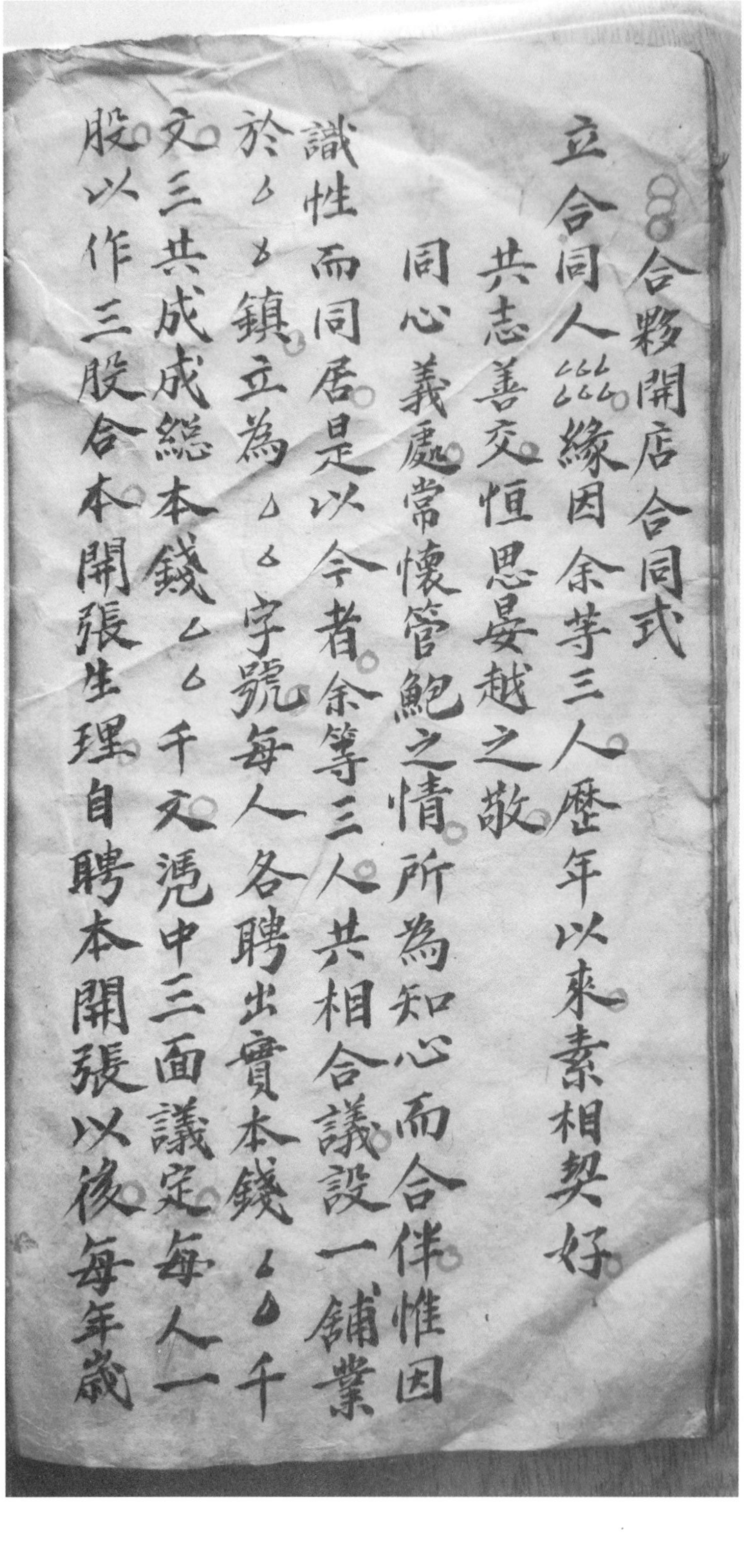

合夥開店合同式

立合同人厶厶緣因余等三人歷年以來素相契好

共志善交恒思晏越之敬

同心義處常懷管鮑之情所為知心而合伴惟因

識性而同居是以今者余等三人共相合議設一鋪業

於厶厶鎮立為厶厶字號每人各聘出實本錢厶厶千

文三共成成總本錢厶厶千文憑中三面議定每人一

股以作三股合本開張生理自聘本開張以後每年歲

首盤存或輸或贏俱依三股分派贏則不能偏多自與輸則不能私寡自派務須一体均匀並無異言再議以後如有不願合開者目下預議章程惟将店內貨物銀錢並舊傢伙折算查盤除盡所該虧項餘者照三股均派所不願合之股分務先聘與本店人受執如其不受方任另召他人至於外面賒出店賬如陳年歲暮未曾收起是以廢賬不能作本存算自議此合同以後三人各無異言皆如此議而行永無反悔生端也

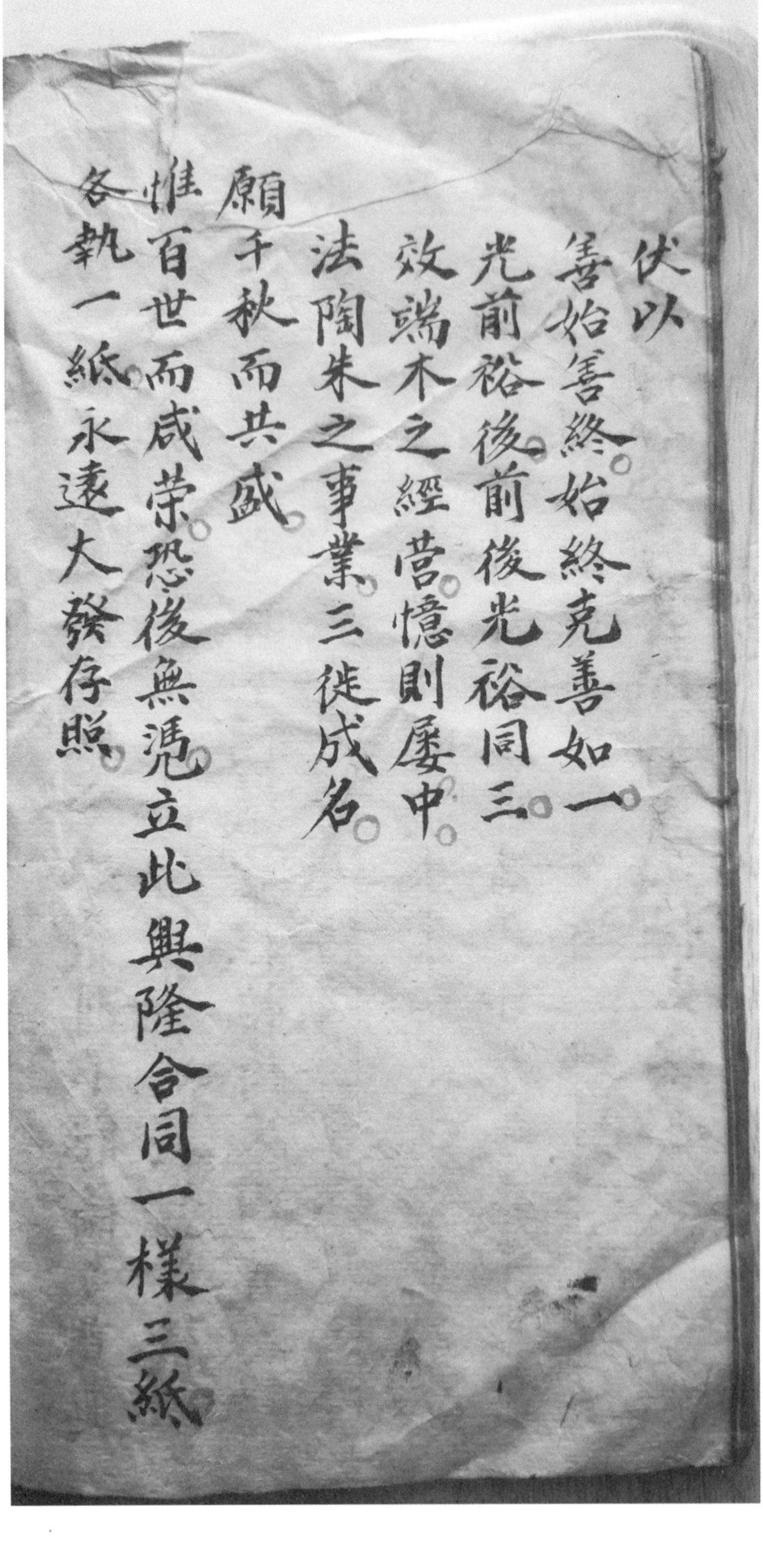
伏以
善始善終。始終克善如一。
光前裕後。前後光裕同三。
效端木之經營。億則屢中。
法陶朱之事業。三徙成名。
願千秋而共盛。
惟百世而咸榮。恐後無憑立此興隆合同一樣三紙
各執一紙。永遠大發存照。

合夥開店合同式

立議合同人厶厶厶緣因三人相契有年緬孔嬰之敬愛矣志全交懷鮑管之篤情真心結友所謂和衷以共事識志而同居當莫是過也今者同人互相酌議頂來糶貨粮食鋪業原在厶厶鎮厶厶立為厶厶字號每股聘出英洋厶厶元三股之中內厶厶一股厶厶一股厶厶一股合成三股總集店本洋蚨厶厶元正憑中三面議定聘合開設生理自後每逢年首盤存店本店中各鄉店户

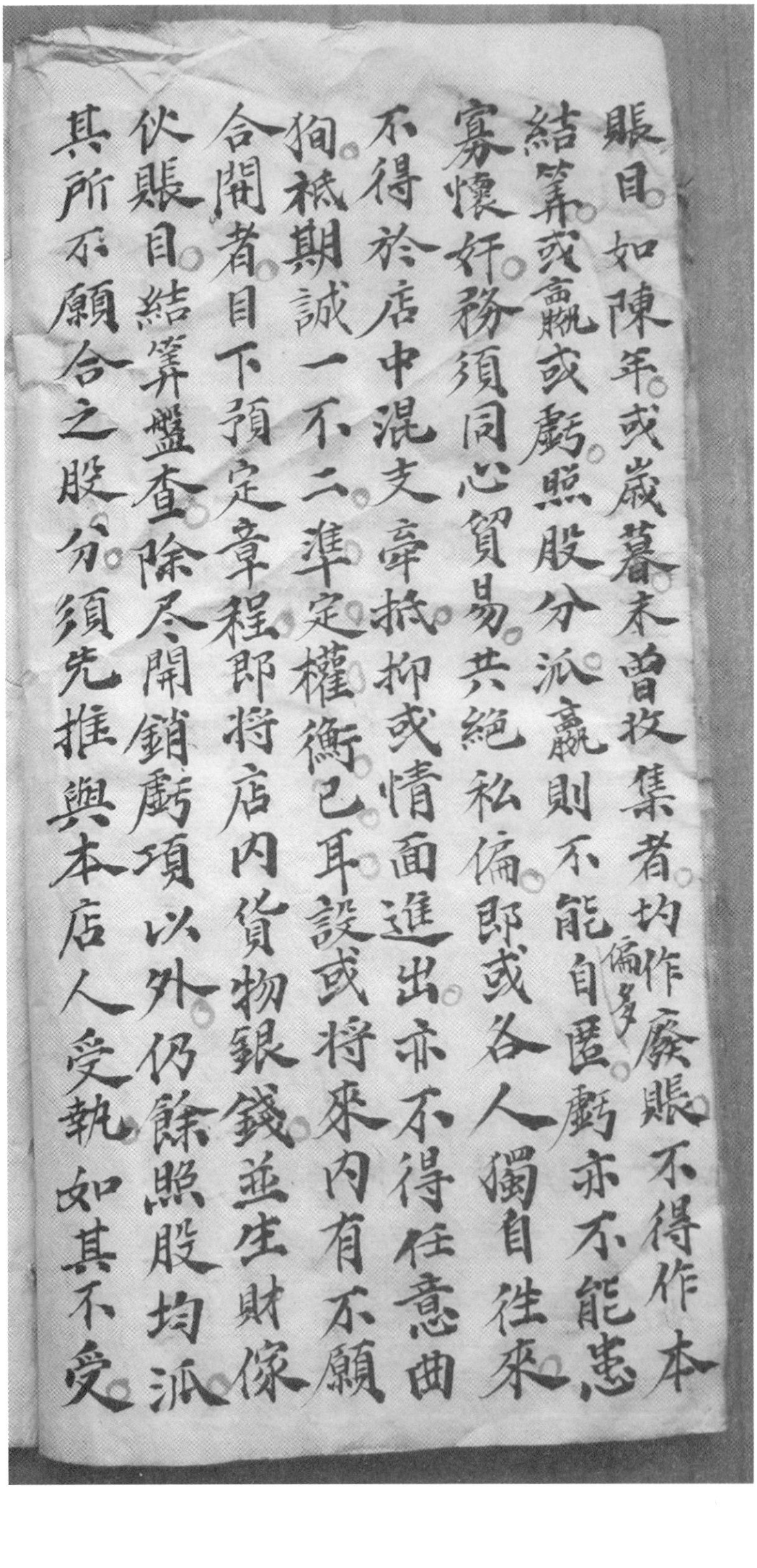
賬目如陳年或歲暮未曾收集者均作廢賬不得作本
偏多
結算或贏朒或虧照股分派贏則不能自匿虧亦不能患
寡懷奸務須同心貿易共絕私偏即或各人獨自往來
不得於店中混支牽扯抑或情面進出亦不得任意曲
徇祇期誠一不二準定權衡已耳設或將來內有不願
合開者目下預定章程即將店內貨物銀錢並生財傢
伙賬目結算盤查除盡開銷虧項以外仍餘照股均派
其所不願合之股分須先推與本店人受執如其不受

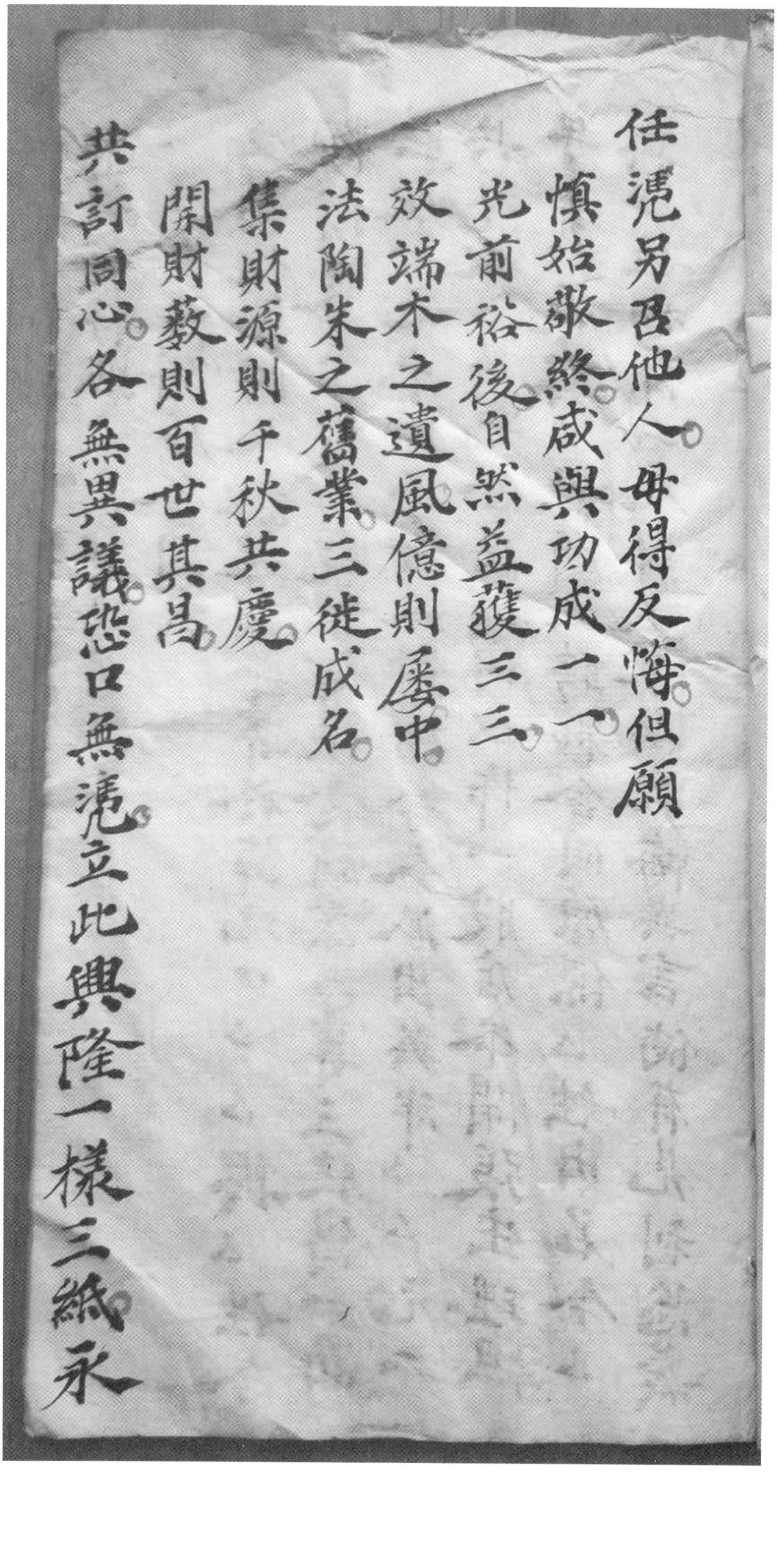
任凴另召他人毋得反悔但願
愼始敬終咸與功成一一
光前裕後自然益獲三三
效端木之遺風億則屢中
法陶朱之舊業三徙成名
集財源則千秋共慶
開財藪則百世其昌
共訂同心各無異議恐口無凴立此興隆一樣三紙永

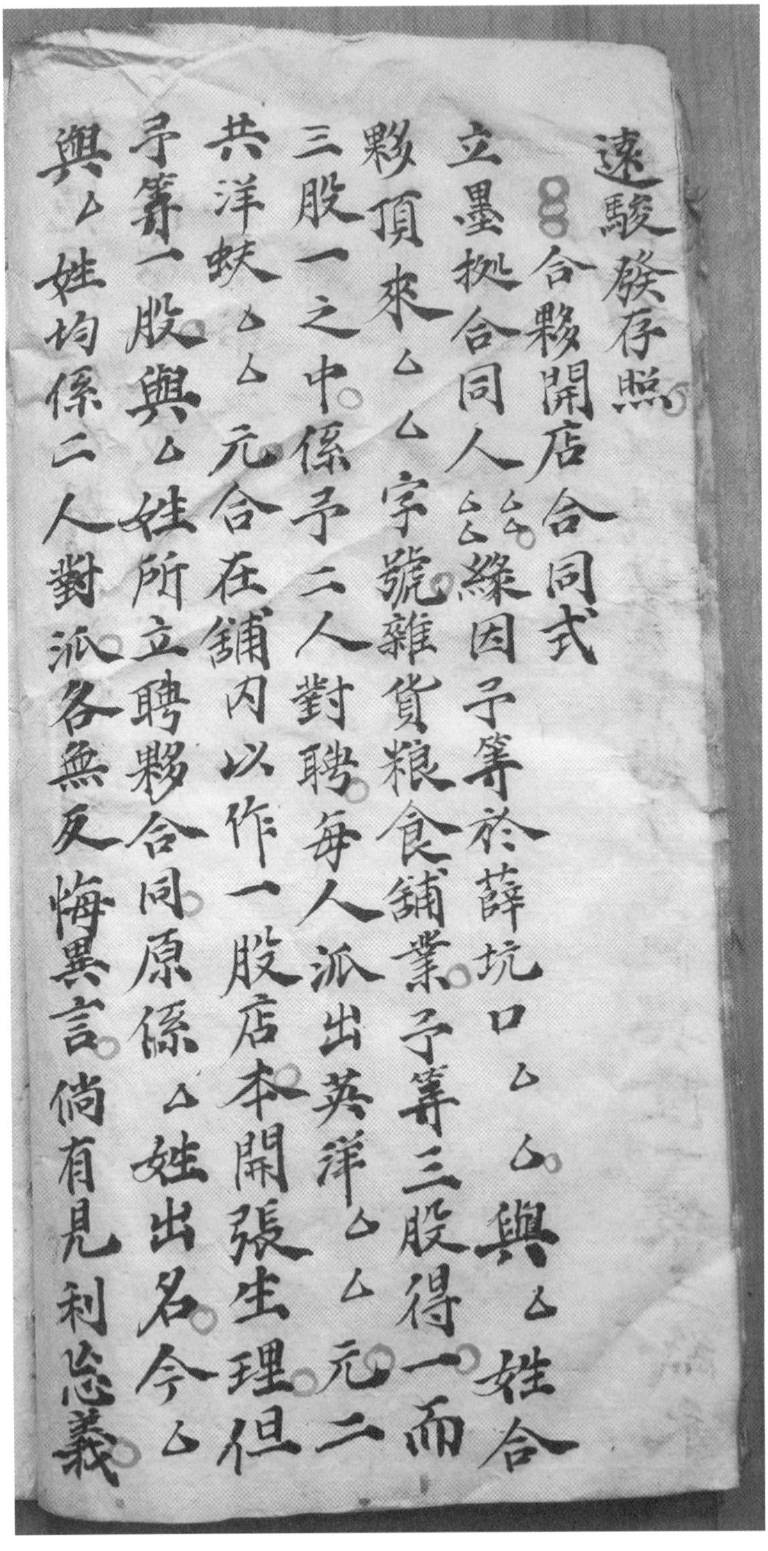
遠駿發存照
○○合夥開店合同式
立墨拠合同人△△△△緣因予等於薛坑口△△與△姓合
夥頂來△△字號雜貨粮食鋪業予等三股得一而
三股一之中係予二人對聘每人派出英洋△△元二
共洋蚨△△元合在鋪内以作一股店本開張生理但
予等一股與△姓所立聘夥合同原係△姓出名今△
與△姓均係二人對派各無反悔異言倘有見利忘義

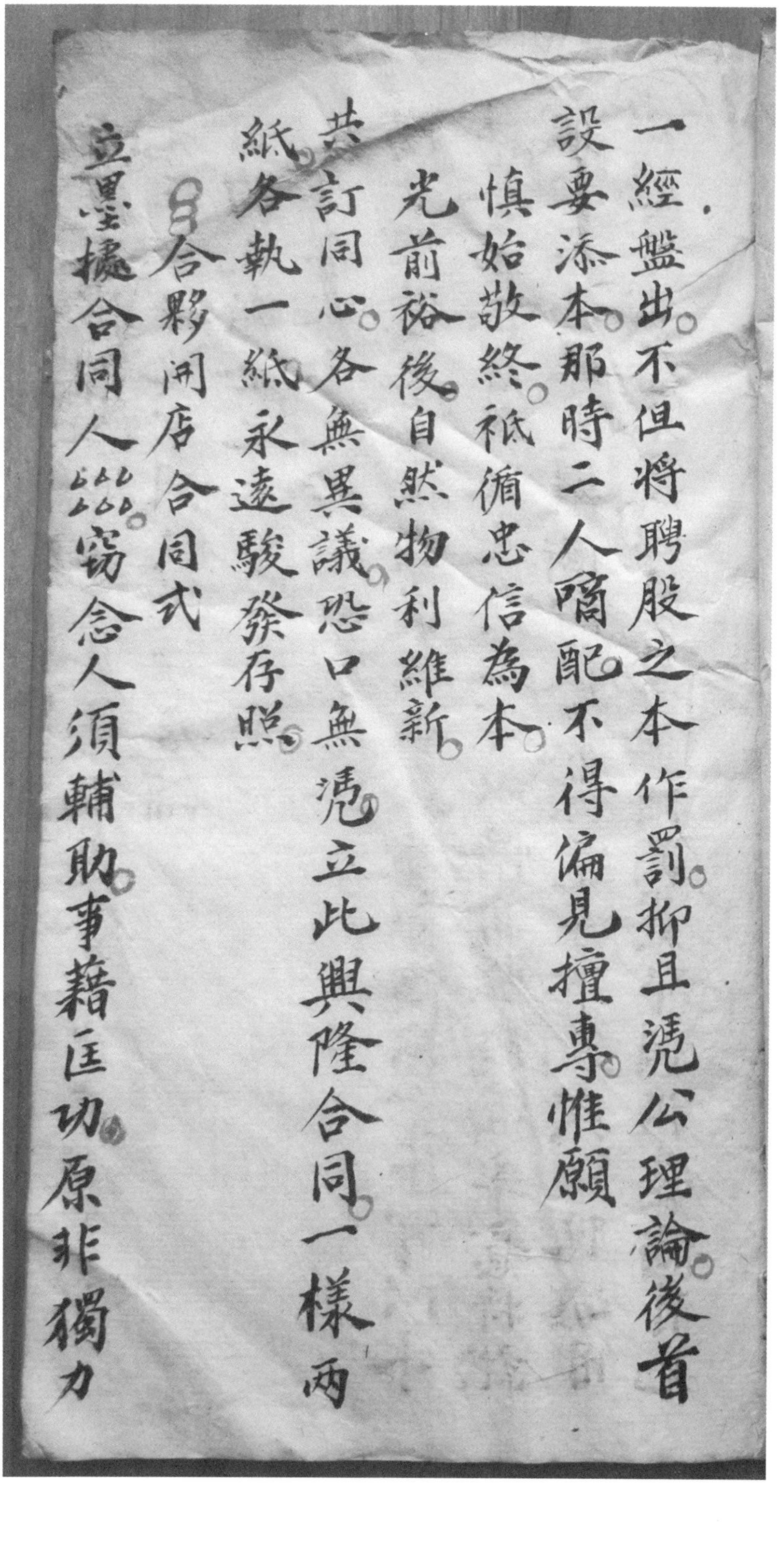
一經盤出不但將聘股之本作罰抑且憑公理論後首
設要添本那時二人商配不得偏見擅專惟願
慎始敬終祇循忠信為本
光前裕後自然物利維新
共訂同心各無異議恐口無憑立此興隆合同一樣兩
紙各執一紙永遠駿發存照
合夥開店合同式
立墨據合同人△△△△△△窃念人須輔助事藉匡功原非獨力

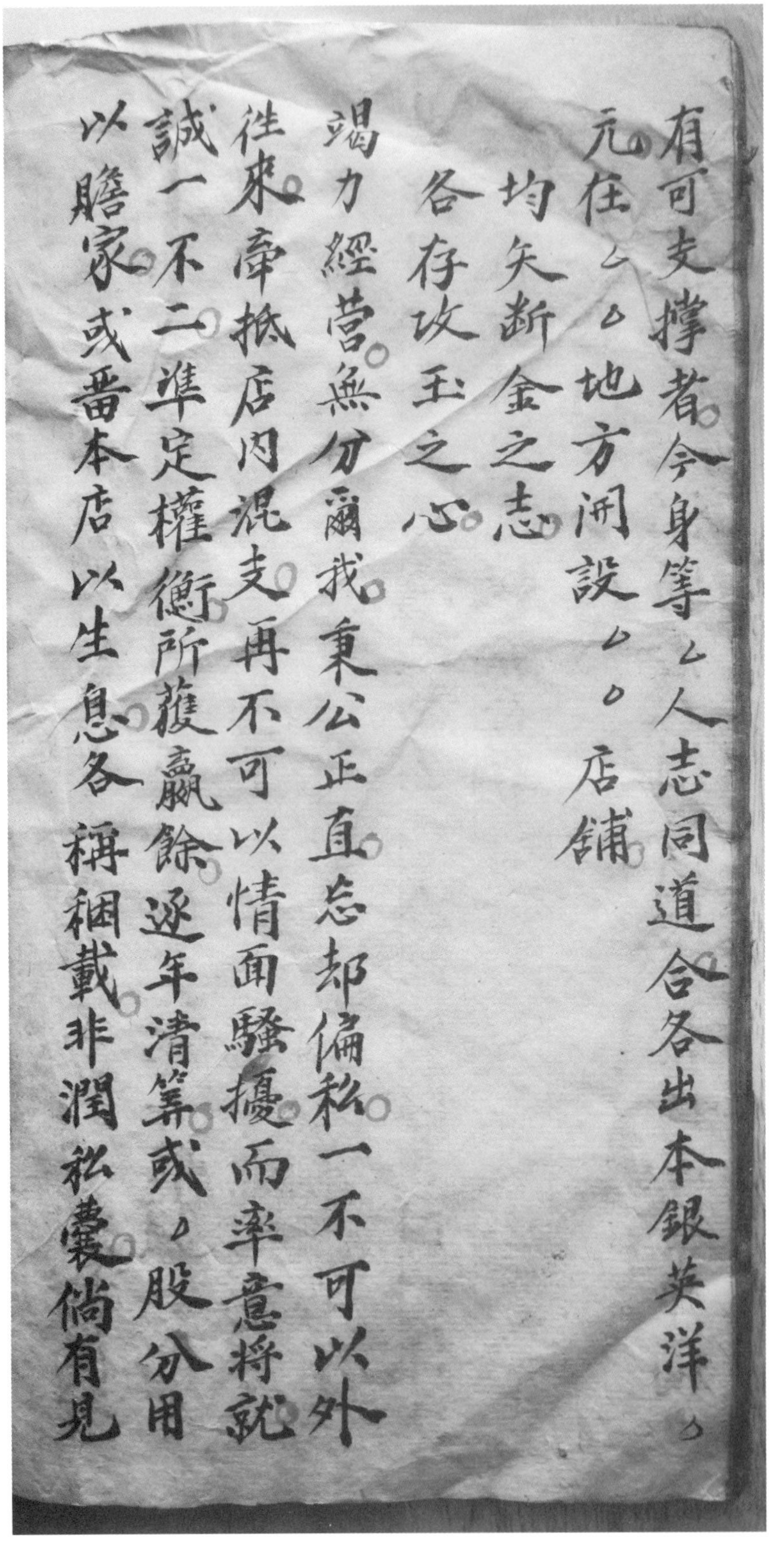
有可支撐者今身等ㄙ人志同道合各出本銀英洋ㄙ
元在ㄙㄙ地方開設ㄙㄙ店鋪
均矢斷金之志
各存攻玉之心
竭力經營無分爾我秉公正直忘却偏私一不可以外
往來牽抵店内混支再不可以情面騷擾而率意將就
誠一不二準定權衡所獲贏餘逐年清算或ㄙ股分用
以贍家或畱本店以生息各稱稛載非潤私囊倘有見

利忘義等情一經查出不但將該股本洋作罰抹衆出
店抑且于本鎮須要放炮聲名至於後首或則添本之
餘乃時々股當面邀同嘀配棹用夥計亦不得一二人
以偏見擅專惟願善始善終同人豐豫者矣恐口無凴
立此與隆合同一樣々紙各執一紙永遠鴻發存照

議單式

立成議單人 厶 厶 仝今議到
厶名下開設薛坑口厶厶粮食襍貨店一業爰因本東

下编　《新旧碎锦杂录》原件

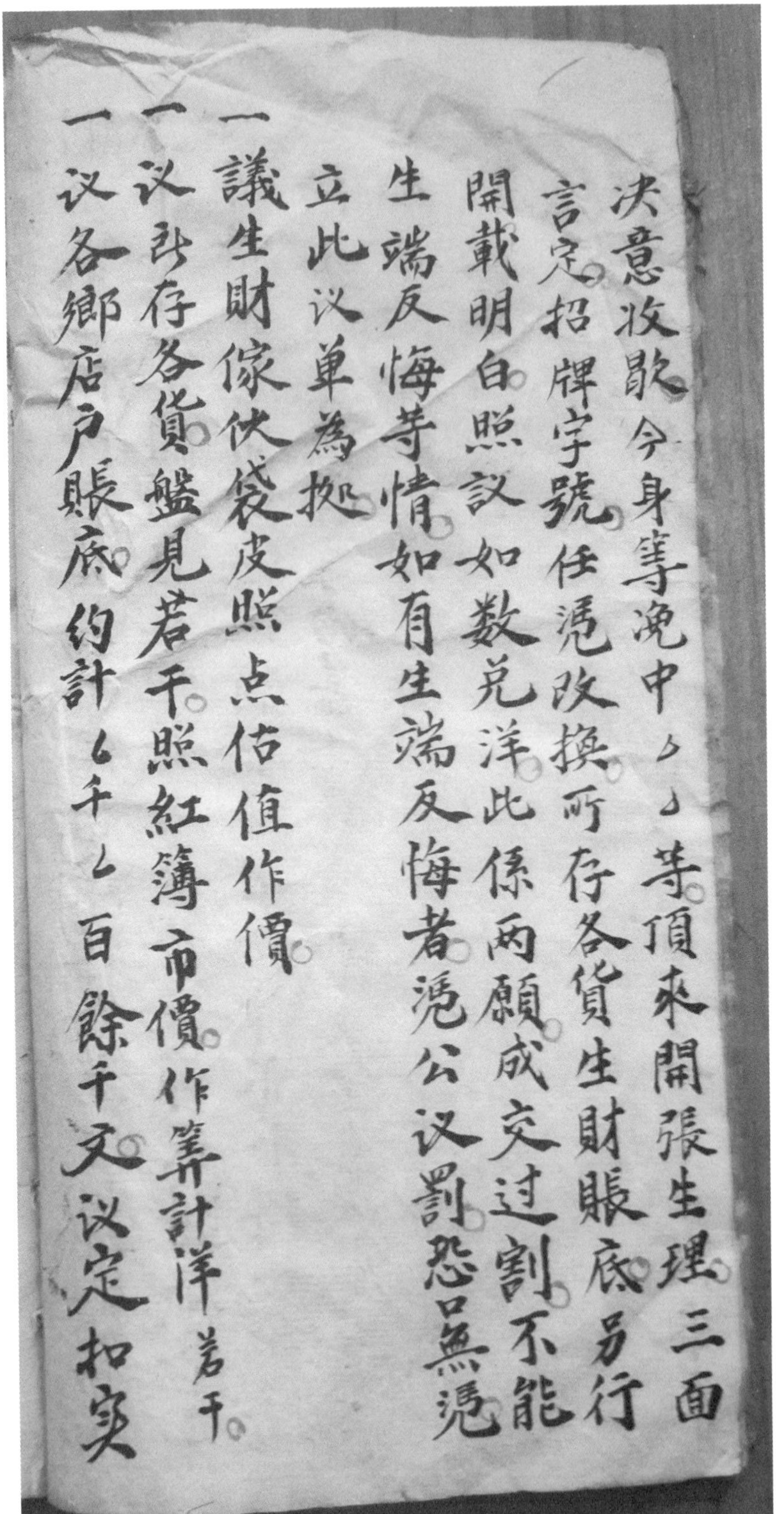
決意收歇今身等浼中厶厶等頂來開張生理三面
言定招牌字號任憑改換所存各貨生財賬底另行
開載明白照议如数兑洋此係两願成交过割不能
生端反悔等情如有生端反悔者憑公议罰恐口無憑
立此议單為據
一議生財傢伙袋皮照点估值作價
一议所存各貨盤見若干照紅簿市價作算計洋若干
一议各鄉店户賬底約計厶千厶百餘千文议定扣实

英洋ㄙ百元照兑清楚其賬任凭頂替人收取無異

一议字号招牌任凭改换交易如不改换另增ㄙ記二字並無異议

一议自ㄙㄙ占年终以前往来客項存款與成項人無涉

一议本东店屋租金面议每年大土ㄙㄙ千文立摺按季支取不得短少

以上六款议定照行該洋数目当日凭中过付清楚不得異説

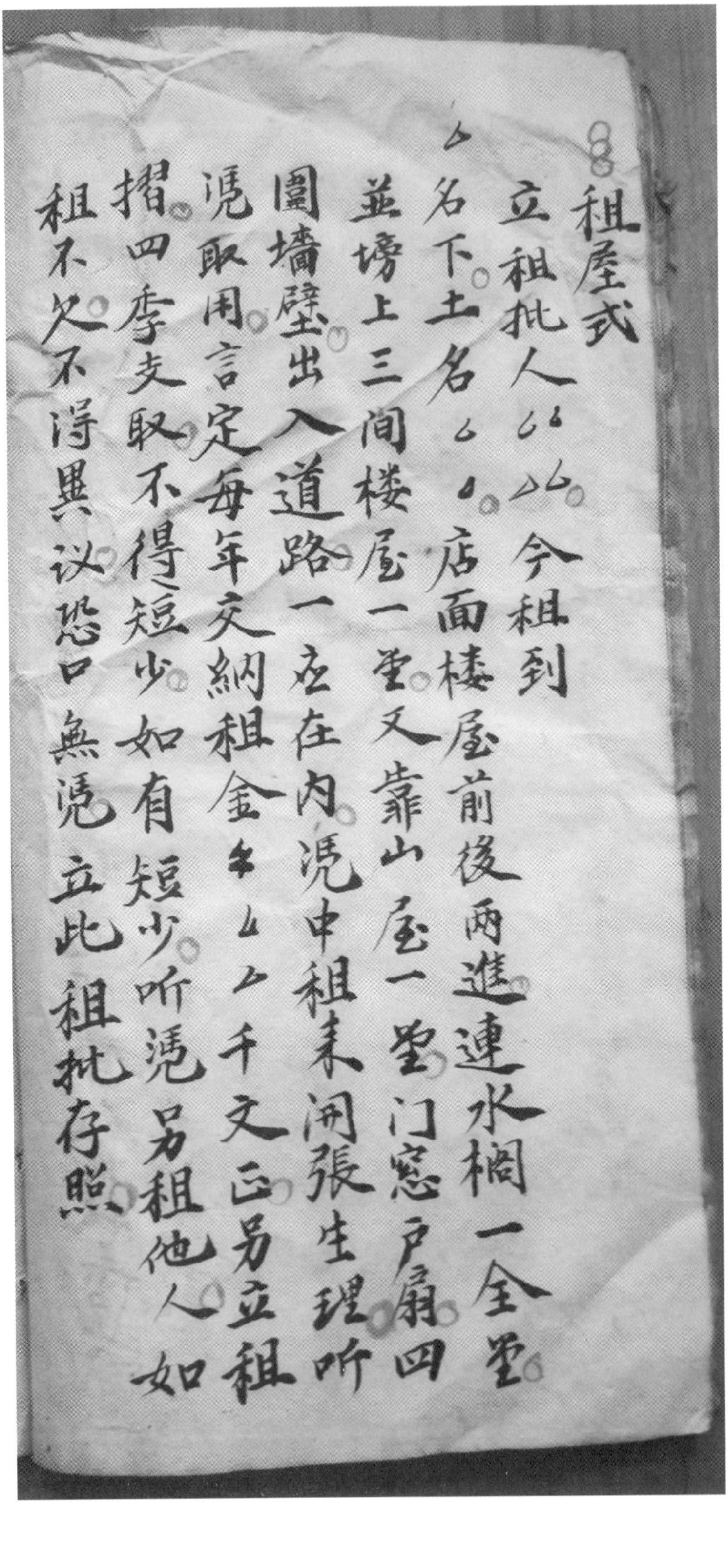

租屋式

立租批人ㄙㄙ今租到

ㄙ名下土名ㄙㄙ店面楼屋前後兩進連水閣一全堂並塝上三间楼屋一堂又靠山屋一堂门窗户扇四圍墻壁出入道路一应在内凴中租未開張生理听凴取用言定每年交納租金ㄙㄙㄙ千文正另立租摺四季支取不得短少如有短少听凴另租他人如租不欠不得異议恐口無凴立此租批存照

當付押租錢ㄙㄙ千文不租之日一並退还又照

鬮書式

竊思童子無知必藉發蒙之力師承具在当嚴就正之功今我敝村有堂一所名曰ㄙㄙ昔人建以訓誨小子者也栽花木以芬芳聯堪遣興睹鳥魚之飛躍愈足移情園内縱無奇葩把玩克助哦吟之意池中得少佳趣敘談能增悅豫之思對景物而多姿讀書最樂撫幼稺之寡識擇傳尤勤兹闻

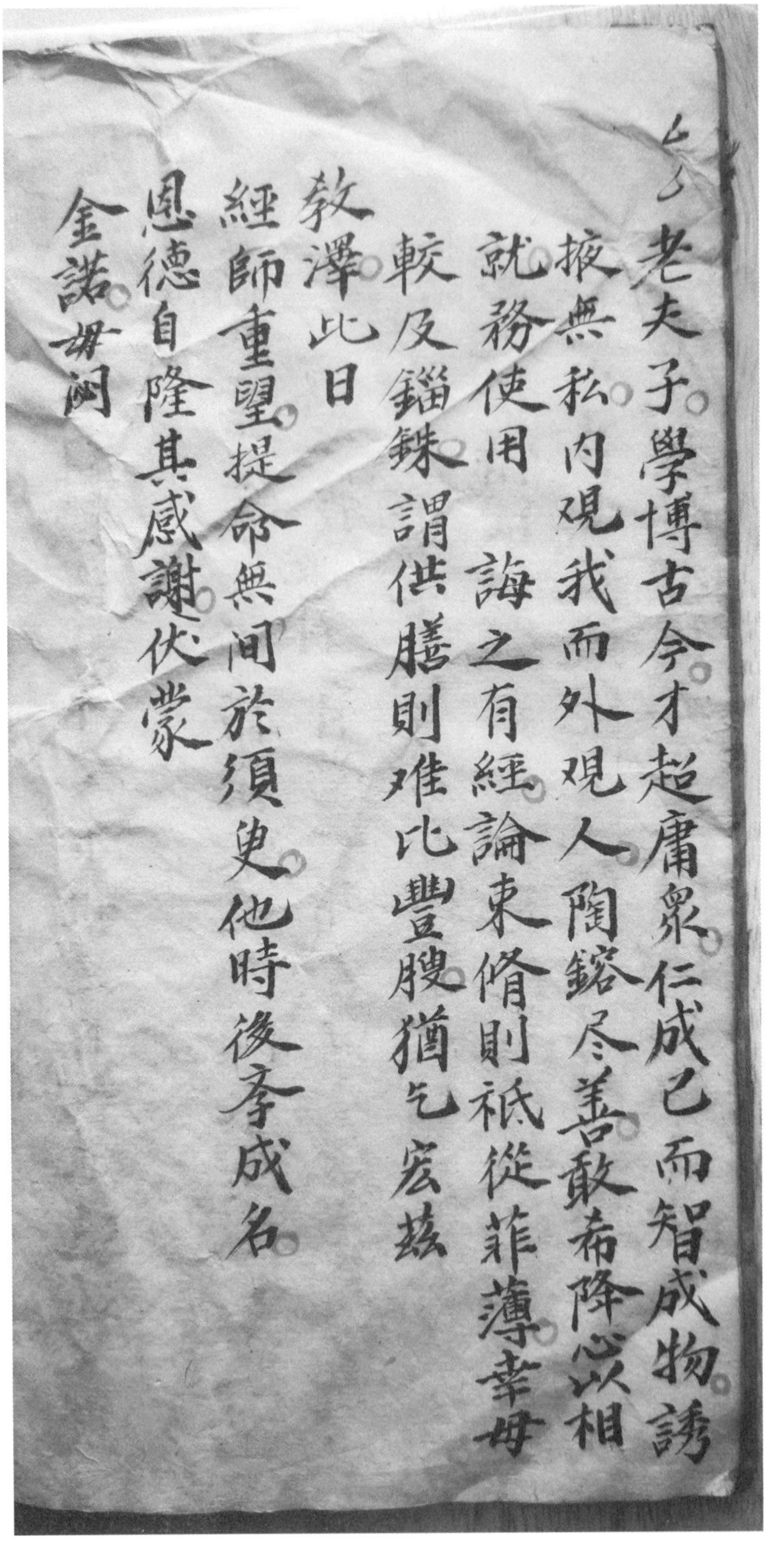

厶厶老夫子學博古今才超庸衆仁成己而智成物誘
掖無私内觀我而外觀人陶鎔盡善敢希降心以相
就務使用 誨之有經論束脩則祇從菲薄幸毋
較及錙銖謂供膳則难比豐腴猶乞宏兹
教澤此日
經師重望提命無间於須臾他時後李成名
恩德自隆其感謝伏蒙
金諾毋閒

玉音昌勝榮幸之至
謹將小子姓名並脩金開列於後
關書式
立斈關書人△△竊見蒙養未端藉先知以作聖師
資預定啟後覺以希賢于是僉謀共議敬請△△岂
請到
△先生提醒迷途揭開灵竅廣使斈習之必端圖令斈
業之有間愧無厚俸仰冀海涵謹以諸生姓名束脩

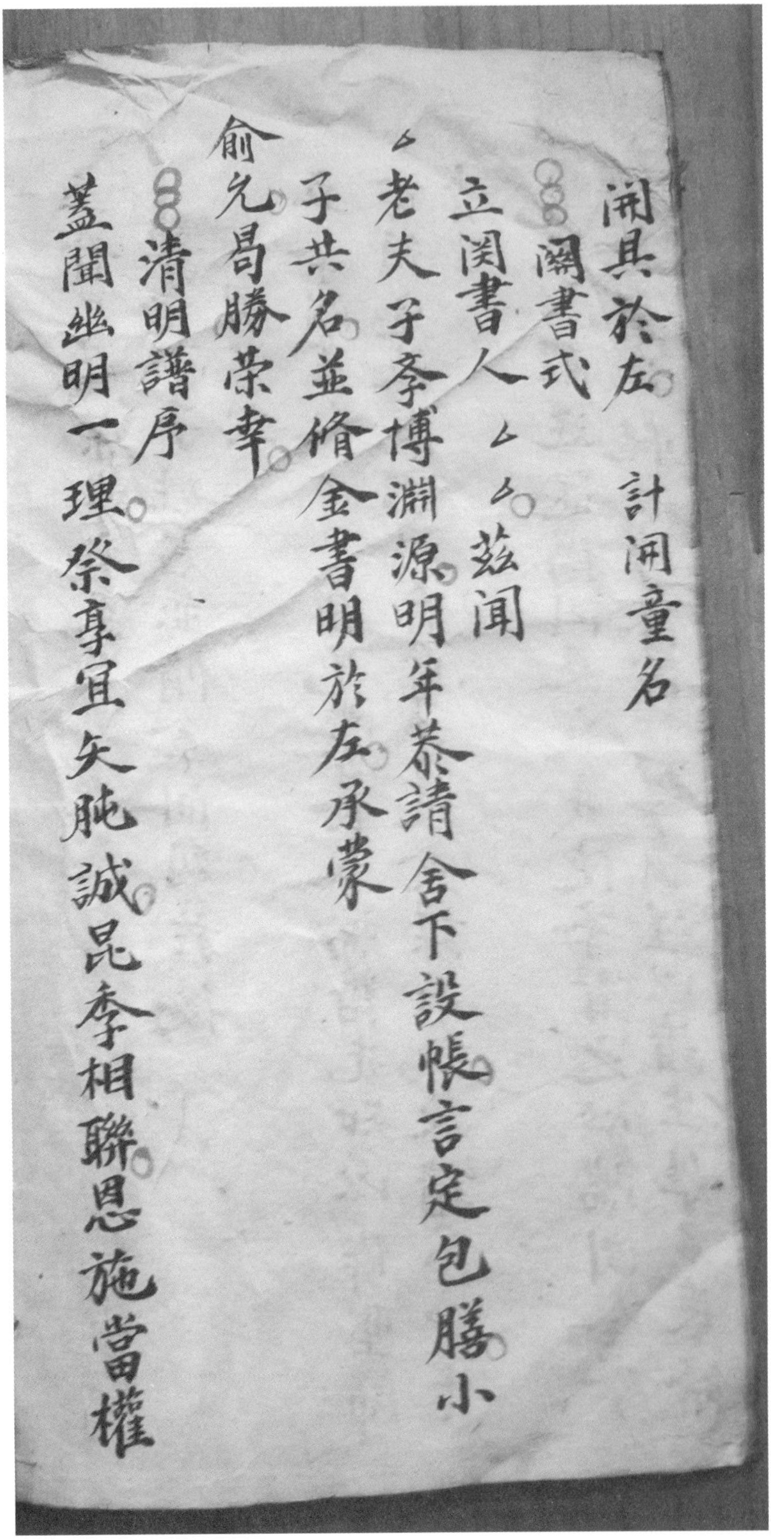

開具於左　計開童名

闗書式

立関書人厶厶　厶厶茲聞

厶老夫子李博淵源明年恭請舍下設帳言定包膳小

子共名並脩金書明於左承蒙

俞允曷勝榮幸

清明譜序

蓋聞幽明一理祭享宜矢肫誠昆季相聯恩施當權

最要今立標祀一會本擬圖其久常常而欲成之以
暫者何也伏思
顯考ㄙㄙ公生予等兄弟四人長曰ㄙㄙ子卜河東之
伯仲次曰ㄙㄙ嗣占宗氏之郊祁三曰ㄙㄙ業經三弄其
璋而予名ㄙㄙ行居第四雖已偶配未卜夢蘭茲蒙
三兄ㄙㄙ念予年越五旬尚艱繞膝爰囑其次子名
ㄙㄙ主身後嗣甲申之歲已擇吉過房似此繼衍瓜
綿謀詒燕翼藟縈葛庇慶誌叅斯其樂曷可勝言哉柰

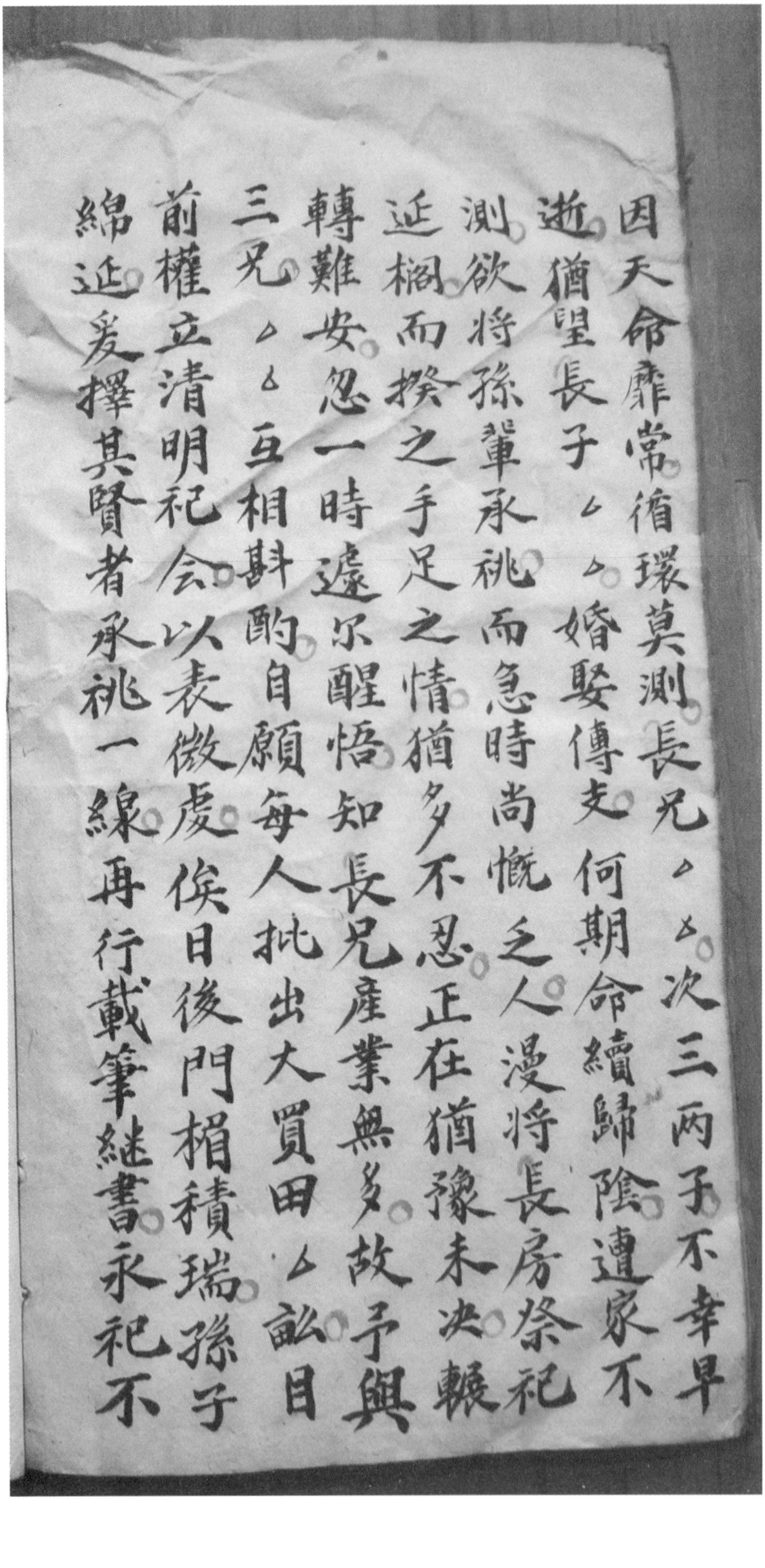

因天命靡常循環莫測長兄〻〻次三兩子不幸早
逝猶望長子〻〻婚娶傳支何期命續歸陰遺家不
測欲將孫輩承祧而急時尚慨乏人漫將長房祭祀
延擱而揆之手足之情猶多不忍正在猶豫未決輾
轉難安忽一時遽尔醒悟知長兄產業無多故予與
三兄〻〻互相斟酌自願每人抽出大買田〻畝目
前權立清明祀会以表微處俟日後門楣積瑞孫子
綿延爰擇其賢者承祧一線再行載筆繼書永祀不

忒是以各撿稅簿立喚稅書將所批之田稅同撥於
厶厶戶內夫解輸粮并該田租暫歸厶厶清明挨年
值首收執日後有人定繼予與三兄批出之田毋得
退回及長房遺剩微產一概当交承嗣長房門戶香
煙人經管永無異議夫如是非但予等之幸抑亦先
兄之幸也已爰贅弁言以待後人之規鑒

四房厶厶拜題并書

二房

三房　仝校裝訂

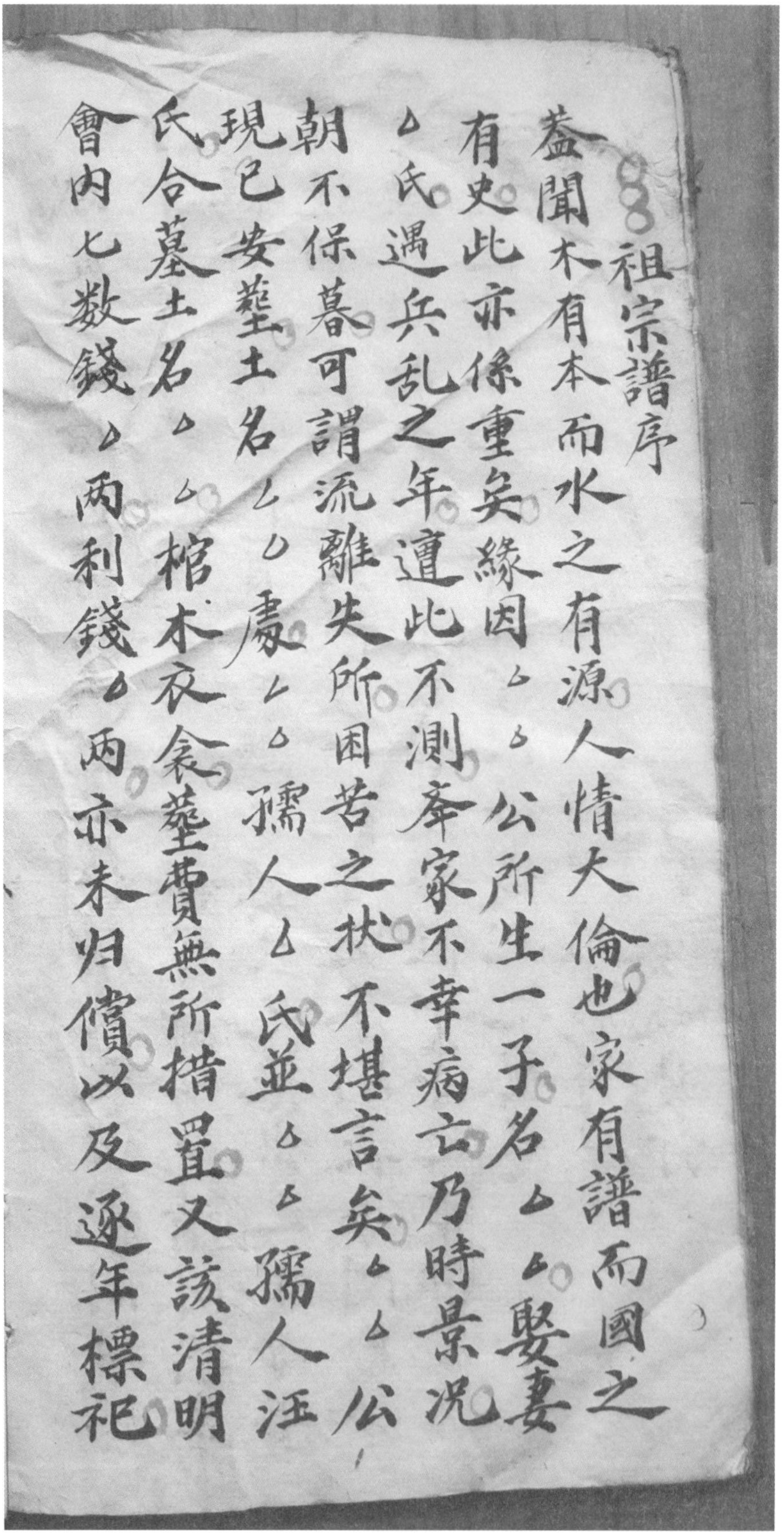
祖宗譜序

蓋聞木有本而水之有源人情大倫也家有譜而國之有史此亦係重矣緣因厶厶公所生一子名厶厶娶妻厶氏遇兵乱之年遭此不測奔家不幸病亡乃時景況朝不保暮可謂流離失所困苦之状不堪言矣厶厶公現已安塟土名厶厶處厶厶孺人厶氏並厶厶孺人汪氏合墓土名厶厶棺木衣衾塟費無所措置又該清明會內七數錢厶兩利錢厶兩亦未归償以及逐年標祀

苦無出息以上等項还賬支消皆蒙厶厶承直归楚奈
因厶厶祖遺家産甚微只存土名厶厶山一片又土名
厶厶山一片又土名厶厶地一片又土名厶厶灶下基
地楼下四股之一衆面相酌此業公估不及幾何是以
衆議相勸厶厶念在一脉相傳将四處山地照祖遺地
界為規尽交厶厶為業両不相校並無異言再将厶厶
公支下數代世系附載於後以諭後世者方知始終本
末之源是為序

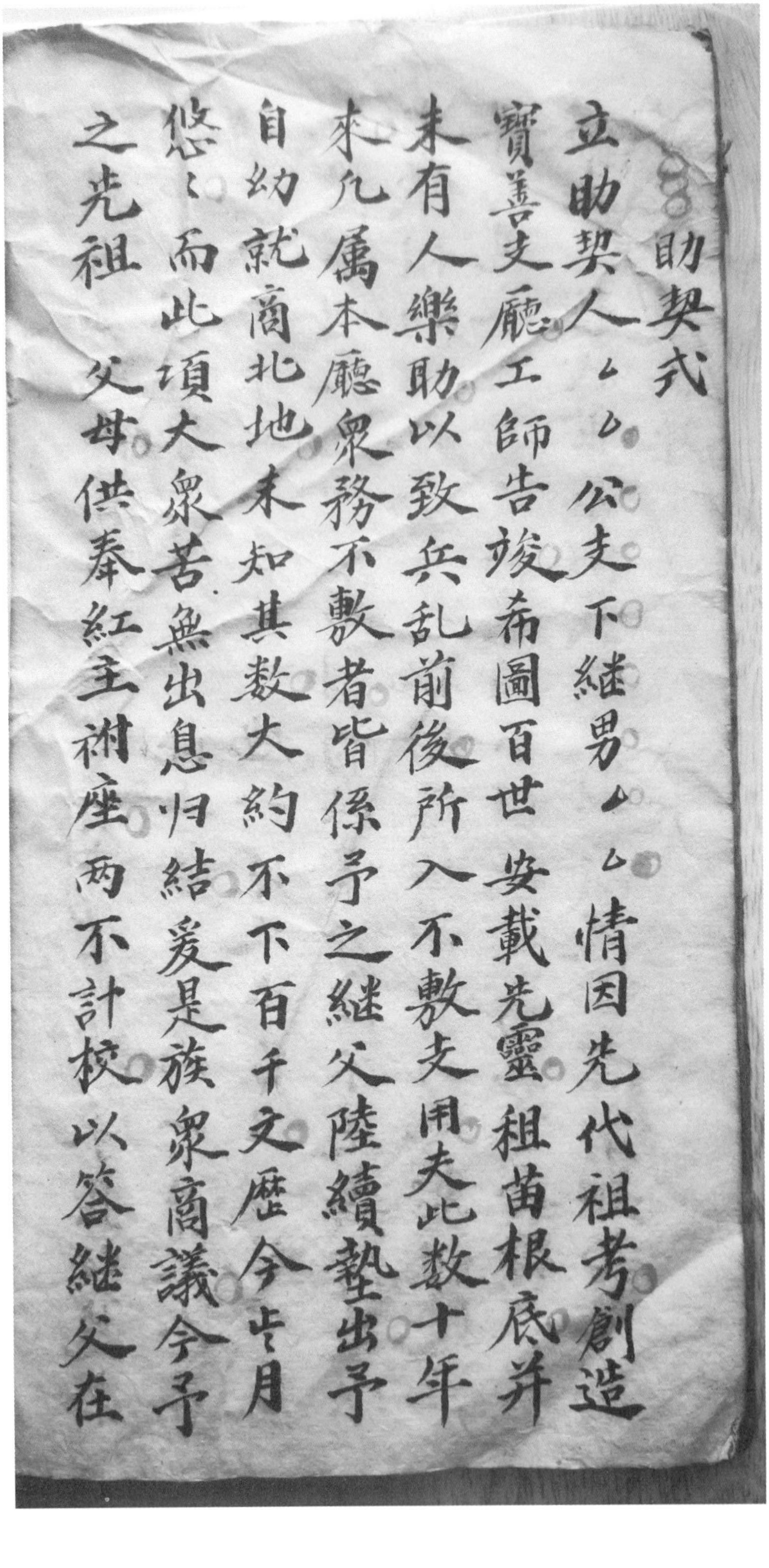
助契式

立助契人ㄙㄙ公支下繼男ㄙㄙ情因先代祖考創造

寶善支廳工師告竣希圖百世安載先靈祖苗根底并

未有人樂助以致兵乱前後所入不敷支用夫此数十年

來凡屬本廳衆務不敷者皆係予之繼父陸續墊出予

自幼就商北地未知其数大約不下百千文歷今ㄙ月

悠悠而此項大衆苦無出息归結爰是族衆商議今予

之先祖父母供奉紅主祔座兩不計校以答繼父在

日一生尽瘁眾務之心至於今日大眾促予所助之祖
一則因為继父之庶配△氏扶正再則以立継
父母長生禄位神主上廳似此生順死安两無遺憾是
以趁此 祖母同本生 父命予承祧伯父之日継书
載筆当列位眾面願将継父自置之業△千△百△十
號計田税△△正又将△字△千△十號計田税△畝
正土名△△以上共田△號其四至税額均照買時契
劵憑中立契出助與

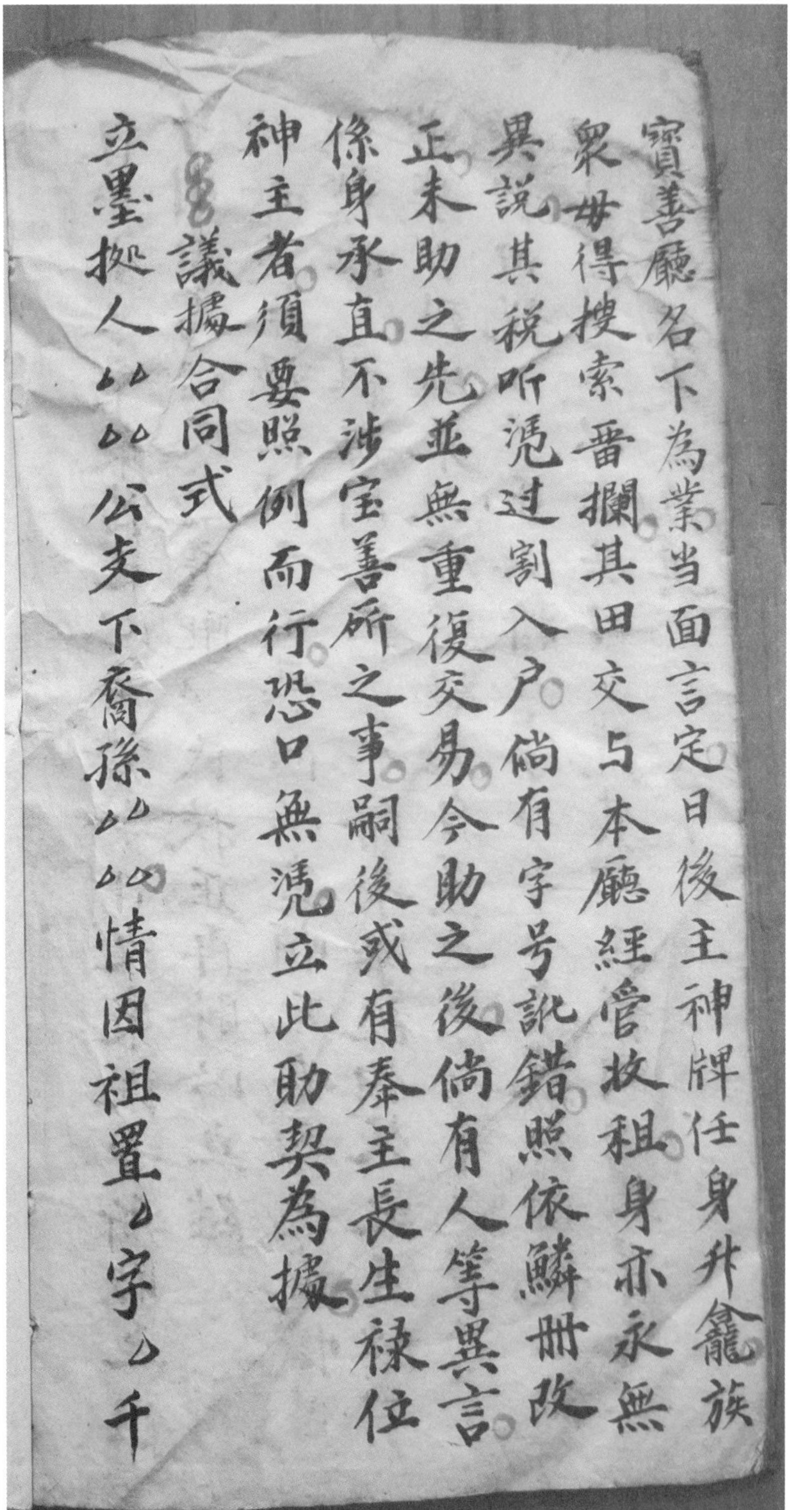
寶善廳名下為業当面言定日後主神牌任身升龕族
衆毋得搜索番攔其田交与本廳經管收租身亦永無
異説其税听凴过割入户倘有字号訛錯照依鱗册改
正未助之先並無重復交易今助之後倘有人等異言
係身承直不涉宝善所之事嗣後或有奉主長生祿位
神主者須要照例而行恐口無凴立此助契為據
議據合同式
立墨拠人ㄙㄙ公支下裔孫ㄙㄙ情因祖置ㄙ字ㄙ千

ㄙ十號計山稅ㄙ分ㄙ厘土名ㄙ處之業乃時稅畝非
但立有祖字稅譜抑且該業四至亦有参契載明子孫
什襲而藏殊甚永無異説不意咸豐末年粤匪竄乱
斯境舉家飄蕩流離而該業契據稅譜等憑亦尽遭廢
烏有誠恐日後異姓貪吉混佔于ㄙㄙ年適身新立稅
譜并將該業稅畝字號寄録ㄙㄙ户上以便国課上輸更
慮世遠年湮猶恐反面為非大衆趂此彼知我覺是以
浼中編立合同雖老稅譜已遭煨燼遺亡而此業不致

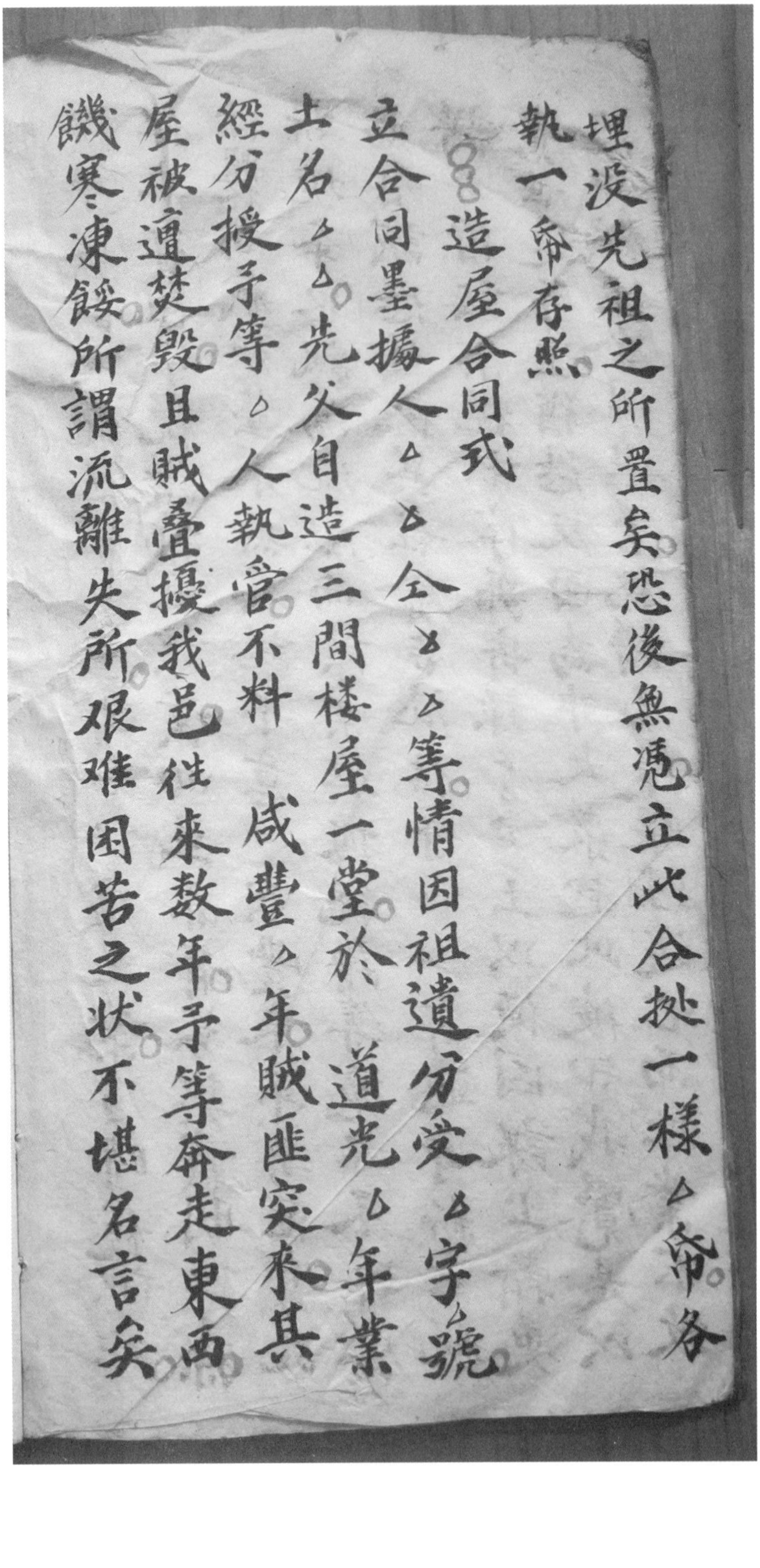

埋沒先祖之所置矣恐後無憑立此合挆一樣△帋各
執一帋存照
造屋合同式
立合同墨據人△△仝△△等情因祖遺分受△字號
土名△△先父自造三間楼屋一堂於道光△年業
經分授子等△人執管不料咸豐△年賊匪突來其
屋被遭焚毀且賊疊擾我邑往來數年子等奔走東西
饑寒凍餒所謂流離失所艰难困苦之狀不堪名言矣

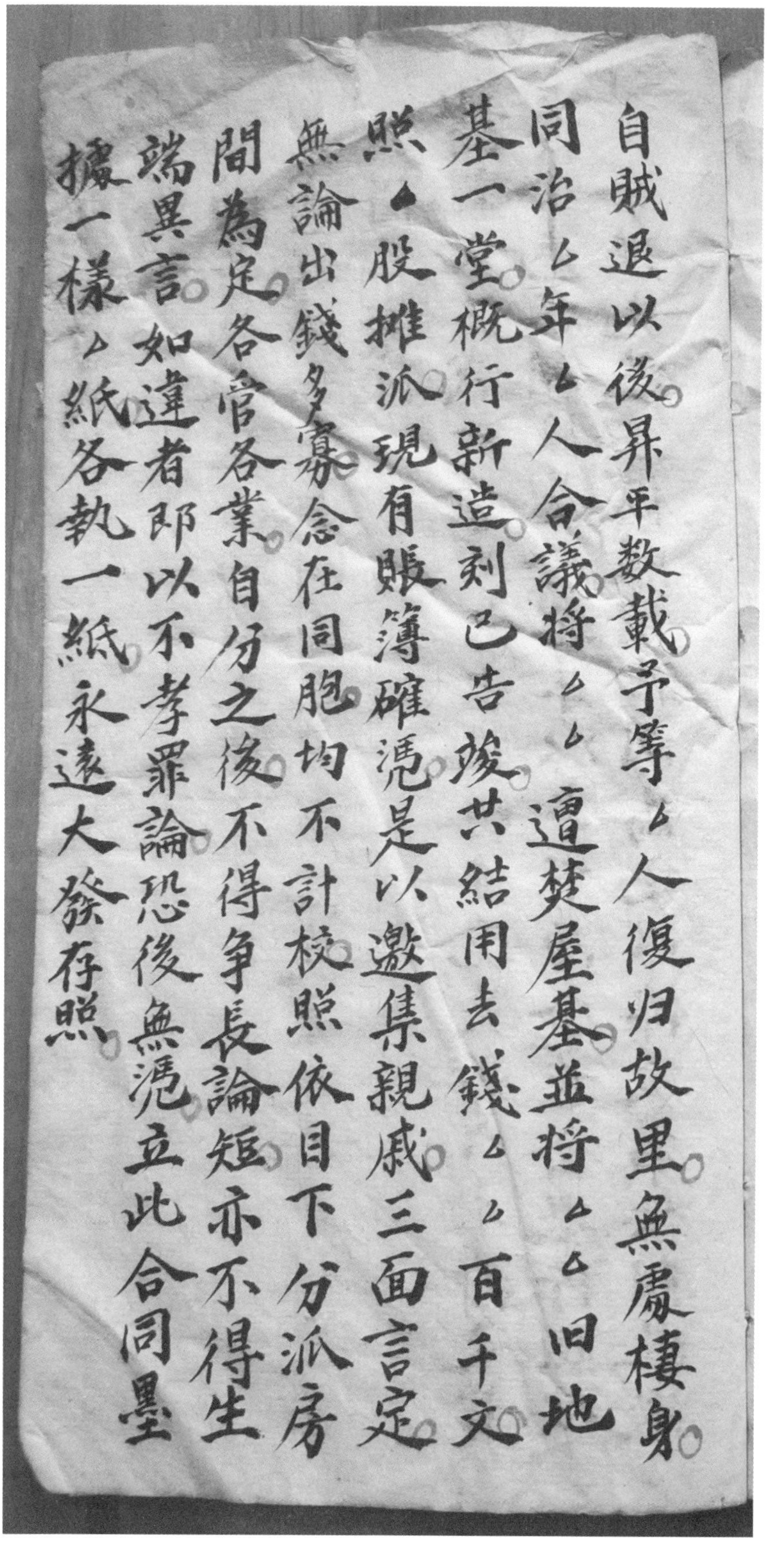
自賊退以後昇平数載予等厶人復归故里無處棲身
同治厶年厶人合議將厶厶遭焚屋基並將厶厶旧地
基一堂概行新造刻已告竣共結用去錢厶厶百千文
照厶股攤派現有賬簿確憑是以邀集親戚三面言定
無論出錢多寡念在同胞均不計較照依目下分派房
間為定各管各業自分之後不得爭長論短亦不得生
端異言如違者即以不孝罪論恐後無憑立此合同墨
據一樣厶紙各執一紙永遠大發存照

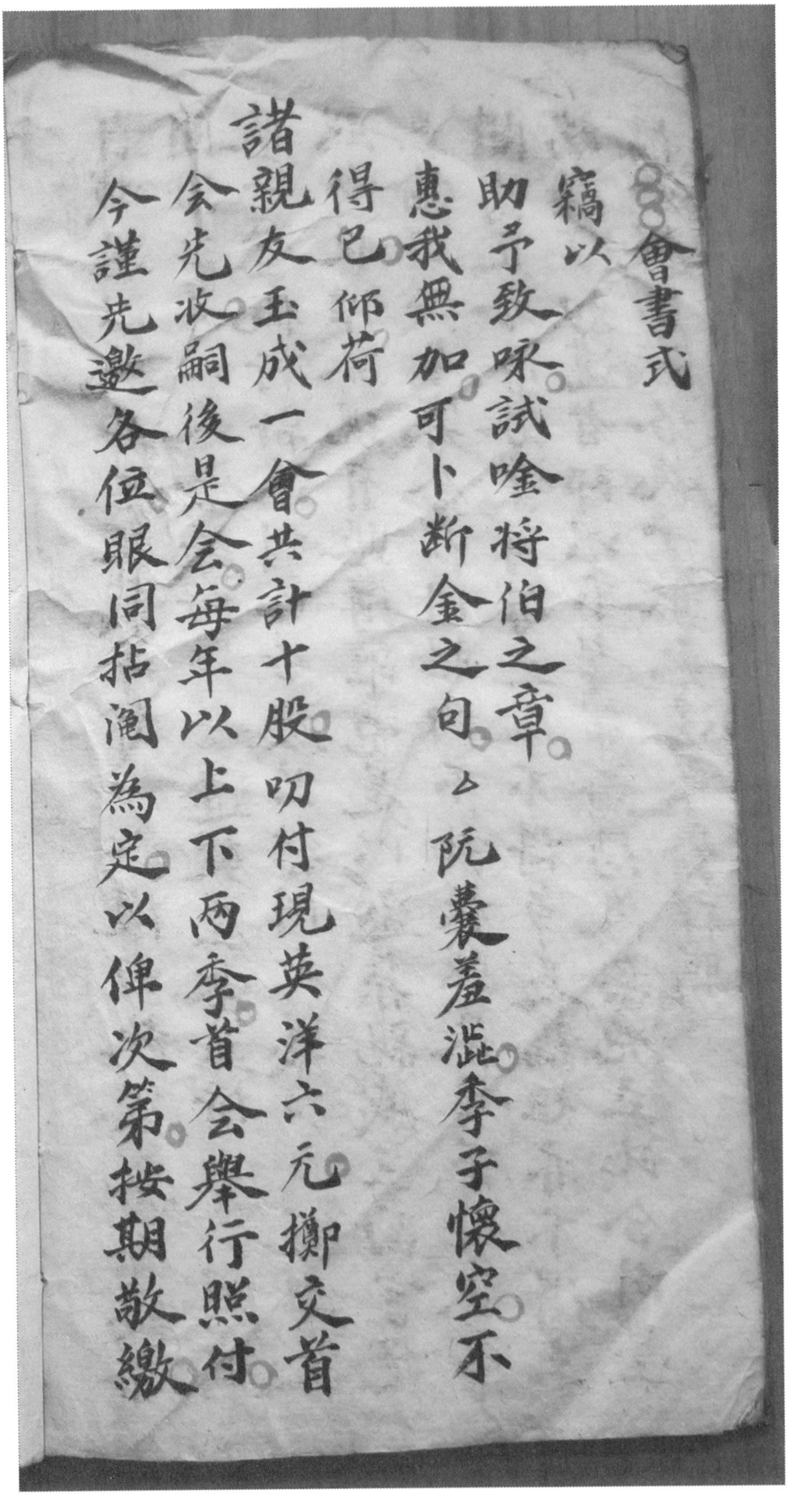
會書式

竊以

助予致咏試唫將伯之章

惠我無加可卜斷金之句ㄙ阮囊羞澁季子懷空不

得已仰荷

諸

親友玉成一會共計十股叨付現英洋六元擲交首

会先收嗣後是会每年以上下兩季首会舉行照付

今謹先邀各位眼同拈鬮為定以俾次第按期敬繳

謹啓。

△台翁先生台鑒

光緒△△年△月△日　　△△拜訂

會書式（娶續弦用）

慨雲礽之未續，白炊徵夢。實屬堪嗟。

望風德之頻施，鏡破重圓。誠為有賴。今蒙

親友雅意慇懃，尽情賙恤。洽誼則人居十哲（除首会共邀成十股）。

通財則數計五番（每位付出英洋五元）。此時白鳥飛來，需佐續弦

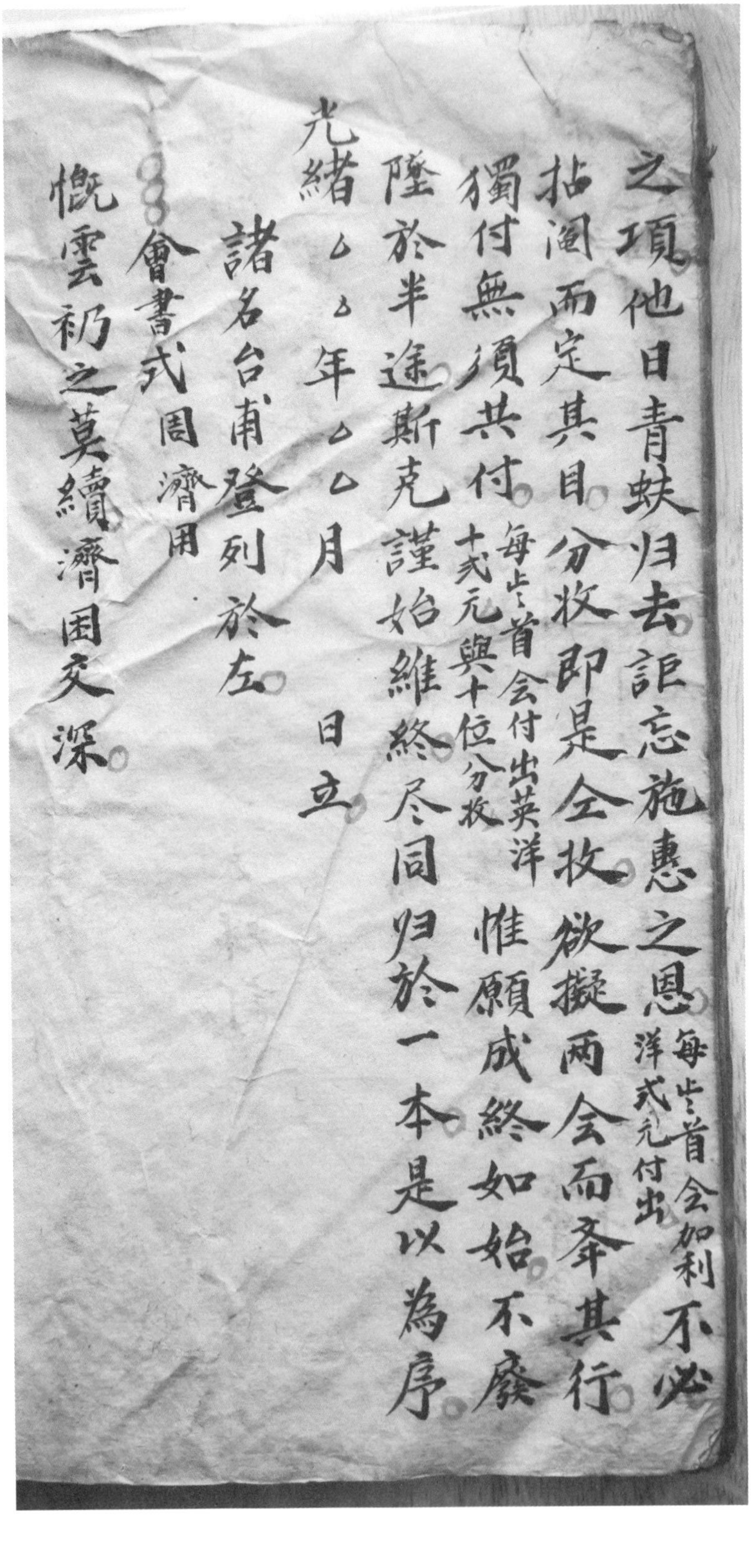
之項他日青蚨归去詎忘施惠之恩（每止〻首会加利洋弍元付出）不必
拈鬮而定其目分收即是全收欲擬两会而夆其行
獨付無須共付（每止〻首会付出英洋十弍元與十位分收）惟願成終如始不廢
隆於半途斯克謹始維終尽同归於一本是以為序
光緒ㄙㄙ年ㄙㄙ月　日立
諸名台甫登列於左
會書式周濟用
慨雲礽之莫續濟困交深

望風德之頻施資生有賴今蒙

親友憫予煢獨布此高情洽誼則人居十哲（除首会共邀成十股）通財則数計三畨（每股付出洋叁元）此日懇求甚篤不生末路之悲踰時感報彌殷仍見还原之樂（每股首会加利洋六角付出）因人而預定其目先收亦有後收每歲而一舉其行獨付無須共付（每七以十一月廿首会付出洋三元六角）惟願成終如始不廢墜於半塗斯克謹始維終盡同归於一本是以為序

光緒〻〻年〻〻月〻日　日立

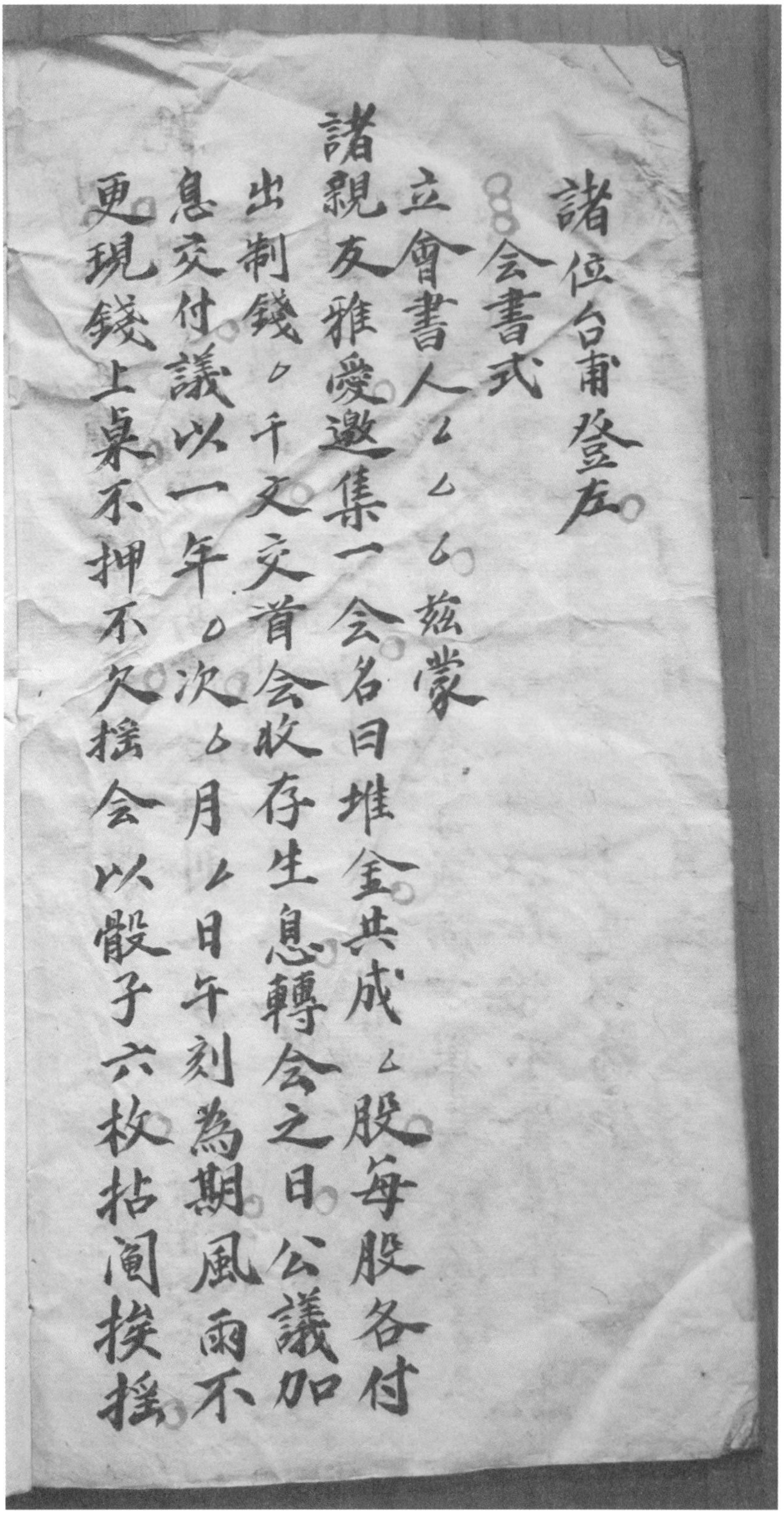
諸位台甫登左
会書式
立會書人厶厶厶玆蒙
諸親友雅愛邀集一会名曰堆金共成厶股每股各付
出制錢厶千文交首会收存生息轉会之日公議加
息交付議以一年厶次厶月厶日午刻為期風雨不
更現錢上桌不押不欠摇会以骰子六枚拈阄挨摇

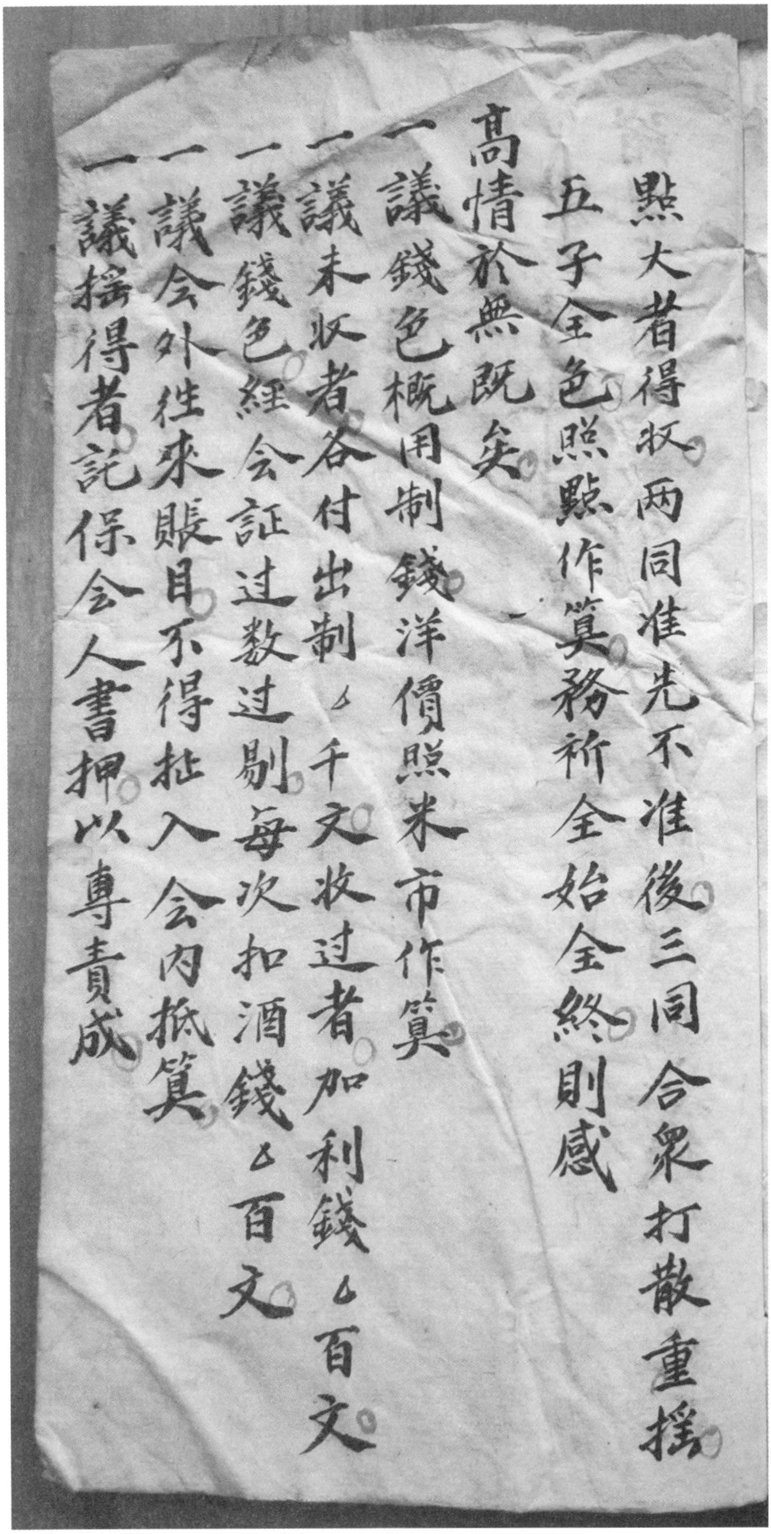
點大者得收兩同准先不准後三同合衆打散重摇
五子全色照點作算務祈全始全終則感
高情於無既矣
一議錢色概用制錢洋價照米市作算
一議未收者各付出制〻千文收過者加利錢〻百文
一議錢色經会証过数过剔每次扣酒錢〻百文
一議会外往來賬目不得扯入会内抵算
一議摇得者託保会人書押以專責成

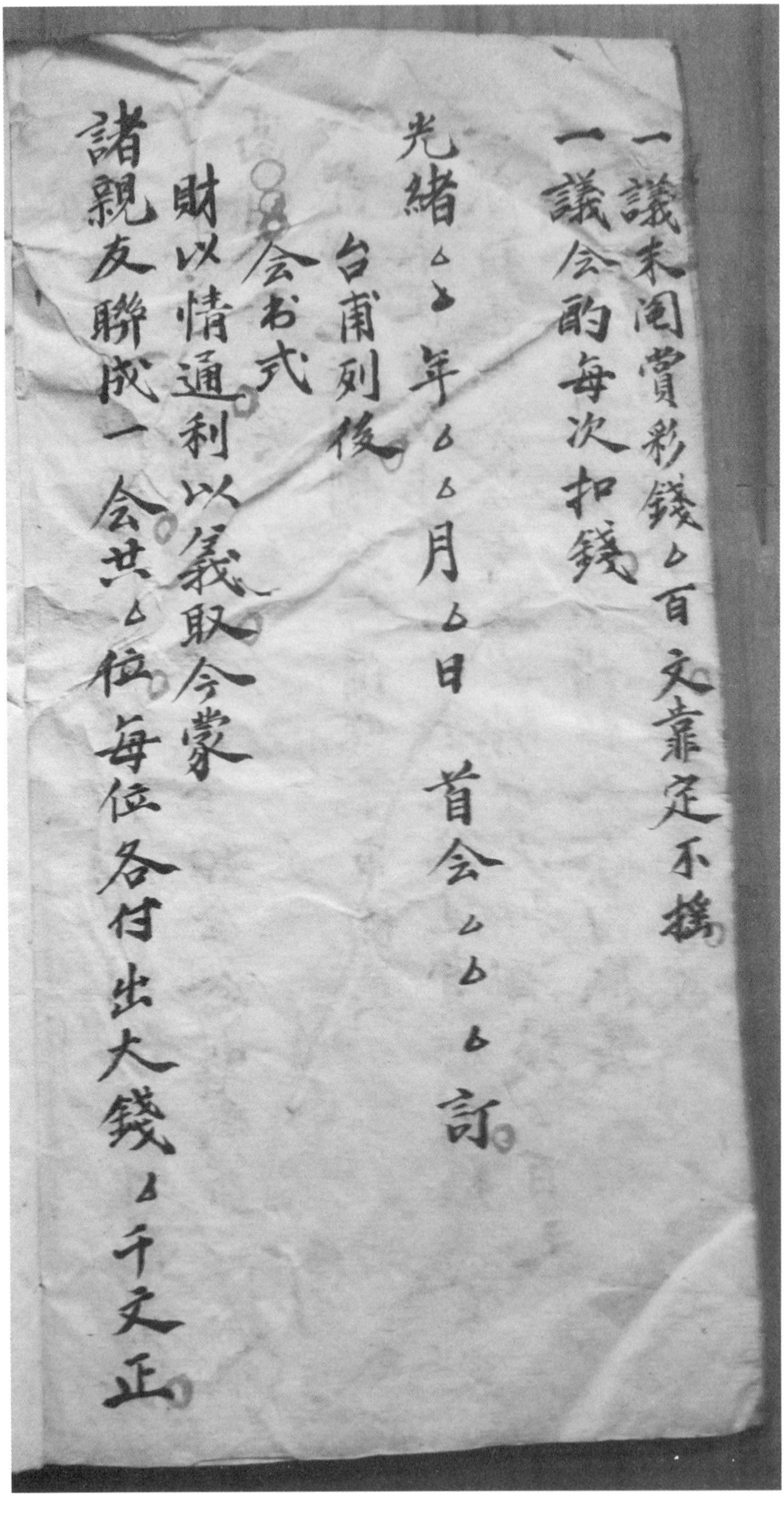
一議末閏賞彩錢△百文靠定不撰
一議会酌每次扣錢
光緒△△年△△月△△日　首会△△△訂
台甫列後
会书式
財以情通利以義取今蒙
諸親友聯成一会共△位每位各付出大錢△千文正

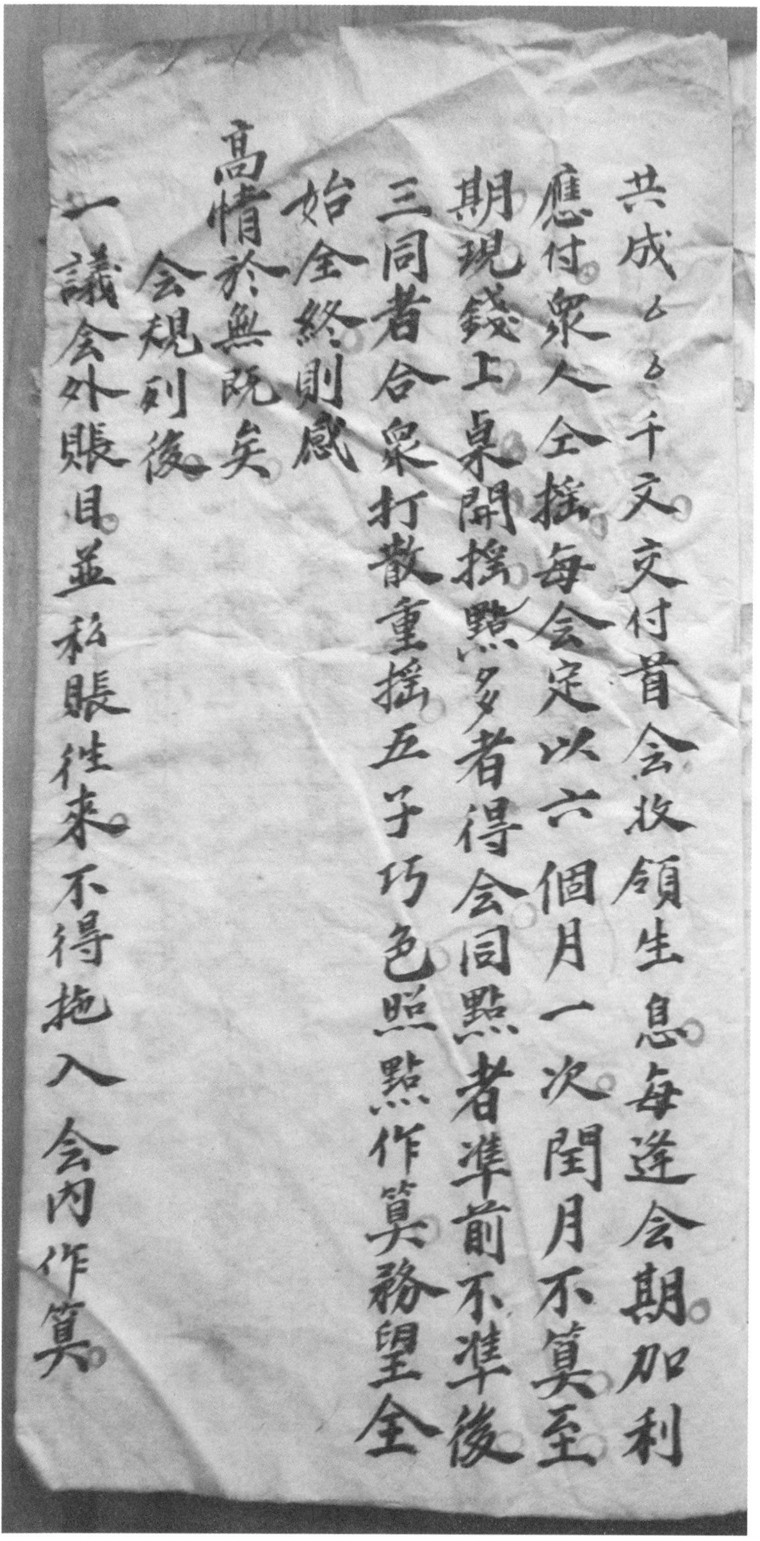
共成〻〻千文交付首会收領生息每逢会期加利
應付衆人全搖每会定以六個月一次閏月不算至
期現錢上桌開搖點多者得会同點者準前不準後
三同者合衆打散重搖五子巧色照點作算務望全
始全終則感
高情於無既矣
会規列後
一議会外賬目並私賬往来不得拖入会内作算

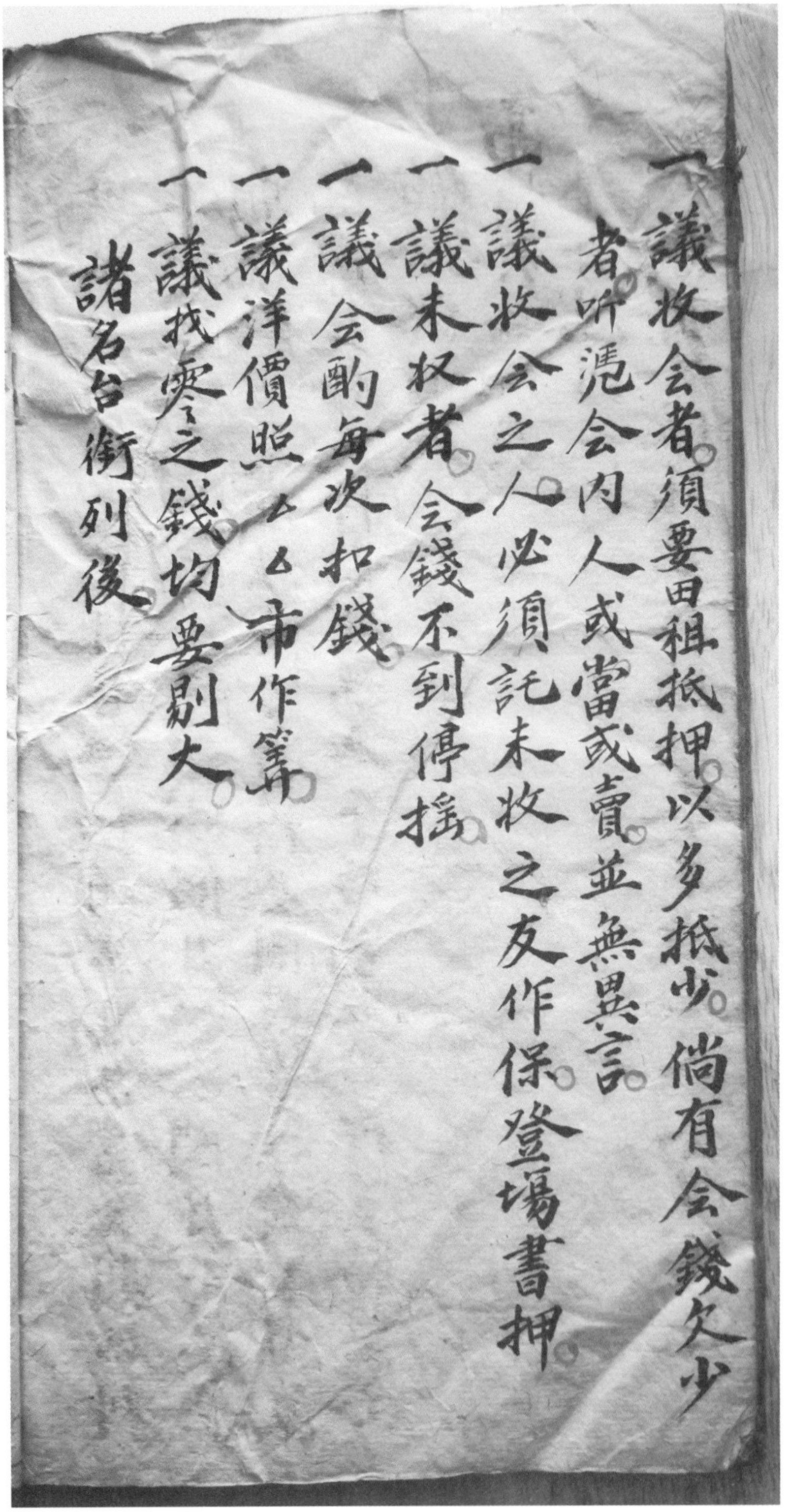

一議收会者須要田租抵押以多抵少倘有会錢欠少
者听凴会内人或當或賣並無異言
一議收会之人必須託未收之友作保登場書押
一議未収者会錢不到停搖
一議会酌每次扣錢
一議洋價照厶厶市作算
一議找零之錢均要剔大
諸名台銜列後

二、葛校本

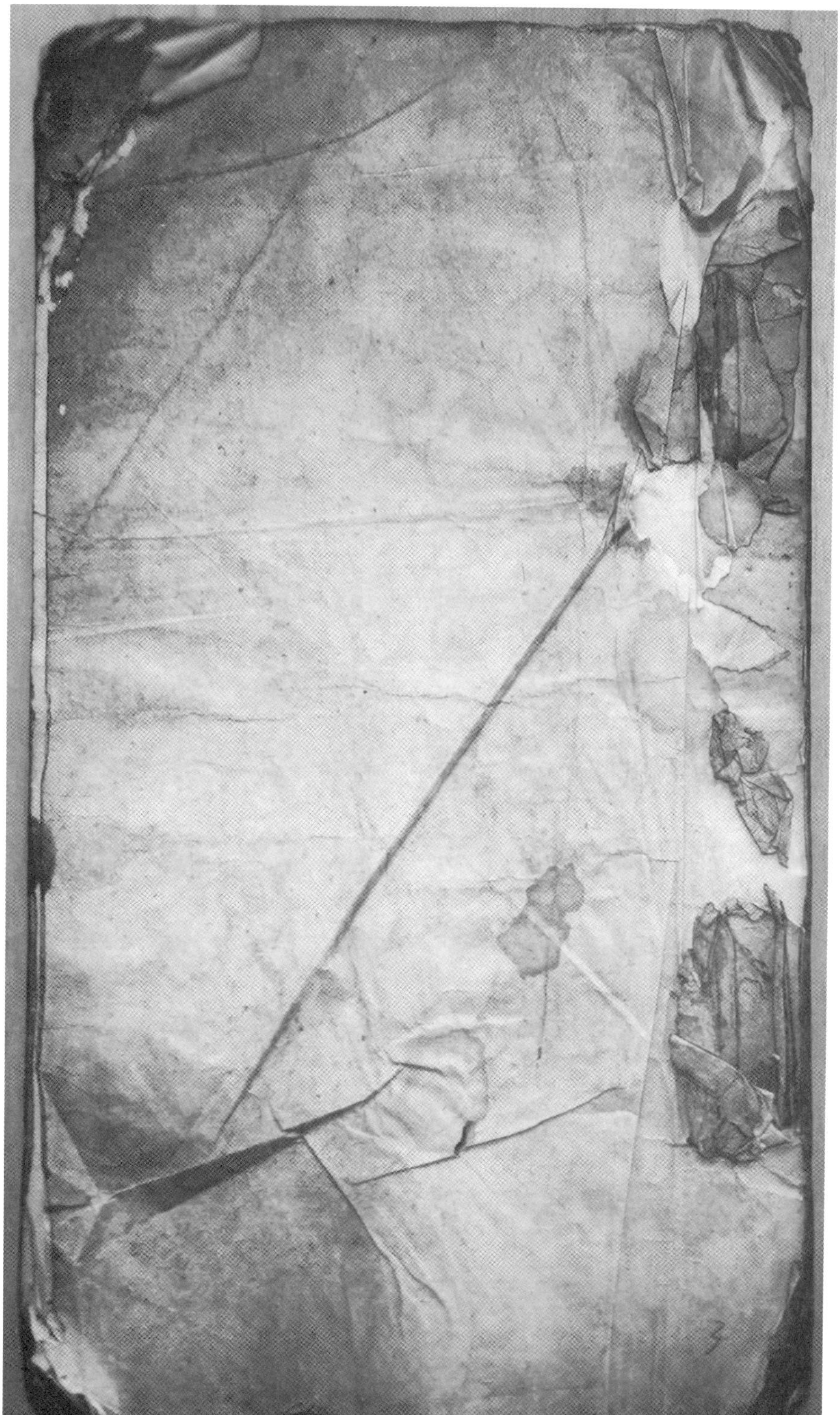

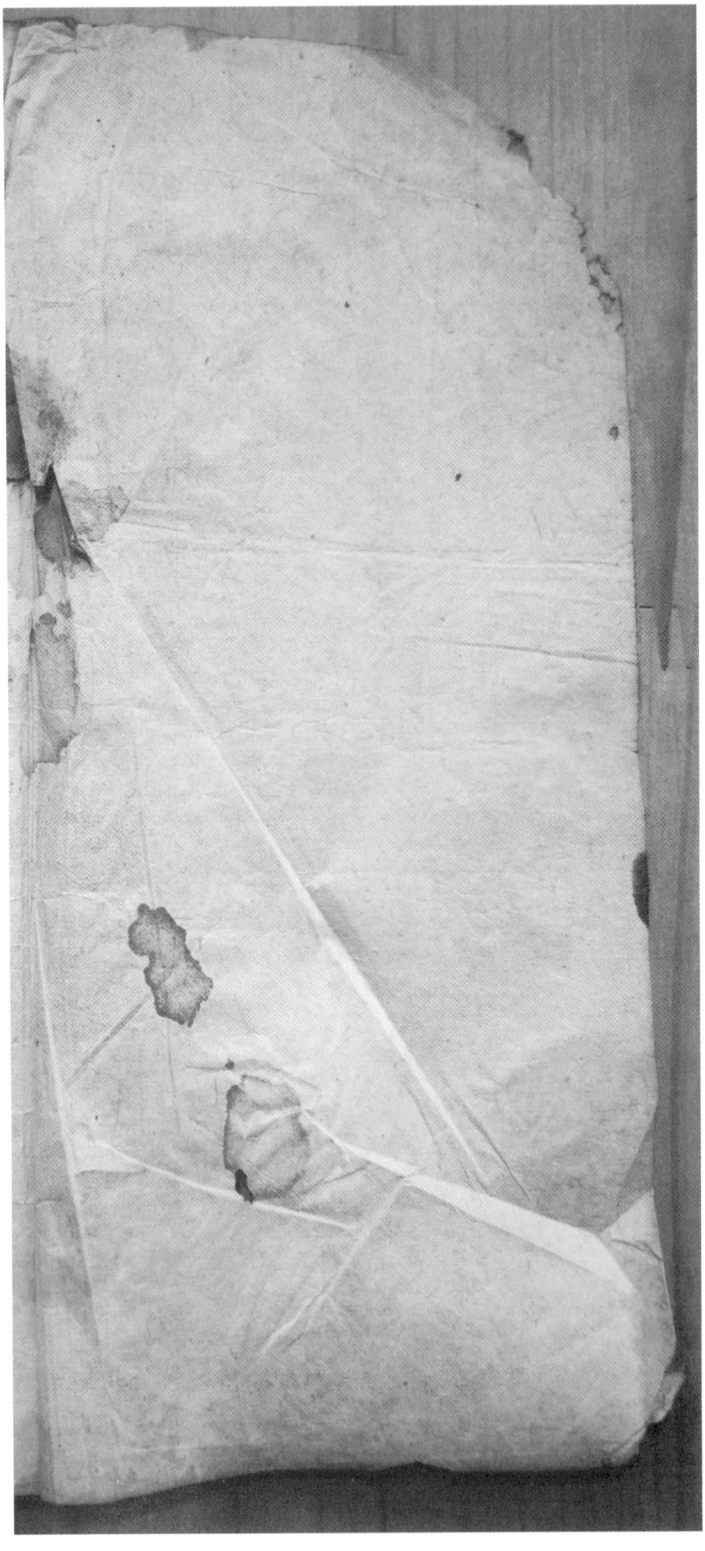

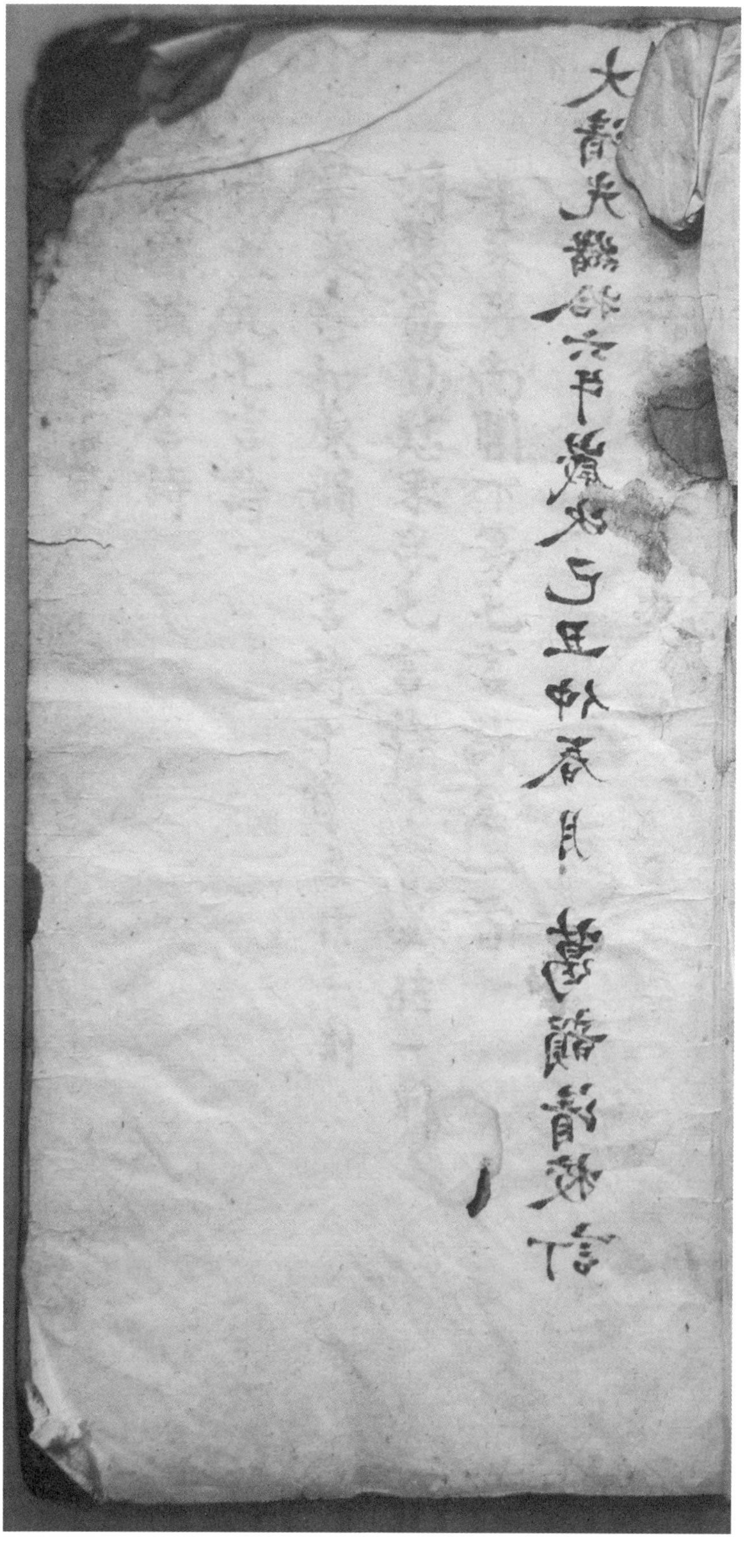
大清光緒拾六年歲次己丑仲春月　萬韻清敬訂

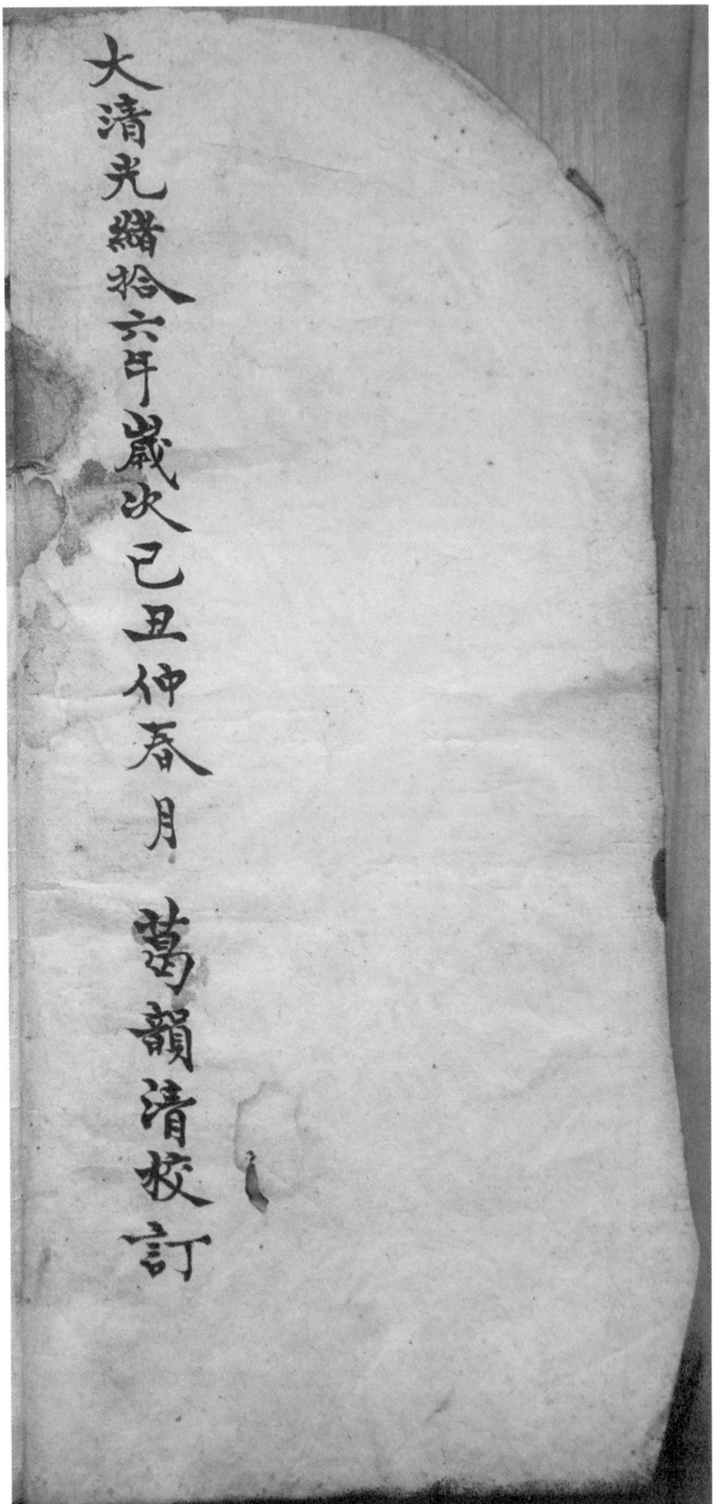
大清光緒拾六年歲次己丑仲春月
葛韻清校訂

新舊碎錦雜録目次

卷之一

宣城縣庠生為賭所迷其妻作絕命詩十首

汪樹滋贈胡慧岩詩三首

輓詩聯匾

各種聯匾

巧對

設祭式　點主式

坑口開光祭文貳篇

孝子祭文四篇

畢采孚先生壬午南闈下第偶占自嘲詩二十一首

四七年華及壯時區區一廩有何奇南闈未第偏多恨
徒對蒼天訴苦詞

十年窗下悔枉勞枉向金陵走一遭文藝雖蒙眾然賞
考官未第自悲號

天涯跋涉任風霜滿望鵬飛逐鳳翔誰意藐躬真命舛
姓名不許榜中揚

秋風瑟瑟訂歸期得意来文辭衆共知待到闈中開榜後
擯遺難免被人嗤
一年勤苦枉勞心空費囊中數十金豈是前人無積德
緣何不許著青襟
今科下第又三秋只怕韶華不我畱與世長辭〻未得
潛焉涙涕暗中流
昔年鶚薦破傷心鄙䎞謂文章未細斟今歲再加深厚意
功名仍向夢中尋

抛音抱

宵深月下淚沾巾熱眼窺穿枉費神倘待來年名淂遂
總嗟時日後他人
一番文興已全消院卷携來忍遠抛親友般勤相勸慰
桂宮仙伴倩誰邀
數載難忘苦功讀惟期眷佑在天工而今未入登賢傳
試問窮蒼公不公
往來書幌意多愁諸弟相依莫解憂冥冥即今無愛顧
反教功學付江流

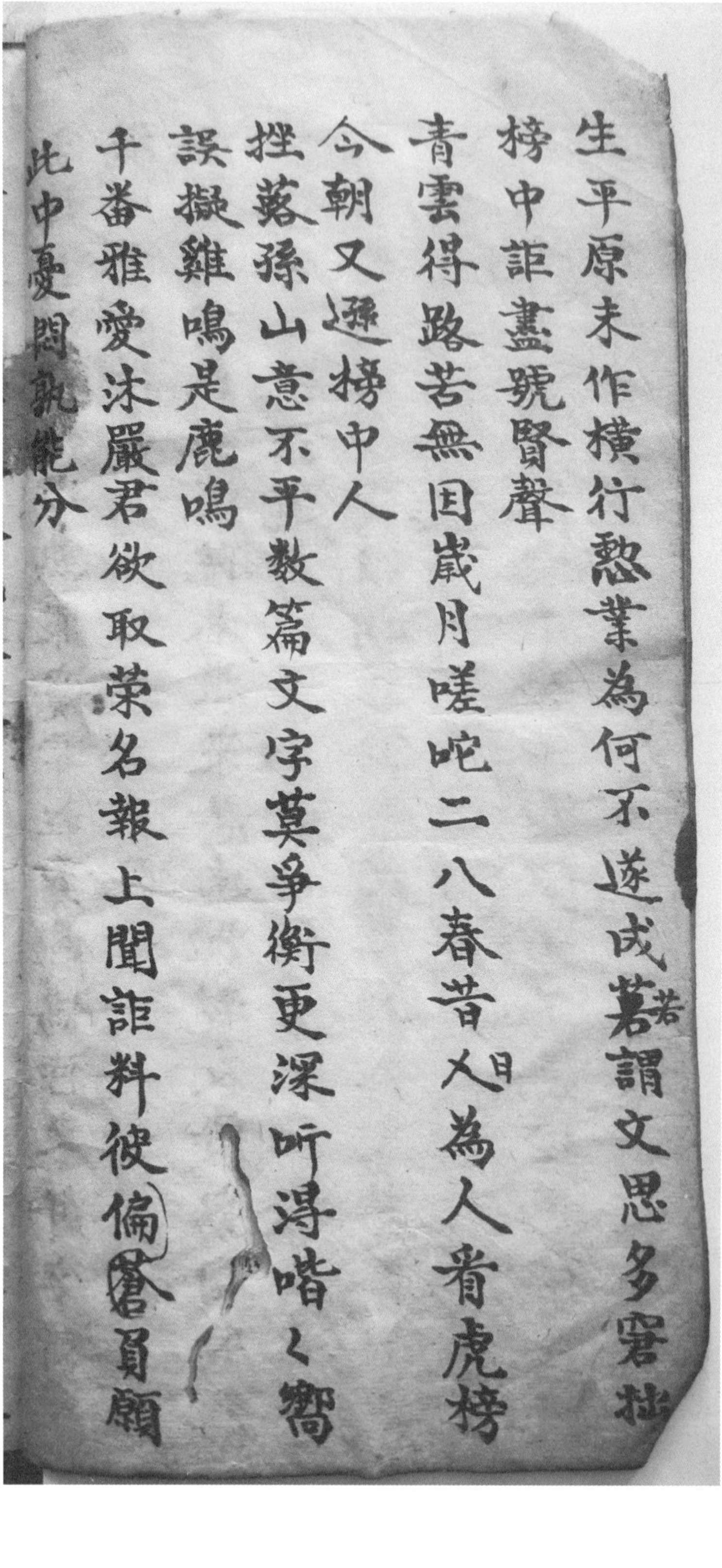
生平原未作横行懃業為何不遂戌暮若謂文思多窘拙
榜中詎盡號賢聲
青雲得路若無因歲月嗟吒二八春昔人日為人看虎榜
今朝又遂榜中人
挫落孫山意不平数篇文字莫爭衡更深听得喈く響
誤擬雞鳴是鹿鳴
千番雅愛沐嚴君欲取榮名報上聞詎料彼偏眷負顧
此中憂悶孰能分

人生世上幾春秋戰敗文壇甚可羞回憶當年遊泮後
至今猶未軼羣流
身居矮屋意悠揚諸友爭來讀試章漫許魁名真可奪
一塲空夢令人傷
兩出南闈興已寒衣襟還是舊拕藍從茲更把璣珠織
不換青衫死不安
功名富貴本由天自愧才華遜少年今得榜中人與語
有何面貌立身前

九日勤勞百日傷千般世事致俱忘待將三載開科後
未識聲名晦與揚
敢謂房官老眼淆佳文胡不細推敲此中怨恨無人覺
聊寫迂詞解自嘲

采孚賢弟文几前由　養弟處遞來佳詩廿壹首瞥讀
之下令愚傷心嗟嘆無以相贈聊作蕪言十首預賀
來科標名之兆待逢筵席頻開諒不我鄙清酌肥豚

係愚 平生所喜决不致眼望圈耳人言鄉試步雲難
我謂 賢弟有何艱不徒南北連陞捷鰲頭獨占上
金鑾特此奉頌並請
文祺
愚兄 胡慧巖頓具
俚言奉步恭和
采孚賢世弟大人賡請
鈞誨

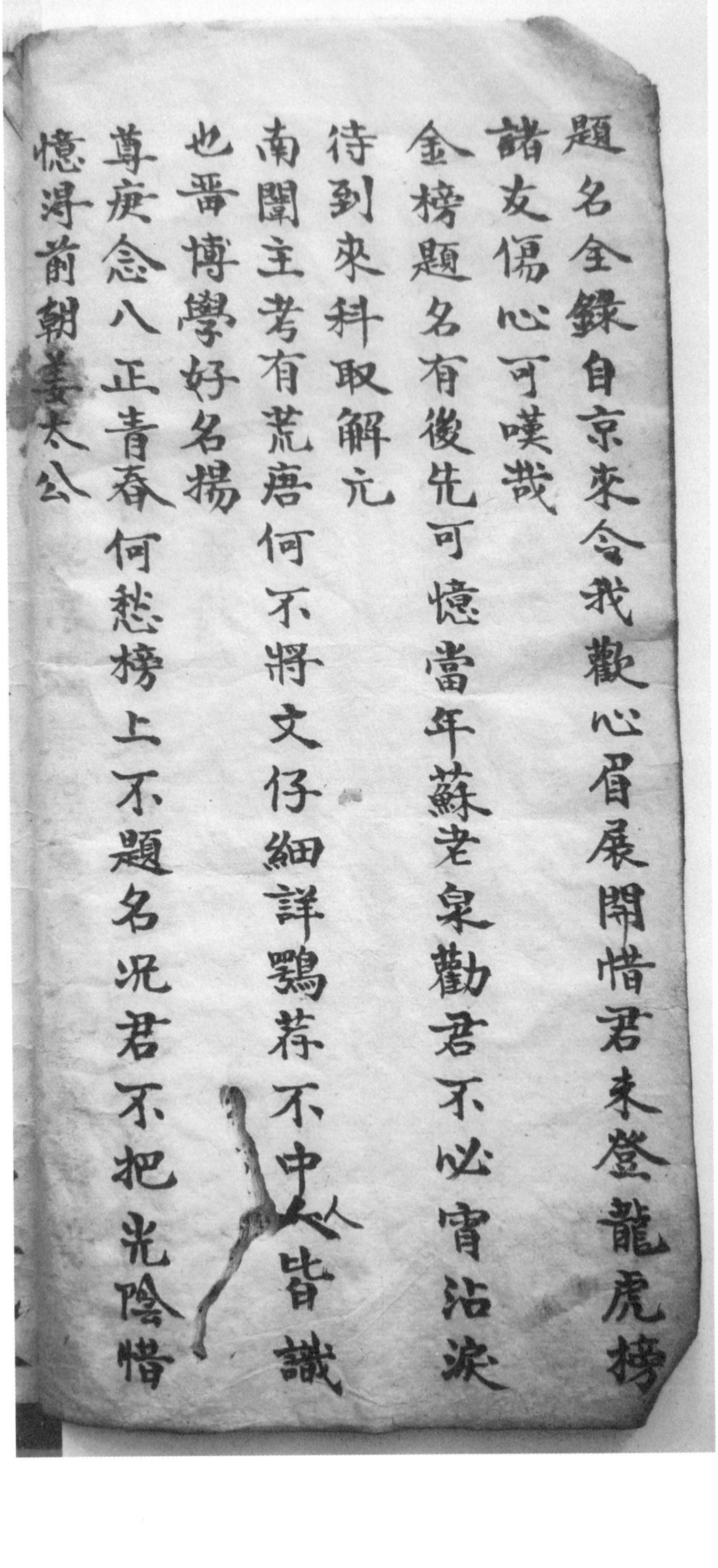
題名全錄自京來令我歡心眉展開惜君未登龍虎榜
諸友傷心可嘆哉
金榜題名有後先可憶當年蘇老泉勸君不必宵沾淚
待到來科取解元
南闈主考有荒唐何不將文仔細詳鶚荐不中人皆識
也晋博學好名揚
尊庚念八正青春何愁榜上不題名况君不把光陰惜
憶得前朝姜太公

今科不中望來科未識來年有恩麼但願闈塲鏖戰後
名標金榜勝人多
曾記昔年蘇老翁去歲與君仝一春伊值此年方發奮
矧君早已入黌宮
藍衫稍易染青衫不換青衫故不甘此後若得青露路
連捷登科双斗杆
江南鄉試萬千人都為功名受苦辛君只讓人前一步
來科傾耳听佳音

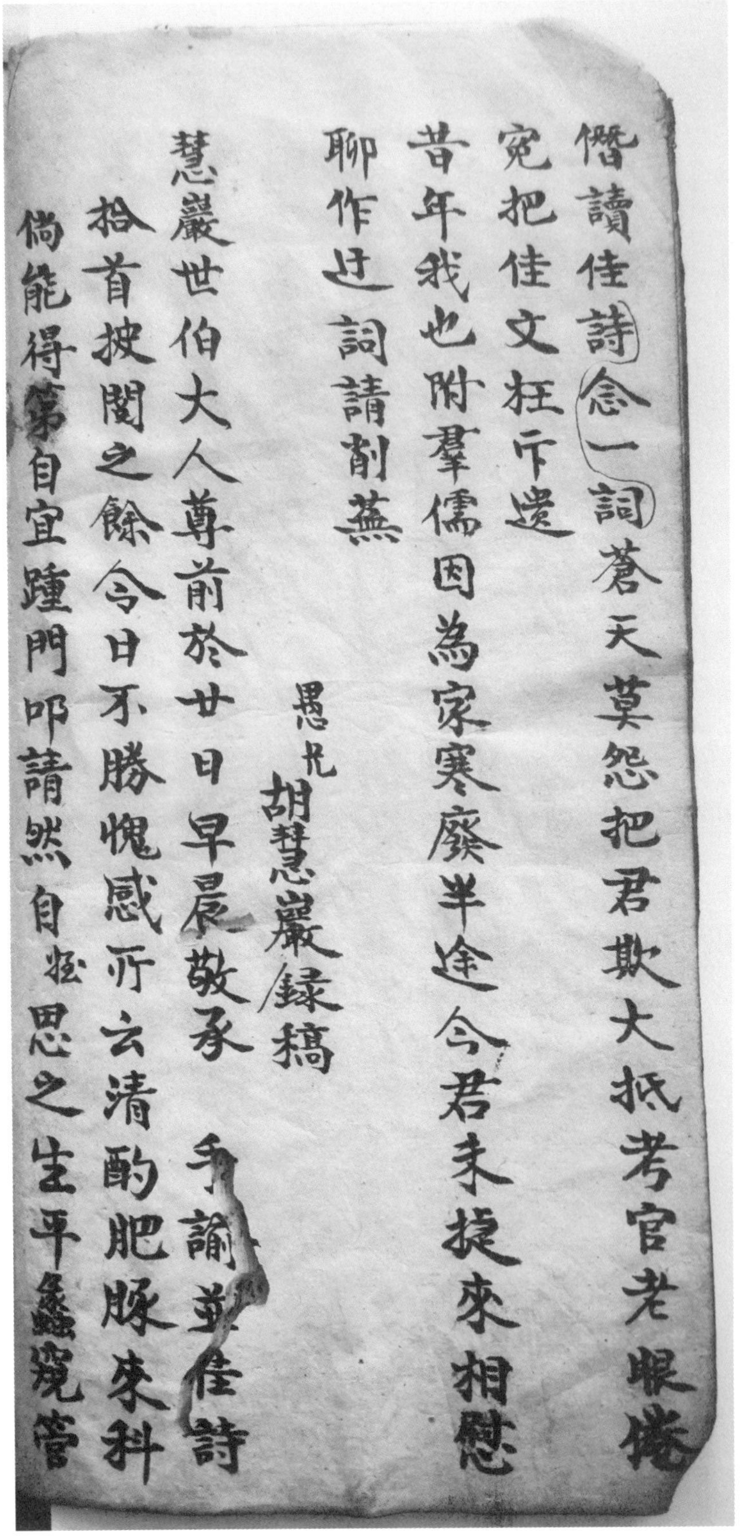

偺讀佳詩念一詞蒼天莫怨把君欺大抵考官老眼倦
宛把佳文枉斥還
昔年我也附羣儒因為家寒廢半途今君未捷來相慰
聊作过詞請削蕪
愚兄胡慧巖録稿
手諭並佳詩
慧巖世伯大人尊前於廿日早晨敬承
拾首披閱之餘今日不勝愧感所云清酌肥豚來科
倘能得第自宜踵門叩請然自揣思之生平蠡窺管

見豈能戰勝文壇又況命不猶人薦而不中想功名
一事已入九霄外矣柰何〻〻今敬和原韻拾詩附錄
呈 閱如有未妥之處懇求斧政肅此即請
財安敬璧
賢世弟鈞誨
不第世姪 畢炳文頓首拜

敬和原韻

功名得第冀將來只怕文星不我開虎榜欲登嗟罔自
數年勤苦枉勞哉
昔時郡試占人先癸奮曾依蘇老泉挫孫落山今二次
敢云來日奪魁元
休疑主考有荒唐祗怪文章自未詳鶚薦兩蒙終失色
誰將姓字望稱揚
韶華四七越青春榜上仍然未顯名碌碌半生無善狀
何由比並釣濱人

前科下第又今科两屆南闈想甚麽心志已灰辭再戰
但看榮顯别人多
為愛農家載笠翁半年辛苦即成功廼予久讀寒窗下
僅得微名入泮宫
青衣欲染二偏藍溷跡林泉志也甘但願同人雲路上
未知曾否拔單寒
鏖戰文壇數萬人搶簽負笈受艱辛迨當龍榜遺名後
始歎雲程不我行

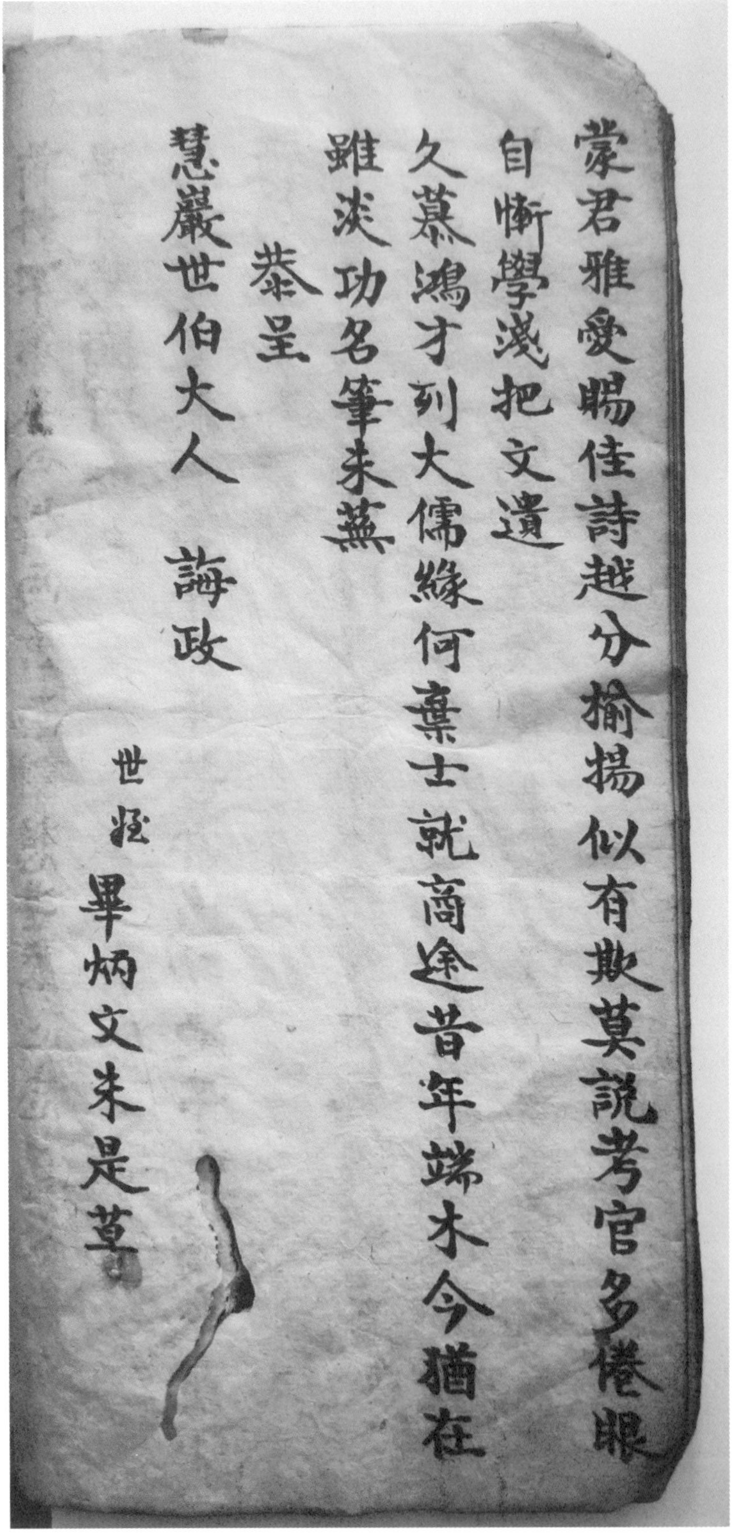
蒙君雅愛賜佳詩越分揄揚似有欺莫說考官多倦眼
自慚學淺把文遺
久慕鴻才列大儒緣何棄士就商途昔年端木今猶在
雖淡功名筆未蕪
恭呈
慧巖世伯大人誨政
世姪畢炳文未是草

汪樹滋自同治三年自遭亂以後親往江北大平州
大興縣　楊大元先生作詩六首恭和樹滋
汪兄报信自徽來今我驚聞不禁哀哉者夢中無足據
是真是假待疑猜
聚首同堂四二年臨行送别淚茫然誰知一别成長别
再覩音容已隔泉
拙荆長子赴黄泉恰與先生同一年我正思君君避我
傷心無奈喚青天

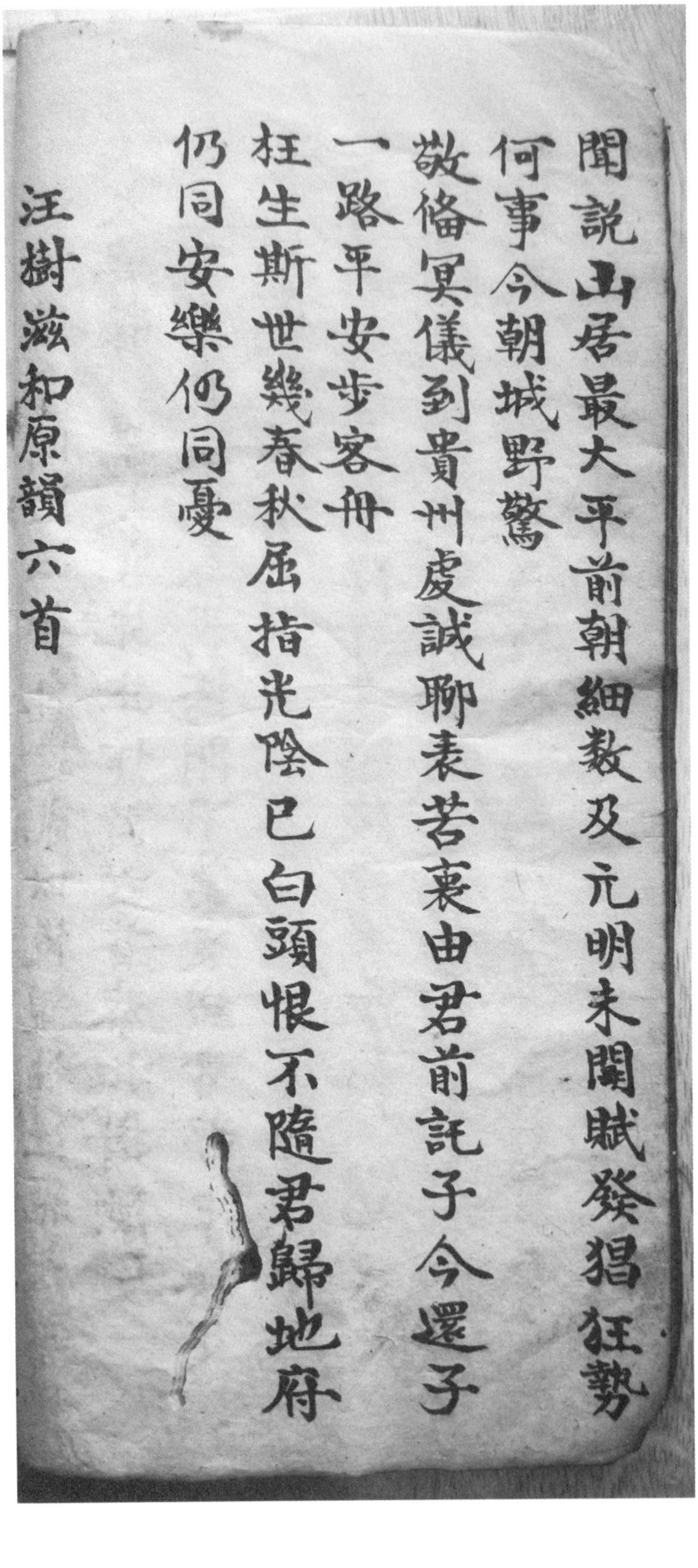
聞說山居最大平前朝細數及元明末闖賊發猖狂勢
何事今朝城野驚
敬備冥儀到貴州虔誠聊表苦衷由君前託子今還子
一路平安步客舟
枉生斯世幾春秋屈指光陰已白頭恨不隨君歸地府
仍同安樂仍同憂
汪樹滋和原韻六首

承憶西賓怎不來愚蒙面稟愈增哀先生雅愛猶難捨
已赴黃泉莫再猜
受教先生已八年今年凶信淚紛然椿庭在府知君別
未報恩情早赴泉 此一首作胡福寿口氣
父因苦疾赴黃泉痛數光陰近四年弟携未知何日会
孤身薄命總由天 亦作福寿口氣
數載江南不太平無窮苦處訴難明深山只道刀免兵
誰料深山愈受驚

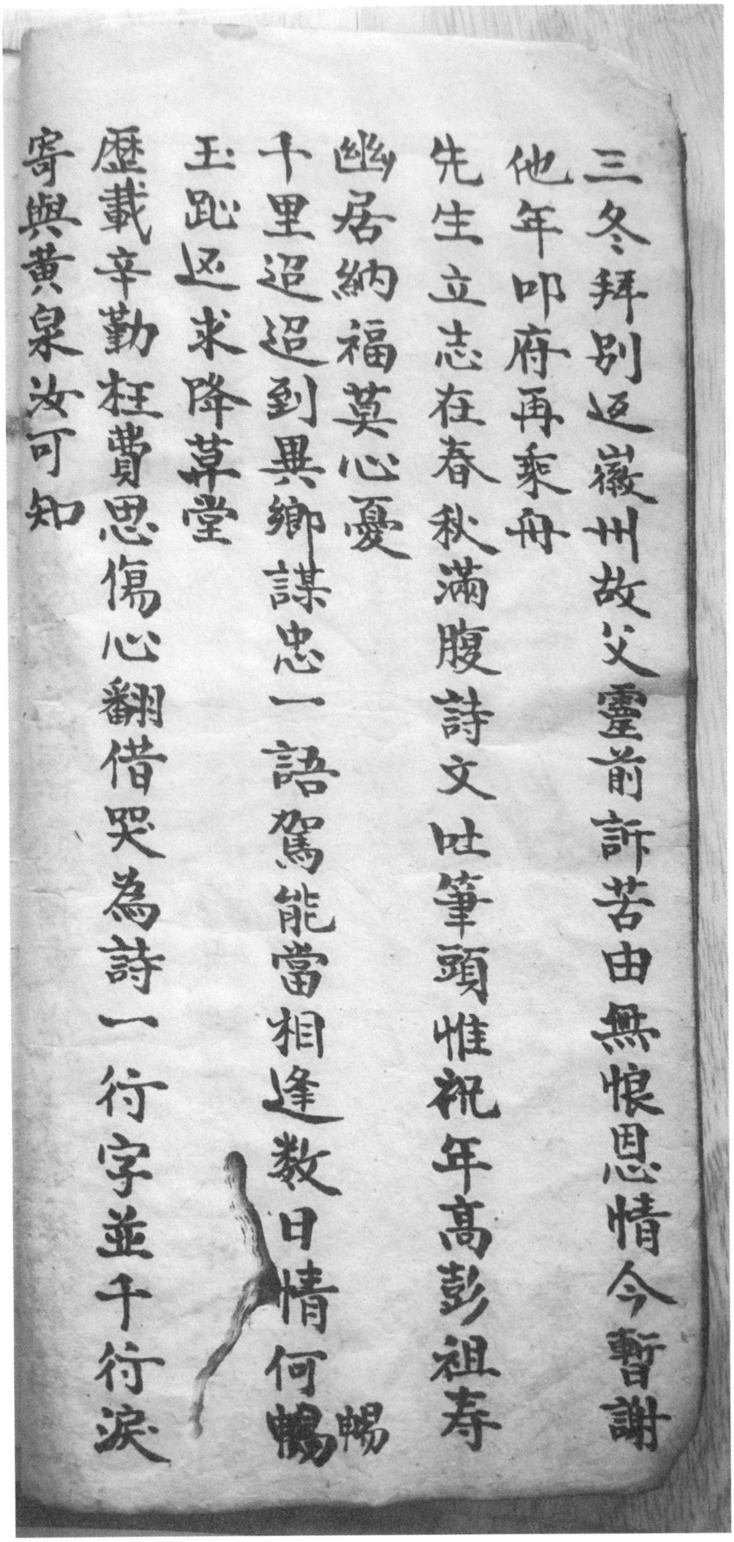
三冬拜别返徽州故父靈前訴苦由無恨恩情今暫謝
他年叩府再乘舟
先生立志在春秋滿腹詩文吐筆頭惟祝年高彭祖寿
幽居納福莫心憂
千里迢迢到異鄉謀忠一語駕能當相逢数日情何暢
暢
玉趾返求降草堂
歷載辛勤枉費恩傷心翻借哭為詩一行字並千行淚
寄與黄泉汝可知

貴府三爺另一方欲思謁見叩容光奈因歲暮回鄉急
乞恕來年再造望 揚步雲作
恨為謀生適異鄉頓教鴈呂各分行明知後會非無日
難遣相思别有方嵩日特艱增感慨傷心家業益淒凉
隨身賴有茶烟伴衰朽何須掛弟腸
晚景將臨棄故鄉紛然珠淚自成行凡鰥弟獨皆無告
水遠江長各一方錯愛山居真秀麗那堪世態盡炎凉
從茲寄跡雲霞窟富貴功名不繫腸

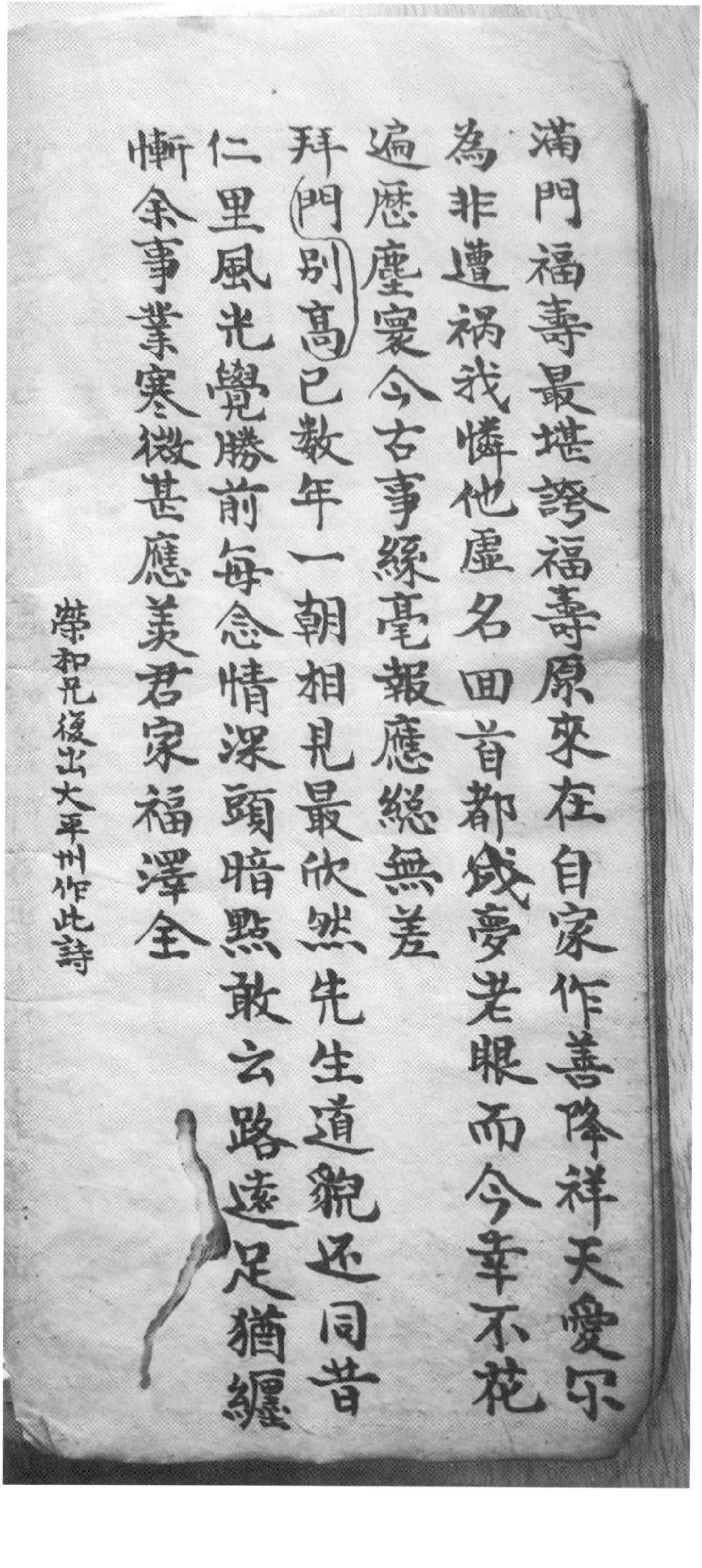

滿門福壽最堪誇福壽原來在自家作善降祥天愛尔
為非遭禍我憐他虛名回首都成夢老眼而今幸不花
遍歷塵寰今古事緣毫報應總無差
拜門別高已數年一朝相見最欣然先生道貌还同昔
仁里風光覺勝前每念情深頭暗點敢云路遠足猶纏
慚余事業寒微甚應羨君家福澤全
榮和兄復出大平州作此詩

恕不到府辭行　因怕別淚盈襟　但願㒺府清吉
更望昆玉同聲　小兒叨依府上　拜叩訓戒肆行
離情萬種難訴　只求後会云云　榮和兄回家作此詞

昔日西賓在府時荷蒙閤宅最相宜情深似海人間異
義重如山世上奇南往夙承晋悔語西遊冥感贈悲詩
九州相隔應唧結聊以蒙言作答詩　汪樹滋作

臨行拜別訴悲詞蒙府高情不可離聚首同堂難割捨
畧編粗句答恩施　汪樹滋作

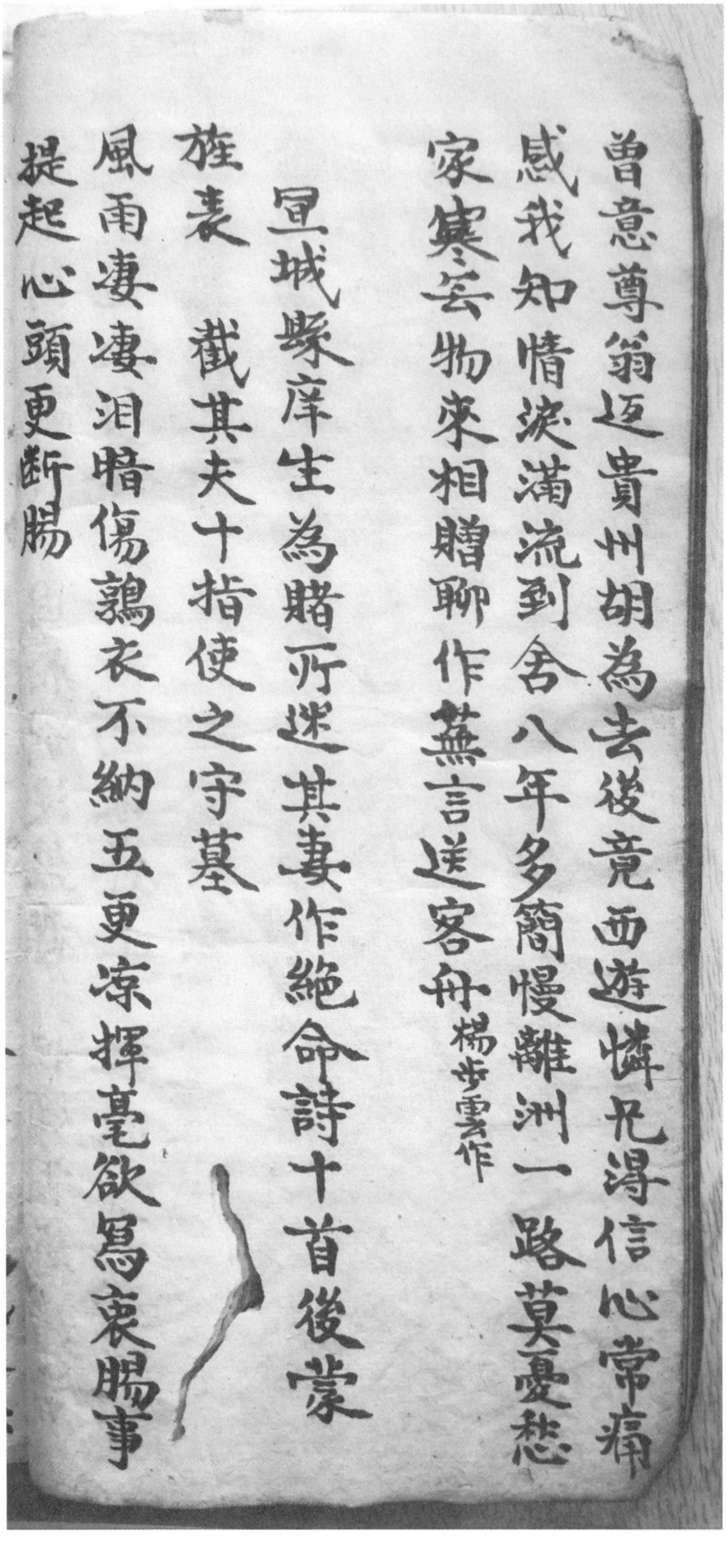
曾意尊翁逗貴州胡為去後竟西遊憐兄得信心常痛
感我知情淚滿流到舍八年多簡慢離洲一路莫憂愁
家寒無物來相贈聊作蕪言送客舟 楊步雲作
邑城縣庠生為賭所迷其妻作絶命詩十首後蒙
旌表 截其夫十指使之守墓
風雨淒淒淚暗傷鵷衣不納五更凉揮毫欲寫衷腸事
提起心頭更斷腸

風吹庭草舞喧譁百轉憂愁只自嗟燈蘂不知成永訣
今朝纔放一枝花
獨坐茅擔積恨多生辰莫奈命如何此間無數裙釵女
偏我裙釵受折磨
人云薄命是紅顏我不紅顏命亦慳留下青綠巾一幅
請郎時看泪痕斑
香焚寶篆告蒼天默佑兒夫早性遷但願我夫情性改
一堆黃土也安然

是雖設此迷魂陣籠（絡）兒夫暮作朝体倦囊空歸寢後室
枕頭纔听乱乎么
調和琴瑟相兩依妾命如絲旦夕飛獨有一條難恕事
牀頭稚子守孤幃
滄海南田尚變遷人生百歲總歸泉寄言堂上須珍重
切莫悲傷損大年
暗啟柴飛泪滿衣妾身視死已如歸傷心更有呢喃燕
明月簷前各自飛

為人誰不惜餘生我惜餘生勢不行今日懸樑長别去
他年冥府叙離情

汪樹滋於同治元年避乱在同茂店内作此詩三首
以謝慧叔之恩

自至尊前一月零深荷雅愛甚慇懃知遇之恩無以報
時時感戴刻書紳
竊將曾氏比愚身曾氏多蒙鮑叔情知己知心惟鮑叔
慧叔過于鮑叔恩

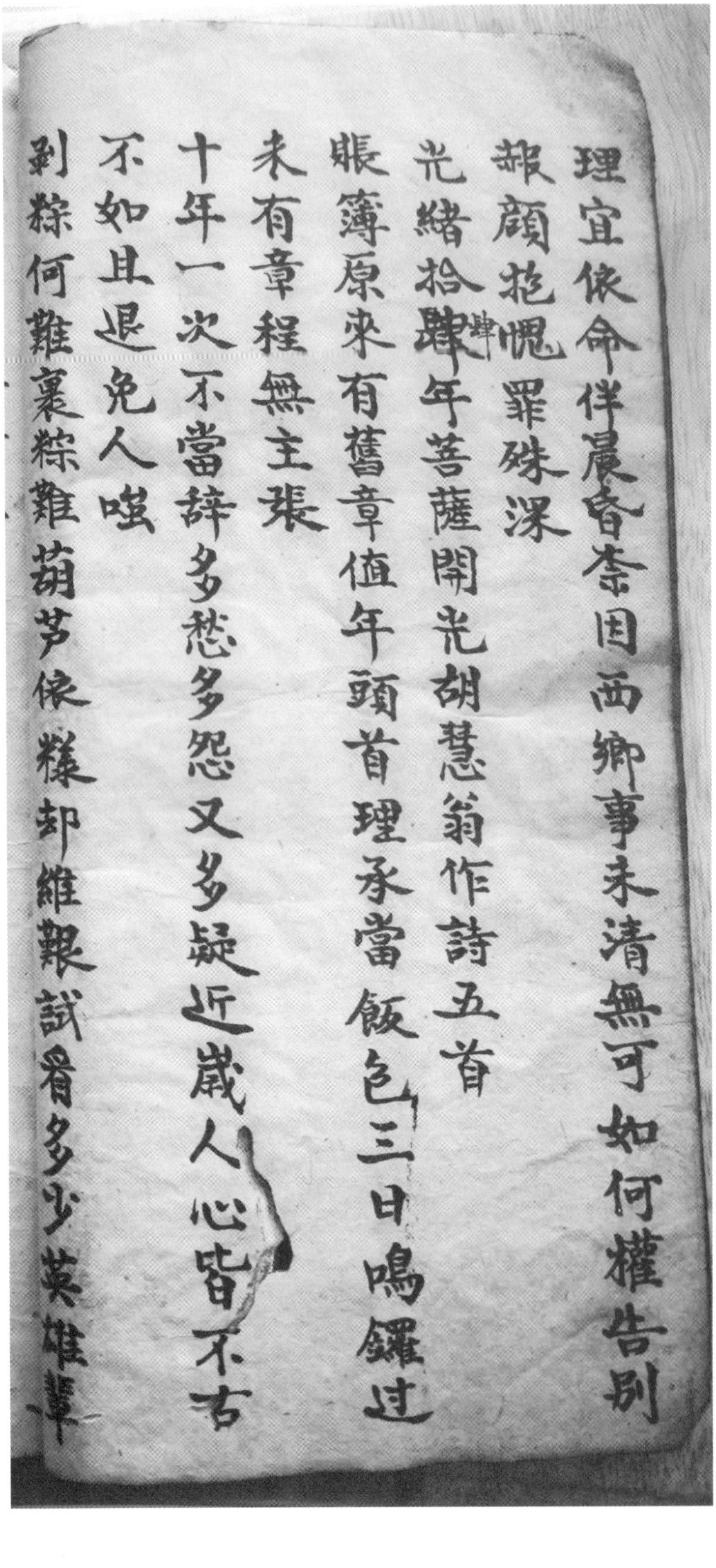
理宜依命伴晨昏奈因西鄉事未清無可如何權告別
赧顏抱愧罪殊深
光緒拾肆年菩薩開光胡慧翁作詩五首
賬簿原來有舊章值年頭首理承當飯色三日鳴鑼过
未有章程無主張
十年一次不當辞多愁多怨又多疑近歲人心皆不古
不如且退免人嗤
剥粽何難裹粽難葫芦依樣却維艱試看多少英雄輩

想減名數改旧章 一、
東主邀同相議事和尚不做就道士倘若僧家爭長短
毋許駝阻和尚寺（武仁寿寺）
向來四甲共主坛開光演戲要名班前次三朝期已悞
再看今歲榮林官
粗言俗語說出來諸公勿笑我無才若問此詞何人作
單姓双名你再猜
闔村菩薩戊開光恰遇今年要裝鑾一甲鳴鑼邀議事

總丶無人作主張

韻清氏作

莫怪他人不肯先總怕村丁説廢言要人做事無人到
所以不敢來向前
四甲邀定二月二齊到廟内議衆事胡畢葛姓幫管賬
修廟銅錢归各自
前次師人汪仰三今輪意欲不願他總為愚多賢者少
所以衆事難承擔
向來開光戲要佳一心想做慶陞班前次已經務了事

今庚一定還要他
守爺（翁）吹荐長春班戲價比他巧十番那怕比他戲還好
有人决定不要他
署編俗語說幾番諸公若問是何他隱名氏作粗言語
切笑無才我不佳

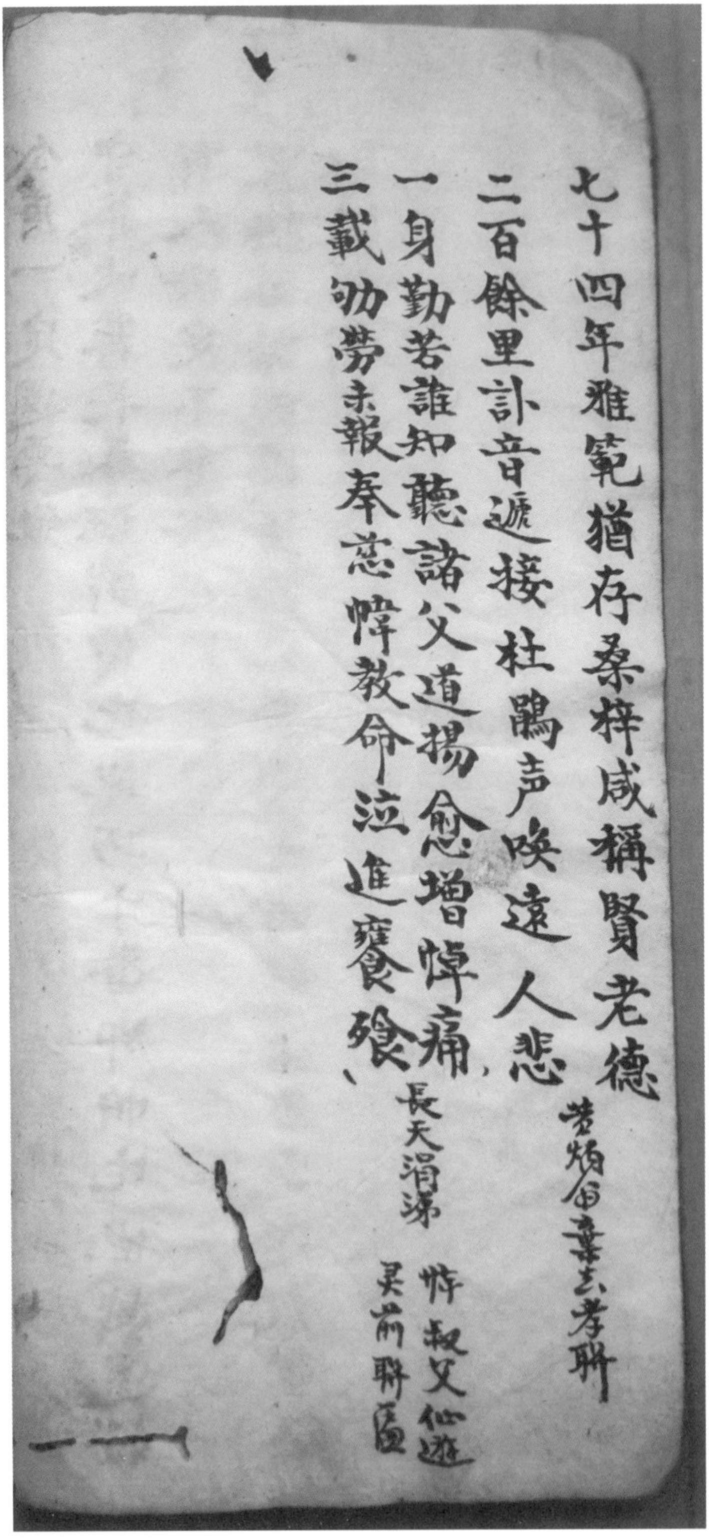
七十四年雅範猶存桑梓咸稱賢老德
二百餘里訃音遞接杜鵑声喚遠人悲
老姻甸章志孝聯
一身勤苦誰知聽諸父道揚愈增悼痛、
三載劬勞未報奉慈幃教命泣進饔飧、
長天滑溺
恃叔父仙遊
吴前聯匾

光緒拾一年荷月良淇公去世輓屏詩聯列後

嚴型奚在　慟切椿庭　泉臺遽別　頓隔音容

樸素訂知心垂詢勤儉成家足為子孫昭法守

靈丹呈妙術總柰膏肓匿豎反教蕧术鮮功勳

渭川尊兄大人僊遊　眷愚弟畢体仁頓首拜輓

痛四子以含悲耶堪詩禮忘情靡瞻獨立

別孤妻而隕涕何故星霜頓墜莫賦同歸

渭川世叔大人僊遊　世愚姪姚鎔頓首拜輓

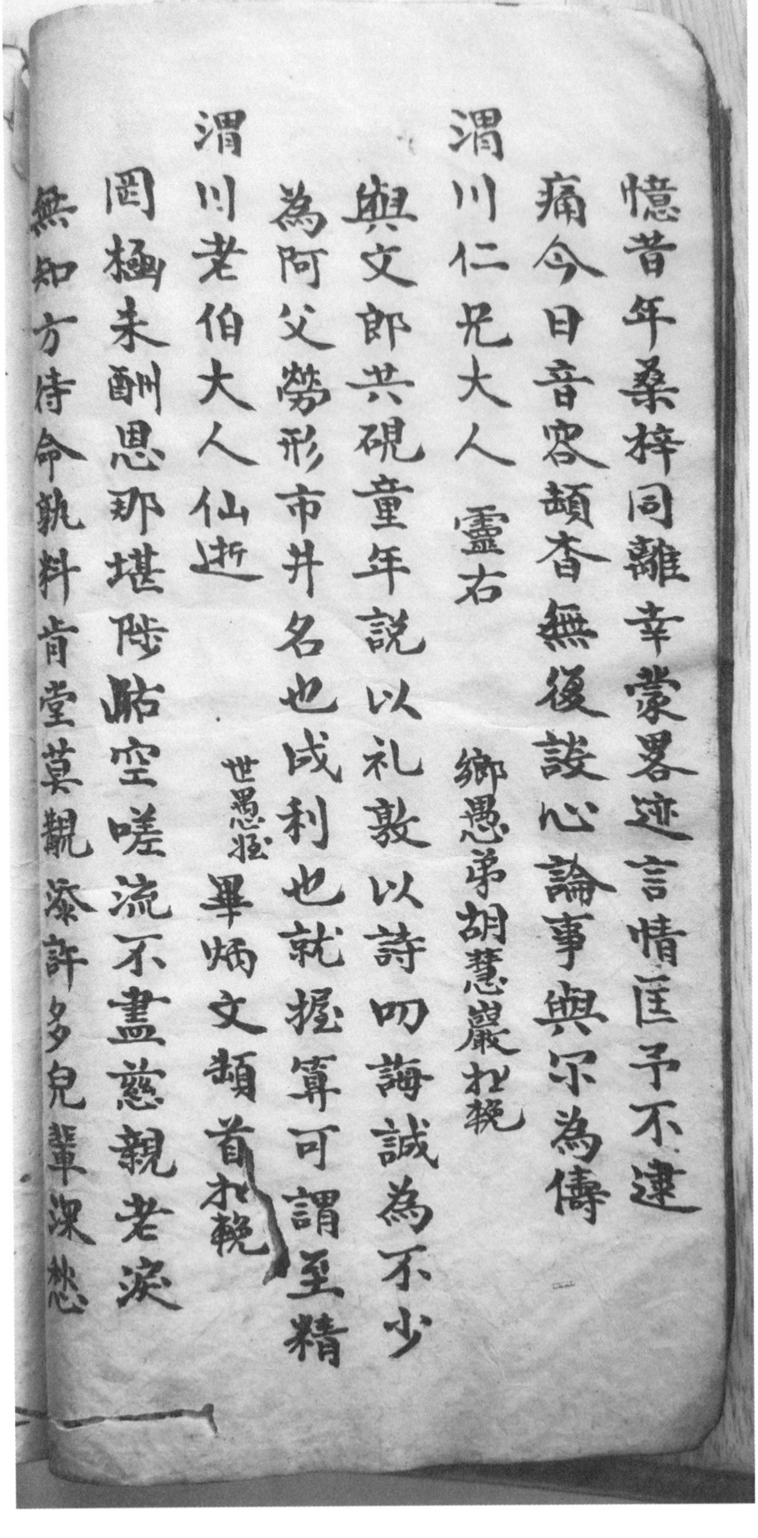
憶昔年桑梓同離幸蒙畧迹言情匡予不逮
痛今日音容頓杳無復談心論事與尔為儔
渭川仁兄大人　靈右　　鄉愚弟胡慧巖拜輓

與文郎共硯童年説以礼教以詩叨誨誠為不少
為阿父勞形市井名也成利也就握算可謂至精
渭川老伯大人仙逝　　世愚姪畢炳文頓首拜輓

罔極未酬恩那堪陟岵空嗟流不盡慈親老淚
無知方侍命孰料肯堂莫覯添許多兒輩深愁

輓詩

去年花甲祝維祺今日泉臺永別離友誼多情齊灑淚
縱然醫治愧無裨
勤於閫閾儉於家數十年來志不奢桂子蘭孫仝抱恨
荊妻腸斷更嗟堪

渭川尊兄太人　僊遊　　眷愚弟畢体仁頓首拜輓

二十餘年共事常同聲同氣復同鄉惟期白髮相歸里
那解先遊哭斷腸

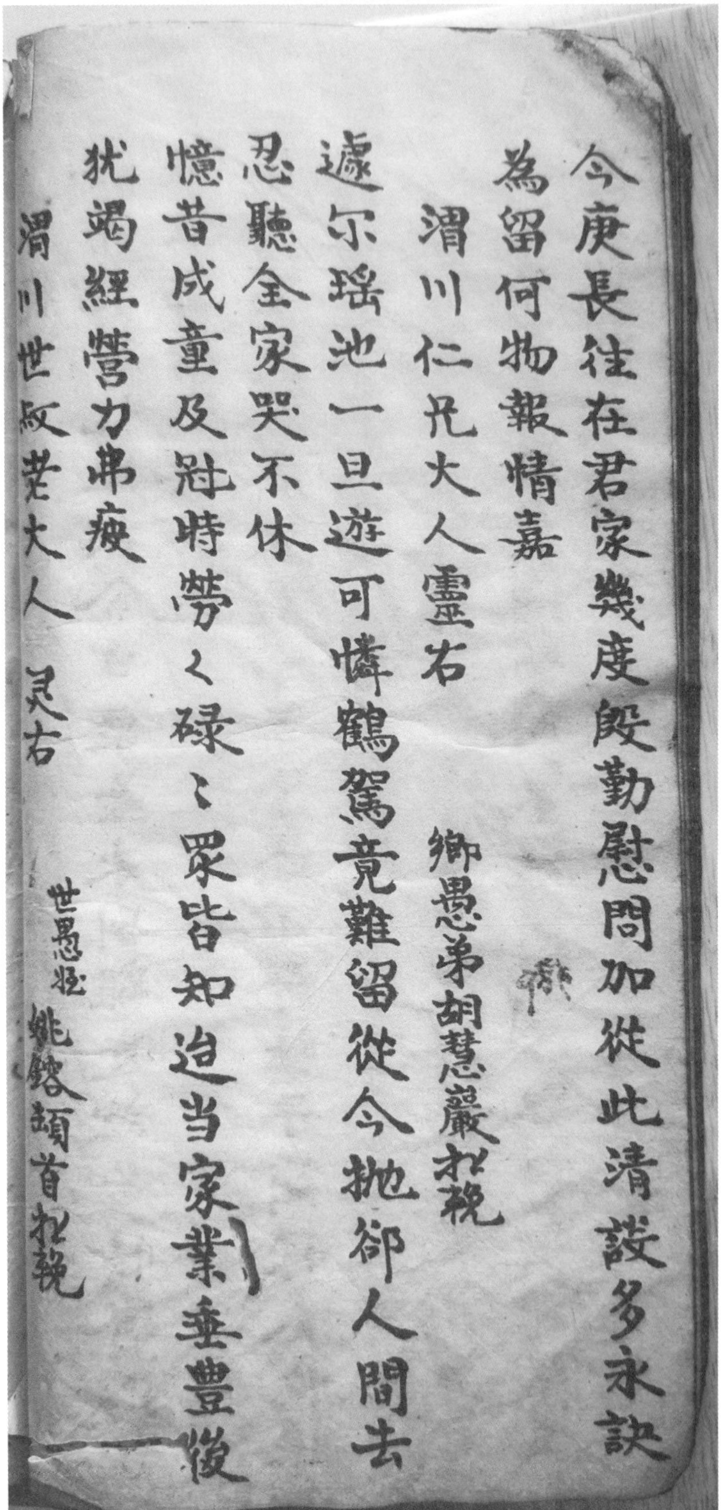

今庚長往在君家幾度殷勤慰問加從此清談多永訣
為留何物報情嘉
渭川仁兄大人靈右　　鄉愚弟胡慧巖拜挽
遽尔瑶池一旦遊可憐鶴駕竟難留從今拋卻人間去
忍聽全家哭不休
憶昔成童及冠時勞勞碌碌眾皆知迨当家業垂豐後
犹竭經營力弗疲
渭川世叔老大人　灵右
世愚侄　姚鏐頓首拜挽

去歲殘冬謁善顏而今何遽列仙寰百端計算誰能遣
痛切兒孫淚自潸
碧空鴈語作悲聲惡報傳來劇可驚膝下倘教雲路上
榮名亦慰九泉情
渭川老伯大人　仙逝
世愚姪　畢炳文頓首拜挽
騎鯨忽入大羅天凶耗傳來倍駭然嶺外猿聲愁帶雨
江邊樹色亦含煙
畢世經營未息肩如何撒手忽登仙燕貽共羨成鴻業

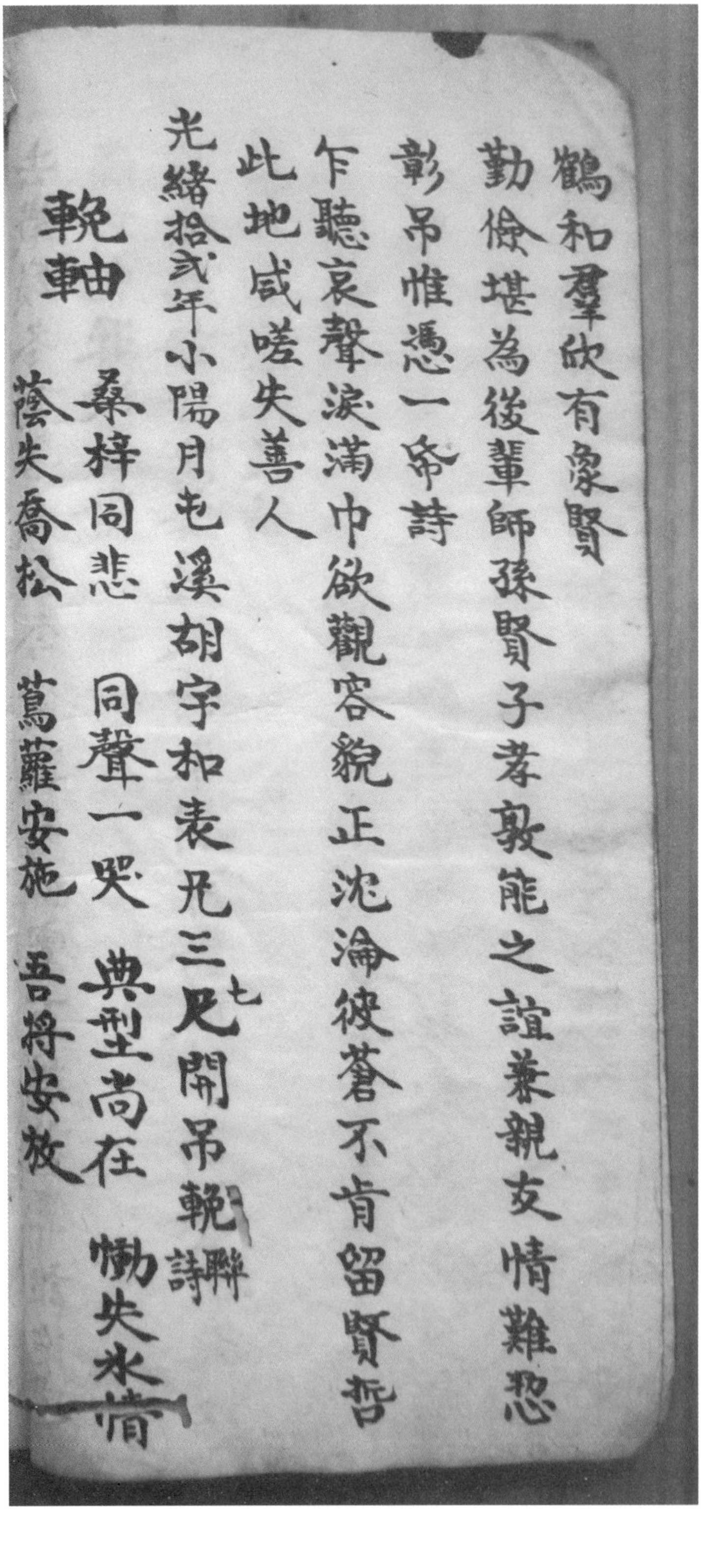

鶴和群欣有象賢
勤儉堪為後輩師孫賢子孝敦能之誼兼親友情難恐
彰吊惟憑一帋詩
乍聽哀聲淚滿巾欲觀容貌正沈淪彼蒼不肯留賢哲
此地咸嗟失善人
光緒拾弍年小陽月屯溪胡字和表凡三尺七開吊輓聯詩

輓軸
桑梓同悲　同聲一哭　典型尚在　慟失水情
蔭失喬松　蔦蘿安施　吾將安放

魯淚君南
殿灑子弧
光隕曰殘
潛邊終采

結契憶当年占先人総角為交情同骨月
奠灵悲此日使小子瞻依無自恨繫胸懷
牀記雨聲聯抵足早經鴒誼篤
江涵秋影後傷心老去雁行單

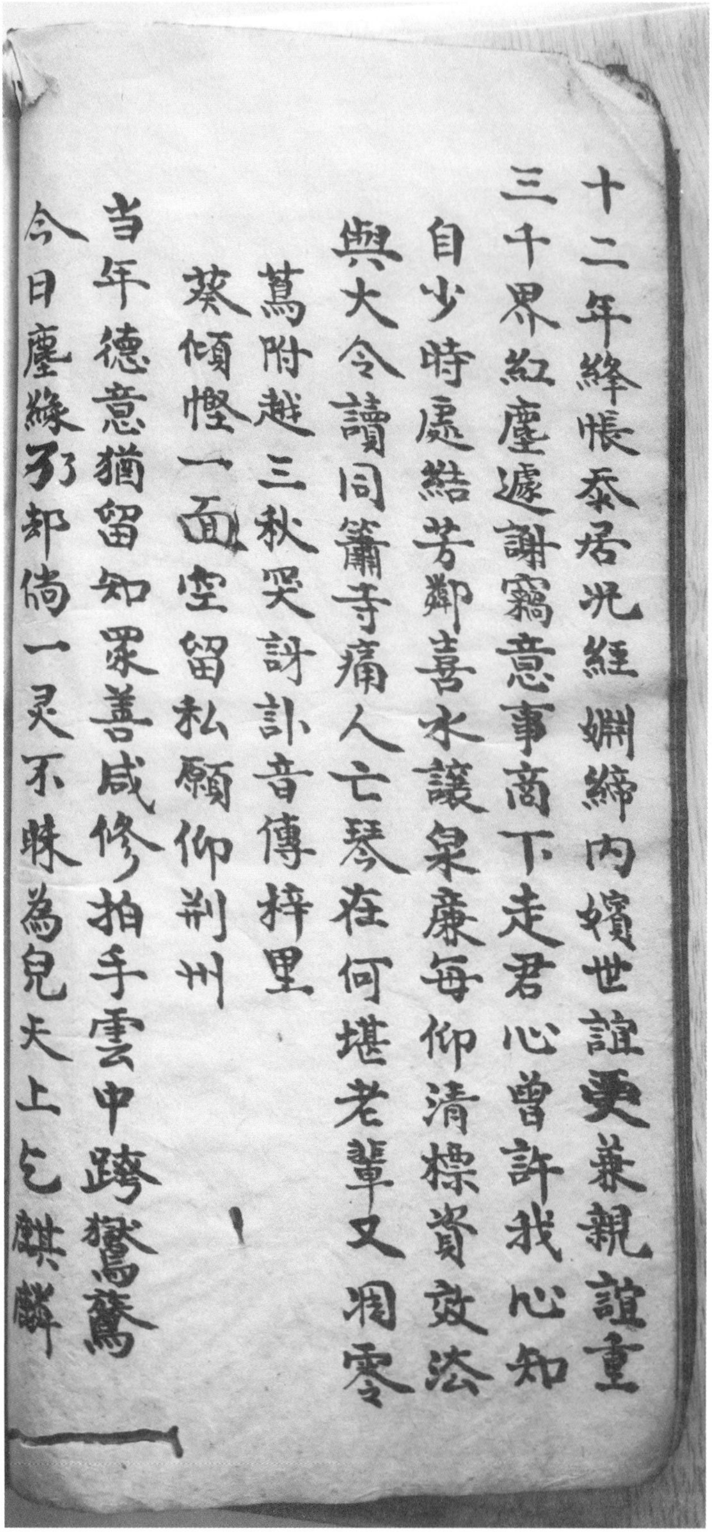
十二年絳帳忝居光經綳綿內續世誼更兼親誼重
三十界紅塵遽謝竊意事商下走君心曾許我心知
自少時處結芳鄰喜水讓泉廉每仰清標資效法
與大令讀同簫寺痛人亡琴在何堪老輩又凋零
蔦附越三秋哭訃音傳梓里
葵傾慳一面空留私願仰荊州
当年德意猶留知衆善咸修拍手雲中跨鸞鶴
今日塵緣乃了卻倘一靈不昧為見天上乞麒麟

銘旌用紅布寫金字或綾尼緞均可用

皇清大學生 敕授文林郎 誥封奉直大夫議叙大、常寺博士隨帶加三級○○府君嗣公之靈柩

輓屏詩

縱因吾友識荆州　晤对欽馳已二秋　忽报人琴俱寂寂
照人古道尚貽留

又

懷才市隱貿遷工　忠信財生大道通　事業日新遺澤遠
承光啟後慕高風

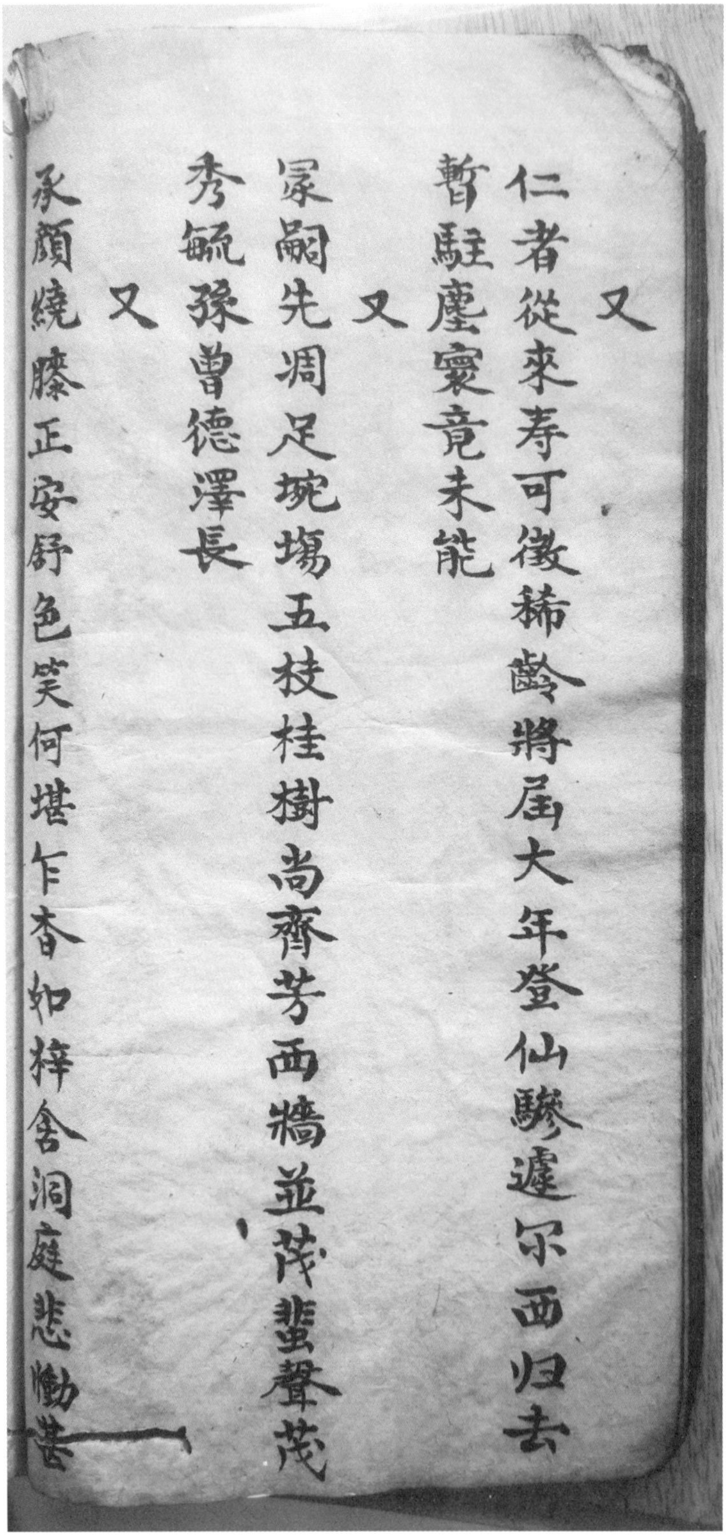

又

仁者從來寿可徵稀齡將届大年登仙驂遽尔西归去

暫駐塵寰竟未能

又

冢嗣先凋足埦塲五枝桂樹尚齊芳西牆並茂蜚聲茂

秀毓孫曾德澤長

又

承顏繞膝正安舒色笑何堪乍杳如梓舍洞庭悲慟甚

分甘進旨事長虛

又

正聽巷里共停歌老輩凋零悵若何縱賦招魂揮一紙

素車白馬自空過

又

百歲終有尽古会不死方何以賢與聖閱世猶昭彰乃

知仁即壽遂同天地長翁為我父執中正而齊莊兵燹

遭浩劫事業起空囊秉義洲蘭桂持躬望梓桑澹泊明

素志私易歷世場我喜芝室近日樂春風颺杖屨恒瞻仰矩矱悉怡良斗酒蓄餘意七衷視華堂忽驚哲人萎梁木切悲傷天靈歲星先身而遽壺藏四皓贈芝草五老進瓊漿仙境固仁樂塵緣豈盡忘他日修文暇跨鶴一還鄉所喜賢子孫努力蔚書香駟馬大門户鷟章清廟廊吁嗟先生之名永流芳先生之壽仍無疆

又

洽比爲鄰已久親騎驂忽報謝絕塵老成器重遺邃歲在

道大財生盛業新涉失推誠原罔失特家勤儉但收真

芻一束來争吊里巷同聲哭善人心

又

傷哉冢嗣早夭擢禄食天家未家易才纔折一枝嗟隕落

猶芳五桂茂滋培聲蜚庠序名亦著耆播鄉閭緒共眅

公盍少番頤養樂道逢奚遽返逢來

對聯稿

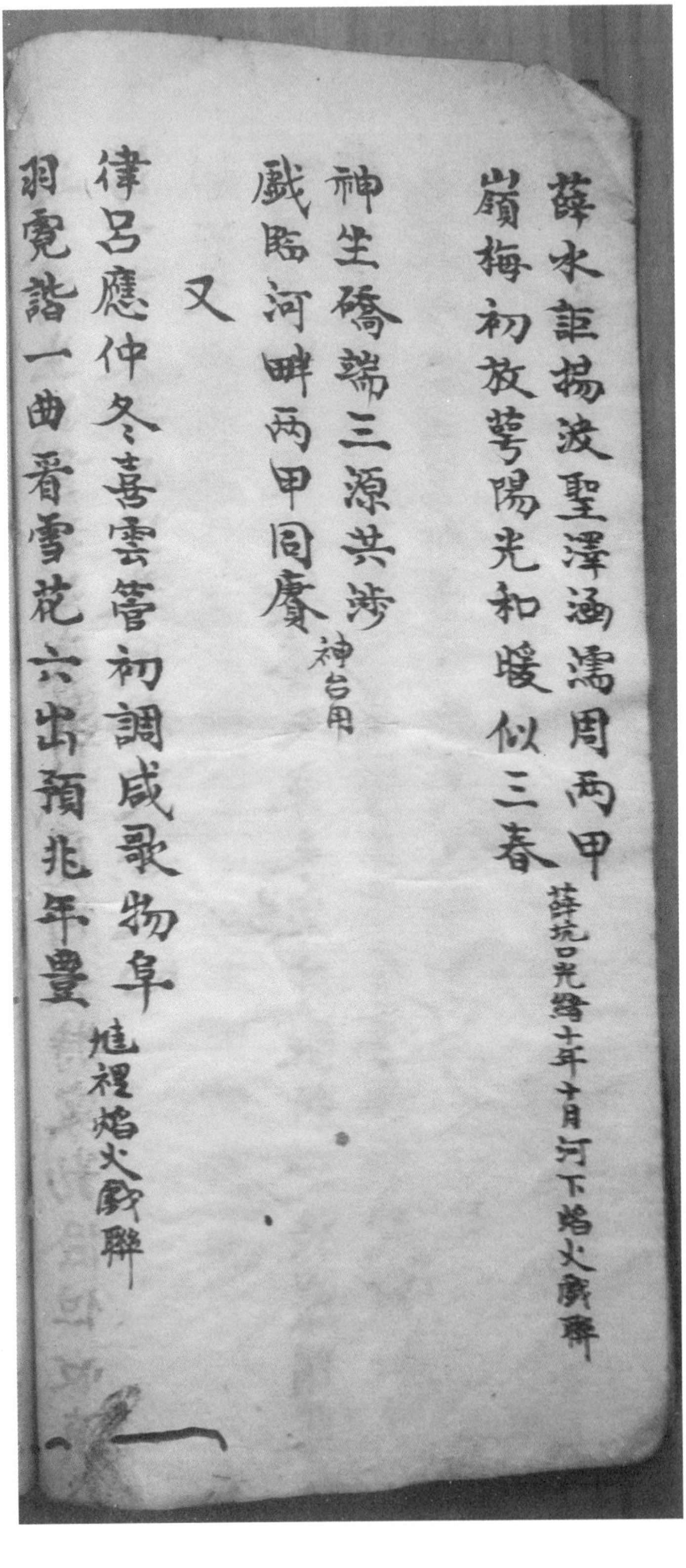
薛水詎揚波聖澤涵濡周丙甲
嶺梅初放萼陽光和暖似三春
薛坑口光緒十年十月河下焰火戲聯

神生礄端三源共涉
戲臨河畔兩甲同賡
神台用

又

律呂應仲冬喜雲管初調咸歌物阜
羽霓諧一曲看雪花六出預兆年豐
墟裡焰火戲聯

又

源遠彌長時至可堪游泳

川流不息浪翻相助箏笓

仝

又

漫道会将臨試番兩甲參禪屈指尚須遲二日

也知壇未設且听八音節奏關心先欲說三乘

放焰口戲聯

又

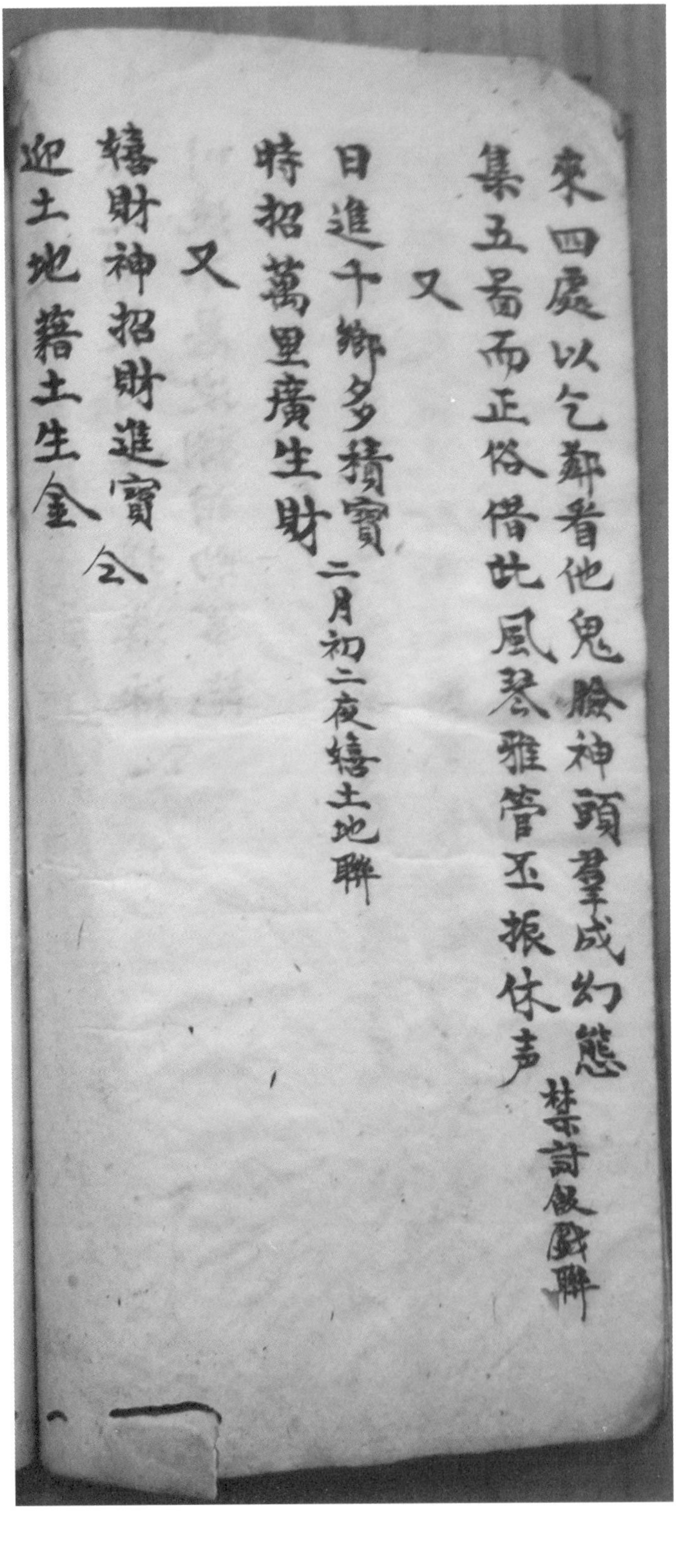

來四處以乞鄰看他鬼臉神頭羣成幻態
集五音而正俗借此風琴雅管丕振休声
禁討飯戲聯

又

日進千鄉多積寶
特招萬里廣生財
二月初二夜犒土地聯

又

犒財神招財進寶 仝
迎土地藉土生金

又
執元寶從今有道
捧朝笏自古生財
仝
二月初二夜禱土地區

聚寶堂
道生堂
和為貴
以義為利

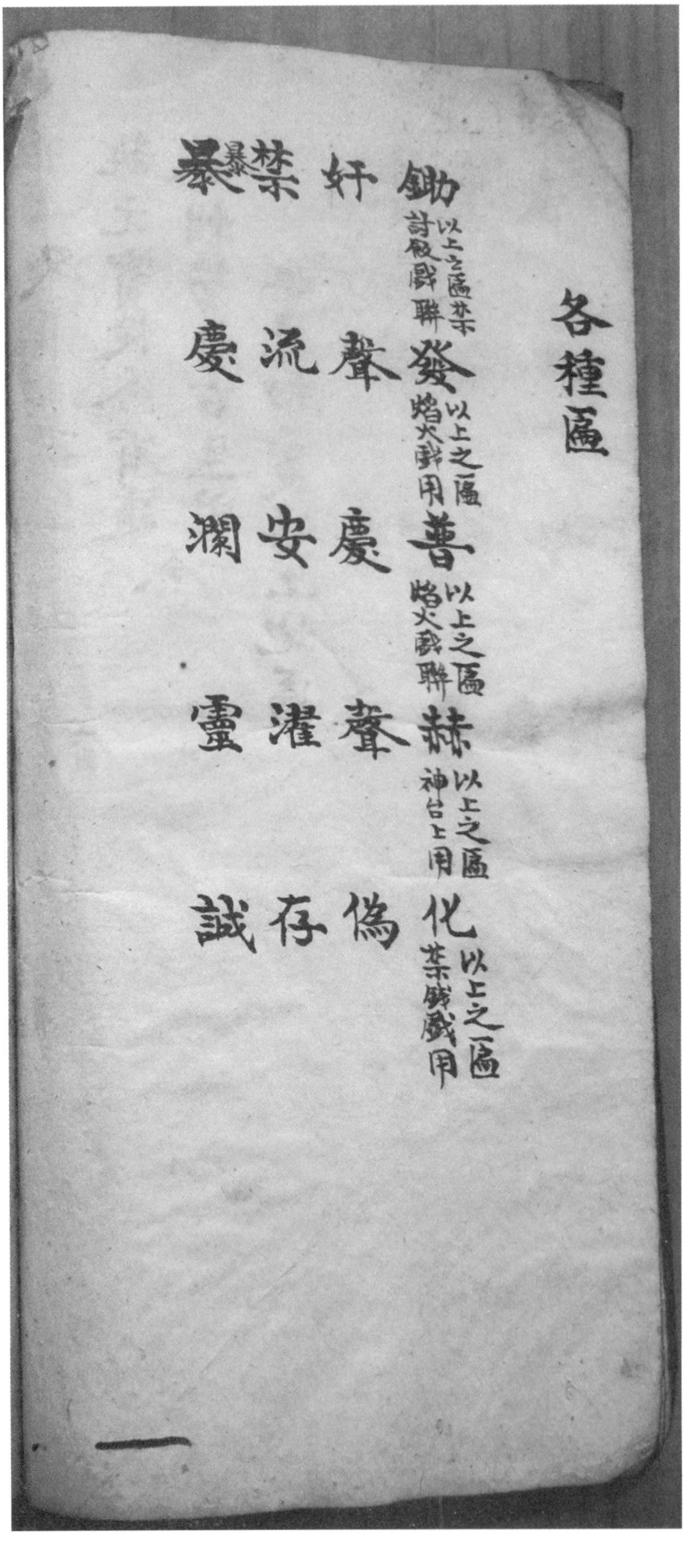
各種匾

鋤奸禁暴 以上之匾禁討敍戲聯

發聾流慶 以上之匾焰火戲用

善慶安瀾 以上之匾焰火戲聯

赫聲濯靈 以上之匾神台上用

化偽存誠 以上之匾禁賭戲用

一

做焰火戲供奉牌位式

供

本里主壇七公尊神

府縣城隍大王尊神

南方三界火德星君之神位

長生香火司命六神

本境土地福德正神

奉

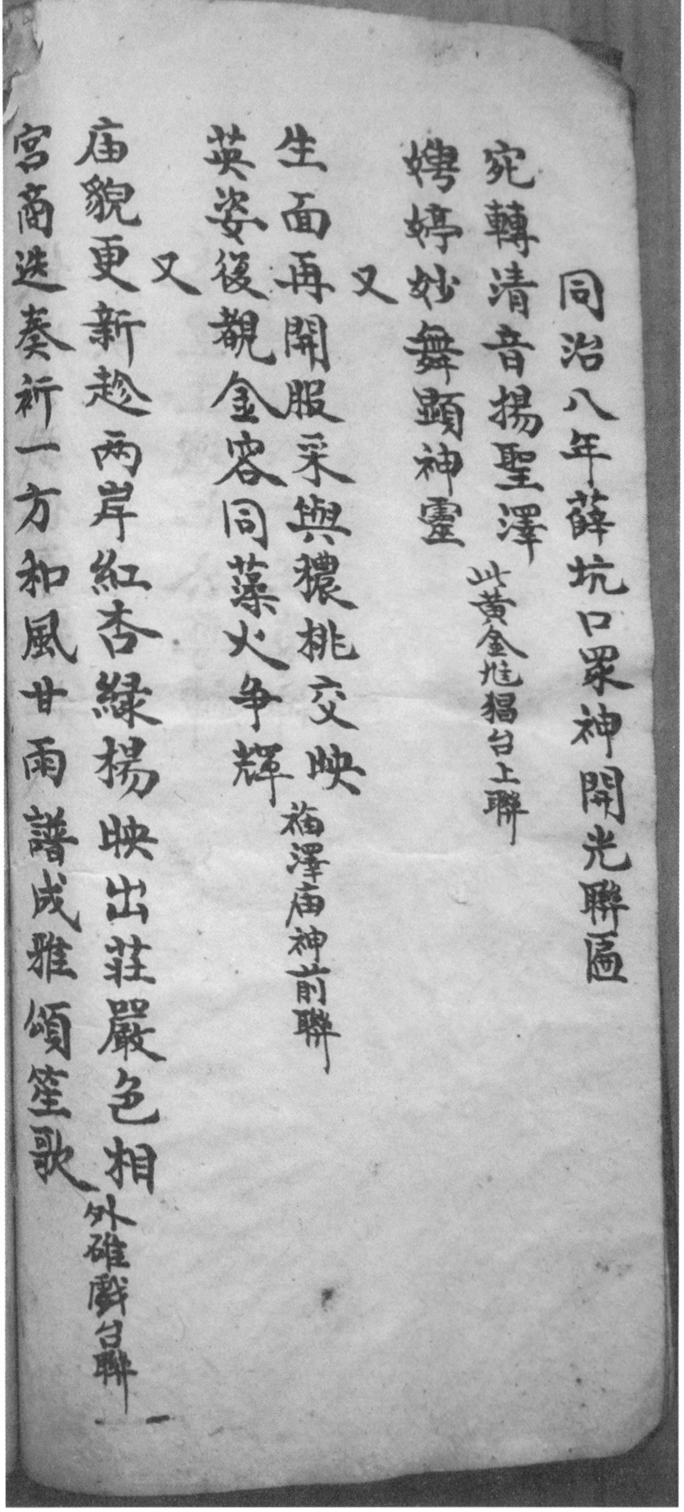

同治八年薛坑口眾神開光聯區

宛轉清音揚聖澤　此黃金炷搨台上聯
娉婷妙舞顯神靈

又

生面再開服采與穠桃交映　祐澤廟神前聯
英姿復覩金容同藻火爭輝

又

廟貌更新趁兩岸紅杏綠楊映出莊嚴色相　外碓戲台聯
宮商迭奏祈一方和風甘雨譜成雅頌笙歌

又

妙舞入霓裳恰映帶一溪流水

清歌兼玉笛仍吹鬧三月桃花 仝

匾

寶相莊嚴

以上之匾戲名上用

光華復旦

以上之匾神名上用

隨感而通

以上之匾猖名上用

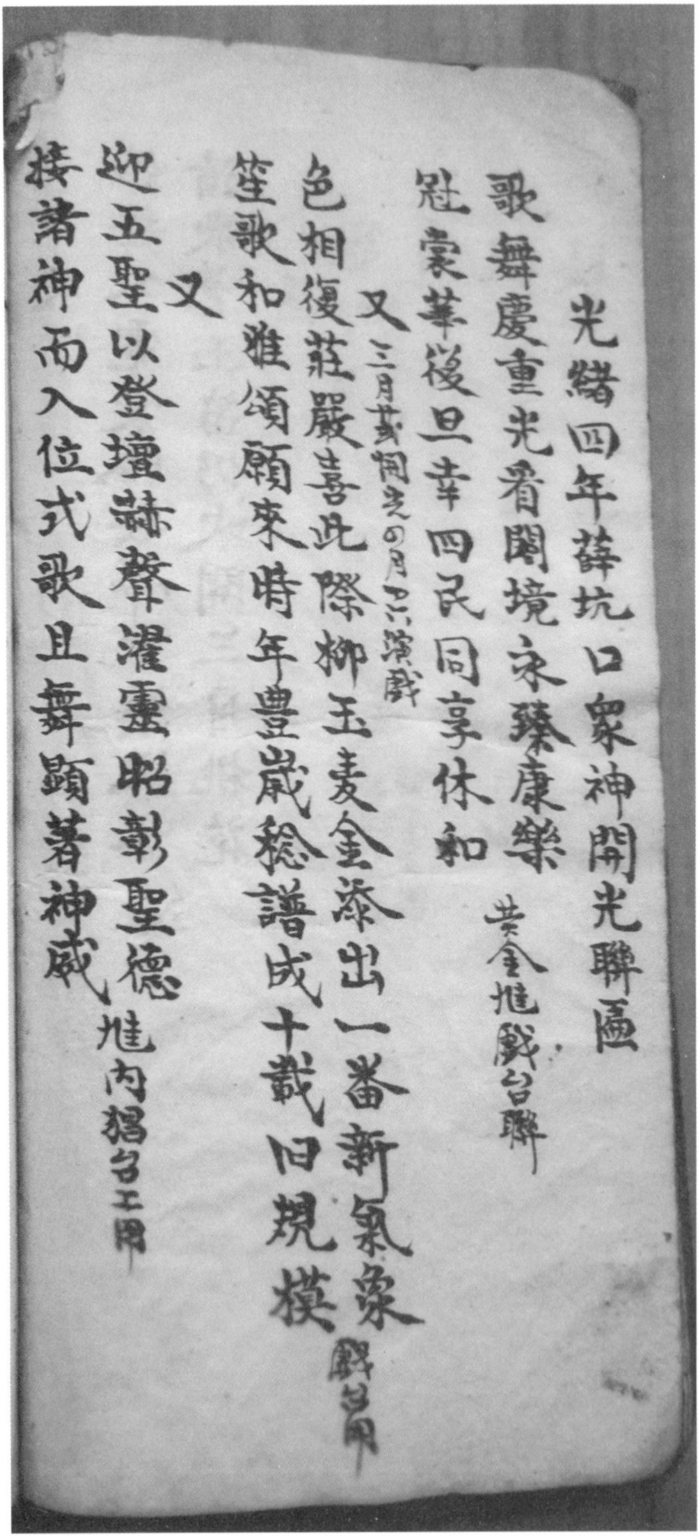

光緒四年薛坑口衆神開光聯匾

歌舞慶重光看闔境永臻康樂
冠裳華復旦幸四民同享休和
黄金樘戲台聯

又 三月黄岡光四月廿六演戲

色相復莊嚴喜此際柳玉麦金添出一番新氣象
笙歌和雅須願來時年豐歲稔譜成十載旧規模
戲台用

又

迎五聖以登壇赫聲濯靈昭彰聖德
接諸神而入位式歌且舞顯著神威
樘内搭台工用

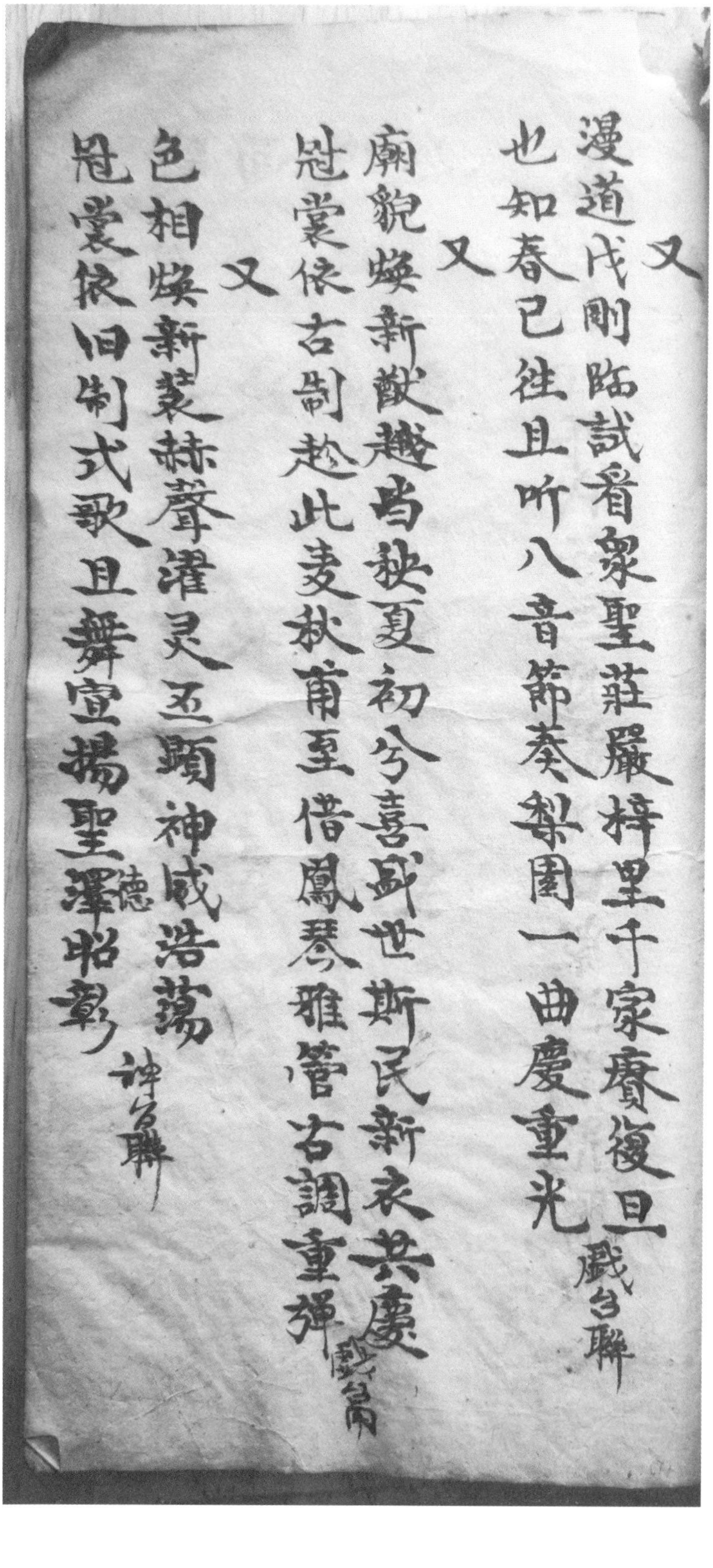
又

漫道戊剛臨試看衆聖莊嚴梓里千家賡復旦

也知春已往且听八音節奏梨園一曲慶重光　戲台聯

又

廟貌煥新猷趁當秧夏初兮喜斯世斯民新衣共慶

冠裳依古制趁此麦秋甫至借鳳琴雅管古調重彈　戲台聯

又

色相煥新装赫聲濯灵丕顯神威浩蕩

冠裳依旧制式歌且舞宣揚聖德澤昭彰　神台聯

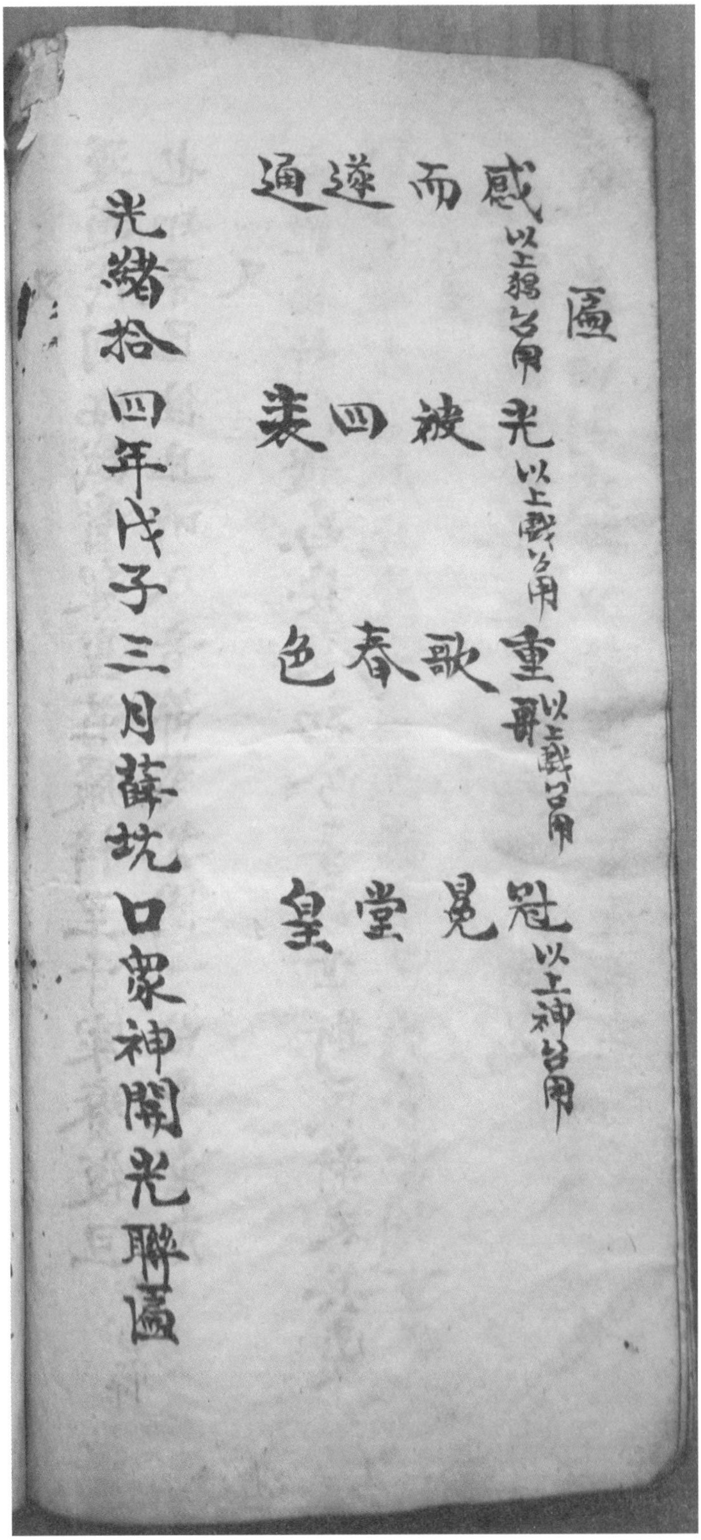

匾

感而遂通 以上禱台用

光被四表 以上戲台用

重歌春色 以上戲台用

冠冕堂皇 以上神台用

光緒拾四年戊子三月薛坑口衆神開光聯匾

輪轉又十年衆聖一新詳看柳綠桃紅采色施來皆
赫濯
騰歡

戲台用

例沿通四甲八音齐奏細聽鶯簧蝶板和聲到處盡

又

威勇著忠貞想當日保障全民咸欽旧澤

戲台用

魁裳華後旦喜今朝徵歌選舞共慶新恩

又

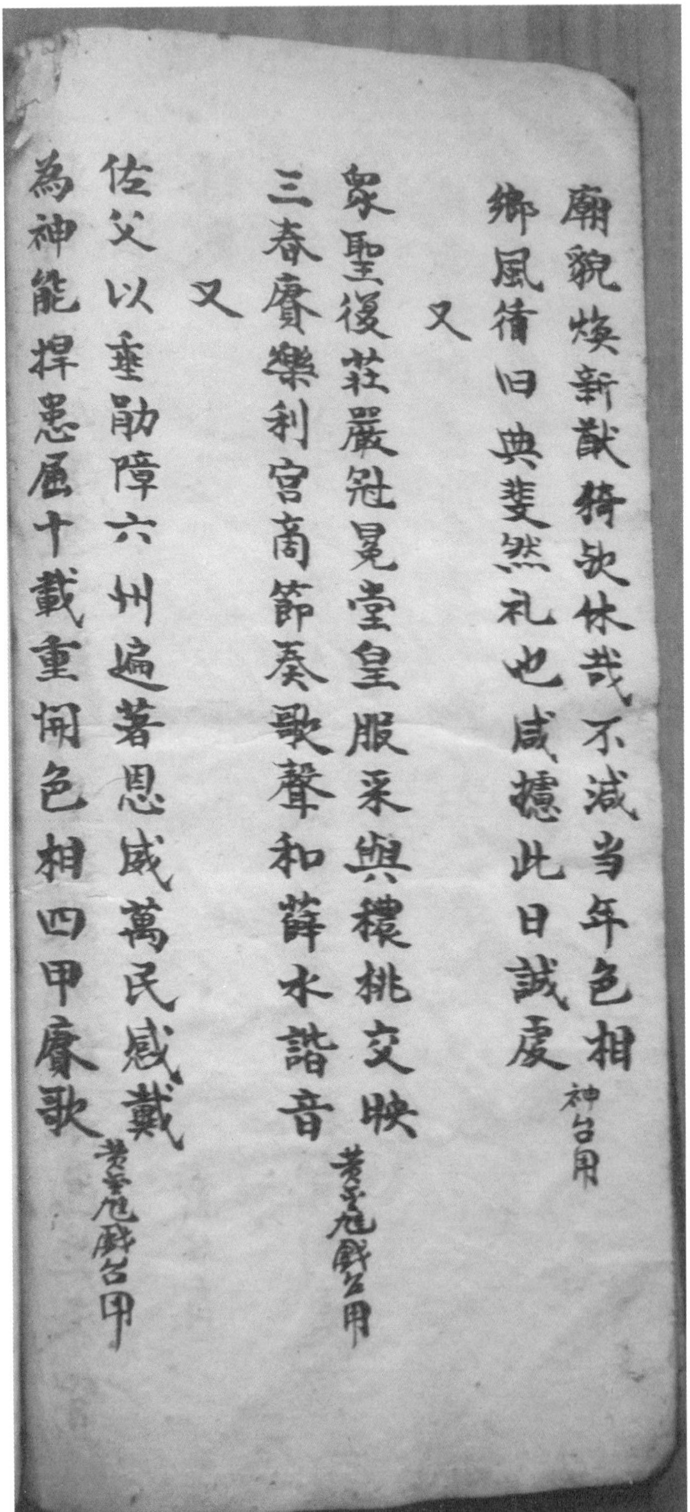

廟貌煥新猷猗欤休哉不減当年色相 神台用
鄉風循旧典斐然礼也咸攄此日誠虔

又

衆聖復莊嚴冠冕堂皇服采與襛桃交映
三春賡樂利宫商節奏歌聲和薛水諧音 黄金龙戲台用

又

佐父以垂勛障六州遍著恩威萬民感戴
為神能捍患歷十載重開色相四甲賡歌 黄金龙戲台用

又

五福遙臨四甲咸歌樂利

諸神近接一方共沐恩光（猖台用）

牌匾

賚颸春色（戲台匾）

光華復旦（神台匾）

丕顯其光（戲台匾）

歌祝靈貺（猖台匾）

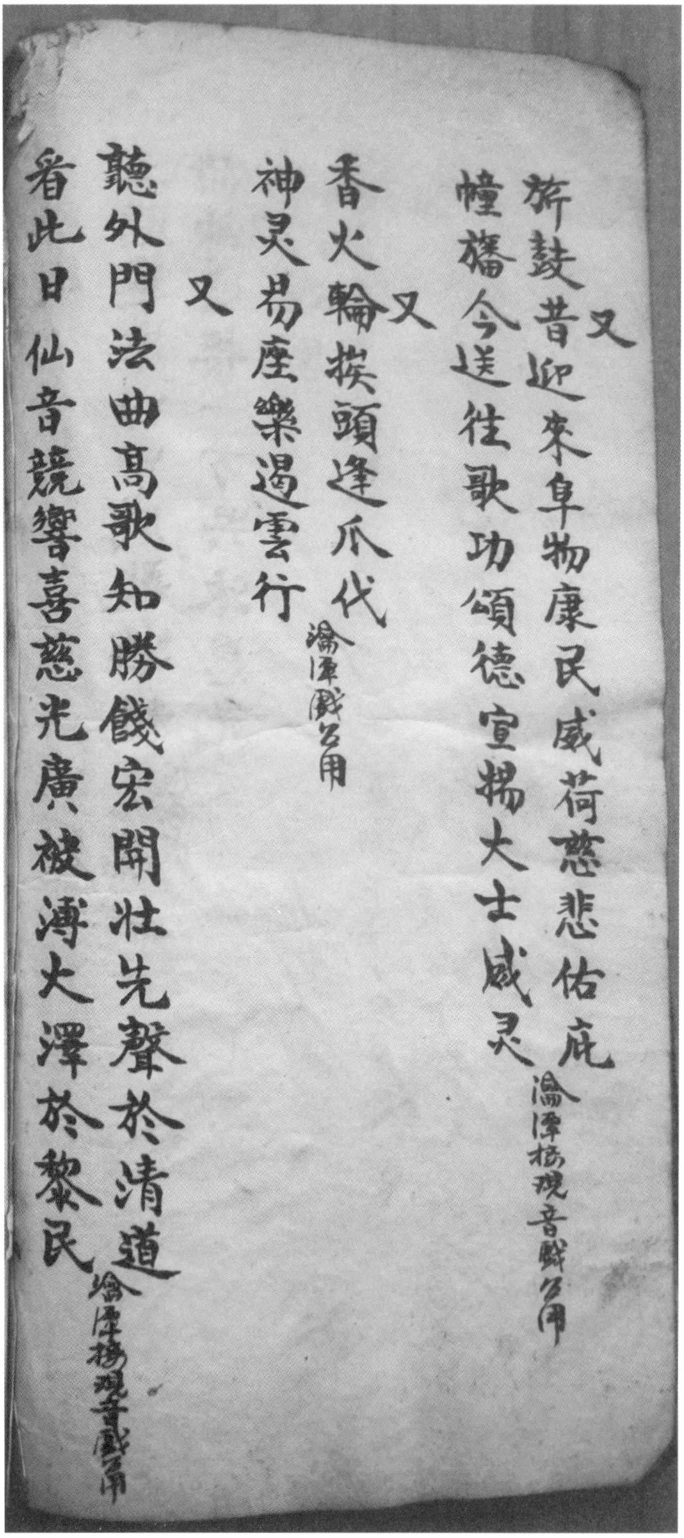

又

旂鼓昔迎來阜物康民威荷慈悲佑庇

幢旛今送往歌功頌德宣揚大士威灵

淪潭揚觀音戲台用

又

香火輪挨頭逢瓜代

神灵昜座樂遏雲行

淪潭戲台用

又

聽外門法曲高歌知勝餞宏開壯先聲於清道

看此日仙音競響喜慈光廣被溥大澤於黎民

淪潭揚觀音戲台用

又

束帶整冠儼然君臣父子

停鑼歇鼓誰是兒女夫妻

又

離火虛明散作丙丁瑞氣

坎水洋溢化為壬癸恩波

焰火戲聯

又

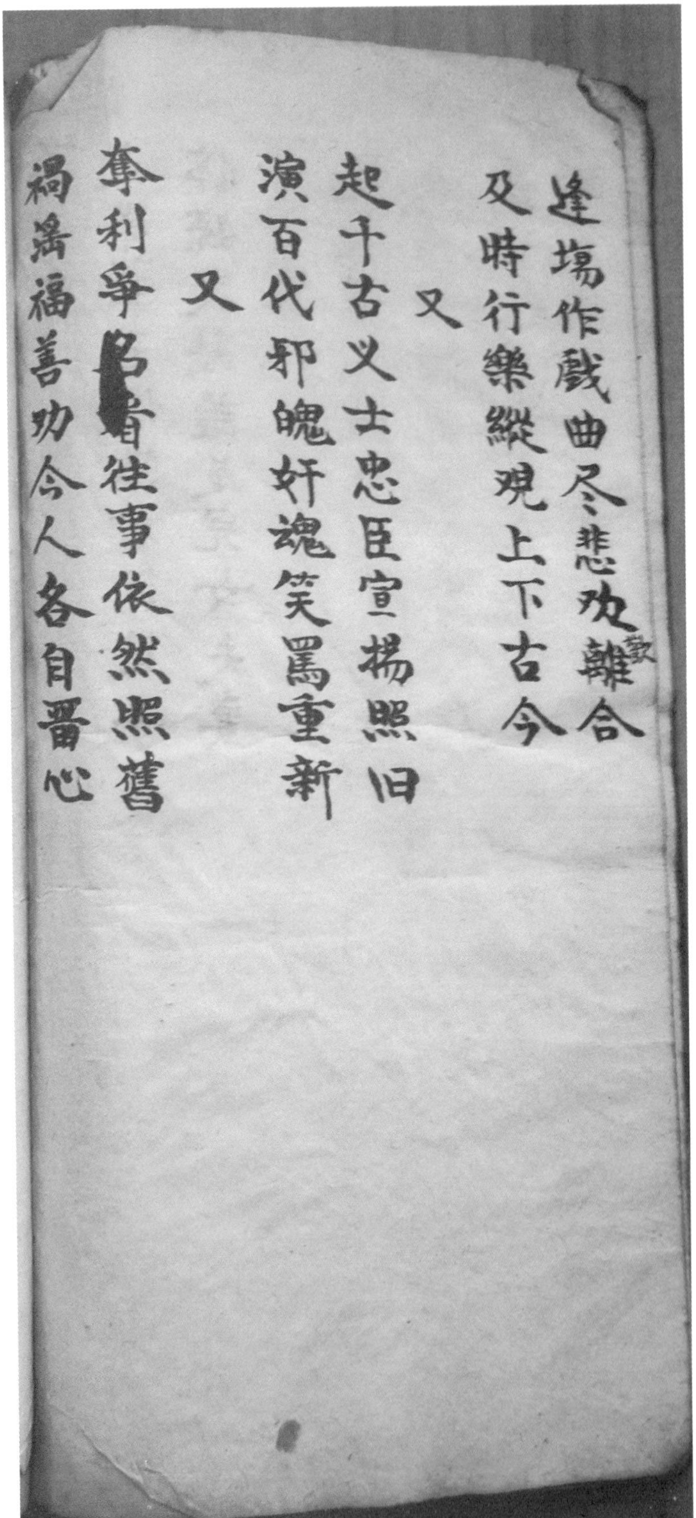
逢場作戲曲尽〻悲欢(歡)離合
及時行樂縱觀上下古今
又
起千古义士忠臣宣揚照旧
演百代邪魄奸魂笑駡重新
又
奪利爭名看往事依然照舊
禍淫福善功令人各自畱心

又

生旦外丑淨公婆一齊扮出善惡邪正富貴貧賤終歸

這樣收場無事人看〻也好

亦闗情節有心者听〻何妨

吹唱中笙簫鼓板共同哄來離合悲欢笑談叶諢到底

關帝廟聯

兄玄德弟翼德德兄德弟

師卧龍友子龍龍師龍友

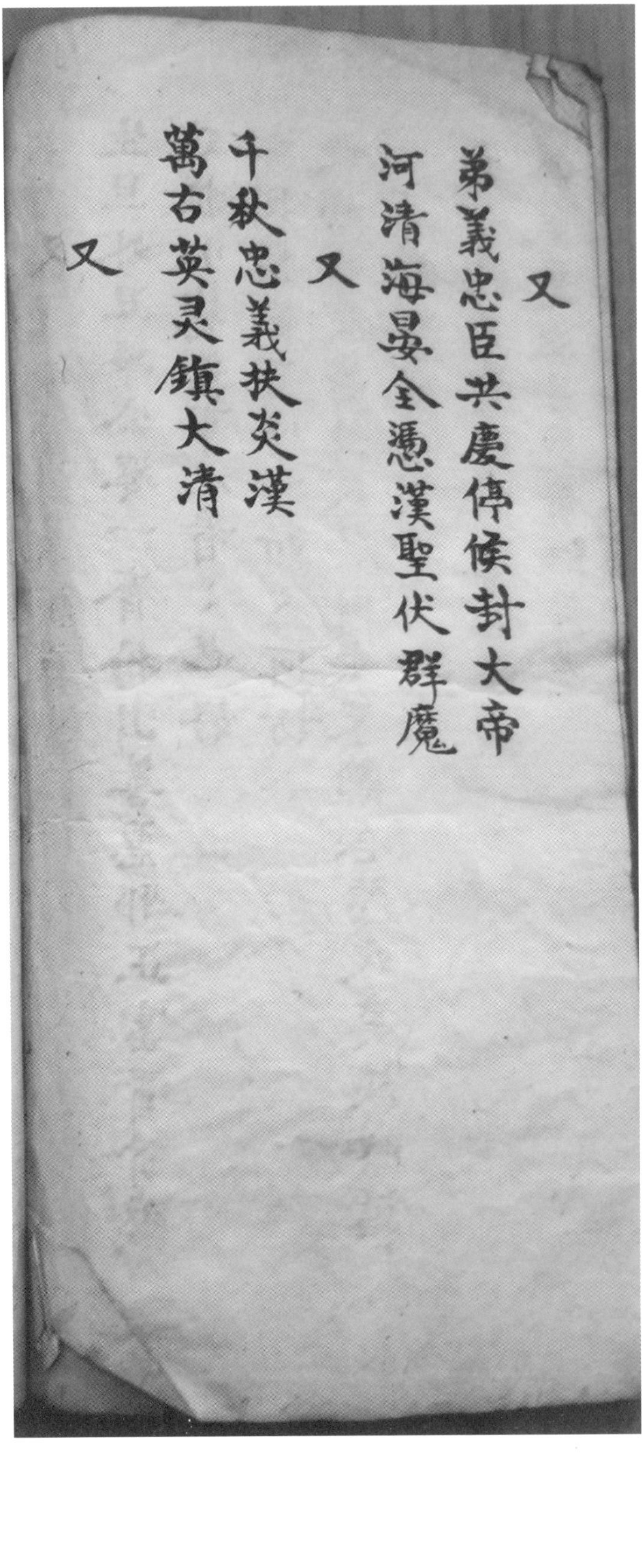
又
弟義忠臣共慶傳候封大帝
河清海晏全憑漢聖伏群魔
又
千秋忠義扶炎漢
萬古英灵鎮大清
又

義著桃園亘古芳遺不朽
恩流梓里千秋祀享常興

又

五載輪挨宣揚帝誕 討関爺戲
初更爰今荅拔神庥

壽考安疆 台上匾

聖帝功勳梓里幸賴帡幪沾福澤
君威赫濯梨園笙歌韻奏且和平 台柱上聯

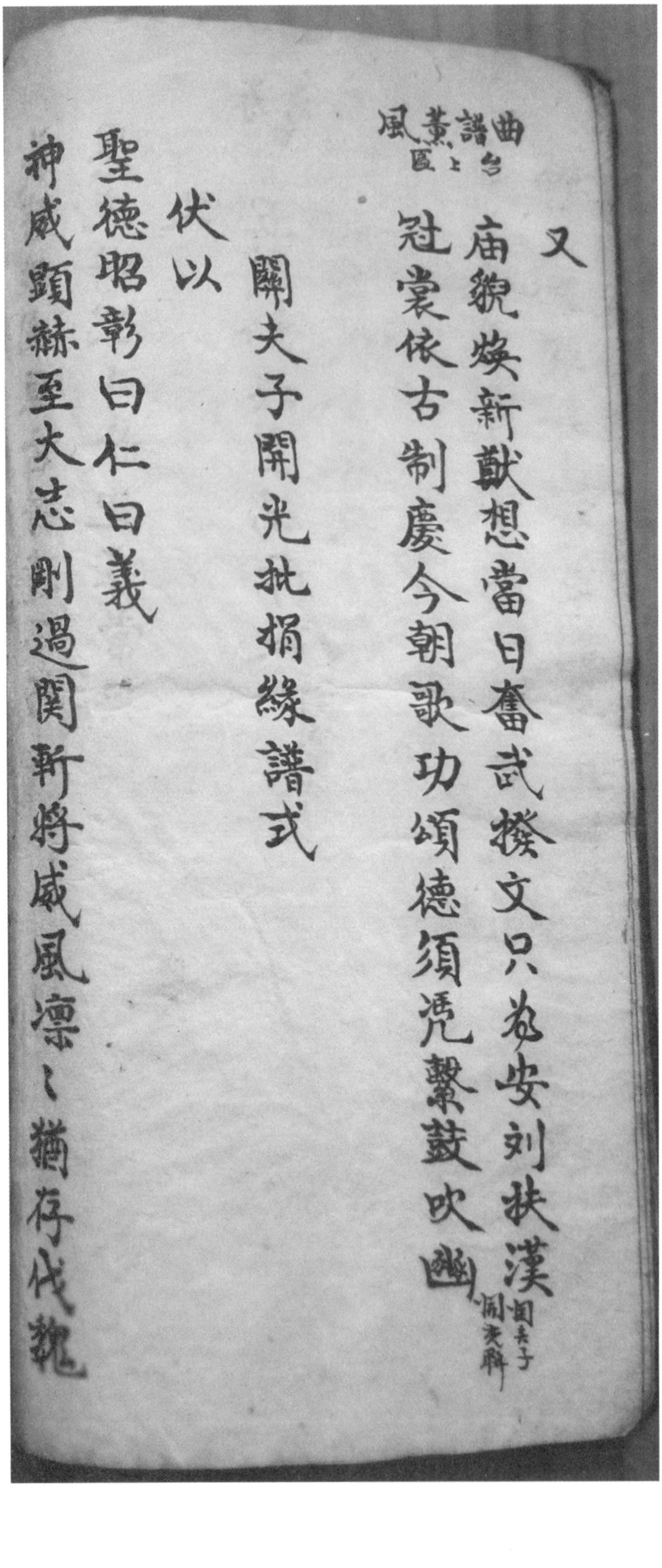
曲譜薰風
台上匾

又

庙貌焕新猷想當日奮武揆文只為安刘扶漢

冠裳依古制慶今朝歌功頌德須凴鼙鼓吹豳

関夫子開光聯

關夫子開光批捐緣譜式

伏以

聖德昭彰曰仁曰義

神威顯赫至大志剛過關斬將威風凜〻猶存伐魏

征吴英勇堂〻如在恭惟
奮文揆武名傳當世
禦灾捍患灵感於今因我里向供奉
關聖帝君自開相以來不覺七年餘矣茲擇良辰聿新
聖像謹遵古制預序批捐伏願同心樂助協力輸將
遂見
廟貌重光
神威丕顯自此年豐人壽共沐

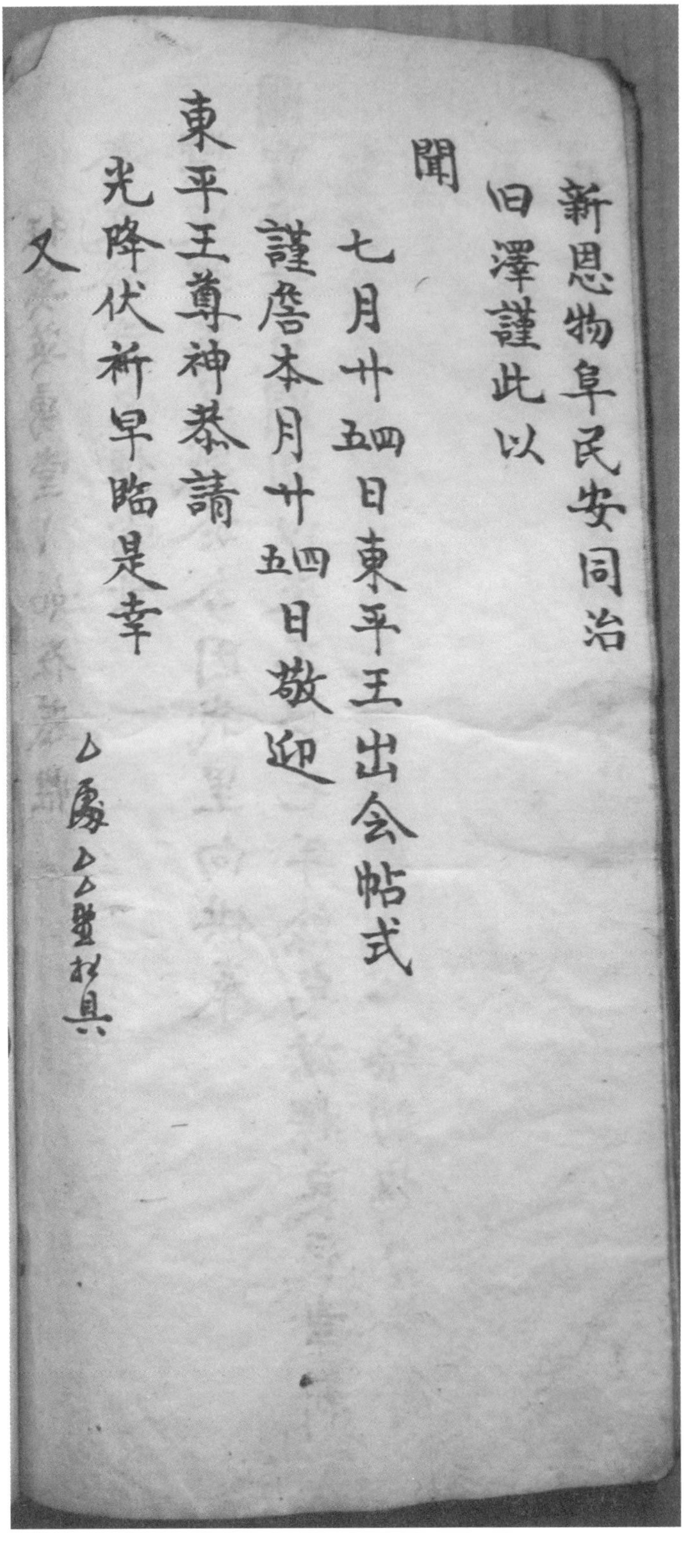
新恩物阜民安同治
旧澤謹此以
聞
七月廿四五日東平王出会帖式
謹詹本月廿四五日敬迎
東平王尊神恭請
光降伏祈早臨是幸
又
△處△△暨村具

赤面秉赤心赤兔追風千古常昭日赤
青燈覌青史青龍偃月一生不愧青天

又

清夜讀春秋一朵燭光爍今古
孤舟伐吳魏千秋浩氣塞乾坤

追薦聯

反哺無由愁听鳥聲啼白日
薦脩有托敬將蟻悃達青天

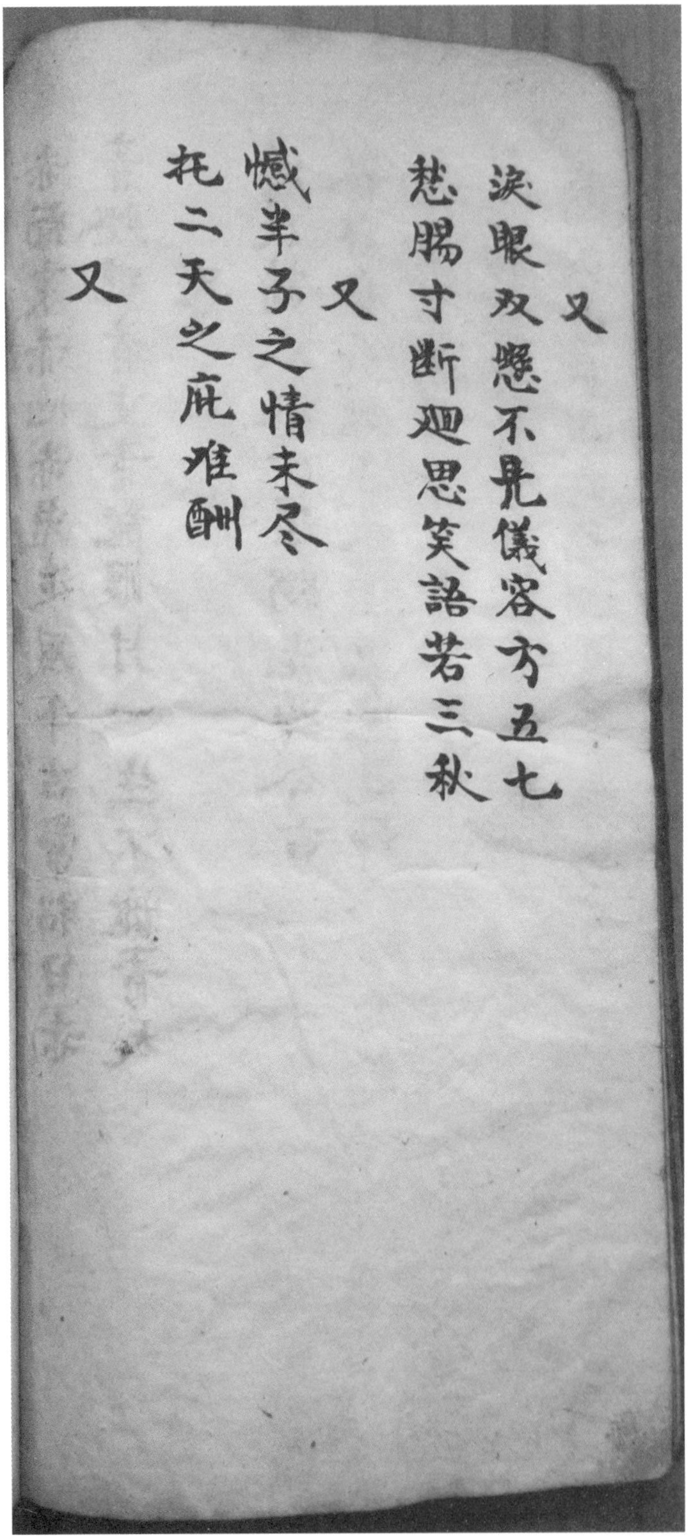
又
淚眼双懸不見儀容方五七
愁腸寸斷廻思笑語若三秋
又
憾半子之情未尽
又
托二天之庇难酬
又

月冷粧台絃絶更無人办韵
雪飛柳絮詩成空有父招魂

又

列鼎陳牲何日菽水承欢日
披蘇譏紼怎若班衣戲綵詩

城隍廟聯

擇陰地擇陽地如何不擇心地
種山田種吁田這様不種心田

又

善報惡報遠報速報終須有報
天知地知尔知我知何謂無知

又

但得回頭便是岸
何須到此悔前非

又

孝莫辭勞轉眼便是人父母
善休望報回頭即看你兒孫

又

夲念時明々白々母欺了自已
到頭処是々非々曾放过誰人

又

念此身不克常存何須急々忙々斡千般万事
思凡休莫非前定樂得乾々淨々做一世好人

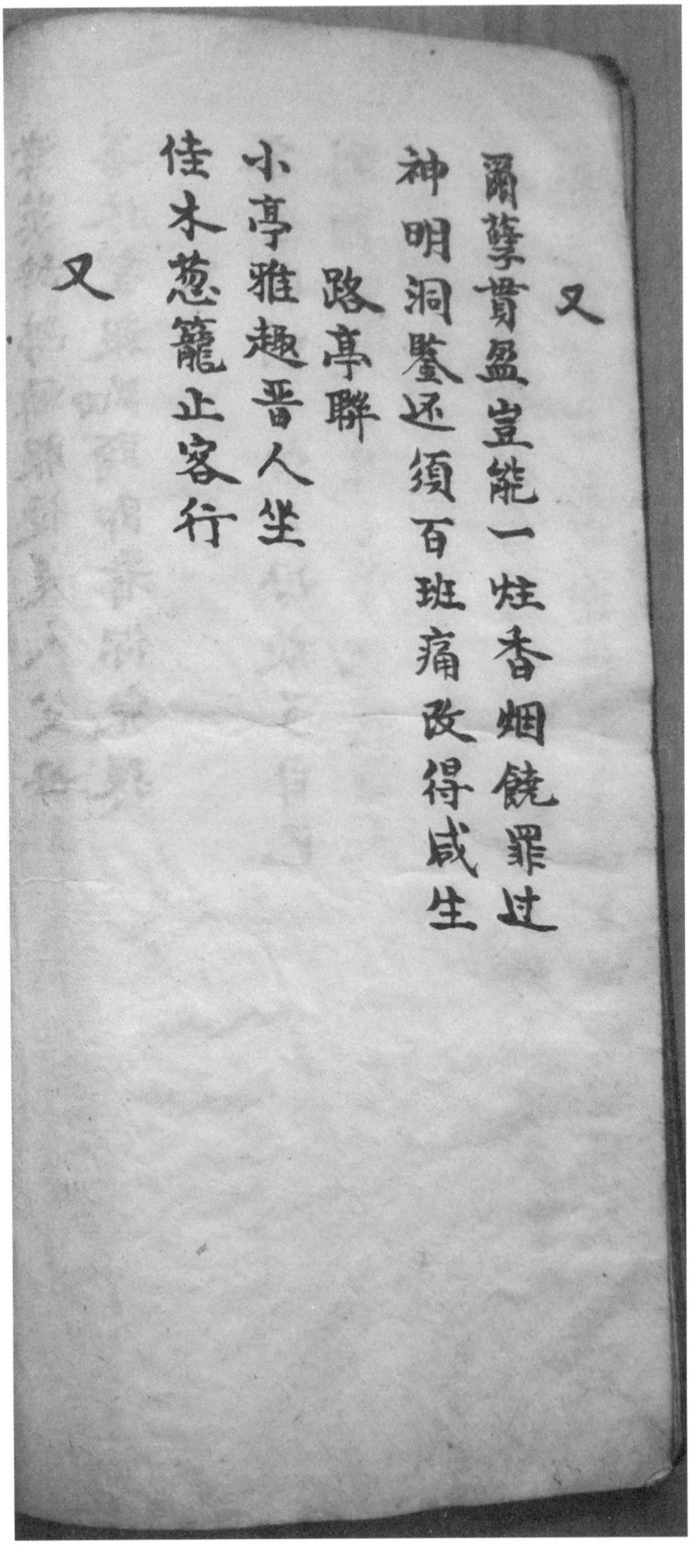

又

爾孽貫盈豈能一炷香烟饒罪过
神明洞鑒还须百班痛改得咸生

路亭聯

小亭雅趣晋人坐
佳木葱蘢止客行

又

四大皆空坐片刻無分尔我
两頭係路歇一時各走東西

又

走甚麽息〻步去
忙也否坐〻再行

雜集巧對

閨閣閑関闈閏閙開門閭問
富家宮室定寬宏宿客宜安

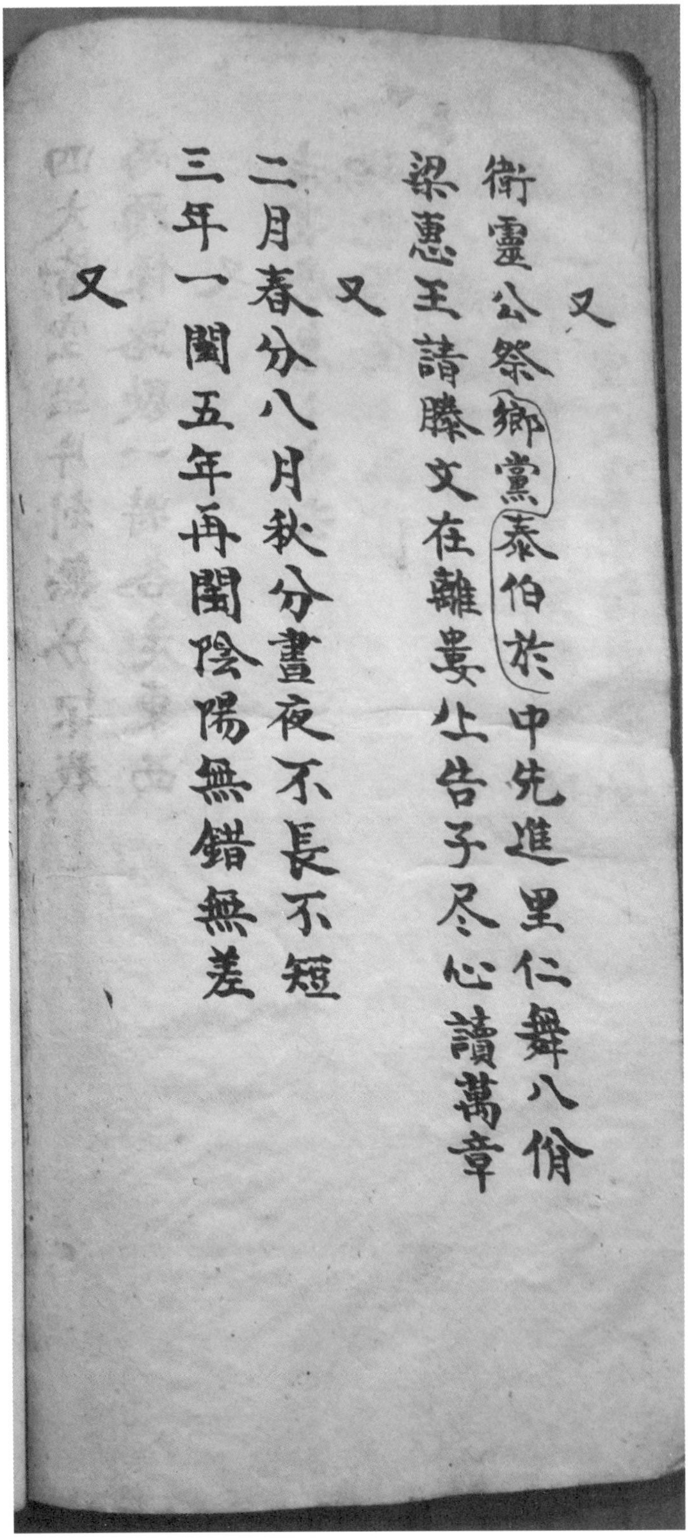
又
衛靈公祭鄉黨泰伯於中先進里仁舞八佾
梁惠王請滕文在離婁上告子尽心讀萬章
又
二月春分八月秋分晝夜不長不短
三年一閏五年再閏陰陽無錯無差
又

竹是無心樹
蓮如有脚花

又

雨落女身女躲雨雨止女行
氷凍兵船兵打氷氷開兵去

又

醫人房下有件東西堪為藥碾
斈生堂中無分南北尽是書厨

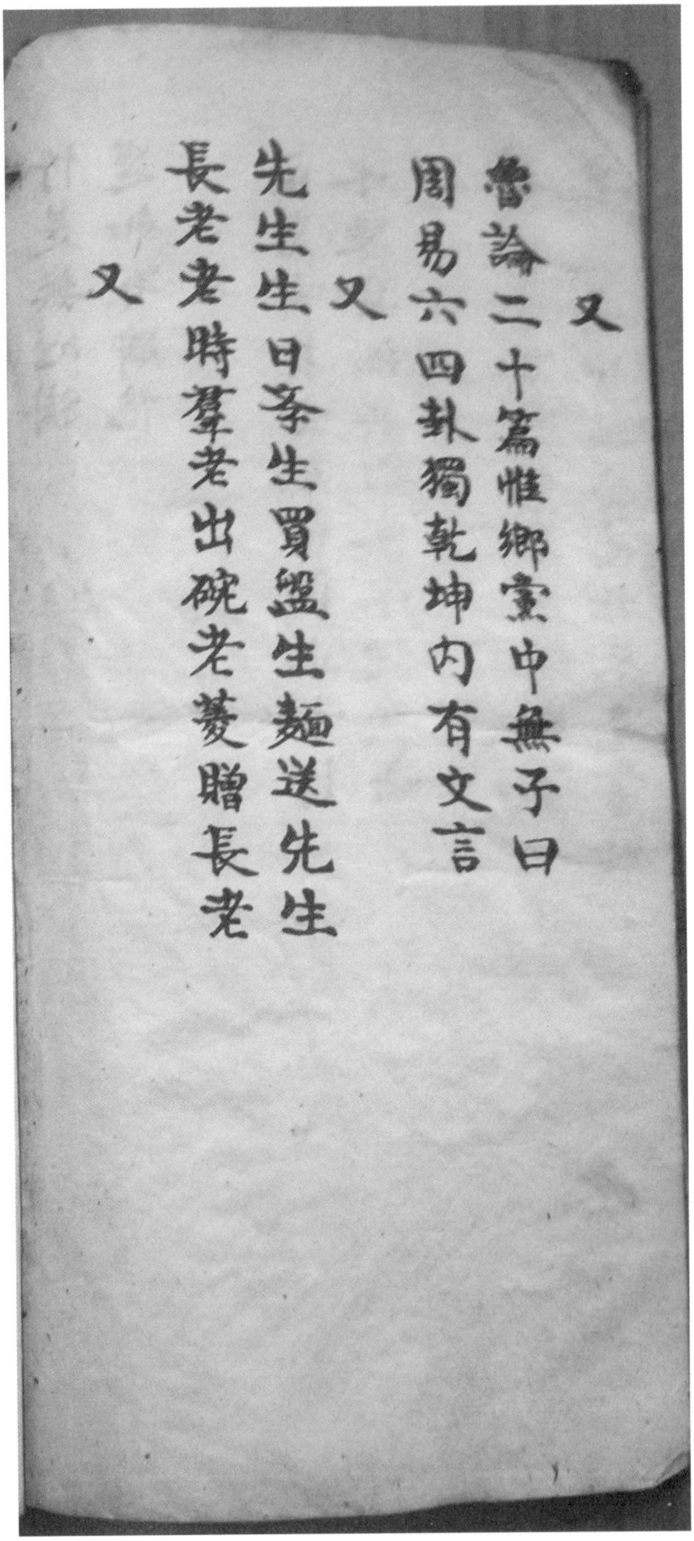
又
魯論二十篇惟鄉黨中無子曰
周易六四卦獨乾坤內有文言
又
先生生日斈生買盌生麵送先生
長老老時羣老出碗老菱贈長老
又

林鳥叫提壺提壺提壺必是村中有酒
山禽說脫袴脫袴脫袴定然身上無寒

又

周宣王文宣王司馬宣王一君一臣不君不臣
卿孟子吳孟子寺人孟子一男一女非男非女

又

凍雨洒窓東兩（雨）点西三点
切糕分片上七力（刀）下八刀

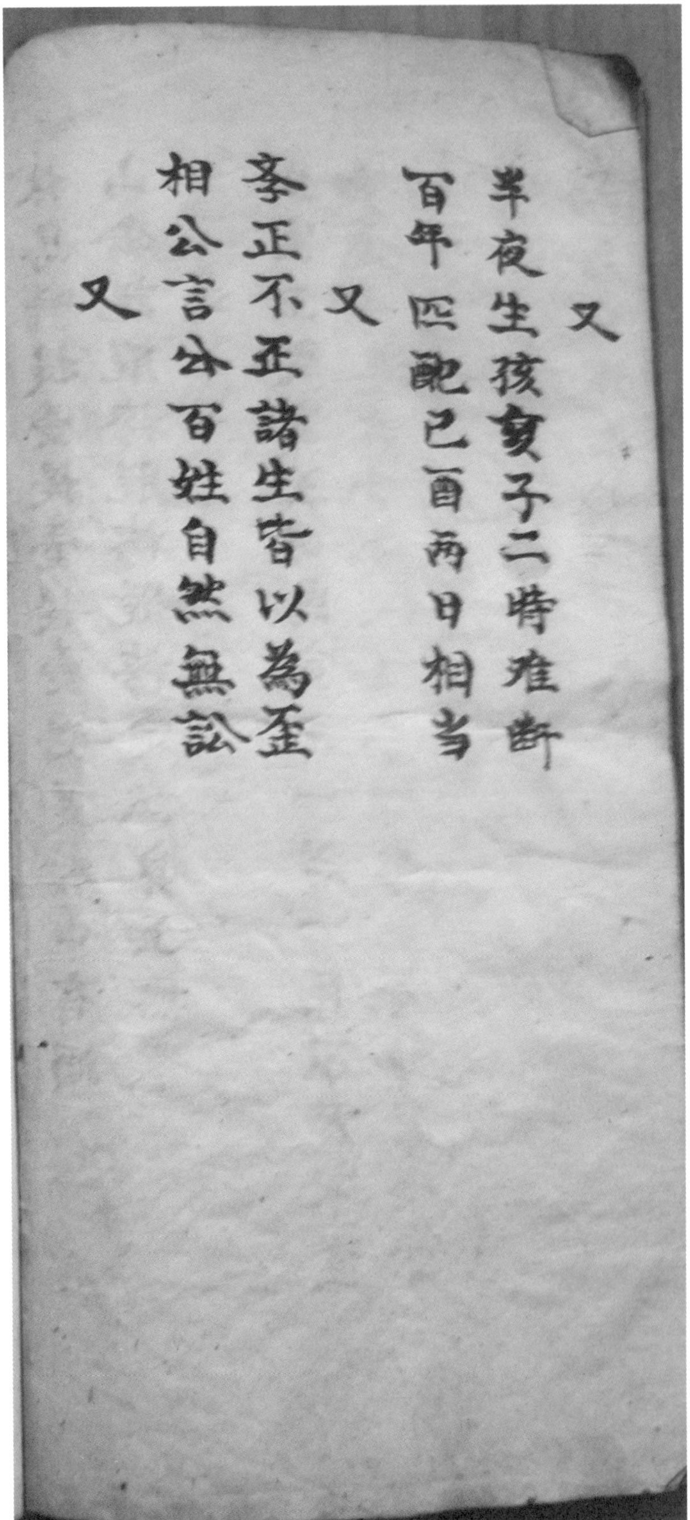
又
半夜生孩亥子二時难断
百年匹配已酉兩日相当
又
斈正不歪諸生皆以為歪
相公言公百姓自然無訟
又

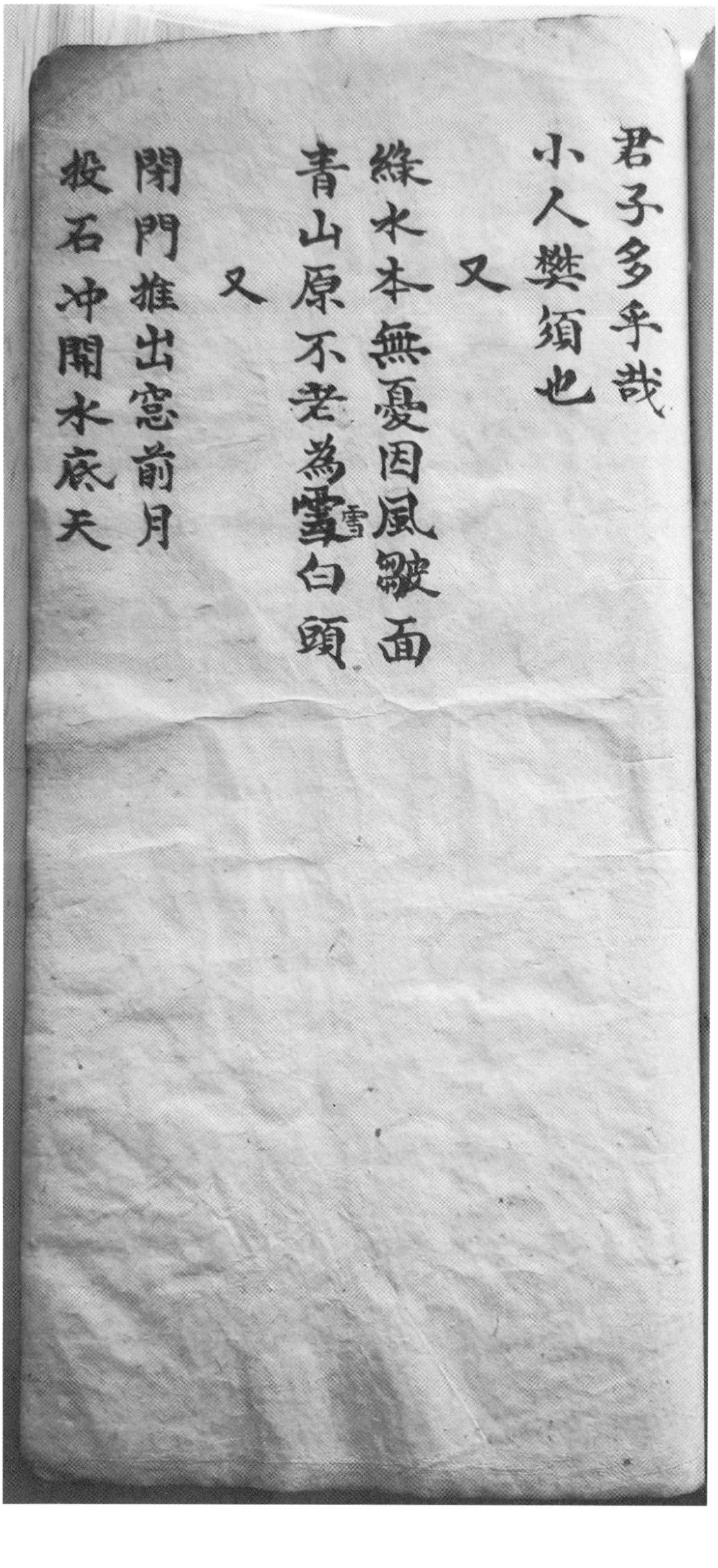

君子多乎哉
小人樊須也

又

綠水本無憂因風皺面
青山原不老為雪白頭

又

閑門推出窓前月
投石冲開水底天

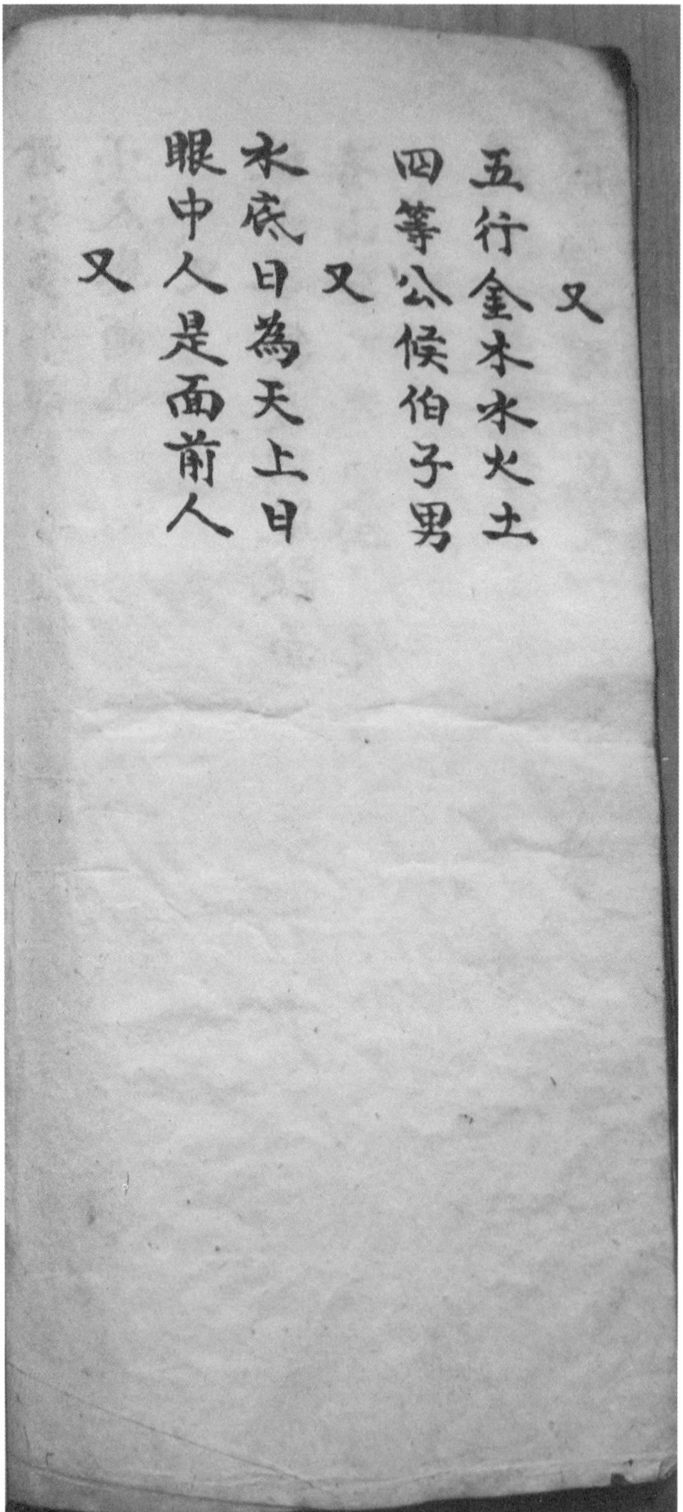
又
五行金木水火土
四等公侯伯子男
又
水底日為天上日
眼中人是面前人
又

蚕婦繰絲脚踏手揺陰捧鈸
農夫車水腰駝背曲胆捏鈴

又

雪壓竹枝頭着地只因腹内空虚
風吹荷葉背朝天且看眼前光景

又

人有七情喜怒哀樂愛惡欲
經存六藝詩書禮樂易春秋

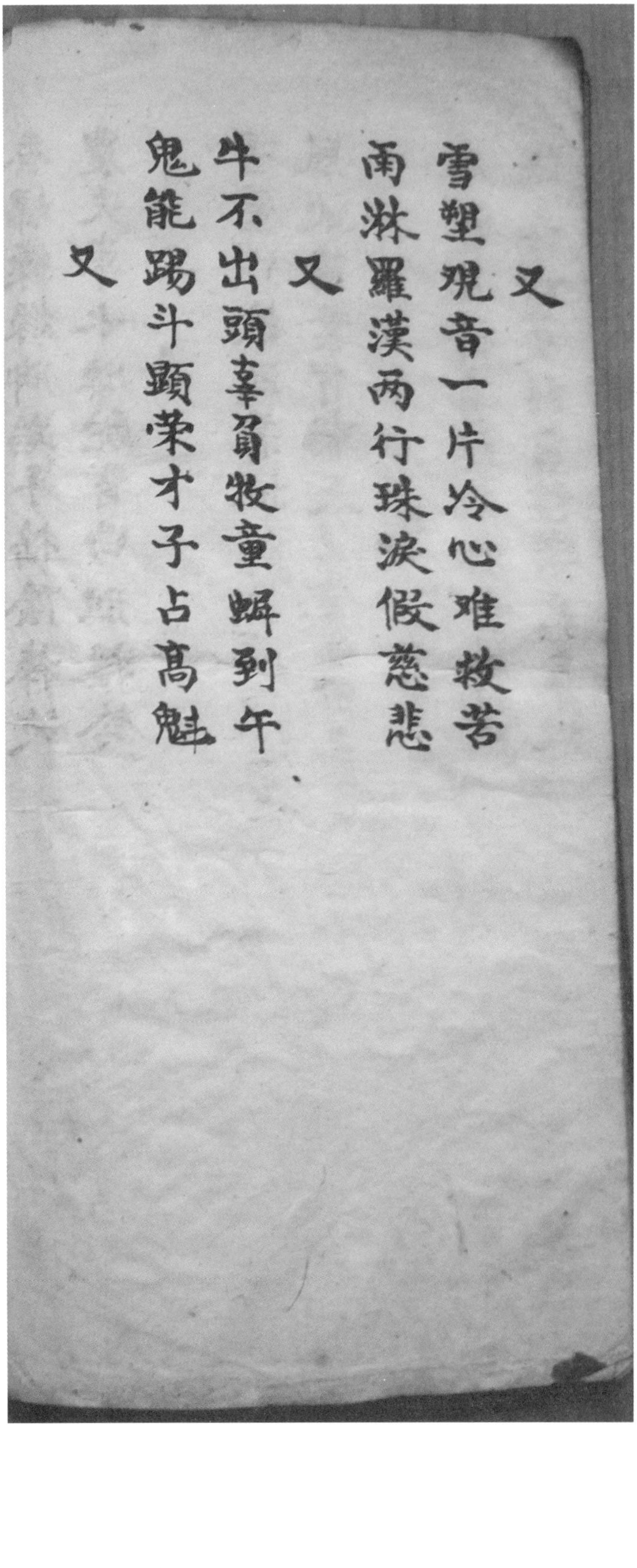

又
雪塑觀音一片冷心难救苦
雨淋羅漢兩行珠淚假慈悲
又
牛不出頭辜負牧童踞到午
鬼能踢斗顯榮才子占高魁
又

天近山頭走到山頭天又遠
月浮水面撥開水面月还沉

又

虎皮褥蓋孝士椅
兎毫筆寫狀元坊

又

三女為姦二女任凭上女哄
五人成傘小人全伏大人遮

又

竹被雪欺倒地拜天求日救

花遭雨打垂頭滴淚欲人憐

又

出水蛙兒穿綠襖美目盼兮

落湯蝦子着紅袍鞠躬如也

又

三分〻茶解〻解元之渴
一朝〻罷行〻行院之家
又
大雨沉〻二沱伸頭不出
狂風陣〻兩陳搖擺不開
又
小孝生穿紅着綠內本
老大人衣紫腰金

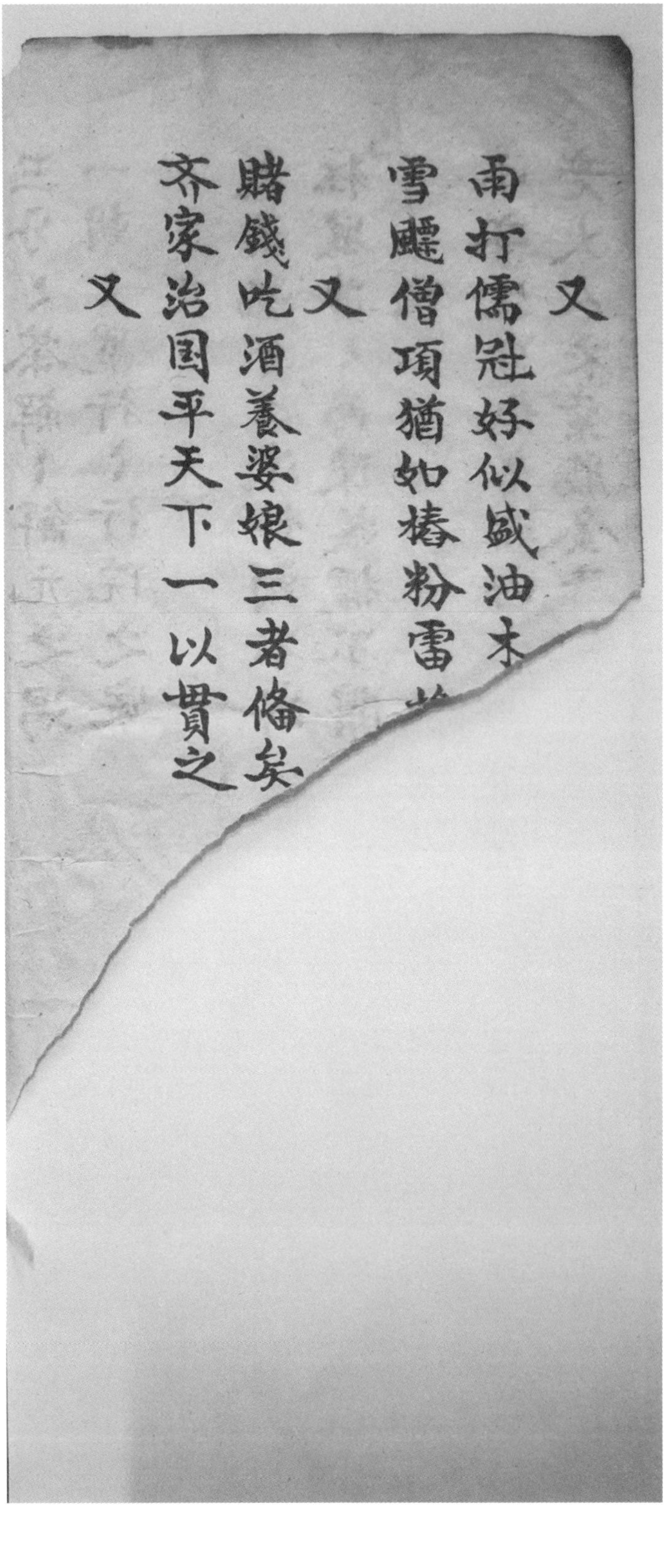
又

雨打儒冠好似盛油木

雪壓僧頂猶如椿粉雷

又

賭錢吃酒養婆娘三者俻矣

齐家治国平天下一以貫之

又

撞倒磊橋三塊石
剪開出字兩層山

又

和尚搖船篙打江中羅漢
佳人汲水線牽水裡觀音

又

童子打桐子桐子不落童子不樂
漁兒戲魚兒兒魚会遊漁兒会憂

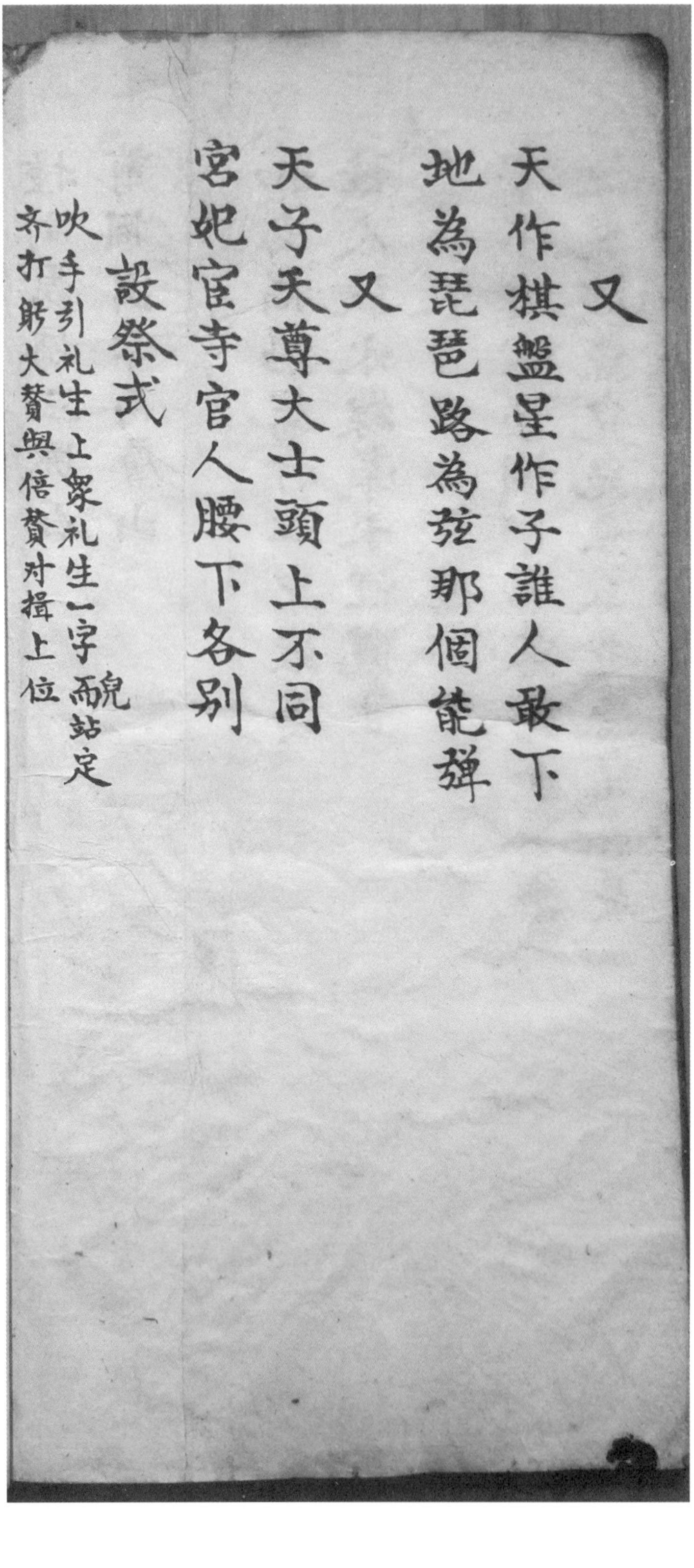

又

天作棋盤星作子誰人敢下

地為琵琶路為弦那個能彈

又

天子天尊大士頭上不同

宮妃宦寺官人腰下各别

設祭式

吹手引礼生上衆礼生一字兒站定

齐打躬大賛與倍賛对揖上位

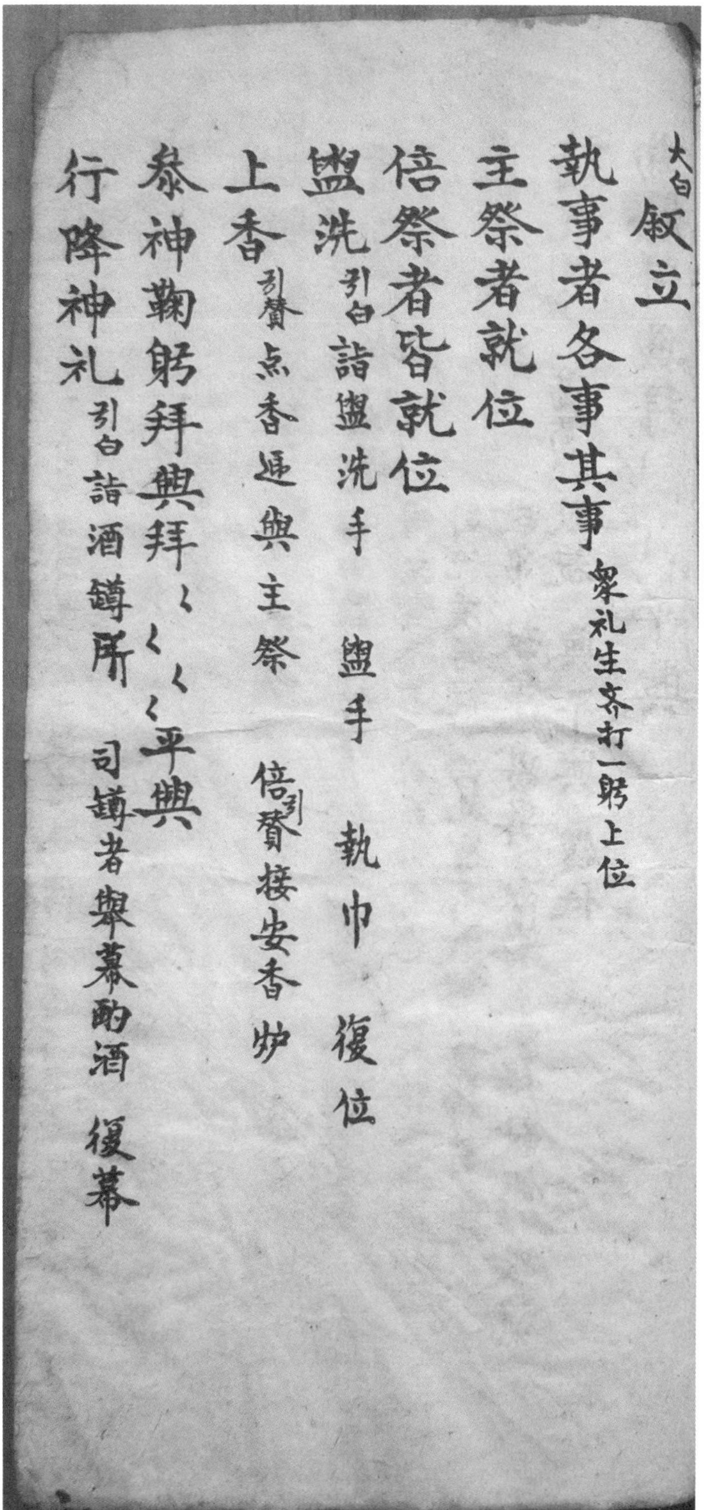

大白 叙立

執事者各事其事 衆礼生齐打一躬上位

主祭者就位

倍祭者皆就位

盥洗 引白 詣盥洗手 盥手 執巾 復位

上香 引賛 点香遞與主祭 倍引賛接安香炉

叅神鞠躬拜興拜〻〻〻平興

行降神礼 引白 詣酒罇所 司罇者舉幕酌酒 復幕

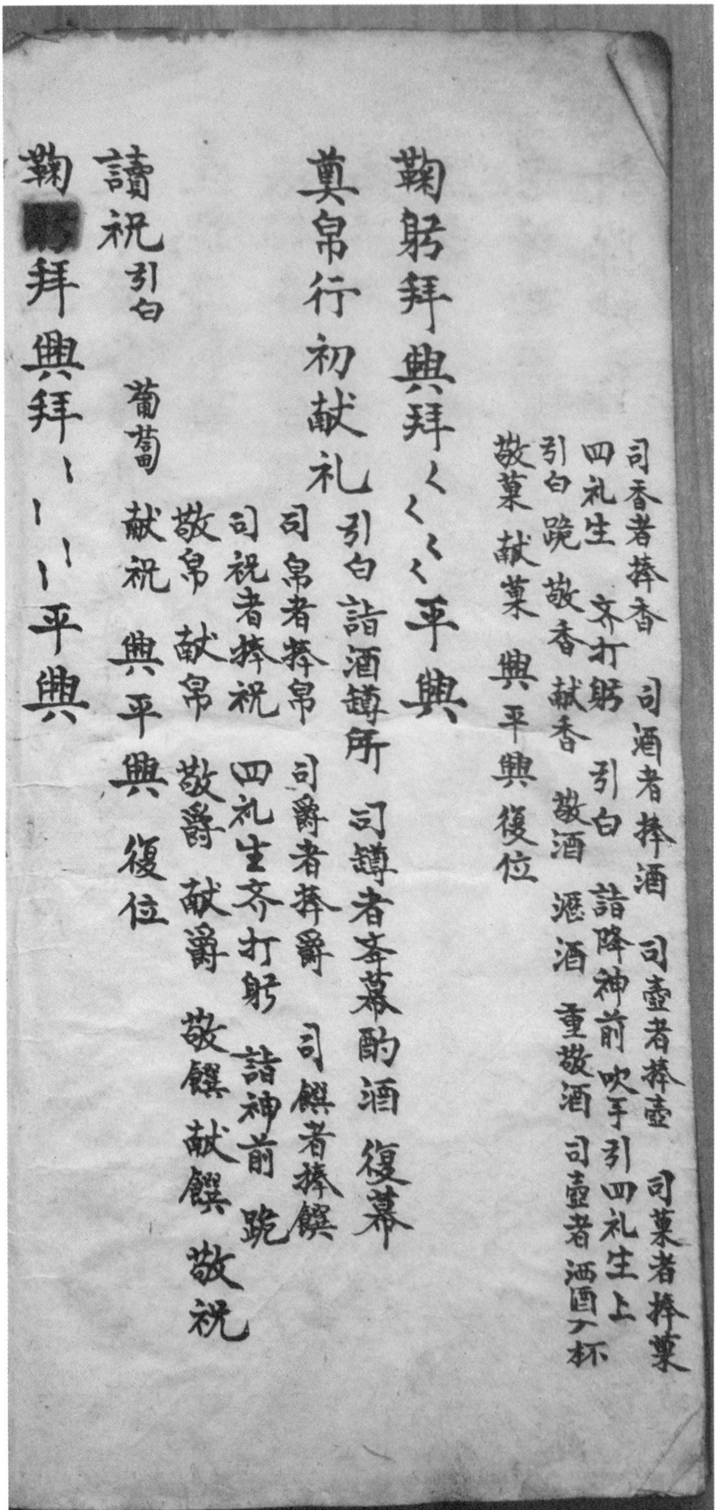

司香者捧香 司酒者捧酒 司壺者捧壺 司菓者捧菓
四礼生 齐打躬 引白 詣降神前 吹手引四礼生上
引白跪 敬香 獻香 敬酒 瀝酒 重敬酒 司壺者 洒酒丁杯
敬菓 獻菓 興 平興 復位
鞠躬拜 興拜〱〱〱平興
奠帛行初獻礼
引白 詣酒罇所 司罇者奇幕 酌酒 復幕
司帛者捧帛 司爵者捧爵 司饌者捧饌
司祝者捧祝 四礼生齐打躬 詣神前 跪
敬帛 獻帛 敬爵 獻爵 敬饌 獻饌 敬祝
讀祝 引白 葡萄 獻祝 興 平興 復位
鞠[redacted]拜 興拜丶丶丶平興

行亞獻礼 引白 詣酒樽所 司樽者舉幕酌酒 復幕
司爵者捧爵 司饌者捧饌 詣神前 跪
進爵 獻爵 進饌 獻饌
奏樂 引白 葡萄 興平興 復位
鞠躬拜興拜〻〻〻平興
行終獻礼 引白 詣酒樽所 司樽者舉幕酌酒 復幕 司爵者捧爵
司饌者捧饌 詣神前 跪 敬爵 獻爵 敬饌 獻饌
奏樂 引白 葡萄 興平興 復位
鞠躬拜興拜〻〻〻平興

侑食 引白 詣酒罇所 司茶者捧茶 司酒者捧酒 詣神位前侑食
跪 献茶 主祭者提壺敬茶 敬酒 主祭者提壺敬酒

歌曲 引白 葡蔔 興平興復位

鞠躬拜興拜〻〻〻平興

焚楮 引白 司帛者詣神前轍帛 讀祝者詣神前轍祝

望燎 引白 詣燎所 復位

辭神鞠躬拜興拜〻〻〻平興

禮畢 大贊与皓贊下
衆礼生齐打躬再齐拜神前四拜 吹手引下

點主式

吹手自更衣所引接衆生與大賓倍華对揖上位

大白 叙立

題主者就位

盥洗 相題白 詣盥洗手 盥洗 執巾 復位

孝子出靈幃叩託題主者 引白 四叩首 平興 詣灵位前捧主

跪 進題主者

接主

啟主

卧主

研硃墨

進硃筆 相題白焚香 借生氣 先題汙中 後題粉面

進墨筆 相題白焚香 借生氣 先題汙中 後題粉面

合主

孝子捧主入位叩謝題主者

禮畢 大賛与陪賛下 各人灵前四拜 吹手引入更衣所

福澤廟開光祭文

維
大清光緒△△年歲次△△△月△△朔越祭日△△之
辰壇下弟子△△暨閤境人等謹以瓣香束帛清酌
庶饈之儀致祭於
勅封崇和衍烈侯紫微主壇汪七相公 尊神
勅封崇福衍慶侯汪八相公 尊神
勅封護國周宣靈王 尊神
勅封忠正王李王 尊神

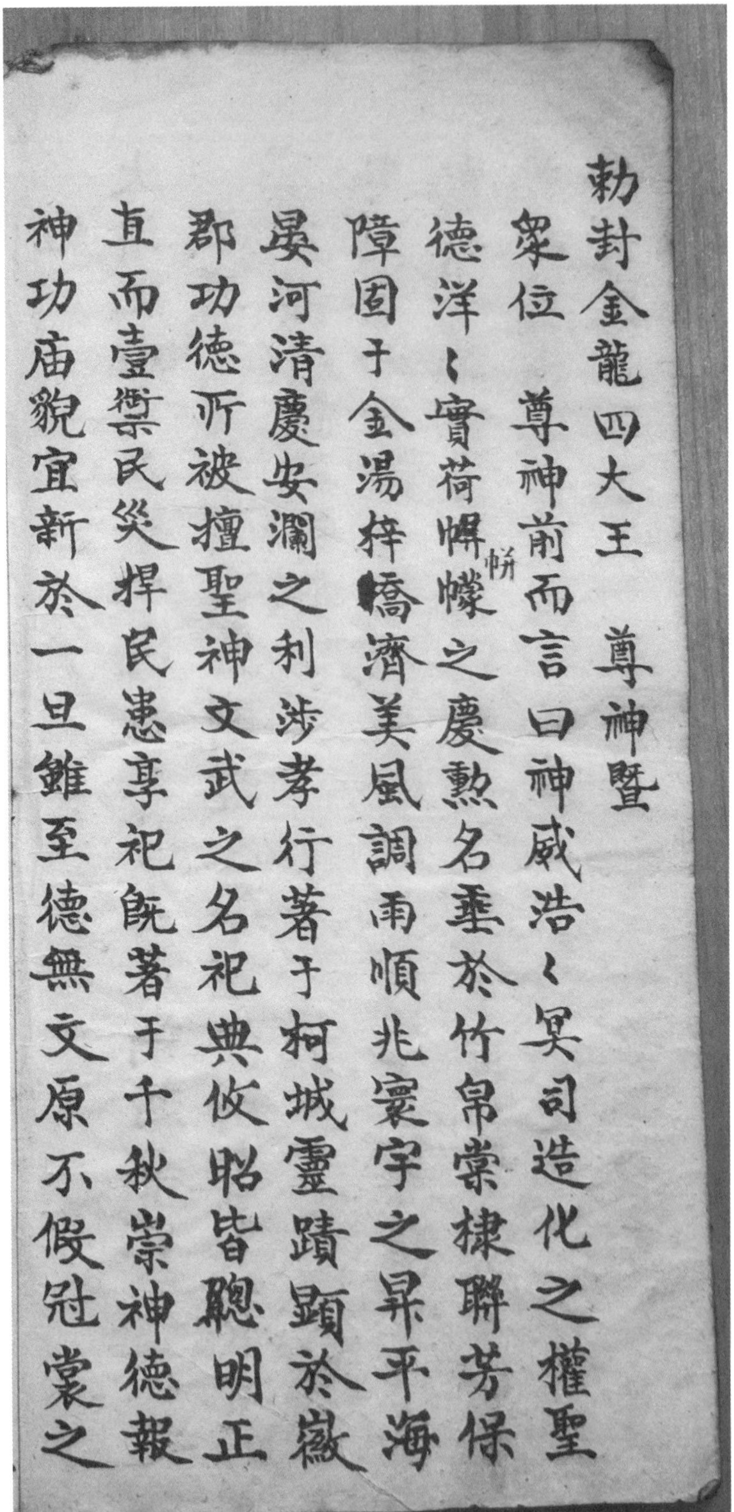
敕封金龍四大王　尊神暨
衆位　尊神前而言曰神威浩々冥司造化之權聖
德洋々實荷幈〔帡〕幪之慶勳名垂於竹帛崇棣聯芳保
障固于金湯梓橋濟美風調雨順兆寰宇之昇平海
晏河清慶安瀾之利涉孝行著于柯城靈蹟顯於嶽
郡功德所被擅聖神文武之名祀典攸昭皆聰明正
直而壹禦民災捍民患享祀既著于千秋崇神德報
神功廟貌宜新於一旦雖至德無文原不假冠裳之

美而大觀在上要必須黼黻之光況乃物換星移金
容頓改塵封土蠲法像將湮若不藉物彩之彰施曷
以將寸衷之誠敬時維戊午月選暮春生面再開覩
英姿之颯爽光華復旦觀宝相之莊嚴金光共藻火
以爭輝服采与鑲挑而交映從此監觀有赫声灵丕
振於南鄉容保無疆惠澤長施于薛境四方綏靜絕烽
烟刀斗之驚百谷順成無水旱昆蟲之患驅邪逐疫
災眚不生錫福降祥阜成有象此日星雲糺縵歡肴

一闔鎮謳歌他時風物融熙咸賴諸　神庇蔭敬呈絜
酒用表芹衷神其鑒諸來歆來格尚
饗
裡庙祭文
維
大清光緒厶厶年歲次厶厶季春月厶厶朔越祭日厶
厶之辰壇下弟子厶厶暨闔境人等謹以瓣香束帛
清酌庶饈之儀致祭于
一[illegible]

薛坑口大社社稷明公 尊神
勅封崇和衍烈侯主壇汪七相公 尊神
勅封 關聖帝君 尊神
勅封高上神霄正乙龍虎玄壇趙大元帥 尊神
勅封威靈王太子 尊神暨
衆位 尊神前而言曰維神樹藝五穀生民之粒食
有資平定九州後世之安居永賴秉兩間之正氣忠
義貫夫星辰亘萬世之人綱声威鎮夫華夏六州保

障世篤貞忠一代勳猷永標史册功能点鐵聿揚鐵

面之威術可堆金爰耀金鞭之武衛一方之災患名

譽清宮起萬姓之瘡痍恩深赤子

接前祭文功德抄親以下云云

孝子祭文稿

維

大清光緒△年歲次△△季春月△△朔越祭日△△△

之辰不孝等謹以瓣香束帛清酌庶饈之儀全百拜

泣祭於

先考

皇清太斈生諱△△府君葛公之靈前而言曰嗟予昆季頻興霜露之悲入此室家空切蓼莪之感山之頹也永訣痛四子以靡瞻木之拱也多寒恨百身而莫贖斈詩斈礼疇承雅範於趋前肯構肯堂徒慕先声於作室数十載勤劳不已依然手澤常存百二天事奉未周遽尔仙槎遠駕对老母而以慰以勸涕泗旁流撫

蒻孫而如抱如攜恩勤誰錫行年則幾过花甲執業
則常勉樵辛此時諸父同迎用徒式凴之所來日九
原可作定覘如在之神鶴也前而鸞也後雲路潛通
雖以獻而豚以陳日華可愛 不孝等仰祈鑒佑俯厘
傷悲宅兆卜而以妥以安籩豆登而来歆来格嗚乎
哀哉尚
饗

又孝子祭文

厶厶之靈前而言曰靈爽式凴兮於赫斯皇惻聞僾見
兮祇奉如常為淵生前兮儉德莫忘半絲半粟兮握
算精詳居躬樸誠兮贊美一方迎賓慷慨兮口惠同
嘗掌持舖業兮朝夕莫忘振啟尔宇兮維家之光竭
茲勤悃兮宜寿而康迺遭變厄兮遽尔膏肓百身莫
贖兮四子銜傷仰祈默佑兮獲福無疆永綿先澤兮
厥後克昌為神為靈兮千載流芳敬呈一束兮來享
來將尚　饗

上堂祭文

仝百拜致祭於

先考

皇清太斈生諱ㄙㄙ府君ㄙ公之靈前而言曰嗚乎吾

父之棄不孝等而長逝也將及期年矣向也侍庭幃

親色笑出入扶持常依膝下今何如矣吾父之形

容豈可復覩耶吾父之謦欬豈可復聞耶嗚乎哀

哉溯吾父壯歲椿零萱堂而尽孝英年樹立懔

圭玷以無言置彼陌阡子孫咸資樂利建茲店肆遐
邇共仰聲名施措有方勤儉佩禹王之訓清温無間
斋夔懐舜帝之誠處家室則相敬如賓睦宗族則知
愛惟長新親旧戚款洽無不厚其儀益友良朋交遊
有必隆其禮運搆堂之智獨選棟樑息雀鼠之爭彌殷
排解禮義無愆乎衾影聞譽遠播夫里隣述一生之實
誼宜百歲之可延誰料哭染災祲過滋疾病猶冀調
攝咸宜勿藥有喜詎料參芪罔效草木無功吾父

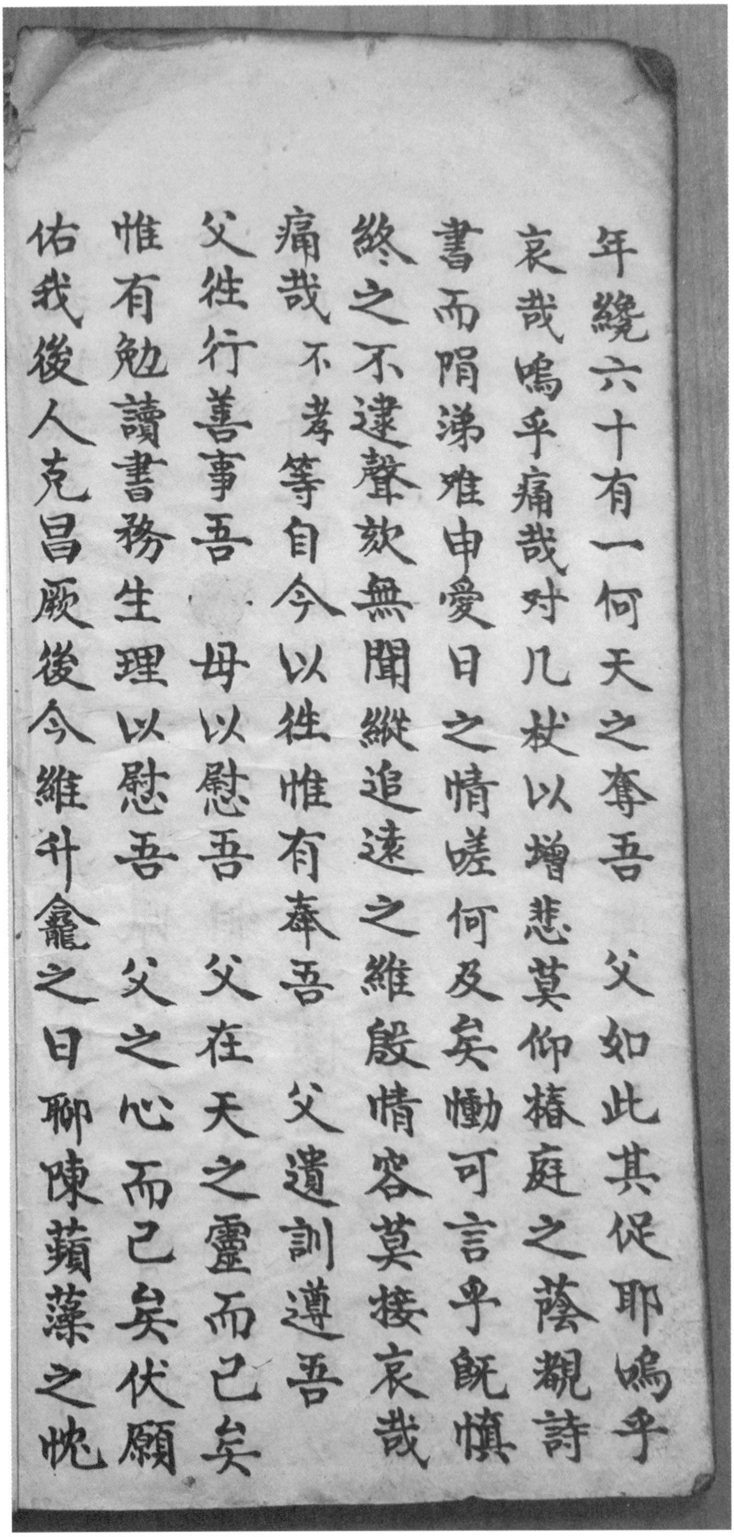
年纔六十有一何天之奪吾父如此其促耶嗚乎
哀哉嗚乎痛哉对几杖以增悲莫仰椿庭之蔭覩詩
書而悁涕难申愛日之情嗟何及矣慟可言乎旣慎
終之不逮聲欬無聞縱追遠之維殷情容莫接哀哉
痛哉不孝等自今以往惟有奉吾父遺訓遵吾
父往行善事吾母以慰吾父在天之靈而已矣
惟有勉讀書務生理以慰吾父之心而已矣伏願
佑我後人克昌厥後今維升龕之日聊陳蘋藻之忱

吾 父在天之靈其鑒此而降格尚
饗

孝子祭文稿
仝百拜致祭於
先考
皇清太斈生諱厶厶府君厶公之靈前哭以義曰嗚乎
吾 父之生秉性温良其心也直其氣也剛不凌孤

弱不畏暴強解紛排難遐邇名揚經商遠利鬻販三
江維田維地篤守是將嫡娶吾 母德孟相莊生我
育我四列歷行有條有理教以義方克勤克儉吾
父周章不肯有賴家業丕康年當花甲氣貌堂〻忽
遭一病詩藥無方兒侍床褥不敢追遑俯听遺言厥
後有張葳水未了竟返仙鄉哀哉〻〻吾 父永别
兮逝水難回瞻望屺岵兮仙鶴蓬萊手澤徒存兮抱
恨徘徊蘇衣掛碎兮積悶何開履霜雨露兮慘淡悲

哀春暉未報兮反裉禍災恨兒不孝兮未極一極聊
陳菲奠兮以侑金罍子孫仰拜兮血泪盈腮吾 父
有靈兮敢告靈臺嗚乎哀哉伏惟尚
饗

設祭式

敘立
起樂
執事者就位

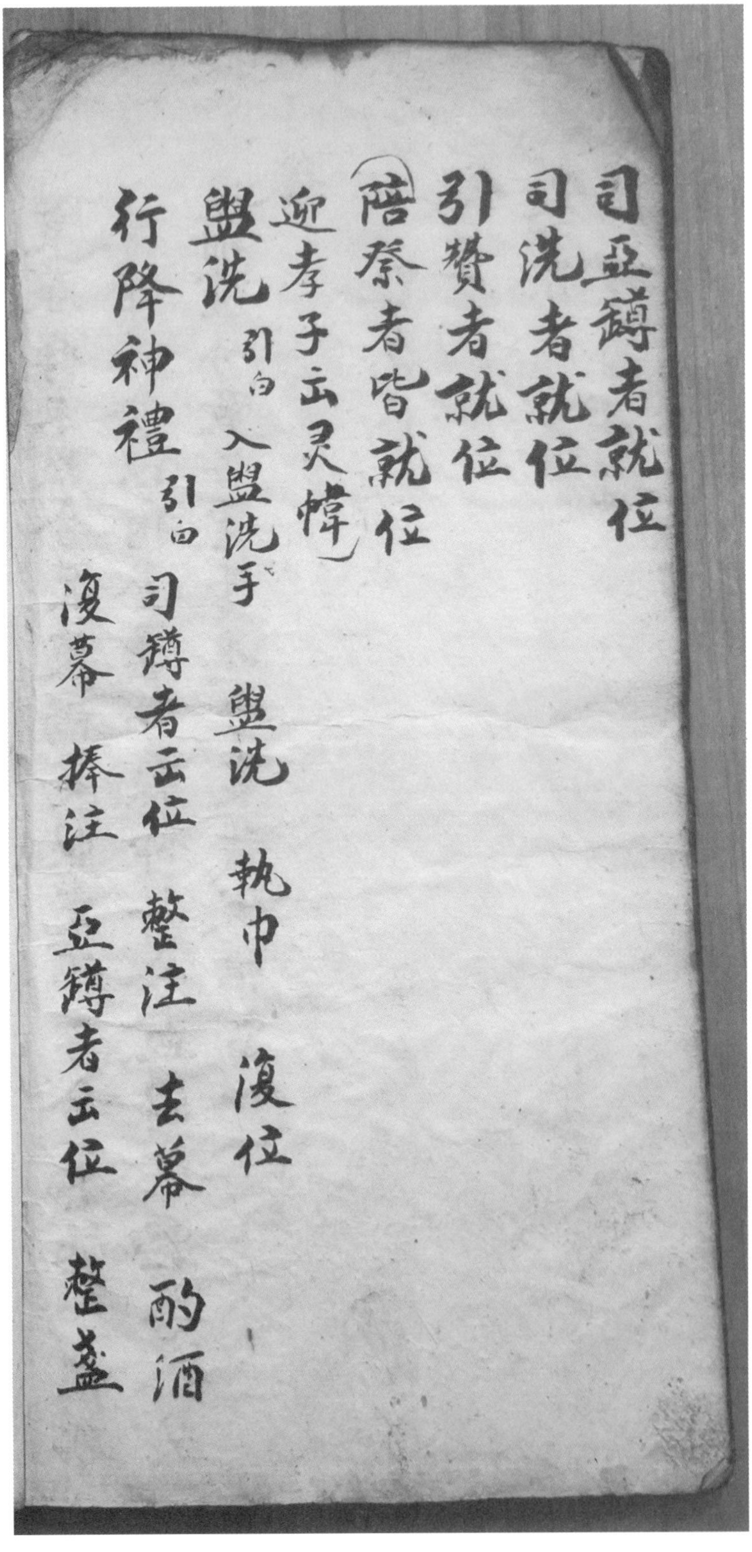

司亞罇者就位
司洗者就位
引贊者就位
陪祭者皆就位
迎孝子立灵幃
盥洗 引白 入盥洗手
行降神禮 引白

盥洗 執巾 復位
司罇者立位 整注 去幕 酌酒
復幕 捧注 亞罇者立位 整盞

参神鞠躬伏 近四

行香献礼

引白 入司罇所 司罇者立位 整香 捧香

以香授執事者 執事者接香 復位

整茶 捧茶

以茶授執事者 執事者

捧盞 司盞罇者各至香案前行降

神就位 跪 位杖 敬盞 敬注

滿斟酌酒入沙盆三漏酒反盞 回注

伏廾 執杖 平身 復位

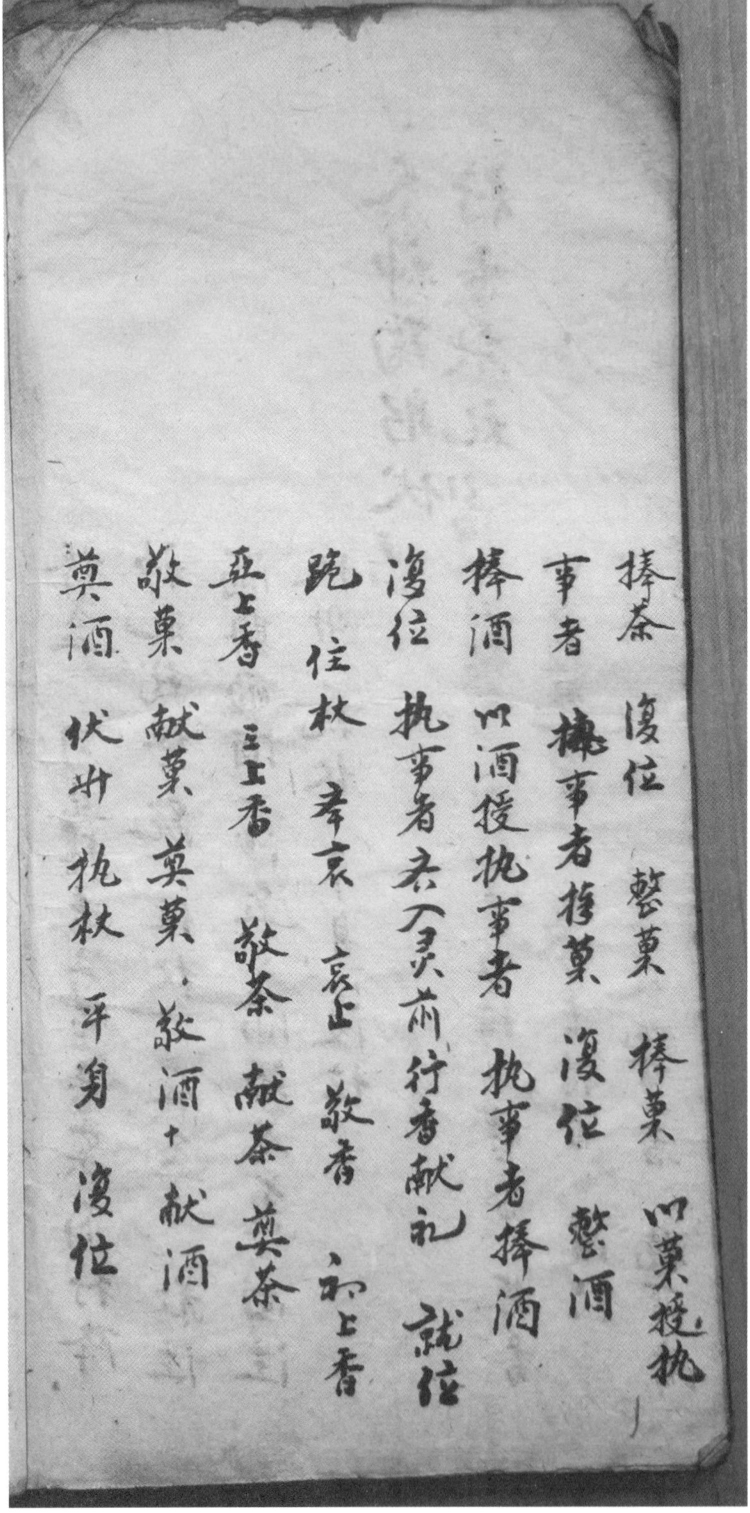

捧茶　復位　斟菓　捧菓　以菓授執
事者　執事者捧菓　復位　斟酒
捧酒　以酒授執事者　執事者捧酒
復位　執事者在灵前行香献礼　就位
跪　位杖　孝哀　哀止　敬香　初上香
亚上香　三上香　敬茶　献茶　奠茶
敬菓　献菓　奠菓　敬酒　献酒
奠酒　伏兴　執杖　平身　復位

叅鞠躬伏 跪四

奠帛行初献礼 引白

丁司罇所 司罇者正位 斟爵

主幕 酌酒 復幕 捧爵 以爵授执

事者復位（执事者捧爵） 斟馔 捧馔 以馔授执事者（执事者捧帛）

復位（执事者捧馔） 斟帛 捧帛 以帛授执事者復（执事者捧哀章）

位 斟哀章（捧哀章） 以哀章授执事者復位（执事者捧哀章）

执事者亲丁灵前奠帛行初献礼 就位 跪

柱杖 敬爵 献爵 奠爵 敬馔

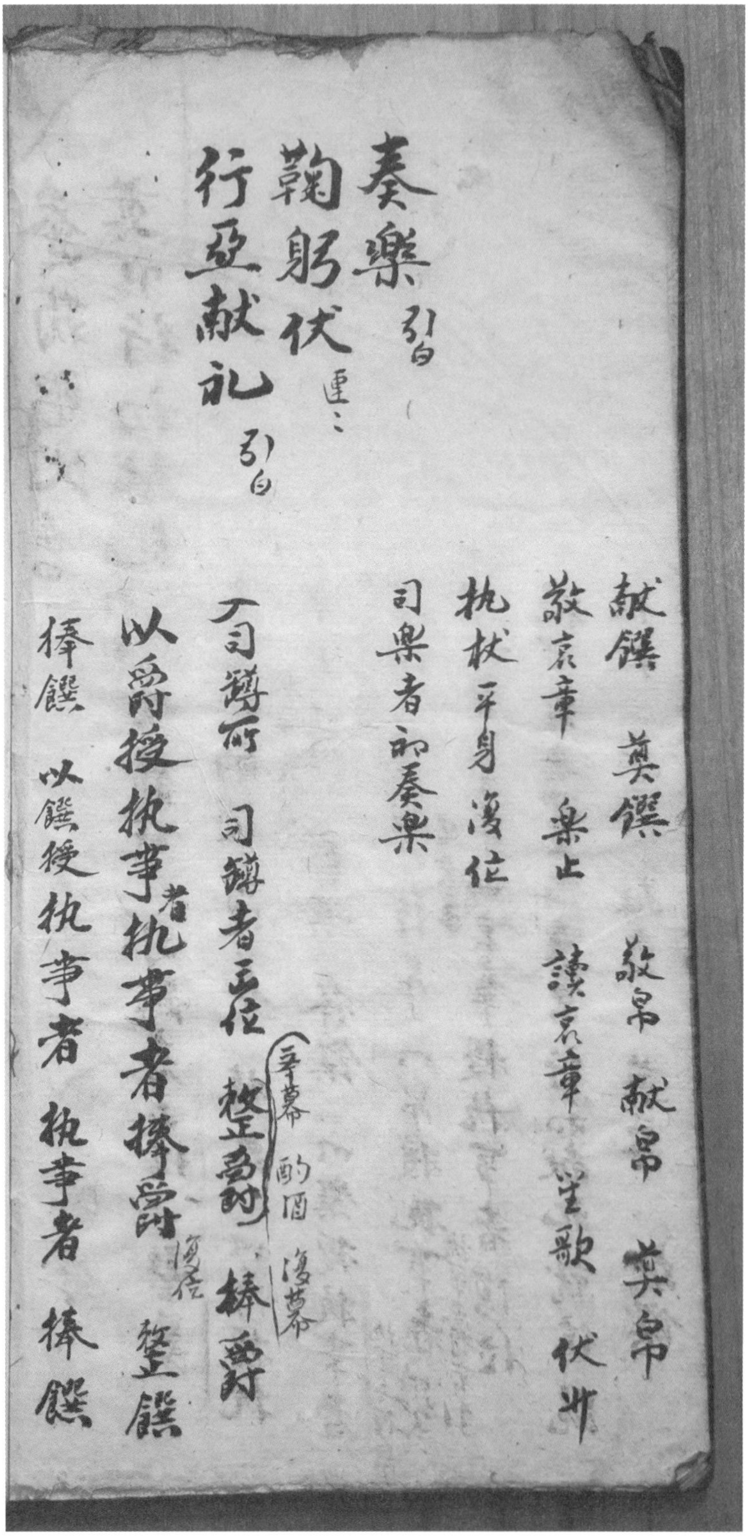
奏樂 引白
鞠躬伏 運二
行亞献礼 引白
献饌 奠饌 敬帛 献帛 奠帛
敬哀章 樂止 讀哀章 笙歌 伏卅
执杖平身復位
司樂者和奏樂
司爵所 司爵者正位 授爵 三幕 酌酒 捧爵 復幕
以爵授执事者执事者捧爵 復位 授饌
捧饌 以饌授执事者 执事者 捧饌

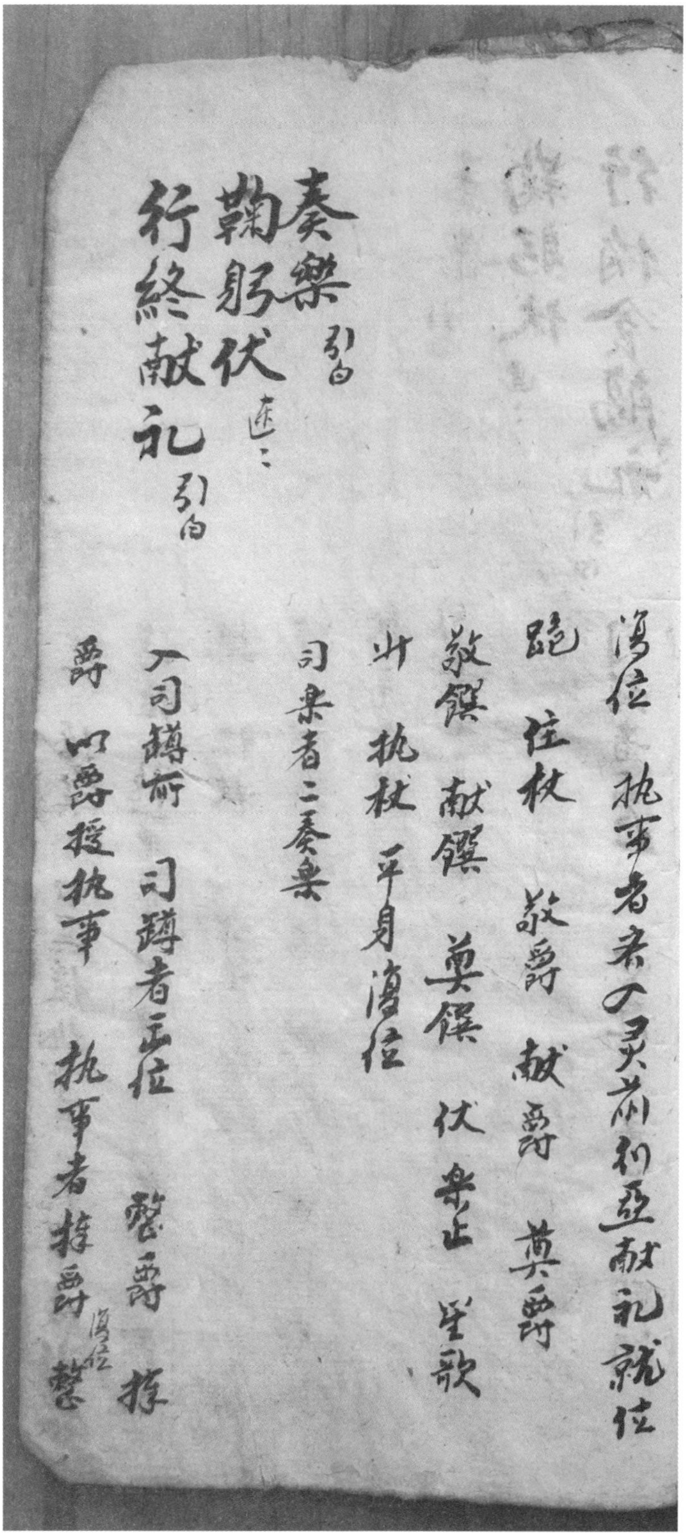
復位　執事者各丁靈前行亞獻禮就位
跪　住杖　敬爵　獻爵　奠爵
敬饌　獻饌　奠饌　伏　樂止　坐歌
興　執杖　平身復位
司樂者二奏樂
奏樂　引白
鞠躬伏　起二
行終獻禮　引白
丁司樽所　司樽者正位　斟爵　接
爵　以爵授執事　執事者接爵　復位　斟

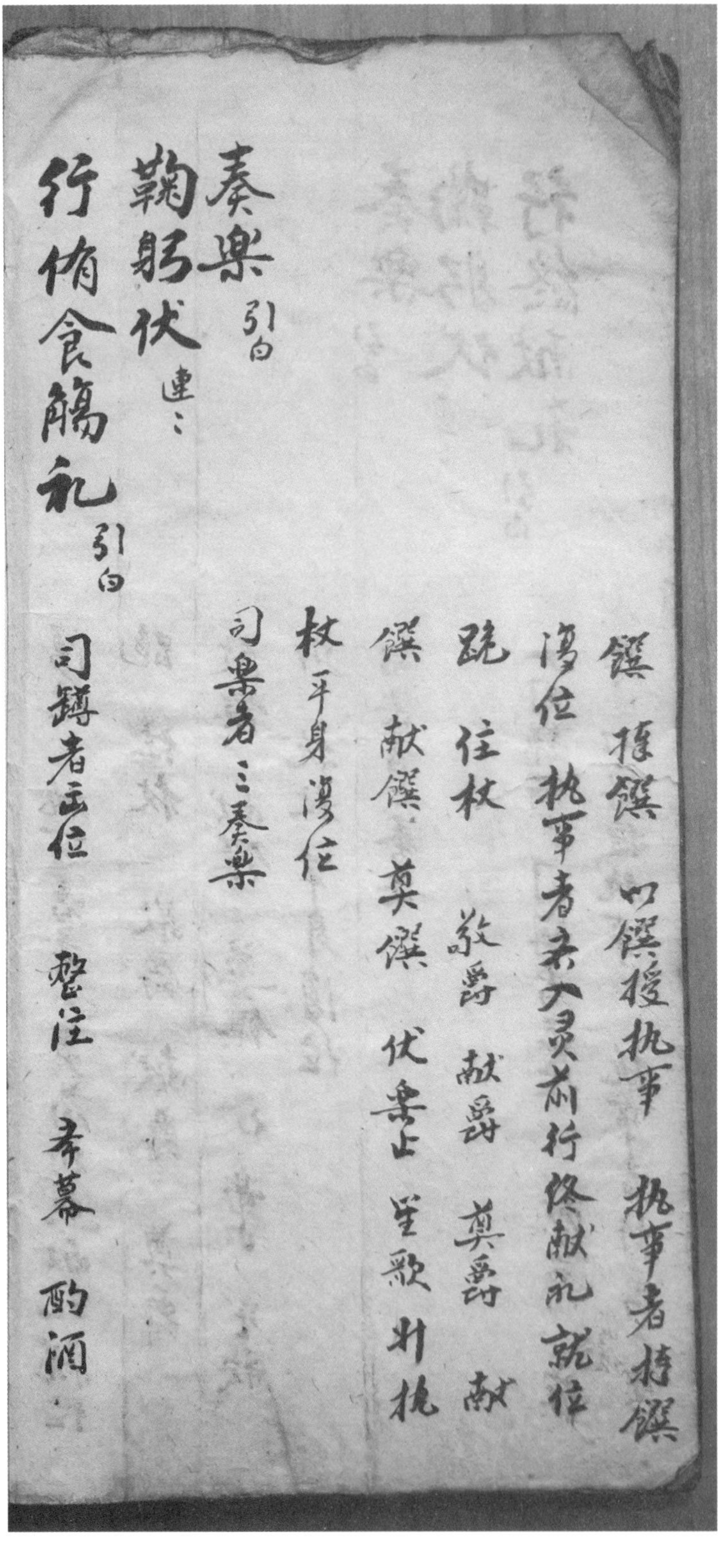
饌 接饌 四饌授執事 執事者持饌
復位 執事者來大靈前行終獻禮 就位
跪 住枚 敬爵 獻爵 奠爵 獻
饌 獻饌 奠饌 伏興止 呈歌 升枕
枚 平身 復位
司樂者 三奏樂
奏樂 引白
鞠躬伏 連々
行侑食觴禮 引白
司罇者正位 整注 齊幕 酌酒

復幕　揖注　司亞罇者正位　馨湯

揖湯　司亞罇者齐入灵前刂侑觴訖就位

跪、位杖　敬注升入灵前滿斟三侑觴

復位跪　敬湯　献湯　奠湯、伏、樂止

大奏樂　升平身　復位

司亞罇者执事者齐入灵前　撤饌辞灵

鞠躬伏　迹二

撤饌　引白

化燎

鞠躬伏

禮畢

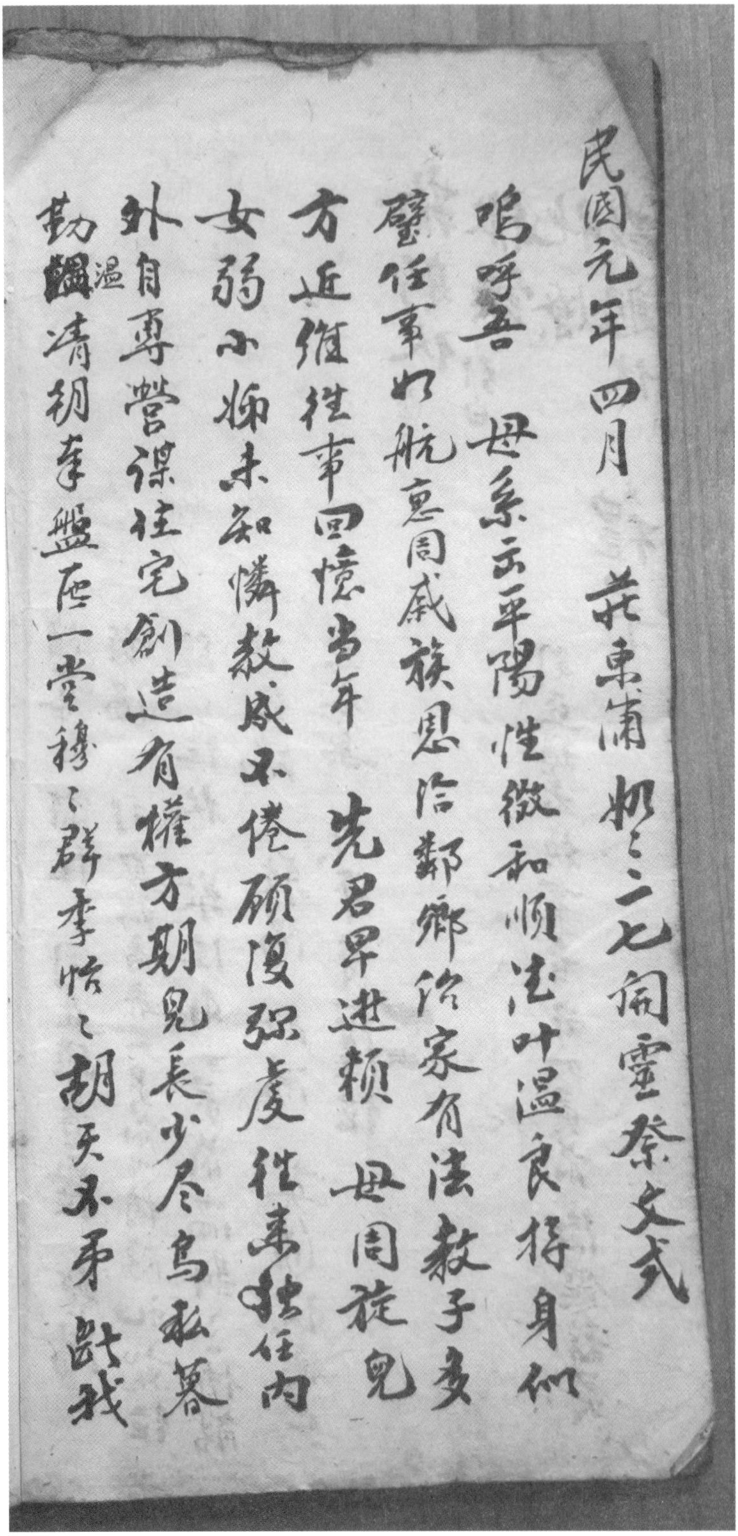

民國元年四月　莊東甫　妣之二七開靈祭文式

嗚呼吾　母系云平陽性徽和順法叶温良待身似

壁任革如航息同戚族恩洽鄰鄉治家有法教子多

方近維往事回憶當年　先君早逝賴　母同旋兒

女弱小孤未知憐教威不倦頑復弼虔往來独任内

外自尊營謀住宅創造有權方期兒長步尽烏私暮

勤温清矧季盤厄一堂穆之群季怡之胡天不弔斯我

手足　兄兮丧之　母兮戚促半世辛勤一朝避谷呜呼
哀哉呜呼愍哉其真其梦将信将疑目空色哭耳绝声
辞星沉月踖血尽神遗呜呼噫嘻　母兮永诀昔被
母慈　而今长往曷归　而追桐棺显苏素旐飘扬涛
流涕泗碎裂肝肠望灵落奠表於来歆呜呼痛哉伏惟
尚　飨

褡褸抱痛　乾轴　坤德流芳　巾帼完人
乾壸　柔嘉维则　母仪可则　噌
口

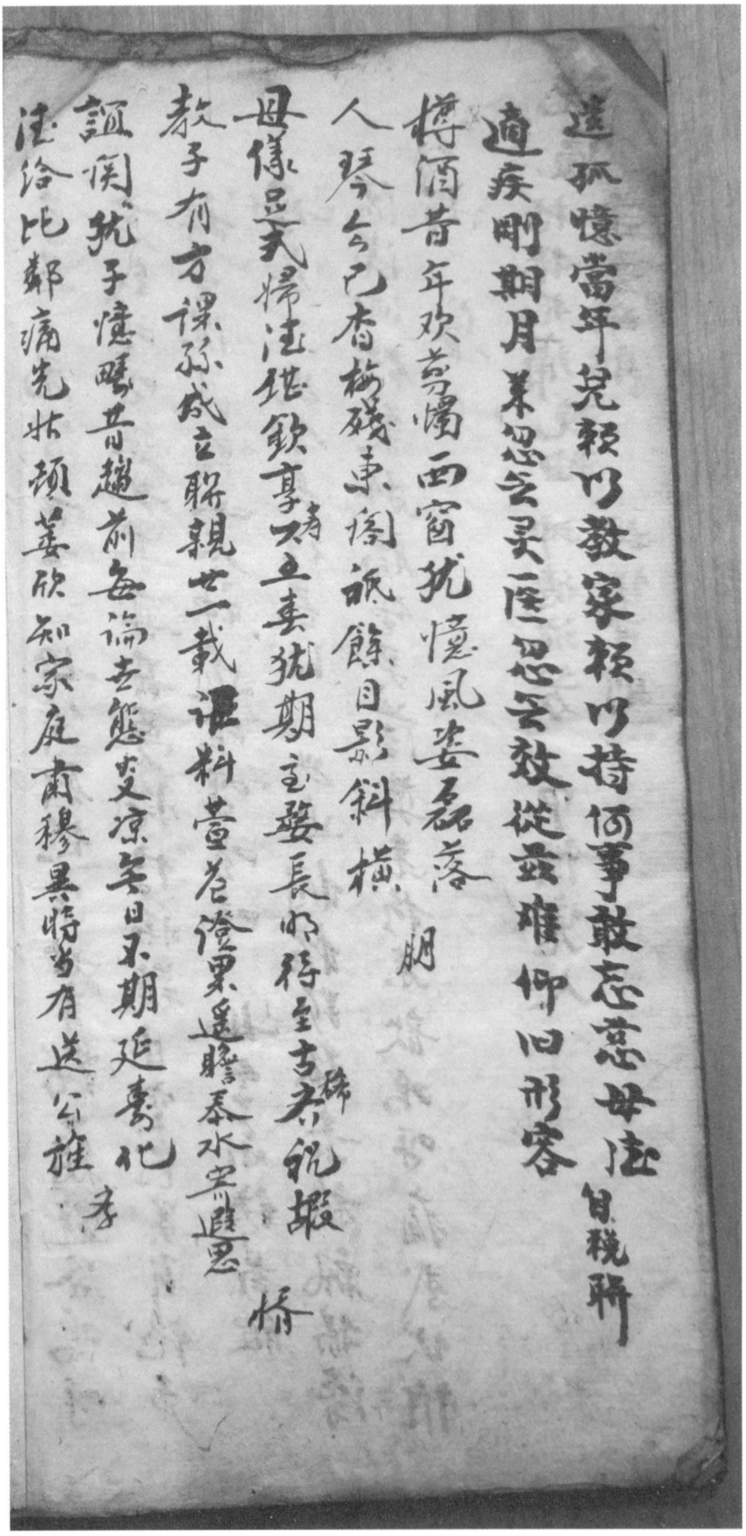
遣孤懷當年兒賴以教家賴以持何事敢忘慈母德 自挽聯
適疾剛期月某思云吴匡思云救從無離仰旧形容
樽酒昔年歡蕭灑西窗猶憶風姿磊落
人琴今已杳梅殘東閣祇餘日影斜横 朋
母儀足式婦德堪欽享壽不立妻猶期至婺長亦得至古稀銳嘏 侨
教子有方課孫成立聯親廿一載誰料萱花凋果遥瞻恭水寄遐思
謳閑猶子懷醫昔趨前每論安態良涼無日不期延壽化
法給比鄰痛先壯頃萋欣知家庭肅穆異時當有送公旌 孝

忝列通家受尽深恩难報德
相違數里未遑伺病倍傷心　韻
自愧生來技未精幾番往視病未輕鸞御化鶴心惆悵仰望蒼天婺已傾殿
鐘郝發音勝漂美孟圓貞節共馳名恭衣素蔴風飄裡叩奠靈前夢未成
回憶先君去日扶持創業成家和丸教子性柔嘉不愧女中巾幗
抱病纔經一月登仙適值三更表親去座起哀聲秉筆亦多惆悵

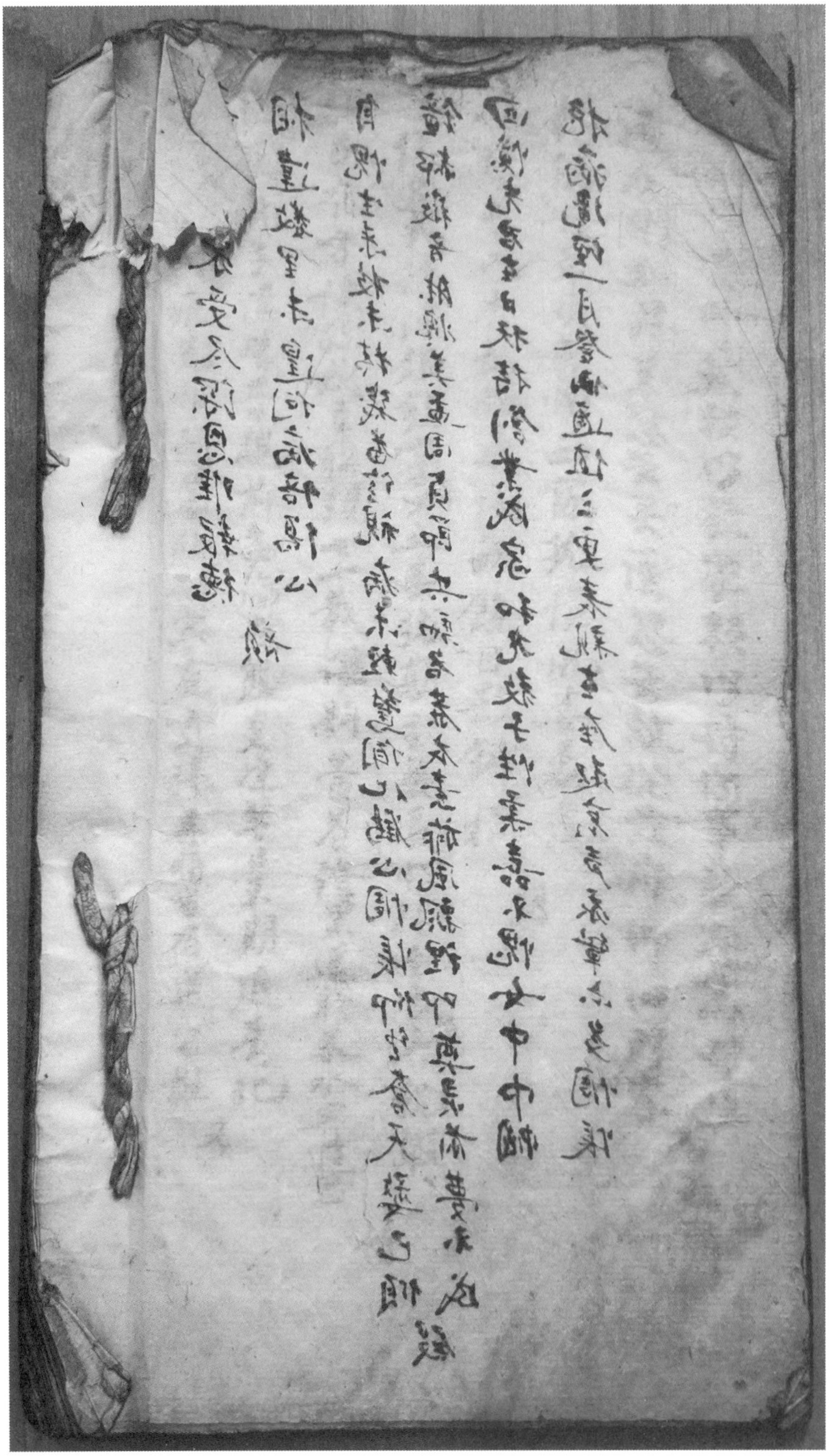

后记

我一直认为，学术研究当随缘自适、花开果结，而不应囿于各类考核之匆忙应对。眼前的这一小册之所以能够成书，端赖于三十多年来的一些因缘牵合。

将近四十年前，在歙县新安江畔的芳坑，发现了大批珍稀文书。此次发现，是徽州民间文献发掘过程中的一个重大事件，在当年极为轰动。在我看来，直到当下，这批文书仍是迄今所见学术质量最高的一批文书。大概也正是经由此一事件，芳坑以及附近的对外港埠——薛坑口，才渐渐为世人所熟知。

记得在2000年初夏，一个风日晴和的日子，我曾跟随徽州的一位老者前往芳坑，拜访著名的江氏茶商后裔，希望对那批文书有进一步的了解。当时，由薛潭乘坐渡船前往对岸，再由旧薛坑口前往芳坑之江氏旧宅——芳溪草堂。根据了解，1950年代浙西淳安、遂安一带水库的兴建，使得整个新安江流域沧桑变幻、陵谷迁移，而薛坑口一带的市镇环境亦顿然改观。虽然时过境迁，传统时代的茅店鸡声大多已迹绝影息，但沿途所见的山水萦回以及残留码头、旧式店屋等，仍然给人以颇为深刻的印象。

那次对芳坑的走访，似乎并没有太多的收获。不过，从此以后，我对薛坑口一带的民情风俗便多了几分留意。此后的二十多年，我在黄山白岳之间频繁行走，陆续收集到为数可观的徽州文书。个中的部分资料，反映了传统时代有不少人是从薛坑口出发，走出万山之中的徽州，投身长江三角洲，并随之走向全国的四面八方。他们沐雨栉风，客外经商，竞逐什一之利。与此同时，清代、民国时期的薛坑口，也曾一度室庐栉比、街市殷阗。在众多与之相关的文书中，抄本《新旧碎锦杂录》二种，引起了我的特别注意。书中零纨碎墨杂然纷陈，既有伤逝思旧、眷怀前贤的宾朋简札，又有箸析居分、花萼相辉的日用翰墨。两种抄本，涉及皖南山乡的诸多生事葬祭、酬应吊庆，以及农桑礼乐、雨旸应对。为此，我曾撰文比较过这两种民间日用类书抄本之异同。在此基础上，还对该书的学术价值作了初步的分析。〔一〕在我看来，此一流行于歙县水南一带的民间日用类书，除了满足一般民众冠婚丧祭之需，更带有颇为浓厚的商业色彩。虽然我们可能无缘找到《新旧碎锦杂录》的原本，也不清楚其最原始的文本究竟呈何样貌，但方校本与葛校本之出现，显然反映了民间日用类书编纂的开放性及其动态过程——各位抄录者在誊抄旧文本时，不断地加入个人的生活经验记录，这使得各类活套的内容愈益丰富。当然，此类情形并不仅见于『碎锦』这样的民间日用类书，而且，在村落文书〔二〕、尺牍范本〔三〕等其他文本中也同样存在。

2009年以后，我因编纂《歙县的宗族、经济与民俗》一书，与芳坑江氏后人多所接触，并于不久后获读歙县档案馆等处所藏的大批数码档案，对芳坑江氏文书有了进一步的深入了解。近年来，我又开始对其中数量庞大的书信资料作较为全面的整理与研究。在这批书信中，我不经意间发现《新旧碎锦杂录》葛校本的主人葛韵清之相关资料，这为《新旧碎锦杂录》二种的整理与研究，提供了新的线索。

〔一〕王振忠、陶明选：《晚清徽州民间社会生活管窥——〈新旧碎锦杂录〉抄本两种整理札记》，载《安徽史学》2006年第5期。

〔二〕参见拙文《徽州村落文书的形成——以抄本〈新安上溪源程氏乡局记〉二种为中心》，载日本国文学研究资料馆档案学研究系渡边浩一主编《『历史档案的多国比较研究』成果年次报告书（平成16年度）》，2005年3月。另，该论文之中文本摘要发表于《社会科学》2008年第3期。

〔三〕例如，清代徽州尺牍活套《见心集》之流传，也存在着类似的情形，已另文探讨。

2017年，我因主编《徽州民间珍稀文献集成》，获读皖南民间收藏家提供的诸多珍贵文书，其中，徽州名医毕体仁所撰《薛坑口茶行屋业本末》一书，与《新旧碎锦杂录》反映的地域和年代相近。在书中，作者追忆身世之所历、所感，尽情摹写了新安江畔商业与社会生活的诸多细节。其间，中小商人为养身赡家之苦心擘画，商贾榷算中的行情涨跌，凶年饥岁间的俗情变诈，围绕着闾阎亲族利益的鹅鸭之争，以及太平天国战乱期间的兵刃反侧、患难死生等，都有鲜活如生的展示。毕体仁与葛韵清之父葛渭川过从甚密，书中的一些内容，亦可与《新旧碎锦杂录》比照而观。

2019年后，我负责撰写《新安江流域城镇》一书，对这条徽州母亲河上下游的诸多城镇作逐一的细致梳理，在此过程中，又发现了一些与《新旧碎锦杂录》相关的史料，深感薛坑口商业与社会生活具有相当丰富的内涵。与常见的村落日用类书不同，《新旧碎锦杂录》反映了新安江畔一个市镇的社会生活，颇为罕见而别致。有鉴于此，我决定将《新旧碎锦杂录》二种标点、整理，并附以抄本《薛坑口茶行屋业本末》的部分内容，以期多侧面地展示传统时代新安江畔一个市镇的喧嚣与繁荣……

从最初将眼光投向水遥山隔的水南一隅，到迄至当下的史料汇整、编撰成书，转瞬之间已过了三十余载。追思前事，如在眼前。在我想来，学术积累当如细水长流，方能源源不竭行稳致远。此一小册子，既是本人前此学术积累的一个小结，同时也是另一项研究新的开始。『小结』是指完成了对手头这两种抄本的整理与分析，而『开始』则是为下一步针对数量庞大的芳坑江氏文书之研究做前期的准备。另外，这也是为我将来在更大区域范围内研究民间日用类书与风俗地理作先期的铺垫。在这方面，我已收集到长江中下游各地相当数量类型丰富的资料，希望借由民间日用类书之整理与研究，探讨文本与仪式等方面的相关问题。

壬寅盛夏于新江湾